本项成果得到中国语言资源保护工程和华中师范大学语言与语言教育研究中心、中国语言文学国家"双一流"建设学科的资助

中国语言资源集 湖北 语法卷

汪国胜 主编

中国社会科学出版社

审图号：鄂审字〔2023〕第 033、034 号
图书在版编目（CIP）数据

中国语言资源集．湖北．语法卷／汪国胜主编．—北京：中国社会科学出版社，2023.12
ISBN 978-7-5227-2969-5

Ⅰ.①中…　Ⅱ.①汪…　Ⅲ.①西南官话—语法—方言研究—湖北　Ⅳ.①H17

中国国家版本馆 CIP 数据核字（2024）第 034062 号

出 版 人	赵剑英
责任编辑	张　林
责任校对	张慧群
责任印制	戴　宽

出　　版	中国社会科学出版社
社　　址	北京鼓楼西大街甲 158 号
邮　　编	100720
网　　址	http：//www.csspw.cn
发 行 部	010-84083685
门 市 部	010-84029450
经　　销	新华书店及其他书店
印刷装订	北京君升印刷有限公司
版　　次	2023 年 12 月第 1 版
印　　次	2023 年 12 月第 1 次印刷
开　　本	787×1092　1/16
印　　张	18.5
字　　数	353 千字
定　　价	149.00 元

凡购买中国社会科学出版社图书，如有质量问题请与本社营销中心联系调换
电话：010-84083683
版权所有　侵权必究

中国语言资源保护工程

中国语言资源集·湖北 组委会

主　任

周　静

副主任

黎　虹　彭南生

委　员

（按姓氏音序排列）

戴　明　段　锐　黄国斌　黄　俭　欧阳建平　周建卫　曾　彦

教育部语言文字信息管理司
湖　北　省　教　育　厅　指导

中国语言资源保护研究中心　统筹

总　序

教育部、国家语言文字工作委员会于 2015 年 5 月发布《教育部 国家语委关于启动中国语言资源保护工程的通知》（教语信〔2015〕2 号），启动中国语言资源保护工程（以下简称"语保工程"），在全国范围开展以语言资源调查、保存、展示和开发利用等为核心的各项工作。

在教育部、国家语委统一领导下，经各地行政主管部门、专业机构、专家学者和社会各界人士共同努力，至 2019 年底，语保工程超额完成总体规划的调查任务。调查范围涵盖包括港澳台在内的全国所有省份和 123 个语种及其主要方言。汇聚语言和方言原始语料文件数据 1000 多万条，其中音视频数据各 500 多万条，总物理容量达 100TB，建成世界上最大规模的语言资源库和展示平台。

语保工程所获得的第一手原始语料具有原创性、抢救性、可比性和唯一性，是无价之宝，亟待开展科学系统的整理加工和开发应用，使之发挥应有的重要作用。编写《中国语言资源集（分省）》（以下简称"资源集"）是其中的一项重要工作。

早在 2016 年，教育部语言文字信息管理司（以下简称"语信司"）就委托中国语言资源保护研究中心（以下简称"语保中心"）编写了《中国语言资源集（分省）编写出版规范（试行）》。2017 年 1 月，语信司印发《关于推进中国语言资源集编写的通知》（教语信司函〔2017〕6 号），要求"各地按照工程总体要求和本地区进展情况，在资金筹措、成果设计等方面早设计、早谋划、早实施，积极推进分省资源集编写出版工作"，"努力在第一个'百年'到来之际，打造标志性的精品成果"。2018 年 5 月，又印发了《关于启动中国语言资源集（分省）编写出版试点工作的通知》（教语信司函〔2018〕27 号），部署在北京、上海、山西等地率先开展资源集编写出版试点工作，并明确"中国语言资源集（分省）编写出版工作将于 2019 年在全国范围内全面铺开"。2019 年 3 月，教育部办公厅印发《关于部署中国语言资源保护工程 2019 年度汉语方言调查及中国语言资源集编制工作的通知》（教语信厅函〔2019〕2 号），要求"在试点基础上，在全国范围内开展资源集编制工作"。

  为科学有效开展资源集编写工作，语信司和语保中心通过试点、工作会、研讨会等形式，广泛收集意见建议，不断完善工作方案和编写规范。语信司于2019年7月印发了修订后的《中国语言资源集（分省）实施方案》和《中国语言资源集（分省）编写出版规范》（教语信司函〔2019〕30号）。按规定，资源集收入本地区所有调查点的全部字词句语料，并列表对照排列。该方案和规范既对全国作出统一要求，保证了一致性和可比性，也兼顾各地具体情况，保持了一定的灵活性。

  各省（区、市）语言文字管理部门高度重视本地区资源集的编写出版工作，在组织领导、管理监督和经费保障等方面做了大量工作，给予大力支持。各位主编认真负责，严格要求，专家团队团结合作，协同作战，保证了资源集的高水准和高质量。我们有信心期待《中国语言资源集》将成为继《中国语言文化典藏》《中国濒危语言志》之后语保工程的又一重大标志性成果。

  语保工程最重要的成果就是语言资源数据。各省（区、市）的语言资源按照国家统一规划规范汇集出版，这在我国历史上尚属首次。而资源集所收调查点数之多，材料之全面丰富，编排之统一规范，在全世界范围内亦未见出其右者。从历史的眼光来看，本系列资源集的出版无疑具有重大意义和宝贵价值。我本人作为语保工程首席专家，在此谨向多年来奋战在语保工作战线上的各位领导和专家学者致以崇高的敬意！

曹志耘

2020年10月5日

前　　言

语言是民族的标志，是文化的载体；文化是民族的根脉，是国家的象征。党和国家高度重视文化的建设和语言的地位。强国必须强语，强语助力强国。这一理念反映了当今世界语言与国家的密切关系。

语言是国家的重要资源，方言是地方文化的丰富宝藏。随着普通话的推广，特别是改革开放以来，人际交往的频繁，语言生活的活跃，城镇化进程的加快，给方言带来了深刻的影响，使得方言的变化越来越快，有的处于一种濒危状态。方言不像地下矿藏，可以永久保存；如不加以抢救，及时调查，记录存档，科学保护，将会成为永远消失的历史，造成无法弥补的损失。正是基于这一严峻的现实，教育部和国家语委于2015年启动了"中国语言资源保护工程"（以下简称"语保工程"），在全国范围内开展了对汉语方言和民族语言的调查、保存、展示和开发利用。这是一项史无前例的功在当代、利在千秋的宏伟工程。

湖北地处我国中部，处于汉语南北方言（官话和非官话）的交汇过渡地带，语言状况相当复杂。根据目前学界关于汉语方言的分区，湖北境内分布有赣语（鄂东南）和属于官话系统的江淮官话（鄂东北）及西南官话（其他地区）。就境内的赣语来说，相邻市县之间有的难以通话，可见内部差异之大。所以历来受到学界的关注和重视。20世纪80年代，日本著名语言学家桥本万太郎先生就曾调查过鄂东南方言，北京大学中文系的方言调查实习，经常以鄂东南方言作为调查对象。由此可见湖北方言地位的特殊和价值的重要。借助语保工程，通过实地调查，可以有效地将当今湖北方言记录存档，并进行科学的开发利用，使之得到传承和发展。

对于湖北方言，迄今为止有三次大规模的调查。第一次是1936年春，在中央研究院史语所的组织下，赵元任、丁声树、杨时逢、吴宗济、董同龢等先生开展了对湖北方言大规模的调查，调查结果整理成《湖北方言调查报告》，1948年由商务印书馆（上海）出版。《报告》包括分地报告和综合报告。分地报告详列了全省64个方言点的语音材料；综合报告包含各地字音比较、常用词比较、湖北方言的分区，以及66幅方言地图。《报告》将湖北方言分为4区，即第一区（西南官话）、第二区（楚语）、第三区（赣语）、第四区（介乎一二区之间）。它是我国第一部对湖北方言进行详细描写的著作，也是我国语言学史上的一部经典著作，为省区范围内进行大规模的方言调查提供了一个成功的范本。

第二次是由湖北省教育厅组织的全省范围的汉语方言普查。1957年开始，1958年底完成，参加调查的是武汉大学、华中师范学院（现华中师范大学）、武汉师范学院（现湖北大学）等高校的教师，共调查了74个市县的方言，调查结果整理成《湖北方言概况》，1960年内部油印。该书将湖北方言分为西南官话、楚语、鄂南3区，对各区的语音特点进行了详细分析，简要介绍了词汇、语法的主要特点，并绘制了38幅方言地图，反映了20世纪50年代湖北方言的基本面貌。

第三次是语保工程对湖北方言的调查。这次调查以高校为单位，组建了10支调查团队，30多位教师参与，按照语保工程的统一规范进行。由国家语委立项，共调查了50个市县，调查内容包括1000个单字、1200条词语、50个语法例句和20分钟的口头文化材料。这次调查虽说是概略性的，但跟前两次重在语音的调查相比，调查的内容更全面，调查的手段更科学。此外，由华中师范大学语言与语言教育研究中心立项，我们又调查了30个市县，实现了湖北方言调查的全覆盖。这次调查的成果反映当今湖北方言的现时样态。

本书是第三次调查国家语委立项的50个方言点调查成果的汇编。这项成果无论是对湖北方言的保护和传承，对湖北方言、方言史和汉语史以及语言（方言）接触等问题的研究，还是对湖北地域文化的开发、和谐语言生活的建构，都有着积极的意义。本书由华中师范大学语言与语言教育研究中心筹资出版，希望它能成为一份有价值的历史文献。

汪国胜

2023年7月1日

《中国语言资源集·湖北》
语法卷目录

总序	（1）
前言	（3）
概述	（1）
语法例句对照	（3）
参考文献	（270）
后记	（285）

概　　述

本卷以中国语言资源保护工程湖北项目的调查数据为依据,全面描写和反映了50个方言点的语法面貌。

方言点根据"方言大区—方言区—方言片—方言小片"排序;方言大区(区、片、小片)按在当地的地位和影响排列;地位相同或属于同一小片的,则按音序排列。方言区(片、小片)的名称参考《中国语言地图集》(2012),先列西南官话,按片排列;再列江淮官话;最后列赣语大通片。

本卷50个方言点的名称及顺序如下:

西南官话湖广片鄂中小片:

01 武汉　02 蔡甸　03 江夏　04 汉川　05 荆州　06 仙桃　07 天门　08 荆门
09 钟祥　10 宜昌　11 兴山　12 长阳　13 五峰　14 宜都　15 恩施　16 咸丰
17 建始　18 巴东　19 宜城　20 保康　21 神农架

西南官话湖广片鄂北小片:

22 襄阳　23 随州　24 郧阳　25 丹江口　26 房县　27 竹溪

西南官话湖广片湘北小片:

28 公安　29 鹤峰

江淮官话黄孝片:

30 黄冈　31 红安　32 英山　33 蕲春　34 武穴　35 黄梅　36 黄陂　37 新洲
38 孝感　39 安陆　40 广水

赣语大通片:

41 黄石　42 大冶　43 阳新　44 咸宁　45 通山　46 通城　47 崇阳　48 嘉鱼
49 赤壁　50 监利

语法例句对照表,以表格的形式记录了50个方言点50条语法例句的老男说法,每页横排句目,竖排调查点。调查句目来自《中国语言资源调查手册　汉语方言》所列例句,以《调查手册》"肆　语法"为序,先列例句,再分列各点说法。每页排1个表格,每个表格排1个句目,每个句目都有编号。表格所列内容为各方言各句目的说法和读音,有的句目有多种说法的,常用的说法在前,不常用的说法在后,不同说法之间用"/"隔开。读音用国际音标表示,音标右上方数字为声调调值,如有变调的,一般记变调,不记本调。声调为轻声的,一律记为0,不记轻声实际调值。表左侧调查点的排列顺序与语音卷同。

本卷材料不使用大众习用的训读字,如"冇没"不记作"冒","冇得没有",不记作"冒得"。有些字繁简体有区别,或没有简体的,本卷材料酌情区分,如结构助词"的",江淮官话黄孝片和赣语大通片,一般读如[ko],就记作"箇",西南官话一般读如[ti],就记作"的"。对于本字不确定的词语,为使文本具有可读性,不采用缺字符"□",而是在同音字的右上角用"="标示;大批量采用的同音字,如"迊"表示"这"或"那",则省略"="不标。各方言点的有关说法保持一致,如"么事""么什"统一记作"么什",视为"什么"的同素异序词;"茅司""茅厕"统一记作"茅厕";相当于动态助词"着"的助词,记作"倒";表示"让、等、一直"等义的记作"尽",不记作"紧"。

语法例句对照

	0001 小张昨天钓了一条大鱼，我没有钓到鱼。
武汉	小张昨天钓到海么大一条鱼，我冇钓到。 ɕiao⁴⁴tsaŋ⁵⁵tso²¹tʰian⁵⁵tiao²⁵tao⁰xa⁴²mo⁰ta²⁵i¹³tʰiao²¹y²¹³，o³³mao²⁵tiao²⁵tao⁰。
蔡甸	昨日小张钓了一条大鱼，我一条都［没有］搞到。 tso²¹³ɯ⁰ɕiao³³tsaŋ¹⁵tiao¹⁵n̪iao⁰i̠³²⁴tʰiao²¹³ta⁵⁵y²¹³，o³³⁴i³²⁴tʰiao²¹³tou¹⁵miou³³⁴kao³³⁴tao⁰。
江夏	小张昨日钓到了蛮大一条鱼，我冇钓到。/昨日小张钓了蛮大一条鱼，我冇钓到。 ɕiao⁴⁴tsaŋ³⁵tso¹³ɚ⁰tiao⁴⁴⁵tao⁰niao⁰man³³ta³⁴i³⁴tʰiao⁴⁴y³¹，ŋo⁴⁴mao³²⁴tiao⁴⁴⁵tao⁰。/tso¹³ɚ⁰ɕiao⁴⁴tsaŋ³⁵tiao⁴⁴⁵niao⁰man³³ta³⁴i³⁴tʰiao⁴⁴y³¹，ŋo⁴⁴mao³²⁴tiao⁴⁴⁵tao⁰。
汉川	小张昨天钓了一条大鱼，我冇钓到。 ɕiau⁴²tsaŋ⁵⁵tso¹³tʰian⁵⁵tiau³³niau⁰i²⁴tʰiau¹³ta³³y¹³，uo⁴²mau³³tiau³³tau⁰。
荆州	小张昨日钓啊一条大鱼，我没钓到。/小张昨日钓啊一条大鱼，我一条都没钓到。 ɕiau⁴²tsaŋ⁵⁵tsʰuo¹³ɯ¹³tiau³⁵a⁰i¹³tʰiau¹³ta³⁵y¹³，uo⁴²mei¹³tiau³⁵tau⁰。/ɕiau⁴²tsaŋ⁵⁵tsʰuo¹³ɯ¹³tiau³⁵a⁰i¹³tʰiau¹³ta³⁵y¹³，uo⁴²i¹³tʰiau¹³təu⁵⁵mei⁵⁵tiau³⁵tau⁰。
仙桃	小张昨天钓哒一条大鱼，我没有钓到。 ɕiau³¹tsaŋ⁴⁵tsʰuo¹³tʰiɛn⁴⁵tiau⁵³ta⁰i²⁴tʰiau¹³ta⁵³y¹³，uo³¹mei¹³iəu³¹tiau⁵³tau⁰。

续表

	0001 小张昨天钓了一条大鱼，我没有钓到鱼。
天门	小张昨日钓哒个大鱼，我一个都没钓到。 ɕiau³¹ tsaŋ⁴⁵ tsʰo²¹³ tɯ⁰ tiau⁰ ta⁰ ko⁵³ ta⁵³ y²¹³，o³¹ i²⁴ ko⁵³ təu⁴⁵ mei²¹³ tiau⁵³ tau⁰。
荆门	小张昨天钓哒一条大鱼，我没钓到鱼。 ɕiau⁵⁵ tsaŋ⁴⁵ tsʰuo²⁴ tʰian⁴⁵ tiau³³ ta⁰ i²⁴ tʰiau²⁴ ta³³ y²⁴，uo⁵⁵ mei²⁴ tiau³³ tau⁵⁵ y²⁴。
钟祥	小张昨儿钓啊好大一条鱼，我没钓到。 ɕiau⁵³ tʂaŋ²⁴ tʂuor³¹ tiau²¹ a⁰ xau⁵³ ta²¹ i³¹ tʰiau³¹ y³¹，uo⁵³ məi³¹ tiau²¹ tau⁵³。
宜昌	昨儿天小张钓啊好大一条鱼，我没钓到。 tsuor¹³ tʰiɛn⁵⁵ ɕiau³³ tsaŋ⁵⁵ tiau⁵⁵ a⁰ xau³³ ta³⁵ i¹³ tʰiau¹³ y¹³，uo³³ mei³³ tiau⁵⁵ tau⁰。
兴山	小张昨儿天钓啊条大鱼，我没钓到。 ɕiau⁵⁵ tsaŋ⁴⁵ tsuor³¹ tʰiɛn⁴⁵ tiau⁴⁵ a⁰ tʰiau⁵⁵ ta²⁴ y³¹，uo⁵⁵ mei³¹ tiau⁴⁵ tau⁰。
长阳	小张昨儿天钓啊一条大鱼，我没钓到。 ɕiau³¹ tsaŋ⁴⁵ tsor²² tʰiɛn⁴⁵ tiau⁴⁵ a⁰ i²² tʰiau²² ta²⁴ y²¹，o³¹ mei⁰ tiau⁴⁵ tau³¹。
五峰	小张昨天钓啊一大条鱼，我没钓到。 ɕiau³³ tsaŋ⁵⁵ tsuo²¹ tʰiɛn⁵⁵ tiau⁵⁵ a⁰ i²¹³ ta³⁵ tʰiau²¹ y⁰，uo³³ mei³³ tiau⁵⁵ tau⁰。
宜都	小张昨儿天钓啊一条大鱼，我没有钓到。 ɕiau³³ tsaŋ⁵⁵ tsor¹³ tʰiɛn⁵⁵ tiau⁵⁵ a⁰ i³⁵ tʰiau³⁵ ta³⁵ i²¹，o³³ mei⁵⁵ iəu⁰ tiau⁵⁵ tau⁰。
恩施	昨天小张钓到一条大鱼，我没钓到。 tsuo³³ tʰiɛn⁵⁵ ɕiau⁵¹ tʂaŋ⁵⁵ tiau³⁵ tau⁵¹ i³³ tʰiau³³ ta³⁵ y³³，uo⁵¹ mei⁵⁵ tiau³⁵ tau⁵¹。
咸丰	小张昨天钓到一个大鱼，我没有钓到。 ɕiau³³ tsaŋ⁵⁵ tsuo²² tʰiɛn⁵⁵ tiau²⁴ tau⁰ i²² ko²¹³ ta²⁴ y²²，ŋo⁴² mei⁵⁵ iəu⁴² tiau²⁴ tau⁰。
建始	小张昨天钓啊条大鱼，我没钓到。 ɕiau⁵¹ tsaŋ⁴⁵ tsʰo²² tʰin⁴⁵ tiau⁴⁵ a⁰ tʰiau²² ta³⁵ y²²，o⁵¹ mei²² tiau⁴⁵ tau⁵¹。
巴东	小张昨天钓了一条大鱼，我没钓到。 ɕiau⁵¹ tsaŋ⁴⁵ tsuo²² tʰiɛn⁰ tiau⁴⁵ nə⁰ i²² tʰiau²² ta²⁴ y²²，uo⁵¹ mei²² tiau⁴⁵ tau⁵¹。

续表

	0001 小张昨天钓了一条大鱼，我没有钓到鱼。
宜城	小张儿昨儿的钓了一条大鱼，我没有钓到鱼。 ɕiɔ⁵⁵ tsãr²⁴ tsuor⁵³ ni⁰ tiɔ²² nɔ⁰ i⁵³ tʰiɔ⁵³ ta⁴¹ i⁵³，uo⁵⁵ meɪ²² iəu⁰ tiɔ²² tɔ⁵⁵ i⁵³。
保康	小张儿昨个儿钓了一条大鱼，我没钓到鱼。 ɕiau⁵⁵ tʂãr²⁴ tsuo⁵³ kər⁰ tiau²² nau⁰ i⁵³ tʰiau⁵³ ta³¹ y⁵³，uo⁵⁵ mei²² tiau²² tau⁵⁵ y⁵³。
神农架	小张儿昨儿钓了条大鱼，我没钓到。 ɕiau³³ tʂaŋ²⁴ tsuər⁵³ tiau³¹ na⁰ tʰiau⁵³ ta³¹ y⁵³，uo³³ mei²⁴ tiau³¹ tau⁰。
襄阳	小张儿昨儿的钓了条大鱼，我没有钓到。 ɕiau³⁵ tsãr²⁴ tsuor⁵³ ni⁰ tiau²⁴ nau⁰ tʰiau⁵³ ta³¹ y⁵³，uo³⁵ mei²⁴ iou³⁵ tiau²⁴ tau³⁵。
随州	小张儿那昨儿钓了条大鱼，我没钓到。 ɕiau³⁵ tʂãr⁴⁴ nɔ²⁴ tsor⁴² tiau²¹³ niau⁰ tʰiau⁴² tɔ²⁴ y⁴²，uo³⁵³ mei⁴² tiau²⁴ tau³⁵³。
郧阳	小张昨儿钓了条大鱼，我没钓到。 ɕiau⁴³ tsaŋ⁴⁵ tsuor⁵¹ tiau⁴⁵ lɤ⁰ tʰiau⁴⁵ ta⁴⁵ y⁵¹，uo⁴³ mei⁴⁵ tiau⁴⁵ tau⁰。
丹江口	昨儿的小张钓了条大鱼，我没钓到。 tsuor⁵¹ ti⁰ ɕiɔ³³ tsaŋ³⁵ tiɔ³⁵ la⁰ tʰiɔ⁵¹ ta³¹ y⁵¹，uo³³ mei³⁵ tiɔ³⁵ tɔ⁰。
房县	小张昨儿的钓了条大鱼，我没钓到。 ɕiɔu³³ tʂaŋ²⁴ tʂuər⁵³ ti⁰ tiɔu²⁴ nɔu⁰ tʰiɔu⁵³ ta³¹ y⁵³，uo³³ mei²⁴ tiɔu²⁴ tɔu⁰。
竹溪	小张昨天钓了一条大鱼，我没钓到。 ɕiau³⁵ tʂaŋ²² tso⁵³ tʰian²⁴ tiau³¹ lia⁰ i⁵³ tʰiau⁵³ ta³¹ y⁵³，ŋo³⁵ mei²⁴ tiau³¹ tau⁰。
公安	小张昨儿钓哒一条大鱼，我没有钓到鱼。 ɕiau²¹ tsaŋ⁵⁵ tsʰuo²⁴ ɯ²⁴ tiau⁵⁵ ta²¹ i³⁵ tʰiau²⁴ ta³³ y²⁴，o²¹ mei⁵⁵ iəu²⁴ tiau⁵⁵ təu²¹ y²⁴。
鹤峰	小张昨日钓了一条大鱼，我没钓到鱼。 ɕiau⁵³ tsaŋ⁵⁵ tso¹² ə¹² tiau³⁵ niau⁰ i¹² tʰiau¹² ta³⁵ y¹²，uo⁵³ mei¹² tiau³⁵ tau⁵³ y¹²。
黄冈	小张昨儿钓了条大鱼，我冇钓到。 ɕiau⁵⁵ tsaŋ²² tsor²¹³ tiau³⁵ liau⁰ tʰiau³¹ ta⁴⁴ zʅ³¹，ŋo⁵⁵ mau⁴⁴ tiau⁴⁴ tau⁵⁵。

续表

	0001 小张昨天钓了一条大鱼， 我没有钓到鱼。
红安	小张昨日钓了一条大鱼，我冇钓到。 ɕiau³⁴ tʂaŋ¹¹ tso²¹³ ər⁰ tiau³⁵ liau⁰ i²² tʰiau³¹ ta³³ zʅ³¹， ŋo⁵⁵ mau³³ tiau³⁵ tau⁵⁵。
英山	小张儿昨儿钓了一条大鱼，我冇钓到。 ɕiau²⁴ tʂaŋ³¹ ɚ⁰ tso³³ ɚ⁰ tiau³⁵ liau⁰ i²¹³ tʰiau⁵⁵ ta³³ zʅ⁵⁵， ŋo²⁴ mau³³ tiau³⁵ tau⁰。
蕲春	小张儿昨儿钓了条大鱼，我冇钓到。 ɕiau³⁴ tʂaŋ⁴² ŋɚ⁰ tso²¹² ɚ⁰ tiau²⁵ liau⁰ tʰiau³¹ tɔ²² ʅ³¹， ŋo³⁴ mau²¹² tiau²⁵ tau⁰。
武穴	小张儿昨日钓到了条大鱼，我冇钓到。 ɕiau³³ tsãr⁵⁵ tsʰo²² i¹³ tiau³⁵ tau⁰ le⁰ tʰiau³¹ tai²² ɲʅ³¹， ŋo³³ mau²² tiau³² tau³³。
黄梅	小张昨日钓了一条大鱼，我冇钓到。 ɕiau¹³ tsaŋ²¹ tsʰo³³ ər⁴² tiau³⁵ liau⁰ i⁴² tʰiau⁵⁵ tai³³ ɲʅ⁵⁵， ŋo¹³ mau³³ tiau³⁵ tau⁰。
黄陂	小张昨日里钓得一条大鱼，我冇钓到。 ɕiao⁴¹ tsaŋ³³⁴ tsa²¹² ɯ⁰ ti⁰ tiao³⁵ tɤ⁰ i²¹² tʰiao²¹² ta⁴⁵⁵ zʅ²¹， ŋo⁴¹ mao⁴⁵⁵ tiao³⁵ tao⁰。
新洲	小张昨儿里钓了一条蛮大的鱼，我冇钓到。 ɕiao⁵⁵ tsaŋ³¹ tsor²¹³ ɲi⁰ tiao³²⁴ ɲiao⁰ i²¹³ tʰiao²²⁴ man²²⁴ ta³³ ti⁰ ʅ²²⁴， ŋo⁵⁵ mao³³ tiao³²⁴ tao³²⁴。
孝感	小张昨天钓了一条大鱼，我冇钓到。 ɕiau⁵² tʂaŋ³³ tso²¹³ tʰin³³ tiau³⁵ uau⁰ i²¹³ tʰiau³¹ ta⁵⁵ ʅ³¹， ŋo⁵² mau⁵⁵ tiau³⁵ tau⁵²。
安陆	小张昨儿钓了一条大鱼，我冇钓到。 ɕiau⁵¹ tʂaŋ⁴⁴ tsor²⁴ tiau³⁵ uau⁰ i²⁴ tʰiau³¹ ta⁵⁵ ʅ³¹， ŋo⁵¹ mau⁵⁵ tiau³⁵ tau⁵¹。
广水	小张昨儿钓了一个大鱼，我冇钓到。 ɕiau³⁴ tʂaŋ³¹ tsor⁵³ tiau¹³ liau⁰ i⁵³ ko¹³ ta¹³ ʅ⁵³， ŋo³⁴ mau¹³ tiau¹³ tau³⁴。
黄石	小张昨儿钓了一条隔⁼鱼，我冇钓到。 ɕiau⁵⁵ tsaŋ³³ tsor²¹³ tiau²⁵ liau⁰ i²¹³ tʰiau³¹ kæ²¹³ ʅ³¹， ŋo⁵⁵ mau³²⁴ tiau²⁵ tau⁵⁵。
大冶	昨日小张钓到一个隔⁼鱼，我冇钓到。 tsʰo²² zŋ²¹³ ɕie⁴⁴ tsɔŋ²² tie⁵⁴⁴ i²¹³ ko²⁵ kɐ²¹³ y³¹， ŋo⁴⁴ mɔ²² tie²⁵ tɔ⁴⁴。

续表

	0001 小张昨天钓了一条大鱼， 我没有钓到鱼。
阳新	小张昨日钓了一只大鱼，我冇钓到鱼。 ɕi³¹ tsɔ̃⁴⁴ tsʰo²¹³ zɻ²⁵ ti⁴⁴ lɛ⁰ i²⁵ tsɒ²⁵ tʰa⁴⁴ y²¹³， ŋo³¹ mɔ⁴⁴ ti⁴⁴ tɔ³¹ y²¹³。
咸宁	小张昨日钓了一只大鱼，我冇钓到鱼。 ɕie⁴² tsɔ̃⁴⁴ tsʰə³³ zɻ⁵⁵ tie⁵⁵ nɒ⁴⁴ i⁵⁵ tsɒ⁵⁵ tʰa³³ y³¹， ŋə⁴² mo⁴⁴ tie⁵⁵ to⁴² y³¹。
通山	小张昨日钓到一只大鱼，我冇钓到。 ɕiɛu⁴² tsoŋ²¹³ tsoʊ⁵⁵ zɻ³³ tɕiɛu⁴⁵ tau³³ i⁵⁵ tsɒ⁵⁵ ta³³ n̠y²¹， ŋoʊ⁴² mau³³ tɕiɛu⁴⁵ tau⁴²。
通城	小张昨日钓仂条闷⁼大箇鱼，我一丁么哒冇钓到。 ɕiau⁴² tsoŋ²¹ dzoʔ⁵⁵ n̠in⁵⁵ tiau²⁴ de⁰ diau³³ mən⁵⁵ dai³⁵ ko⁰ ny³³， ŋo⁴² iʔ⁵⁵ tinʔ⁵⁵ mo⁴² ta⁰ mau³⁵ tiau²¹⁴ tau⁰。
崇阳	小张昨日钓了一条大鱼，我冇钓到。 ɕio⁵³ taŋ²² zo⁵⁵ n̠in⁵⁵ tio²⁴ n̠io⁰ i⁵⁵ dio²¹ dæ⁴⁴ ŋi²¹， ŋo⁵³ mau⁴⁴ tio²⁴ tau⁵³。
嘉鱼	小张昨日钓了一只硕鱼，我冇钓到鱼。 ɕie³¹ tʂoŋ⁴⁴ tsʰo²⁴ zɻ⁵⁵ tie²¹³ nie³¹ i⁵⁵ tʂa⁵⁵ ʂo⁵⁵ y²⁴， ŋo³¹ mau²² tie²¹³ tau²¹³ y²⁴。
赤壁	小张[昨日]儿钓了一只硕鱼，我冇钓到。 ɕiau³¹ tʂou⁴⁴ dzor¹³ tiau²¹³ diau⁰ i⁴⁵ tʂa⁴⁵ ʂo⁴⁵ ɱ̩¹³， ŋo³¹ mau²² tiau²¹³ tau⁰。
监利	昨天小张钓哒一条大鱼，我没有钓到鱼。 tsʰo¹³ tʰiɛn⁴⁴ ɕiau²¹ tsaŋ⁴⁴ tiau³³ ta⁰ i²⁵ tʰiau¹³ xa³³ ɻ¹³， ŋo²¹ mei³³ iou²¹ tiau³³ tau⁰ ɻ¹³。

	0002a. 你平时抽烟吗？ b. 不， 我不抽烟。
武汉	a. 你一般吃不吃烟哪？ b. 不，不吃。 a. li³³ i²¹ pan⁵⁵ tɕʰi¹³ pu⁰ tɕʰi²¹ ian⁵⁵ la⁰？ b. pu²¹³， pu¹³ tɕʰi²¹。
蔡甸	a. 你平常吃不吃烟哪？ b. 我不吃烟。 a. ȵi³³⁴ pʰin²¹³ tsʰaŋ²¹³ tɕʰi³²⁴ pu⁰ tɕʰi³²⁴ ien¹⁵ la⁰？ b. o³³⁴ pu³²⁴ tɕʰi³²⁴ ien¹⁵。
江夏	a. 你平时吃不吃烟？ b. 我一直不吃烟。 a. ȵi⁴¹ pʰin³³ sɿ²¹ tɕʰi¹³ pu⁰ tɕʰi¹³ ien³¹？ b. ŋo⁴¹ i³⁴ tsɿ³¹ pu¹³ tɕʰi³³ ien³¹。
汉川	a. 你平时吃不吃烟？ b. 我不吃烟。 a. ȵi⁴² pʰin¹³ sɿ⁰ tɕʰi²⁴ pu⁰ tɕʰi¹³ iɑn⁵⁵？ b. uo⁴² pu²⁴ tɕʰi¹³ iɑn⁵⁵。
荆州	a. 你平时呼不呼烟啦？ b. 不呼。/a. 烟，你呼不呼啊？ b. 不呼。 a. li⁴² pʰin¹³ sɿ¹³ xu⁵⁵ pu¹³ xu⁵⁵ ien⁵⁵ la⁰？ b. pu¹³ xu⁵⁵。/a. ien⁵⁵，li⁴² xu⁵⁵ pu¹³ xu⁵⁵ a⁰？ b. pu¹³ xu⁵⁵。
仙桃	a. 你平时喝不喝烟啦？ b. 我不喝。 a. li³¹ pʰin¹³ sɿ¹³ xuo²⁴ pu⁰ xuo²⁴ ien⁴⁵ la⁰？ b. uo³¹ pu²⁴ xuo²⁴。
天门	a. 你平常喝喝烟啦？ b. 冇有，我不喝烟。 a. li³¹ pʰin²¹³ tsʰaŋ²¹³ xo⁴⁵ xo⁴⁵ ien⁴⁵ la⁰？ b. mau⁵³ iəu³¹，o³¹ pu²⁴ xo⁴⁵ ien⁴⁵。
荆门	a. 你平时喝烟吗？ b. 不，我不喝烟。 a. ȵi⁵⁵ pʰin²⁴ sɿ²⁴ xuo²⁴ ian⁴⁵ ma⁰？ b. pu²⁴，uo⁵⁵ pu²¹ xuo⁴⁵ ian⁴⁵。
钟祥	a. 你或⁼或⁼儿抽烟啵？ b. 不，我不抽烟。 a. ȵi⁵³ xuo³¹ xuor³¹ tʂʰəu²⁴ ien²⁴ pɔ⁰？ b. pu³¹，uo⁵³ pu³¹ tʂʰəu²⁴ ien²⁴。
宜昌	a. 你平时吃不吃烟啦？ b. 我不吃。 a. li³³ pʰin¹³ sɿ¹³ tɕʰi¹³ pu⁰ tɕʰi¹³ iɛn⁵⁵ la⁰？ b. uo³³ pu¹³ tɕʰi¹³。
兴山	a. 你平时吃不吃烟啦？ b. 不吃。 a. ȵi⁵⁵ pʰin³¹ sɿ³¹ tsʰɿ³¹ pu⁰ tsɿ³¹ iɛn⁴⁵ na⁰？ b. pu³¹ tsʰɿ³¹。
长阳	a. 你平时呼不呼烟啦？ b. 我不呼。 a. ȵi³¹ pʰin²² sɿ²² xu⁴⁵ pu⁰ xu⁴⁵ iɛn⁴⁵ na⁰？ b. o³¹ pu²² xu⁴⁵。
五峰	a. 你平时喝不喝烟啦？ b. 我不喝。 a. li³³ pʰin²¹ sɿ²¹³ xuo⁵⁵ pu⁰ xuo⁵⁵ iɛn⁵⁵ la⁰？ b. uo³³ pu²¹ xuo⁵⁵。

续表

	0002a. 你平时抽烟吗？ b. 不，我不抽烟。
宜都	a. 你平时呼不呼烟？ b. 不，我不呼烟。 a. ni³³ pʰin¹³ sʅ¹³ xu⁵⁵ pu⁰ xu⁵⁵ iɛn⁵⁵？ b. pu¹³，o³³ pu¹³ xu⁵⁵ iɛn⁵⁵。
恩施	a. 你平时吃不吃烟？ b. 不吃烟。 a. ni⁵¹ pʰin³³ sʅ³³ tɕʰi³³ pu⁰ tɕʰi³³ iɛn⁵⁵？ b. pu³³ tɕʰi³³ iɛn⁵⁵。
咸丰	a. 你平素来喝烟不？ b. 我不喝烟。 a. ni⁴² pʰin²² su²¹³ nai⁰ xo²² iɛn⁵⁵ pu²²？ b. ŋo⁴² pu²² xo²² iɛn⁵⁵。
建始	a. 你平时喝不喝烟？ b. 我不喝烟。 a. ni⁵¹ pʰin²² sʅ²² xo⁴⁵ pu²² xo⁴⁵ in⁴⁵？ b. o⁵¹ pu²² xo⁴⁵ in⁴⁵。
巴东	a. 你平常吃不吃烟？ b. 不，我不吃烟。 a. ni⁵¹ pʰin²² tsʰaŋ²² tsʰʅ²² pu²² tsʰʅ²² iɛn⁴⁵？ b. pu²²，uo⁵¹ pu²² tsʰʅ²² iɛn⁴⁵。
宜城	a. 你平时抽烟吧？ b. 不抽，我不抽烟。 a. ni⁵⁵ pʰin⁵³ sʅ⁵³ tsʰəu²⁴ ian²² pa⁰？ b. pu⁵³ tsʰəu²⁴，uo⁵⁵ pu⁵³ tsʰəu²⁴ ian²⁴。
保康	a. 你平时吸烟嘛？ b. 不吸，我不吸烟。 a. ni⁵⁵ pʰin⁵³ sʅ⁵³ ɕi²² iɛn²⁴ me⁰？ b. pu⁵³ ɕi²⁴，uo⁵⁵ pu⁵³ ɕi²² iɛn²⁴。
神农架	a. 你平时吃烟吧？ b. 不，我不吃烟。/a. 你平时吃不吃烟？ b. 不，我不吃烟。 a. ni³³ pʰin⁵³ ʂʅ⁵³ tʂʰʅ⁵³ ian²² pa⁰？ b. pu⁵³，uo³³ pu⁵³ tʂʰʅ⁵³ ian²⁴。/a. ni³³ pʰin⁵³ ʂʅ⁵³ tʂʰʅ⁵³ pu⁰ tʂʰʅ⁵³ ian²⁴？ b. pu⁵³，uo³³ pu⁵³ tʂʰʅ⁵³ ian²⁴。
襄阳	a. 你平常抽烟吧？ b. 我不抽。 a. ni³⁵ pʰin⁵³ tsʰaŋ⁵³ tsʰəu²⁴ ian²⁴ pa⁰？ b. uo³⁵ pu⁵³ tsʰəu²⁴。
随州	a. 你平日吃烟嘛？ b. 嗯，我不吃烟。 a. ni³⁵³ pʰin⁴² ar⁴² tɕʰi⁴² ian⁴⁴ ma⁰？ b. ən⁴²，uo³⁵³ pu⁴² tɕʰi⁴² ian⁴⁴。
郧阳	a. 你抽烟啵？ b. 不抽。 a. li⁴³ tsʰəu⁴⁵ ian⁴⁵ po⁰？ b. po⁵¹ tsʰəu⁴⁵。
丹江口	a. 你吃烟吧？ b. 不，不吃。 a. ni³³ tsʰʅ³⁵ ian³⁵ pa⁰？ b. pu⁵¹，pu⁵¹ tsʰʅ³⁵。

续表

	0002 a. 你平时抽烟吗？ b. 不，我不抽烟。
房县	a. 你平时吃烟吧？ b. 不吃。 a. ni³³ pʰin⁵³ ʂɻ⁵³ tʂʰɻ²⁴ ian²⁴ pa⁰？ b. pu⁵³ tʂʰɻ²⁴。
竹溪	a. 你吃烟吧？ b. 不，我不吃烟。 a. n̩i³⁵ tʂʰɻ²⁴ ian²² pa⁰？ b. pu⁵³，ŋo³⁵ pu⁵³ tʂʰɻ²⁴ ian²⁴。
公安	a. 你平时喝不喝烟？ b. 不，我不喝烟。 a. ni²¹ pʰin²⁴ sɻ²⁴ xuo⁵⁵ pu⁰ xuo⁵⁵ ian⁵⁵？ b. pu³⁵，o²¹ pu³⁵ xuo⁵⁵ ian⁵⁵。
鹤峰	a. 你平时喝不喝烟？ b. 我不喝。 a. ni⁵³ pʰin¹² sɻ¹² xuo⁵⁵ pu⁰ xuo⁵⁵ ian⁵⁵？ b. uo⁵³ pu¹² xuo⁵⁵。
黄冈	a. 你平常吃不吃烟？／你平常吃烟吧？ b. 我不吃烟。 a. li⁵⁵ pʰin³¹ tsʰaŋ³¹ tɕʰi²¹³ pu⁰ tɕʰi²¹³ ien²²？／li⁵⁵ pʰin³¹ tsʰaŋ³¹ tɕʰi²¹³ ien²² pa⁰？ b. ŋo⁵⁵ pu²¹³ tɕʰi²¹³ ien²²。
红安	a. 尔平时吃烟不？ b. 不，我不吃烟。／a. 尔平时吃不吃烟？ b. 不，我不吃烟。 a. n̩⁵⁵ pʰin³¹ sɻ³¹ tɕʰi²² ian¹¹ pu⁰？ b. pu²¹³，ŋo⁵⁵ pu²² tɕʰi²² ian¹¹。／a. n̩⁵⁵ pʰin³¹ sɻ³¹ tɕʰi²¹³ pu⁰ tɕʰi²² ian¹¹？ b. pu²¹³，ŋo⁵⁵ pu²² tɕʰi²² ian¹¹。
英山	a. 尔平时吃烟不？ b. 我不吃烟。 a. n̩²⁴ pʰin⁵⁵ sɻ⁵⁵ tɕʰi²² ian³¹ pu⁰？ b. ŋo²⁴ pu²¹³ tɕʰi²² ian³¹。
蕲春	a. 尔平常素日吃不吃烟嘞？ b. 我不吃烟。 a. n̩³⁴ pʰin³² tsʰɑŋ³¹ sou²⁵ ɚ²¹ tɕʰi²¹ pu⁰ tɕʰi²¹ ian⁴² lɛ⁰？ b. ŋo³⁴ pu²¹ tɕʰi²¹ ian⁴²。
武穴	a. 尔平时吃烟啵？ b. 我不吃烟。 a. n̩³³ pʰin³² sɻ³¹ tɕʰi²² ien⁵⁵ po⁰？ b. ŋo³³ pu²² tɕʰi²² ien⁵⁵。
黄梅	a. 尔平时吃烟呗？ b. 我不吃。 a. n̩¹³ pʰin⁵⁵ sɻ⁵⁵ tɕʰi⁴² ien²¹ pe⁰？ b. ŋo¹³ pu⁴² tɕʰi⁴²。
黄陂	a. 尔平常吃烟不？ b. 我不吃。 a. n̩⁴¹ pʰin²¹² saŋ²¹² tɕʰi²¹⁴ ian³³⁴ pu⁰？ b. ŋo⁴¹ pu²¹⁴ tɕʰi²¹⁴。

续表

	0002a. 你平时抽烟吗？ b. 不，我不抽烟。
新洲	a. 你平常吃不吃烟？ b. 我不吃。 a. ni⁵⁵ pʰin²²⁴ tsʰaŋ²²⁴ tɕʰi²¹³ pu⁰ tɕʰi²¹ iɛn³¹？ b. ŋo⁵⁵ pu²¹³ tɕʰi²¹。
孝感	a. 你平时抽不抽烟？ b. 我不抽烟。 a. ni⁵² pʰin³¹ ʂʅ⁰ tʂʰəu³³ pu⁰ tʂʰəu³³ in³³？ b. ŋo⁵² pu²¹³ tʂʰəu³³ in³³。
安陆	a. 尔平时吃不吃烟嘞？ b. 我不吃烟。 a. n̩⁵¹ pʰin³¹ ʂʅ³¹ tɕi²⁴ pu²⁴ tɕi²⁴ iɛn⁴⁴ nɛ⁰？ b. ŋo⁵¹ pu²⁴ tɕʰi²⁴ iɛn⁴⁴。
广水	a. 尔平时吃不吃烟嘞？ b. 不，我不吃烟。 a. n̩³⁴ pʰin⁵³ ʂʅ⁵³ tɕʰi⁵³ pu⁵³ tɕʰi⁵³ iɛn³¹ lə⁰？ b. pu⁵³，ŋo³⁴ pu⁵³ tɕʰi⁵³ iɛn³¹。
黄石	a. 你平常吃烟不？ b. 不吃。 a. li⁵⁵ pʰin³¹ tsʰaŋ³¹ tɕʰi²¹³ ian³³ pu⁰？ b. pu²¹³ tɕʰi²¹³。
大冶	a. 尔平常时喫烟不唻？ b. 我不喫烟。 a. n̩⁴⁴ pʰin³¹ tsʰɔŋ³¹ ʂʅ³¹ tɕʰiɒ²¹³ iɛ̃²² pu²¹³ lɐ⁰？ b. ŋo⁴⁴ pu²¹³ tɕʰiɒ²¹³ iɛ̃²²。
阳新	a. 尔平常时喫烟百⁼？ b. 不哎，我不喫烟。 a. n̩³¹ pʰin²¹³ tsʰɔ̃²¹³ ʂʅ²¹³ tɕʰiɒ²⁵ iɛ̃⁴⁴ pɛ²⁵？ b. pu²⁵ a⁰，ŋo³¹ pu²⁵ tɕʰiɒ²⁵ iɛ̃⁴⁴。
咸宁	a. 尔平时唰不唰烟？ b. 哼，我不唰烟。 a. n̩⁴² pʰiən³¹ ʂʅ³¹ sə⁵⁵ pu⁵⁵ sə⁵⁵ iɛ⁴⁴？ b. xəŋ⁵⁵，ŋə⁴² pu⁵⁵ sə⁵⁵ iɛ⁴⁴。
通山	a. 尔平时喫烟不嘎？ b. 不，我不喫烟。 a. n̩⁴² pen²³ ʂʅ²¹ tɕʰiɔ⁵⁵ iE²¹³ pa⁵⁵ ka⁰？ b. pa⁵⁵，ŋou⁴² pa⁵⁵ tɕʰiɔ⁵⁵ iẽ²¹³。
通城	a. 尔平时喫烟简啵嘞？ b. 不，我从来不喫烟。/a. 尔平时喫烟简啵？ b. 不，我从来不喫烟。 a. n̩⁴² bin³³ ʂʅ³³ dʑiaʔ⁵⁵ iɛn²¹ ko⁰ po³⁵ de³⁵？ b. pənʔ⁵⁵，ŋo⁴² dzəŋ³³ nai³³ pənʔ⁵⁵ dʑiaʔ⁵⁵ iɛn²¹。/a. n̩⁴² bin³³ ʂʅ³³ dʑiaʔ⁵⁵ iɛn²¹ ko⁰ po³⁵？ b. pənʔ⁵⁵，ŋo⁴² dzəŋ³³ nai³³ pənʔ⁵⁵ dʑiaʔ⁵⁵ iɛn²¹。
崇阳	a. 尔平时喫烟不？ b. 我不喫烟。 a. n̩⁵³ bin³³ ʂʅ²¹ ziɑ⁵⁵ iɛ²² pæ⁵⁵？ b. ŋo⁵³ pæ⁵⁵ ziɑ⁵⁵ iɛ²²。

续表

	0002a. 你平时抽烟吗？ b. 不，我不抽烟。
嘉鱼	a. 你平时吃不吃烟？ b. 不，我不吃烟。 a. ni³¹ pʰiən²⁴ ʂʅ²⁴ tɕʰie⁵⁵ pu⁵⁵ tɕʰie⁵⁵ in⁴⁴？ b. pu⁵⁵，ŋo³¹ pu⁵⁵ tɕʰie⁵⁵ in⁴⁴。
赤壁	a. 尔平常儿吃喫烟吧？ b. 不，我不喫烟。 a. n̩³¹ bin¹³ dʑou¹³ or⁰ dʑiɑ⁴⁵ iei⁴⁴ pɑ⁰？ b. pu⁴⁵，ŋo³¹ pu⁰ dʑiɑ⁴⁵ iei⁴⁴。
监利	a. 你平时呼不呼烟啦？ b. 不，我不呼烟。 a. ni²¹ pʰin¹³ sʅ¹³ xu⁴⁴ pu⁰ xu⁴⁴ iɛn⁴⁴ na⁰？ b. pu⁵⁵，ŋo²¹ pu⁵⁵ xu⁴⁴ iɛn⁴⁴。

	0003a. 你告诉他这件事了吗？ b. 是， 我告诉他了。
武汉	a. 这个事你跟他讲了冇的呀？ b. 跟他讲了的。 a. le³¹ke⁰sʅ²⁵li³³kɛn⁵⁵tʰa⁵⁵tɕiaŋ³³a⁰mao²⁵ti⁰ia⁰？ b. kɛn⁴⁴tʰa⁵⁵tɕiaŋ⁴²a⁰ti⁰。
蔡甸	a. 你告信了他这件事的冇吵？ b. 我告信了他的。 a. ȵi³³⁴kao⁵⁵ɕin⁵⁵ȵiao⁰tʰa¹⁵tse⁵⁵tɕien⁵⁵sʅ⁵⁵ti⁰mao⁵⁵sa⁰？ b. o³³⁴kao⁵⁵ɕin⁵⁵ȵiao⁰tʰa¹⁵ti⁰。
江夏	a. 你这件事告信了他冇？ b. 我告信他了。／a. 这件事你跟他说了冇？ b. 我跟他说了。 a. ni⁴¹tsɤ³²⁴tɕien⁴⁴sʅ³²⁴kao³⁵ɕin³²⁴ȵiao⁰tʰa³⁵mao³²⁴？ b. ŋo⁴¹kao³⁵ɕin³²⁴tʰa³⁵ȵiao⁰。／a. tsɤ³²⁴tɕien⁴⁴sʅ³²⁴ni⁴¹kən³⁵tʰa³⁵so¹³ȵiao⁰mao³²⁴？ b. ŋo⁴¹kən³⁵tʰa³⁵so¹³ȵiao⁰。
汉川	a. 你把这个事跟他说了的冇？ b. 我跟他说了的。 a. ni⁴²pa⁴²tɕie³³ko⁰sʅ³³kən⁵⁵tʰa⁵⁵ɕyæ²⁴ȵiɑu⁰ti⁰mɑu⁰？ b. uo⁴²kən⁵⁵tʰa⁵⁵ɕyæ²⁴ȵiɑu⁰ti⁰。
荆州	a. 你把这个事跟他讲哒没得啊？ b. 我跟他讲哒。 a. li⁴²pa⁴²tsɤ³⁵kɤ⁰sʅ³⁵kən⁵⁵tʰa⁵⁵tɕian⁴²ta⁰mei⁵⁵tɤ⁰a⁰？ b. uo⁴²kən⁵⁵tʰa⁵⁵tɕian⁴²ta⁰。
仙桃	a. 你告没告信他这件事啊？ b. 我告信他哒。 a. li³¹kau⁵³m̩⁰kau⁵³ɕin⁴⁵tʰa⁴⁵tsɤ⁵³tɕiɛn⁵³sʅ⁵³a⁰？ b. uo³¹kau⁵³ɕin⁴⁵tʰa⁴⁵ta⁰。
天门	a. 你告信他这件事哒吗？ b. 呃，我告信他哒。 a. li³¹kau⁵³ɕin⁰tʰa⁴⁵tsɤ⁵³tɕiɛn⁵³sʅ⁵³ta⁰ma⁰？ b. ɤ³¹, o³¹kau⁵³ɕin⁴⁵tʰa⁴⁵ta⁰。
荆门	a. 你告信他这事了吗？ b. 我告信他了。 a. ni⁵⁵kau³³ɕin⁴⁵tʰa⁴⁵tʂɛ³³sʅ³³nɛ⁰ma⁰？ b. uo⁵⁵kau³³ɕin⁴⁵tʰa⁴⁵nɛ⁰。
钟祥	a. 你跟他说啊这个事儿啵？ b. 我跟他说哒。 a. ni⁵³kən²⁴tʰa²⁴ʂuo³¹a⁰tʂə²¹kə²¹ʂɻ²¹pɔ²⁴？ b. uo⁵³kən²⁴tʰa²⁴ʂuo³¹ta⁰。

续表

	0003 a. 你告诉他这件事了吗？ b. 是，我告诉他了。
宜昌	a. 你告信啊他迦个事没有啊？ b. 嗯，我告信他哒。 a. li^{33} kau^{55} ɕin^{55} a^0 tʰa^{55} lie^{35} kɤ^0 sʅ^{35} mei^{33} iəu^{33} a^0？ b. ən^0，uo^{33} kau^{55} ɕin^{55} tʰa^{55} ta^0。
兴山	a. 你告信啊他这件事情没得啊？ b. 嗯，我告信他哒。 a. ni^{55} kau^{45} ɕin^{45} a^0 tʰa^{45} tʂɤ^{24} tɕien^{24} sʅ^{24} tɕʰiŋ^{31} mei^{55} tɤ^0 a^0？ b. ən^{45}，uo^{55} kau^{45} ɕin^{45} tʰa^{45} ta^0。
长阳	a. 你告信啊他这个事没有？ b. 我告信啊他。 a. ni^{31} kau^{45} ɕin^{45} a^0 tʰa^{45} tʂɤ^{24} kɤ^0 sʅ^{24} mei^{45} iəu^{31}？ b. o^{31} kau^{45} ɕin^{45} a^0 tʰa^{45}。
五峰	a. 你告信他这个事啊不得啊？ b. 我告信他哒。 a. li^{33} kau^{55} ɕin^{55} tʰa^{55} tsɤ^{35} kɤ^0 sʅ^{35} a^0 pu^0 tɤ^{213} a^0？ b. uo^{33} kau^{55} ɕin^{55} tʰa^{55} ta^0。
宜都	a. 你告信他迦个事没有？ b. 告信哒。 a. ni^{33} kau^{55} ɕin^{55} tʰa^{55} nie^{35} kɤ^0 sʅ^{55} mei^{55} iəu^{33}？ b. kau^{55} ɕin^{55} ta^0。
恩施	a. 你跟他讲哒这件事没得？ b. 讲哒。 a. ni^{51} kən^{55} tʰa^{55} tɕiaŋ^{51} ta^0 tʂe^{35} tɕien^{35} sʅ^{35} mei^{55} tɛ^0？ b. tɕiaŋ^{51} ta^0。
咸丰	a. 你对他说迦件事没？ b. 说哒。 a. ni^{42} tuei^{24} tʰa^{55} suo^{22} niɛ^{22} tɕien^{24} sʅ^{213} mei^0？ b. suo^{22} ta^0。
建始	a. 你跟他说啊迦个事没得？ b. 我跟他说哒。 a. ni^{51} kən^{45} tʰa^{45} ʂo^{22} a^0 nɛ^{35} kɤ^0 sʅ^{35} mei^{22} tɛ^0？ b. o^{51} kən^{45} tʰa^{45} ʂo^{22} ta^0。
巴东	a. 你告信他这件事没得？ b. 我告信他哒。 a. ni^{51} kau^{24} ɕin^0 tʰa^{45} tse^{24} tɕien^{24} sʅ^{24} mei^{45} tɛ^0？ b. uo^{51} kau^{24} ɕin^0 tʰa^{45} ta^0。
宜城	a. 你跟他说这件事儿了吧？ b. 我跟他说了。 a. ni^{55} kən^{41} tʰa^{24} suo^{53} tse^{41} tɕian^{24} ʂər^{41} nɔ^0 pa^0？ b. uo^{55} kən^{41} tʰa^{24} suo^{53} nɔ^0。
保康	a. 你给他说了这个事儿嘛？ b. 是的，我给他说了。 a. ni^{55} ki^{22} tʰa^0 ʂuo^{53} nau^0 tʂe^{31} kə^0 ʂər^{31} me^0？ b. sʅ^{31} ni^0，uo^{55} ki^{22} tʰa^{24} ʂuo^{53} nau^0。

续表

	0003a. 你告诉他这件事了吗？ b. 是，我告诉他了。
神农架	a. 这个事儿你给他说没说？ b. 是的，我给他说了的。 a. tṣe³¹ kɤ⁰ ṣər³¹ ni³³ kuɯ²⁴ tʰa²² ṣuo⁵³ mei²⁴ ṣuo⁵³？ b. ʂʅ³¹ ti⁰，uo³³ kuɯ²⁴ tʰa²² ṣuo⁵³ na⁰ ti⁰。
襄阳	a. 这个事儿你给他说了吗？ b. 我给他说了。 a. tsə³¹ kə⁰ sər³¹ ni³⁵ kuɯ³⁵ tʰa⁰ suo⁵³ nau⁰ man⁰？ b. uo³⁵ kuɯ³⁵ tʰa⁰ suo⁵³ nau⁰。
随州	a. 你跟他说了这个事儿嘛？ b. 是的，我跟他说了的。 a. ni³⁵³ kən⁴⁴ tʰɔ⁴⁴ ʂu̯a⁴² niau⁰ tɕi²¹³ ko⁰ sər²¹³ ma⁰？ b. ʂʅ²¹³ ti⁰，uo³⁵³ kən⁴⁴ tʰɔ⁴⁴ ʂu̯a⁴² niau⁰ ti⁰。
郧阳	a. 这个事儿你给他说没？ b. 哦，我给他说了。 a. tsɤ³¹ kɤ⁰ sər³¹ li⁴³ kuɯ⁴⁵ tʰa⁴⁵ suo⁴⁵ mei⁴⁵？ b. au⁴⁵，uo⁴³ kuɯ⁴⁵ tʰa⁴⁵ suo⁴⁵ lau⁰。
丹江口	a. 这个事儿你给他说了没？ b. 是的，我给他说了。 a. tsɤ³¹ kɤ⁰ sər³¹ ni³³ kuɯ³⁵ tʰa³⁵ suo³⁵ la⁰ mei³¹？ b. ʂʅ³¹ ti⁰，uo³³ kuɯ³⁵ tʰa³⁵ suo³⁵ la⁰。
房县	a. 这个事儿你给他说了没？ b. 说了。 a. tṣe³¹ kɤ⁰ ṣər³¹ ni³³ kuɯ³¹ tʰa²⁴ ṣuo³¹ nou⁰ mei²⁴？ b. ṣuo³¹ nou⁰。
竹溪	a. 这个事儿你给他说了没？ b. 是的，我给他说了。 a. tṣe³¹ kɤ⁰ sər³¹ ɲi³⁵ kɛ³⁵ tʰa²⁴ ʂo²² lia⁰ mei²⁴？ b. ʂʅ³¹ ti⁰，ŋo³⁵ kɛ²⁴ tʰa⁰ ʂo²² lia⁰。
公安	a. 你告诉他迥个事啊没得咧？ b. 是的，我告诉他啊的。 a. ni²¹ kau²¹ su³³ tʰa⁵⁵ nie³⁵ kuo³³ ʂʅ³³ a²¹ mei⁵⁵ tɤ⁰ nie⁰？ b. ʂʅ³³ ni⁰，o²¹ kau³³ su³³ tʰa⁵⁵ a²¹ ni⁰。
鹤峰	a. 你告信他这件事没得？ b. 我告信他哒。 a. ni⁵³ kau³⁵ ɕin⁰ tʰa⁵⁵ tṣe³⁵ tɕian³⁵ ʂʅ¹² mɛ³⁵ tɛ⁵⁵？ b. uo⁵³ kau³⁵ ɕin⁰ tʰa⁵⁵ ta⁰。
黄冈	a. 你跟他说这个事冇？/你把这个事跟他说冇？ b. 我跟他说了。 a. li⁵⁵ kən²² tʰa²² ʂu̯e²¹³ tṣe³⁵ ko⁰ ʂʅ⁴⁴ mau⁴⁴？ /li⁵⁵ pa⁵⁵ tṣe³⁵ ko⁰ ʂʅ⁴⁴ kən²² tʰa²² ʂu̯e²¹³ mau⁴⁴？ b. ŋo⁵⁵ kən²² tʰa²² ʂu̯e²¹³ liau⁵⁵。

续表

	0003a. 你告诉他这件事了吗？ b. 是， 我告诉他了。
红安	a. 迍个事尔跟他说冇？b. 是的，我跟他说了。/a. 尔把迍个事跟他说了冇？b. 是的，我跟他说了。 a. le³⁵ ko⁰ sɿ³³ n̩⁵⁵ kən¹¹ tʰa¹¹ ʂɥe²¹³ mau³³? b. sɿ³³ ti⁰, ŋo⁵⁵ kən¹¹ tʰa¹¹ ʂɥe²¹³ liau⁰。/a. n̩⁵⁵ pa⁵⁵ le³⁵ ko⁰ sɿ³³ kən¹¹ tʰa¹¹ ʂɥe²¹³ liau⁰ mau³³? b. sɿ³³ ti⁰, ŋo⁵⁵ kən¹¹ tʰa¹¹ ʂɥe²¹³ liau⁰。
英山	a. 尔跟他说这个事冇？b. 我跟他说了。/a. 尔把这个事跟他说冇？b. 我跟他说了。 a. n̩²⁴ kən³¹ tʰa³¹ ʂɥe²¹³ te³⁵ ko⁰ sɿ³³ mau³³? b. ŋo²⁴ kən³¹ tʰa³¹ ʂɥe²¹³ liau⁰。/a. n̩²⁴ pa²⁴ te³⁵ ko⁰ sɿ³³ kən³¹ tʰa³¹ ʂɥe²¹³ mau³³? b. ŋo²⁴ kən³¹ tʰa³¹ ʂɥe²¹³ liau⁰。
蕲春	a. 尔跟他说冇说这件事？b. 我跟他说了。/a. 这件事尔跟他说冇说？b. 我跟他说了。 a. n̩³⁴ kən⁴² tʰɒ⁴² ʂua²¹ mau⁰ ʂua²¹ tse²⁵ tɕian²² sɿ²¹²? b. ŋo³⁴ kən⁴² tʰɒ⁴² ʂua²¹ liau⁰。/a. tse²⁵ tɕian²¹² sɿ²¹² n̩³⁴ kən⁴² tʰɒ⁴² ʂua²¹ mau⁰ ʂua²¹? b. ŋo³⁴ kən⁴² tʰɒ⁴² ʂua²¹ liau⁰。
武穴	a. 这个事儿尔告了渠啰啵？/尔把这个事儿告了渠啰啵？b. 我告了渠啰。 a. te³⁵ ko⁰ sɿ²² ɚ⁰ n̩³³ kau³⁵ le⁰ xe⁵⁵ lo⁰ po⁰? /n̩³³ pa³³ te³⁵ ko⁰ sɿ²² ɚ⁰ kau³⁵ le⁰ xe⁵⁵ lo⁰ po⁰? b. ŋo³³ kau³⁵ le⁰ xe⁵⁵ lo⁰。
黄梅	a. 这个事尔对渠说么？/尔把这个事对渠说么？b. 我对渠说了啊。 a. tai³⁵ ko⁰ sɿ³³ n̩¹³ ti³⁵ kʰæ⁵⁵ ɕɥæ⁴² me⁰? /n̩¹³ pa¹³ tai³⁵ ko⁰ sɿ³³ ti³⁵ kʰæ⁵⁵ ɕɥæ⁴² me⁰? b. ŋo¹³ ti³⁵ kʰæ⁵⁵ ɕɥæ⁴² liau¹³ a⁰。
黄陂	a. 尔跟他说了迍个事的[冇啊]？b. 我跟他说了的。 a. n̩⁴¹ ken³³⁴ tʰa⁰ ʂɥæ²¹⁴ a⁰ lie³⁵ kɤ⁰ sɿ⁴⁵⁵ ti⁰ ma⁴⁵⁵? b. ŋo⁴¹ ken³³⁴ tʰa⁰ ʂɥæ²¹⁴ a⁰ ti⁰。
新洲	a. 你跟他说这个事冇？b. 说了。 a. ȵi⁵⁵ ken³¹ tʰa³¹ ʂɥe²¹³ tse³²⁴ ko⁰ sɿ³³ mao³³? b. ʂɥe²¹³ ȵiao⁰。

续表

	0003a. 你告诉他这件事了吗？ b. 是，我告诉他了。
孝感	a. 你把迩件事跟他讲了冇？ b. 我跟他讲了。 a. ni⁵² pa⁵² niɛ³⁵ tɕin⁵⁵ sʅ⁵⁵ kən³³ tʰa³³ tɕiaŋ⁵² ŋau⁰ mau⁵²？ b. ŋo⁵² kən³³ tʰa³³ tɕiaŋ⁵² ŋau⁰。
安陆	a. 尔跟他说了迩个事冇？ b. 我跟他说了的。/a. 尔告诉他迩个事冇？ b. 我告诉了他的。 a. n̩⁵¹ kən⁴⁴ tʰa⁴⁴ ʂyɛ²⁴ niau⁰ niɛ³⁵ ko⁵⁵ sʅ⁵⁵ mau⁵⁵？ b. ŋo⁵¹ kən⁴⁴ tʰa⁴⁴ ʂyɛ²⁴ niau⁰ ti⁰。/a. n̩⁵¹ kau³⁵ səu⁵⁵ tʰa⁴⁴ niɛ³⁵ ko⁵⁵ sʅ⁵⁵ mau⁵⁵？ b. ŋo⁵¹ kau³⁵ səu⁵⁵ uau⁰ tʰa⁴⁴ ti⁰。
广水	a. 尔跟他说了迩个事儿冇？ b. 是，我跟他说了。 a. n̩³⁴ kən³¹ tʰa³¹ ʂyɛ⁵³ liau⁰ liɛ⁵³ ko¹³ sər¹³ mau¹³？ b. sʅ¹³，ŋo³⁴ kən³¹ tʰa³¹ ʂyɛ⁵³ liau⁰。
黄石	a. 你跟他说了这件事冇？ b. 说了。 a. li⁵⁵ ken³³ tʰɒ³³ ɕyæ²¹³ liau⁰ tse¹⁵ tɕian³²⁴ sʅ³²⁴ mau³²⁴？ b. ɕyæ²¹³ liau⁰。
大冶	a. 尔跟渠说了嘚个事啵？ b. 说了。 a. n̩⁴⁴ kẽ²² kʰe³¹ ɕyɛ²¹³ le⁰ tɐ²⁵ ko⁰ sʅ²² po⁰？ b. ɕye²¹³ le⁰。
阳新	a. 尔跟渠说了这个事冇？ b. 我跟渠说了。 a. n̩³¹ kan⁴⁴ kʰɛ²¹³ ɕyɛ²⁵ le⁰ tɛ²⁵ ko⁰ sʅ⁴⁴ mɔ⁴⁴？ b. ŋo³¹ kan⁴⁴ kʰɛ²¹³ ɕyɛ²⁵ lɛ⁰。
咸宁	a. 尔跟伊说冇说个件事？ b. 嗯，我跟伊说了。 a. n̩⁴² kẽ⁴⁴ e³¹ ɕye⁵⁵ mo⁴⁴ ɕye⁵⁵ kə²¹³ tɕʰiẽ³³ sʅ³³？ b. n̩⁴²，ŋə⁴² kẽ⁴⁴ e³¹ ɕye⁵⁵ nɒ⁴²。
通山	a. 尔告伊个宗事了啊？ b. 嗯，我告伊到了。 a. n̩⁴² kɑu⁴⁵ i²¹ ka²¹ tsɑŋ²³ sʅ³³ liɛu⁰ a³³？ b. n̩³³，ŋou⁴² kɑu⁴⁵ i²¹ tɑu⁴² liɛu⁰。
通城	a. 尔把个件事情话得伊听仂吧？ b. 嗯，我话得伊听仂。 a. n̩⁴² pa⁴² ke²⁴ dʑiɛn³⁵ sʅ³⁵ dʑin³³ ua³⁵ te³⁵ ie⁴² diaŋ²¹⁴ ne⁰ pa⁰？ b. ŋ⁴²，ŋo⁴² ua³⁵ te³⁵ ie⁴² diaŋ²⁴ ne⁰。

续表

	0003 a. 你告诉他这件事了吗？ b. 是，我告诉他了。
崇阳	a. 尔告到伊个桩事了冇？ b. 我告到伊去了。 a. n̩^{53} kau^{24} tau^{0} i^{53} ko^{24} tsaŋ^{22} sɿ^{44} næ^{0} mau^{44}？ b. ŋo^{53} kau^{24} tau^{0} i^{53} ʑiɛ^{24} næ^{0}。
嘉鱼	a. 你告冇告信他这个事？ b. 是，我告信他了。 a. ni^{31} kau^{213} mau^{22} kau^{213} ɕiən^{213} xɒ^{44} tɒ^{213} ko^{213} sɿ^{22}？ b. ʂʅ^{22}，ŋo^{31} kau^{213} ɕiən^{213} xɒ^{44} nie^{31}。
赤壁	a. 尔告诉他这一件事吗？ b. 我告诉他了。 a. n̩^{31} kau^{213} su^{0} na^{44} ta^{213} i^{45} dʑiei^{22} sɿ^{22} ma^{0}？ b. ŋo^{31} kau^{213} su^{0} na^{44} diau^{0}。
监利	a. 迺件事你跟他说了没有？ b. 是的啊，我跟他说了的。 a. nie^{25} tɕien^{33} sɿ^{33} ni^{21} kən^{44} tʰa^{44} sʮ^{55} nɤ^{0} mei^{13} iou^{21}？ b. sɿ^{33} ti^{0} a^{0}，ŋo^{21} kən^{44} tʰa^{44} sʮ^{55} nɤ^{0} ti^{0}。

	0004 你吃米饭还是吃馒头？
武汉	尔[您家]是吃饭哪，还是吃馍馍咧？ n̩³³ lia²¹ sɿ²⁵ tɕʰi²¹³ fan²⁵ la⁰, xai²¹ sɿ²⁵ tɕʰi²¹ mo²¹³ mo⁰ le⁰?
蔡甸	你是吃饭哪，是吃馍馍啊？ n̩i³³⁴ sɿ⁵⁵ tɕʰi³²⁴ fan⁵⁵ la⁰, sɿ⁵⁵ tɕʰi³²⁴ mo³²⁴ mo⁰ a⁰?
江夏	你是吃饭还是吃馍馍？ ni⁴¹ sɿ⁴⁴⁵ tɕʰi³³ fan⁴⁵ xai⁴⁴ sɿ⁴⁴⁵ tɕʰi¹³ mo³¹ mo⁰?
汉川	你是吃饭还是吃包子？ ni⁴² sɿ³³ tɕʰi¹³ fan³³ xai¹³ sɿ³³ tɕʰi²⁴ pau⁵⁵ tsɿ⁰?
荆州	你是吃饭啦还是吃馒头？ li⁴² sɿ³⁵ tɕʰi¹³ fan³⁵ la⁰ xai¹³ sɿ³⁵ tɕʰi¹³ man¹³ tʰəu¹³?
仙桃	你是吃饭啦还是吃馒头啊？ li³¹ sɿ⁵³ tɕʰi²⁴ fan⁵³ la⁰ xai¹³ sɿ⁵³ tɕʰi²⁴ man¹³ tʰəu⁰ a⁰?
天门	你是吃饭啦还是吃馒头？ li³¹ sɿ⁵³ tɕʰi²⁴ fan⁵³ la⁰ xai²¹³ sɿ⁵³ tɕʰi²⁴ man²¹³ tʰəu²¹³?
荆门	你吃饭还是吃粑粑啊？ ni⁵⁵ tɕʰi²⁴ ɸuan³³ xai²⁴ sɿ³³ tɕʰi²⁴ pa⁴⁵ pa⁰ a⁰?
钟祥	你吃饭还是吃包子？ ni⁵³ tɕʰi³¹ fan²¹⁴ xai³¹ sɿ²¹ tɕʰi³¹ pau²¹ r̩⁵⁵?
宜昌	你是吃饭啦还是吃馒头啊？ li³³ sɿ³⁵ tɕʰi¹³ fan³⁵ la⁰ xai¹³ sɿ³⁵ tɕʰi¹³ man¹³ tʰuo⁰ a⁰?
兴山	你是吃饭啦还是吃粑粑啊？ ni⁵⁵ ʂɿ²⁴ tʂʰɿ³¹ fan²⁴ na⁰ xai³¹ ʂɿ¹¹ tʂʰɿ³¹ pa⁴⁵ pa⁴⁵ a⁰?
长阳	你是吃饭啦还是吃馒头？ ni³¹ sɿ²⁴ tɕʰi²² fan²⁴ na⁰ xai²² sɿ²⁴ tɕʰi²² man²² tʰo²²?
五峰	你是吃米饭啦还是吃馍馍啊？ li³³ sɿ³⁵ tɕʰi²¹³ mi³³ fan³⁵ la⁰ xai²¹³ sɿ³⁵ tɕʰi²¹³ mo²¹³ mo⁰ a⁰?

续表

	0004 你吃米饭还是吃馒头？
宜都	你是吃饭啦还是吃馒头？ ni^{33} ʂʅ^{55} tɕʰi^{13} fan^{35} na^{0} xai^{13} ʂʅ^{35} tɕʰi^{13} man^{13} tʰo^{21}？
恩施	你是要饭还是要馒头？ ni^{51} ʂʅ^{35} iau^{35} xuan^{35} xai^{33} ʂʅ^{35} iau^{35} man^{33} tʰəu^{0}？
咸丰	你吃大米饭还是吃馒头？ ni^{42} tsʰʅ^{22} ta^{24} mi^{33} fan^{213} xai^{22} ʂʅ^{213} tsʰʅ^{22} man^{22} tʰəu^{0}？
建始	你是吃饭么还是吃馒头？ ni^{51} ʂʅ^{35} tʂʰʅ^{22} fan^{35} mɛ^{0} xai^{22} ʂʅ^{0} tʂʰʅ^{22} man^{22} tʰo^{0}？
巴东	你掰=米饭还是掰=馒头？ ni^{51} pai^{45} mi^{51} fan^{24} xai^{22} ʂʅ^{0} pai^{45} man^{22} tʰuo^{0}？
宜城	你吃饭哪还是吃馍馍？ ni^{55} tsʰʅ^{53} fan^{41} na^{0} xɛ^{53} ʂʅ^{41} tsʰʅ^{53} muo^{53} muo^{0}？
保康	你是吃干饭还是吃馍馍？ ni^{55} ʂʅ^{31} tʂʰʅ^{53} kan^{22} fan^{0} xai^{53} ʂʅ^{0} tʂʰʅ^{53} muo^{53} muo^{0}？
神农架	你是吃干饭还是吃馍馍？/你吃干饭还是吃馍馍？ ni^{33} ʂʅ^{31} tʂʰʅ^{53} kan^{22} fan^{0} xai^{53} ʂʅ^{31} tʂʰʅ^{53} mo^{53} mo^{0}？/ni^{33} tʂʰʅ^{53} kan^{22} fan^{0} xai^{53} ʂʅ^{31} tʂʰʅ^{53} mo^{53} mo^{0}？
襄阳	你是吃干饭还是吃馍馍？ ni^{35} ʂʅ^{31} tʂʰʅ^{53} kan^{24} fan^{0} xai^{53} ʂʅ^{0} tʂʰʅ^{53} mo^{53} mo^{0}？
随州	你吃饭还是吃馍馍？ ni^{353} tɕʰi^{44} fan^{213} xai^{42} ʂʅ^{42} tɕʰi^{44} mo^{42} mo^{0}？
郧阳	你吃干饭还是吃馍馍？ li^{43} tsʰʅ^{45} kan^{45} fan^{31} xan^{45} ʂʅ^{31} tsʰʅ^{45} mo^{51} mo^{0}？
丹江口	你是吃干饭还是吃馍？ ni^{33} ʂʅ^{31} tsʰʅ^{35} kan^{35} fan^{31} xɛ^{51} ʂʅ^{31} tsʰʅ^{35} mo^{51}？

续表

	0004 你吃米饭还是吃馒头？
房县	你吃干饭还是吃馍馍？／你是吃干饭还是吃馍馍？ ni³³ tʂʰʅ²⁴ kan³¹ fan⁵³ xai⁵³ ʂʅ³¹ tʂʰʅ²⁴ mo⁵³ mo⁰？／ni³³ ʂʅ³¹ tʂʰʅ²⁴ kan³¹ fan⁵³ xai⁵³ ʂʅ³¹ tʂʰʅ²⁴ mo⁵³ mo⁰？
竹溪	你吃干饭还是吃馍馍？／你是吃干饭还是吃馍馍？ ȵi³⁵ tʂʰʅ²⁴ kan²² fan⁰ xai⁵³ ʂʅ³¹ tʂʰʅ²⁴ mo⁵³ mo⁰？／ȵi³⁵ ʂʅ³¹ tʂʰʅ²⁴ kan²² fan⁰ xai⁵³ ʂʅ³¹ tʂʰʅ²⁴ mo⁵³ mo⁰？
公安	你吃饭还是吃馒头？ ni²¹ tɕʰi³⁵ fan³³ xai²⁴ ʂʅ³³ tɕʰi³⁵ man²⁴ tʰəu⁰？
鹤峰	你吃饭还是吃馍馍？ ni⁵³ tɕʰi¹² xuan³⁵ xai¹² ʂʅ¹² tɕʰi¹² mo¹² mo⁰？
黄冈	你吃饭还是吃馍？ li⁵⁵ tɕʰi¹³ fan⁴⁴ xai³¹ ʂʅ⁴⁴ tɕʰi¹³ mo³¹？
红安	尔吃饭还是吃馍？ n̩⁵⁵ tɕʰi²² fan³³ xai³¹ ʂʅ³³ tɕʰi²² mo³¹？
英山	尔吃饭还是吃粑？ n̩²⁴ tɕʰi²² fan³³ xai⁵⁵ ʂʅ³³ tɕʰi²² pa³¹？
蕲春	尔是吃饭还是吃粑嘞？ n̩³⁴ ʂʅ²¹² tɕʰi²¹ fan²¹² xai³¹ ʂʅ²¹² tɕʰi²¹ pɒ⁴² lɛ⁰？
武穴	尔吃饭还是吃粑？ n̩³³ tɕʰi²² fan²² xai³² ʂʅ²² tɕʰi²² pa⁵⁵？
黄梅	尔是吃饭还是吃粑呢？ n̩¹³ ʂʅ³³ tɕʰi⁴² fan³³ xan⁵⁵ ʂʅ³³ tɕʰi⁴² pa²¹ ne⁰？
黄陂	尔吃饭还是吃馍馍？／尔是吃饭还是吃馍馍？ n̩⁴¹ tɕʰi²¹² fan⁴⁵⁵ xai²¹² ʂʅ⁴⁵⁵ tɕʰi²¹² mo²¹² mo⁰？／n̩⁴¹ ʂʅ⁴⁵⁵ tɕʰi²¹² fan⁴⁵⁵ xai²¹² ʂʅ⁴⁵⁵ tɕʰi²¹² mo²¹² mo⁰？

续表

	0004 你吃米饭还是吃馒头？
新洲	你吃饭，还是吃馍馍？ ni⁵⁵ tɕʰi²¹³ fan³³，xai²²⁴ sʅ³³ tɕʰi²¹³ mo²²⁴ mo⁰？
孝感	你吃饭还是吃馒头？ ni⁵² tɕʰi²¹³ fan⁵⁵ xai³¹ sʅ⁵⁵ tɕʰi²¹³ mɑn³¹ təu⁰？
安陆	尔吃饭还是吃粑嘞？ n̩⁵¹ tɕʰi²⁴ fan⁵⁵ xai³¹ sʅ⁵⁵ tɕʰi²⁴ pa⁴⁴ nɛ⁰？
广水	尔是吃饭还是吃馒头？ n̩³⁴ sʅ¹³ tɕʰi⁵³ xuan¹³ xai⁵³ sʅ¹³ tɕʰi⁵³ man⁵³ tʰəu⁰？
黄石	你吃饭还是吃馍？ li⁵⁵ tɕʰi²¹³ fan³²⁴ xæ³¹ sʅ³²⁴ tɕʰi²¹³ mo³¹？
大冶	尔喫饭还是喫馍唻？ n̩⁴⁴ tɕʰiɒ²¹³ fẽ²² xɐ³¹ sʅ²² tɕʰiɒ²¹³ mo³¹ lɐ⁰？
阳新	尔是喫饭还是喫粑？ n̩³¹ sʅ⁴⁴ tɕʰiɒ²⁵ fã⁴⁴ xa²¹³ sʅ⁴⁴ tɕʰiɒ²⁵ pɒ⁴⁴？
咸宁	尔喫饭还是喫馍？ n̩⁴² tɕʰiɒ⁵⁵ fɒ³³ xa³¹ sʅ³³ tɕʰiɒ⁵⁵ mə³¹？
通山	尔是喫饭来是喫馍子？ n̩⁴² sʅ³³ tɕʰiɔ⁵⁵ fÃ³³ la²¹ sʅ³³ tɕʰiɔ⁵⁵ mou²¹ tsʅ⁴²？
通城	尔是喫饭嘞还是喫馍馍嘞？／尔是喫饭哪还是喫馍馍咃？ n̩⁴² sʅ³⁵ dʑiaʔ⁵⁵ fan³⁵ ne³⁵ hai³³ sʅ³⁵ dʑiaʔ⁵⁵ mo²¹ mo⁰ de³⁵？／n̩⁴² sʅ³⁵ dʑiaʔ⁵⁵ fan³⁵ na³⁵ hai³³ sʅ³⁵ dʑiaʔ⁵⁵ mo²¹ mo⁰ da⁰？
崇阳	尔是喫饭还是喫馍？ n̩⁵³ sʅ⁴⁴ ziɑ⁵⁵ fæ⁴⁴ hæ²¹ sʅ⁴⁴ ziɑ⁵⁵ mo²¹？

续表

	0004 你吃米饭还是吃馒头？
嘉鱼	你吃饭还是吃馍？ ni³¹ tɕʰie⁵⁵ fan²² xai²⁴ sʅ²² tɕʰie⁵⁵ mo²⁴？
赤壁	尔喫饭还是喫馍？ n̩³¹ dʑia⁴⁵ fan²² xai¹³ sʅ⁰ dʑia⁴⁵ mo¹³？
监利	你是吃饭啦还是吃馒头啊？ ni²¹ sʅ³³ tɕʰi⁵⁵ fan³³ na⁰ xai¹³ sʅ³³ tɕʰi⁵⁵ man¹³ tʰou⁰ a⁰？

	0005 你到底答应不答应他？
武汉	到底你答不答应他哪？ tao²⁵ ti⁴² li³³ ta¹³ pu⁰ ta²¹³ in⁰ tʰa⁵⁵ la⁰？
蔡甸	你到底答不答应他哪？ ni³³⁴ tao⁵⁵ ti⁰ ta³²⁴ pu⁰ ta³²⁴ in⁰ tʰa¹⁵ la⁰？
江夏	你到底答不答应他？ ni⁴¹ tao³²⁴ ti⁰ ta³²⁴ pu⁰ ta³⁴ in³³ tʰa³⁵？
汉川	你到底答应他还是不答应他？ ni⁴² tau³³ ti⁰ ta¹³ in³³ tʰa⁵⁵ xɑi¹³ sɿ³³ pu²⁴ ta¹³ in³³ tʰa⁵⁵？
荆州	你到底答不答应他啊？ li⁴² tau³⁵ ti⁴² ta¹³ pu¹³ ta¹³ in⁵⁵ tʰa⁵⁵ a⁰？
仙桃	你到底答不答应他啊？ li³¹ tau⁵³ ti³¹ ta²⁴ pu⁰ ta²⁴ in⁴⁵ tʰa⁴⁵ a⁰？
天门	你到底答不答应他啊？ li³¹ tau⁵³ ti³¹ ta²⁴ pu⁰ ta²⁴ in⁴⁵ tʰa⁴⁵ a⁰？
荆门	你到底答不答应他？ ni⁵⁵ tau³³ ti⁰ ta²⁴ pu⁰ ta²⁴ in⁴⁵ tʰa⁴⁵？
钟祥	你到底答不答应他？ ni⁵³ tau²¹ ti⁵³ ta³¹ pu⁰ ta³¹ in²¹ tʰa²¹？
宜昌	你到底答不答应他？ li³³ tau³⁵ ti⁰ ta¹³ pu⁰ ta¹³ in³⁵ tʰa⁵⁵？
兴山	你到底答不答应他？ ni⁵⁵ tau²⁴ ti⁰ ta³¹ pu⁰ ta³¹ in²⁴ tʰa⁴⁵？
长阳	你到底答不答应他？ ni³¹ tau²⁴ ti⁰ ta²² pu⁰ ta²² in²⁴ tʰa⁴⁵？

续表

	0005 你到底答应不答应他？
五峰	你到底答不答应他？ li³³ tau³³ ti⁰ tai²¹³ pu⁰ tai²¹³ in³⁵ tʰa⁵⁵？
宜都	你到底答不答应他？ ni³³ tau³⁵ ti⁰ ta¹³ pu⁰ ta¹³ in³⁵ tʰa⁵⁵？
恩施	你到底答不答应他？ ni⁵¹ tau³⁵ ti⁵¹ ta³³ pu⁰ ta³³ in³⁵ tʰa⁵⁵？
咸丰	你到底是答应不答应他？／你到底答应他不？ ni⁴² tau²⁴ ti⁴² sʅ²¹³ ta²² in²⁴ pu²² ta²² in²⁴ tʰa⁵⁵？／ni⁴² tau²⁴ ti⁴² ta²² in²⁴ tʰa⁵⁵ pu⁰？
建始	你到底答不答应他？ ni⁵¹ tau³⁵ ti⁵¹ ta²² pu²² ta²² in²² tʰa⁴⁵？
巴东	你到底答不答应他？ ni⁵¹ tau²⁴ ti⁰ tan²² pu⁰ tan²² in⁰ tʰa⁴⁵？
宜城	你到底答不答应他？ ni⁵⁵ tɔ⁴¹ ti⁵⁵ ta⁵³ in⁰ pu⁰ ta⁵³ in⁰ tʰa²⁴？
保康	你到底答不答应他？ ni⁵⁵ tau³¹ ti⁵⁵ ta⁵³ in⁰ pu⁰ ta⁵³ in⁰ tʰa²⁴？
神农架	你到底答不答应他？／你到底答应他吧？ ni³³ tau³¹ ti³³ ta⁵³ pu⁰ ta⁵³ in⁰ tʰa²⁴？／ni³³ tau³¹ ti³³ ta⁵³ in⁰ tʰa²⁴ pa⁰？
襄阳	你答不答应他？ ni³⁵ ta⁵³ pu⁰ ta⁵³ in⁰ tʰa²⁴？
随州	你到底答不答应他吵？ ni³⁵³ tau²⁴ ti³⁵³ tɔ⁴² pu⁰ tɔ⁴² in⁰ tʰɔ⁴⁴ ʂa⁰？

	0005 你到底答应不答应他？
郧阳	你到底儿答应他啵？／你到底儿答不答应？ li⁴³ tau³¹ tiər⁴⁵ ta⁵¹ in³¹ tʰa⁴⁵ po⁰？／li⁴³ tau³¹ tiər⁴⁵ ta⁵¹ pu⁰ ta⁵¹ in³¹？
丹江口	你到底答应他吧？ ni³³ tɔ³¹ ti³³ ta⁵¹ in³¹ tʰa³⁵ pa⁰？
房县	你到底答应他吧？ ni³³ tou³¹ ti³³ ta⁵³ in³¹ tʰa²⁴ pa⁰？
竹溪	你到底答应他吧？／你到底答不答应？ n̩i³⁵ tau³¹ ti³⁵ ta⁵³ in⁰ tʰa²² pa⁰？／n̩i³⁵ tau³¹ ti³⁵ ta⁵³ pu⁰ ta⁵³ in⁰？
公安	你到底答不答应他？ ni²¹ tau³³ ti²¹ ta³⁵ pu⁰ ta³⁵ in⁵⁵ tʰa⁵⁵？
鹤峰	你到底答不答应他的？ ni⁵³ tau³⁵ ti⁵³ ta¹² pu⁰ ta¹² in¹² tʰa⁵⁵ ti⁰？
黄冈	你到底答不答应他？ li⁵⁵ tau³⁵ ti⁵⁵ ta²¹³ pu⁰ ta²¹³ in³⁵ tʰa²²？
红安	尔到底答应他不？／尔到底答不答应他？ n̩⁵⁵ tau³⁵ ti⁵⁵ ta²² in³⁵ tʰa¹¹ pu⁰？／n̩⁵⁵ tau³⁵ ti⁵⁵ ta²¹³ pu⁰ ta²² in³⁵ tʰa¹¹？
英山	尔到底答不答应他？ n̩²⁴ tau³⁵ ti²⁴ ta²¹³ pu⁰ ta²¹³ in³⁵ tʰa³¹？
蕲春	尔到底答不答应他？／尔到底答应他不？ n̩³⁴ tau²⁵ ti³⁴ tɒ²¹ pu⁰ tɒ²¹ in²⁵ tʰɒ⁴²？／n̩³⁴ tɑu²⁵ ti³⁴ tɒ⁴² in²⁵ tʰɒ²¹ pu⁰？
武穴	尔到底答应渠啵？／尔到底答不答应渠？ n̩³³ tau³⁵ ti³⁵ ta²² in³⁵ xe⁵⁵ po⁰？／n̩³³ tau³⁵ ti³⁵ ta¹³ pu⁰ ta²² in³⁵ xe⁵⁵？

续表

	0005 你到底答应不答应他？
黄梅	尔是答应渠还是不答应渠啰？／尔到底答不答应啰？ n̩^{13} sɿ^{33} ta^{42} in^{35} kʰæ^{55} xai^{55} sɿ^{33} pu^{42} ta^{42} in^{35} kʰæ^{55} lo^{0}？／n̩^{13} tau^{35} ti^{13} ta^{42} pu^{0} ta^{33} in^{35} lo^{0}？
黄陂	尔到底答不答应他？ n̩^{41} tao^{35} ti^{41} tai^{212} pu^{0} tai^{212} in^{35} tʰa^{0}？
新洲	你到底答不答应他？ nɿi^{55} tao^{324} ti^{55} ta^{213} pu^{0} ta^{21} in^{33} tʰa^{31}？
孝感	你到底答不答应他？ ni^{52} tɑu^{35} ti^{52} tɑ^{13} pu^{0} tɑ^{13} in^{0} tɑ^{33}？
安陆	尔到底答不答应他吵？ n̩^{51} tau^{35} ti^{51} ta^{24} pu^{24} ta^{24} in^{44} tʰa^{44} ʂɛ^{0}？
广水	尔到底答不答应他？ n̩^{34} tau^{13} ti^{34} ta^{53} pu^{53} ta^{53} in^{13} tʰa^{31}。
黄石	你到底答不答应他？ li^{55} tau^{25} ti^{55} tɒ^{213} pu^{0} tɒ^{213} in^{25} tʰɒ^{33}？
大冶	尔到底答应渠不？ n̩^{44} tɔ^{25} tɐu^{213} tɒ^{213} iɐn^{25} kʰe^{31} pu^{0}？
阳新	尔到底答应渠百=？ n̩^{31} tɔ^{44} tai^{31} tɒ^{25} ian^{44} kʰɛ^{213} pɛ^{25}？
咸宁	尔到底答冇答应伊？ n̩^{42} to^{213} tæ^{42} tɒ^{55} mo^{44} tɒ^{55} iən^{213} e^{31}？
通山	尔到底答不答应伊？ n̩^{42} tɑu^{45} tæ^{42} ta^{55} pa^{55} ta^{55} ien^{45} i^{21}？

续表

	0005 你到底答应不答应他？
通城	尔到底答不答应伊？ n̩^{42} tau^{24} ti^{42} taiʔ^{55} pən ʔ^{55} taiʔ^{55} in^{214} ie^{42}？
崇阳	尔到底答不答应伊？ n̩^{53} tau^{24} ti^{53} tæ^{55} pæ^{0} tæ^{55} in^{44} i^{53}？
嘉鱼	你到底答冇答应他？ ni^{31} tau^{213} ti^{31} ta^{55} mau^{22} ta^{55} iən^{213} xɒ^{44}？
赤壁	尔到底答不答应他？ n̩^{31} tau^{213} ti^{31} tɑ^{45} pu^{0} tɑ^{45} in^{0} nɑ^{44}？
监利	你到底答不答应他呢？ ni^{21} tau^{33} ti^{21} ta^{55} pu^{0} ta^{55} in^{44} tʰa^{44} m̩ɤ^{0}？

	0006a. 叫小强一起去电影院看 《刘三姐》。 b. 这部电影他看过了。／他这部电影看过了。／他看过这部电影了。	
武汉	a. 喴小强一路到电影院去看《刘三姐》的电影。b. 这个电影他看了的。 a. ŋaŋ⁵⁵ ɕiao³³ tɕʰiaŋ²¹³ i²¹ lou²⁵ tao²⁵ tian²⁵ in³³ yan²⁵ kʰɯ²⁵ kʰan²⁵《liou²¹ san⁵⁵ tɕie⁴²》ti⁰ tian²⁵ in⁴²。b. tse³¹ ke⁰ tian²⁵ in⁴² tʰa⁵⁵ kʰan²⁵ liao⁰ ti⁰。	
蔡甸	a. 电影院里放《刘三姐》, 叫小强一起去。b. 他看过了这个电影的。 a. tien⁵⁵ in³³ yan⁵⁵ n̠i⁰ faŋ⁵⁵《n̠iou²¹³ san¹⁵ tɕie³²⁴》, tɕiao⁵⁵ ɕiao³³⁴ tɕʰiaŋ²¹³ i³²⁴ tɕʰi³³⁴ kʰɯ⁵⁵。b. tʰa¹⁵ kʰan⁵⁵ ko⁵⁵ n̠iao⁰ tse⁵⁵ ke⁰ tien⁵⁵ in³³ ti⁰。	
江夏	a. 把小强喊倒，一起到电影院看《刘三姐》。b. 这个电影他看了的。 a. pa⁴¹ ɕiao⁴⁴ tɕʰiaŋ⁴¹ xan³⁵ tao⁰, i³⁴ tɕʰi⁴¹ tao³²⁴ tien³⁴ in⁴⁴ yan³¹ kʰan³²⁴《niou³³ san³⁵ tɕie⁴¹》。b. tʰɤ¹³ ko⁰ tien³⁴ in⁴¹ tʰa³⁵ kʰan³²⁴ niao⁰ ti⁰。	
汉川	a. 喊小强一路到电影院看《刘三姐》。b. 这个电影他看了的。 a. xan⁴² ɕiau⁴² tɕʰiaŋ¹³ i¹³ nəu³³ tau³³ tian³³ in⁴² yan³³ kʰan³³《niəu¹³ san⁵⁵ tɕie⁴²》。 b. tɕie³³ ko⁰ tian³³ in⁴² tʰa⁵⁵ kʰan³³ niau⁰ ti⁰。	
荆州	a. 喊小强一起看《刘三姐》去。b. 迩片子他看过啊的。 a. xan⁴² ɕiau⁴² tɕʰian¹³ i¹³ tɕʰi⁴² kʰan³⁵《liəu¹³ san⁵⁵ tɕie⁴²》kʰɯ⁰。b. lie³⁵ pʰien³⁵ tsɿ⁰ tʰa⁵⁵ kʰan³⁵ kuo³⁵ a⁰ ti⁰。	
仙桃	a. 喊小强一起到电影院看《刘三姐》去。b. 这电影他看过哒。 a. xan³¹ ɕiau³¹ tɕʰiaŋ¹³ i²⁴ tɕʰi³¹ tau⁵³ tiɛn⁵³ in³¹ yɛn⁵³ kʰan⁵³《liəu¹³ san⁴⁵ tɕie³¹》kʰɯ⁰。b. tsɤ⁵³ tiɛn⁵³ in³¹ tʰa⁴⁵ kʰan⁵³ kuo⁵³ ta⁰。	
天门	a. 喊小强一起去电影院看《刘三姐》去。b. 这电影他看过哒。 a. xan³¹ ɕiau³¹ tɕʰiaŋ¹³ i²⁴ tɕʰi³¹ kʰɯ⁵³ tien⁵³ in³¹ yen⁵³ kʰan⁵³《liəu²¹³ san⁴⁵ tɕie³¹》kʰɯ⁰。b. tsɤ²⁴ tien⁵³ in³¹ tʰa⁴⁵ kʰan⁵³ ko⁵³ ta⁰。	

续表

	0006a. 叫小强一起去电影院看《刘三姐》。 b. 这部电影他看过了。／他这部电影看过了。／他看过这部电影了。
荆门	a. 喊小强一起去电影院看《刘三姐》。b. 这电影他看过了。 a. xan⁵⁵ ɕiau⁵⁵ tɕʰiaŋ²⁴ i²⁴ tɕʰi⁵⁵ kʰɯ³³ tian³³ in⁰ yan³³ kʰan³³《niou²⁴ ʂan⁴⁵ tɕiɛ⁵⁵》。 b. tʂɛ³³ tian³³ in⁵⁵ tʰa⁴⁵ kʰan³³ kuo³³ nɛ⁰。
钟祥	a. 叫强伢子一块去电影院看《刘三姐》。b. 这电影他看过哒。 a. tɕiau²⁴ tɕʰian³¹ a³¹ ɿ⁰ i³¹ kʰuai⁵³ kʰə²¹ tien²¹ in⁵³ yen²¹⁴ kʰan²¹⁴《niəu³¹ ʂan²¹ tɕie⁵⁵》。 b. tʂə²¹ tien²¹ in⁵³ tʰa²⁴ kʰan²¹ kuo²¹ ta⁰。
宜昌	a. 喊小强一起去电影院儿看《刘三姐》。b. 迺部电影儿他看过哒。 a. xan³³ ɕiau³³ tɕʰiaŋ¹³ i¹³ tɕʰi³³ kʰɤ³⁵ tiɛn³⁵ in³³ yɚ³⁵ kʰan³⁵《liəu¹³ san⁵⁵ tɕie³³》。 b. lie³⁵ pu³⁵ tiɛn³⁵ iɚ³³ tʰa⁵⁵ kʰan³⁵ kuo³⁵ ta⁰。
兴山	a. 喊小强一起去电影院看《刘三姐》。b. 这部电影他看过哒。 a. xan⁵⁵ ɕiau⁵⁵ tɕʰiaŋ³¹ i³¹ tɕʰi⁵⁵ kʰɤ²⁴ tiɛn²⁴ in⁵⁵ yɛn²⁴ kʰan²⁴《niəu³¹ san⁴⁵ tɕie⁵⁵》。 b. tʂɤ²⁴ pu²⁴ tiɛn³² in³¹ tʰa⁴⁵ kʰan³² kuo²⁴ ta⁰。
长阳	a. 喊小强一起去电影院儿看《刘三姐》。b. 这部电影他看过哒。 a. xan³¹ ɕiau³¹ tɕʰiaŋ²¹ i²² tɕʰi³¹ kʰɤ²⁴ tiɛn²⁴ in³¹ iɚ²⁴ kʰan²⁴《niəu²² san⁴⁵ tɕie³¹》。 b. tʂɤ²⁴ pu²⁴ tiɛn²⁴ in³¹ tʰa⁴⁵ kʰan²⁴ ko⁰ ta⁰。
五峰	a. 喊小强一起去电影院看《刘三姐》。b. 这部电影他看过的。 a. xan³³ ɕiau³³ tɕʰiaŋ⁰ i²¹³ tɕʰi³³ kʰɤ³⁵ tiɛn³⁵ in⁰ yɛn³⁵ kʰan³⁵《liəu²¹³ san⁵⁵ tɕie³¹》。 b. tʂɤ³⁵ pu³⁵ tiɛn³³ in⁰ tʰa⁵⁵ kʰan³³ kuo³⁵ ti⁰。
宜都	a. 喊小强一起去电影院看《刘三姐》。b. 迺部电影他看过的。 a. xan³³ ɕiau³³ tɕʰiaŋ¹³ i¹³ tɕʰi³³ kʰɤ³⁵ tian³⁵ in³³ yɛn³⁵ kʰan³⁵《niəu¹³ san⁵⁵ tɕie³³》。 b. nie³⁵ pu³⁵ tiɛn³⁵ in³³ tʰa⁵⁵ kʰan³⁵ ko³⁵ ti⁰。
恩施	a. 喊小强一路到电影院看《刘三姐》。b. 这个电影他看过哒。 a. xan⁵¹ ɕiau⁵¹ tɕʰiaŋ³³ i³³ nu³⁵ tau³⁵ tiɛn³⁵ in⁵¹ yɛn³⁵ kʰan³⁵《niəu³³ san⁵⁵ tɕie⁵¹》。 b. tʂɛ³³ kɤ⁰ tiɛn³⁵ in⁵¹ tʰa⁵⁵ kʰan³⁵ kuo³⁵ ta⁰。

续表

	0006a. 叫小强一起去电影院看《刘三姐》。 b. 这部电影他看过了。／他这部电影看过了。／他看过这部电影了。
咸丰	a. 喊小强一路去电影院看《刘三姐》。b. 那部电影他看过的。 a. xan⁴² ɕiau³³ tɕʰiaŋ²² i²² nu²¹³ tɕʰy²¹³ tiɛn²⁴ in³³ yɛn²¹³ kʰan²⁴《niəu²² san⁵⁵ tɕie⁴²》。 b. na²⁴ pu²¹³ tiɛn²⁴ in⁴² tʰa⁵⁵ kʰan²⁴ ko²¹³ ti⁰。
建始	a. 喊小强一路到电影院去看《刘三姐》。b. 冽个电影他看过哒。 a. xan⁵¹ ɕiau⁵¹ tɕʰian²² i²² nu²¹ tau²¹ tin³⁵ in⁵¹ yn³⁵ kʰɛ³³ kʰan³⁵《niəu²² san⁴⁵ tɕie⁵¹》。 b. nɛ³⁵ kɤ⁰ tin³⁵ in⁵¹ tʰa⁴⁵ kʰan³⁵ ko³⁵ ta⁰。
巴东	a. 喊小强一路去电影院看《刘三姐》。b. 冽个电影他看过哒。 a. xan⁵¹ ɕiau⁵¹ tɕʰian²² i²² nu²⁴ kʰɤ²⁴ tiɛn²⁴ in⁵¹ yɛn²⁴ kʰan²⁴《niəu²² san⁴⁵ tɕie⁵¹》。 b. nɛ²⁴ kə⁰ tiɛn²⁴ in⁵¹ tʰa⁴⁵ kʰan²⁴ kuo²⁴ ta⁰。
宜城	a. 喊小强一起去电影儿院看《刘三姐》。b. 这个电影儿他看过了。 a. xan⁵⁵ ɕiɔ⁵⁵ tɕʰiaŋ⁵³ i⁵³ tɕʰi⁵⁵ kʰi⁴¹ tian⁴¹ iər⁵⁵ ian⁴¹ kʰan⁴¹《niəu⁵³ san²² tɕie⁵⁵》。b. tse⁴¹ ko⁰ tian⁴¹ iər⁵⁵ tʰa²⁴ kʰan⁴¹ kuo⁰ nɔ⁰。
保康	a. 喊小强一路儿到电影院看《刘三姐》。b. 他看过这个电影儿了。 a. xan⁵⁵ ɕiau⁵⁵ tɕʰiaŋ⁵³ i⁵³ nəur³¹² tau³¹ tiɛn³¹ in⁵⁵ yɛn³¹² kʰan³¹《niəu⁵³ san²² tɕie⁵⁵》。 b. tʰa²⁴ kʰan³¹ kuo⁰ tʂe³¹ kə⁰ tiɛn³¹ iər⁵⁵ nau⁰。
神农架	a. 喊小强一路儿去电影院看《刘三姐》。b. 这个电影他看过了。 a. xan³³ ɕiau³³ tɕʰiaŋ⁵³ i⁵³ nər³¹ kʰɯ³¹ tian³¹ in³³ yan³¹ kʰan³¹《niəu⁵³ ʂan²² tɕiɛ³³》。 b. tʂɛ³¹ kɤ⁰ tian³¹ in³³ tʰa²⁴ kʰan³¹ kuo³¹ na⁰。
襄阳	a. 喊小强儿一起去电影院儿看《刘三姐》。b. 这电影儿他看过了。 a. xan³⁵ ɕiau³⁵ tɕʰiãr⁵³ i⁵³ tɕʰi³⁵ kʰɯ³¹ tian³¹ in³⁵ yɐr³¹ kʰan³¹《niəu⁵³ san²⁴ tɕie³⁵》。 b. tsə³¹ tian³¹ iər³⁵ tʰa²⁴ kʰan³¹ kuo⁰ nau⁰。

续表

	0006a. 叫小强一起去电影院看《刘三姐》。 b. 这部电影他看过了。/他这部电影看过了。/他看过这部电影了。
随州	a. 叫小强一路儿到电影院儿看《刘三姐》。/喊小强一路儿到电影院儿看《刘三姐》。b. 这部电影儿他看过了的。/他这部电影儿看了的。/他看了这部电影儿的。 a. tɕiau²¹³ ɕiau³⁵ tɕʰiaŋ⁴² i⁴² nəur²¹³ tau²¹³ tian²⁴ in³⁵ yɐr²¹³ kʰan²¹³《niəu⁴² san⁴⁴ tɕi³⁵³》。/xan³⁵³ ɕiau³⁵ tɕʰiaŋ⁴² i⁴² nəur²¹³ tau²¹³ tian²⁴ in³⁵ yɐr²¹³ kʰan²¹³《niəu⁴² san⁴⁴ tɕi³⁵³》。b. tɕi²⁴ pu²¹³ tian²⁴ iər³⁵³ tʰɔ⁴⁴ kʰan²⁴ ko²¹³ niau⁰ ti⁰。/tʰɔ⁴⁴ tɕi²⁴ pu²¹³ tian²⁴ iər³⁵³ kʰan²¹³ niau⁰ ti⁰。/tʰɔ⁴⁴ kʰan²¹³ niau tɕi²⁴ pu²¹³ tian²⁴ iər³⁵³ ti⁰。
郧阳	a. 喊小强一起去看《刘三姐儿》电影儿。b. 这个电影儿他看过了。 a. xan⁴³ ɕiau⁴³ tɕʰiaŋ⁵¹ i⁴⁵ tɕʰi⁴³ kʰɯ¹³ kʰan³¹《liəu⁵¹ san⁴⁵ tɕiər⁴³》tian³¹ iər⁴³。 b. tsɤ³¹ kɤ⁰ tian³¹ iər⁴³ tʰa⁴⁵ kʰan³¹ kuo⁰ lau⁰。
丹江口	a. 喊小强一路儿去电影儿院看《刘三姐》。b. 这个电影儿他看过了。 a. xan³³ ɕiɔ³³ tɕʰiaŋ⁵¹ i⁵¹ ləur³⁵ kʰɯ¹³ tian³¹ iər³³ yan³¹ kʰan³¹《liəu⁵¹ san³⁵ tɕiɛ³³》。 b. tsɤ³¹ kɤ⁰ tian³¹ iər³³ tʰa³³ kʰan³¹ kuo³¹ la⁰。
房县	a. 喊小强一起去看《刘三姐儿》电影儿。b. 这个电影儿他看过了的。/a. 喊小强一起去看《刘三姐儿》电影儿。b. 他看过这个电影儿了。 a. xan³³ ɕiou³³ tɕʰiaŋ⁵³ i²⁴ tɕʰi³³ kʰɯ³¹ kʰan³¹《niəu⁵³ ʂan²⁴ tɕiər³³》tian³¹ iər³³。b. tʂe³¹ kɤ⁰ tian³¹ iər³³ tʰa²⁴ kʰan³¹ kuo³¹ nɔu⁰ ti⁰。/a. xan³³ ɕiou³³ tɕʰiaŋ⁵³ i²⁴ tɕʰi³³ kʰɯ³¹ kʰan³¹《niəu⁵³ ʂan²⁴ tɕiər³³》tian³¹ iər³³。b. tʰa²⁴ kʰan³¹ kuo⁰ tʂe³¹ kɤ⁰ tian³¹ iər³³ nɔu⁰。
竹溪	a. 喊小强一路儿去电影院看《刘三姐》。b. 这个电影儿他看了的。 a. xan³⁵ ɕiau³⁵ tɕʰiaŋ⁵³ i⁵³ lər³¹ kʰɛ³¹ tian³¹ in³⁵ yan³¹ kʰan³¹《liəu⁵³ san²² tɕiɛ³⁵》。b. tʂɛ³¹ kɤ⁰ tian³¹ iər³⁵ tʰa²⁴ kʰan³¹ lia⁰ ti⁰。

续表

	0006a. 叫小强一起去电影院看《刘三姐》。 b. 这部电影他看过了。/他这部电影看过了。/他看过这部电影了。
公安	a. 喊小强一起去电影院看《刘三姐》。b. 迺个电影他看过哒。 a. xan²¹ ɕiau²¹ tɕʰiaŋ²⁴ i³⁵ tɕʰi²¹ kʰɯ⁵⁵ tian³³ in²¹ yan³³ kʰan³³《niəu²⁴ san⁵⁵ tɕie²¹》。 b. niɛ³⁵ kuo³³ tian³³ in²¹ tʰa⁵⁵ kʰan³³ kuo³³ ta²¹。
鹤峰	a. 邀小强一路到电影院看电影《刘三姐》。b. 这电影他看过。 a. iau⁵⁵ ɕiau⁵³ tɕʰiaŋ¹² i¹² nəu¹² tau³⁵ tian³⁵ in⁵³ yan³⁵ kʰan³⁵ tian³⁵ in⁵³《niəu¹² san⁵⁵ tɕiɛ⁵³》。b. tʂɛ³⁵ tian³⁵ in⁵³ tʰa⁵⁵ kʰan³⁵ kuo⁰。
黄冈	a. 喊小强一路到电影院去看《刘三姐》。/把小强喊倒一路到电影院去看《刘三姐》。b. 这个电影他看过了。 a. xan⁵⁵ ɕiau⁵⁵ tɕʰiaŋ³¹ i¹³ ləu⁴⁴ tau³⁵ tien⁴⁴ in⁵⁵ ʐuan⁴⁴ tɕʰi³⁵ kʰan³⁵《liəu³¹ san²² tɕie⁵⁵》。/pa⁵⁵ ɕiau⁵⁵ tɕʰiaŋ³¹ xan⁵⁵ tau⁰ i¹³ ləu⁴⁴ tau³⁵ tien⁴⁴ in⁵⁵ ʐuan⁴⁴ tɕʰi³⁵ kʰan³⁵《liəu³¹ san²² tɕie⁵⁵》。b. tse³⁵ ko⁰ tien⁴⁴ in⁵⁵ tʰa²² kʰan³⁵ ko³⁵ liau⁵⁵。
红安	a. 曰小强儿一路到电影院看《刘三姐》。b. 迺个电影他看了的。/他迺个电影看了的。 a. ʐue³⁵ ɕiau³⁴ tɕʰiaŋ³¹ i² ləu³³ tau³⁵ tian³³ in⁰ ʐuan³³ kʰan³⁵《liəu³¹ san¹¹ tɕie⁵⁵》。b. le³⁵ ko⁰ tian³³ in⁵⁵ tʰa¹¹ kʰan³⁵ liau⁵⁵ ti⁰。/tʰa¹¹ le³⁵ ko⁰ tian³³ in⁵⁵ kʰan³⁵ liau⁵⁵ ti⁰。
英山	a. 曰小强一路到电影院去看《刘三姐》。/把小强曰倒一路到电影院去看《刘三姐》。b. 这个电影他看了。/他这个电影看了。 a. ʐue³¹ ɕiau²⁴ tɕʰiaŋ⁵⁵ i²² ləu³³ tau³⁵ tian³³ in²⁴ ʐuan³³ tɕʰi³⁵ kʰan³⁵《liəu⁵⁵ san³¹ tɕie²⁴》。/pa²⁴ ɕiau²⁴ tɕʰiaŋ⁵⁵ ʐue³¹ tau⁰ i²² ləu³³ tau³⁵ tian³³ in²⁴ ʐuan³³ tɕʰi³⁵ kʰan³⁵《liəu⁵⁵ san³¹ tɕie²⁴》。b. te³⁵ ko⁰ tian³³ in²⁴ tʰa³¹ kʰan³⁵ liau⁰。/tʰa³¹ te³⁵ ko⁰ tian³³ in²⁴ kʰan³⁵ liau⁰。

续表

	0006a. 叫小强一起去电影院看 《刘三姐》。 b. 这部电影他看过了。／他这部电影看过了。／他看过这部电影了。
蕲春	a. 曰小强一路到电影院去看《刘三姐》。／把小强曰倒一路到电影院去看《刘三姐》。b. 这部电影他看了。／他看了这部电影。／他这部电影看了。 a. ɣɛ⁴² ɕiau³⁴ tɕʰiaŋ³¹ i²¹ lou²¹² tau²⁵ tian²² in³⁴ ɣan²¹² tɕʰi²⁵ kʰan²⁵《liou³² san⁴² tɕie³⁴》。／pɒ³⁴ ɕiau³⁴ tɕʰiaŋ³¹ ɣɛ⁴² tau⁰ i²¹ lou²¹² tau²⁵ tian²² in³⁴ ɣan²¹² tɕʰi²⁵ kʰan²⁵《liou³² san⁴² tɕie³⁴》。b. tʂɛ²⁵ pu²¹² tian²² in³⁴ tʰɒ⁴² kʰan²⁵ liɑu⁰。／tʰɒ⁴² kʰan²⁵ liɑu⁰ tʂɛ²⁵ pu²¹² tian²² in³⁴。／tʰɒ⁴² tʂɛ²⁵ pu²¹² tian²¹² in³⁴ kʰan²⁵ liɑu⁰。
武穴	a. 曰小强儿一阵到电影院去看《刘三姐儿》。b. 这个电影渠看过啰。／渠看过啰这个电影。 a. ɣɛ⁵⁵ ɕiau³³ tɕʰiãr³¹ i²² tsən²² tau³⁵ tiɛn²² in³³ ɣɛn²² tɕʰi³⁵ kʰan³⁵《liu³² san⁵⁵ tɕie³³ ɚ⁰》。b. te³⁵ ko⁰ tiɛn²² in³³ xe⁵⁵ kʰan³⁵ ko⁰ lo⁰。／xe⁵⁵ kʰan³⁵ ko⁰ lo⁰ te³⁵ ko⁰ tiɛn²² in³³。
黄梅	a. 叫小强一路去电影院看《刘三姐》。b. 这个电影渠看过了啊。 a. tɕiau³⁵ ɕiau¹³ tɕʰiaŋ⁵⁵ i⁴² leu³³ tɕʰi³³ tiɛn³³ in¹³ ɣɛn³³ kʰan³⁵《lieu⁵⁵ san²¹ tɕie¹³》。b. tai³⁵ ko⁰ tiɛn³³ in¹³ kʰæ⁵⁵ kʰan³⁵ ko³⁵ liau⁰ a⁰。
黄陂	a. 喊小强一路去电影院看《刘三姐》。b. 迾个电影他看了的。 a. xan⁴¹ ɕiao⁴¹ tɕʰiaŋ²¹² i²¹² lou⁴⁵⁵ tɕʰi³⁵ tian⁴⁵⁵ in⁴¹ zɿan⁴⁵⁵ kʰan³⁵《liou²¹² san³³⁴ tɕie⁴¹》。b. lie³⁵ kɤ⁰ tian⁴⁵⁵ in⁴¹ tʰa³³⁴ kʰæ³⁵ a⁰ ti⁰。
新洲	a. 叫小强一路去电影院看《刘三姐》。b. 他看过了的。 a. tɕiao³²⁴ ɕiao⁵⁵ tɕʰiaŋ²²⁴ i²¹³ nou³³ tʂʰɿ³³ tien³³ in⁵⁵ ɣan³³ kʰan³²⁴《ȵiou²²⁴ san³¹ tɕie⁵⁵》。b. tʰa³¹ kʰan³²⁴ ko³²⁴ ȵiao⁰ ti⁰。

续表

	0006a. 叫小强一起去电影院看《刘三姐》。 b. 这部电影他看过了。/他这部电影看过了。/他看过这部电影了。
孝感	a. 喊小强一路儿去电影院看《刘三姐》。b. 迥个电影他看过了的。 a. xan⁵² ɕiau⁵² tɕʰiaŋ³¹ i²¹³ nəur⁵⁵ tɕʰi³⁵ tin⁵⁵ in⁵² ʐan⁵⁵ kʰan³⁵《niəu³¹ san³³ tɕiɛ⁵²》。 b. niɛ³⁵ ko⁰ tin⁵⁵ in⁵² tʰa³³ kʰan³⁵ ko⁰ niau⁰ ti⁰。
安陆	a. 叫小强一路儿去电影院看《刘三姐》。b. 迥个电影他看了的。/ a. 叫小强一路儿去电影院看《刘三姐》。b. 他看了迥个电影的。 a. tɕiau³⁵ ɕiau⁵¹ tɕʰiaŋ³¹ i²⁴ nər⁵⁵ tɕʰi³⁵ tiɛn⁵⁵ in⁵¹ ʐan⁵⁵ kʰan³⁵《niəu³¹ san⁴⁴ tɕiɛ⁵¹》。 b. niɛ³⁵ ko⁵⁵ tiɛn⁵⁵ in⁵¹ tʰa⁴⁴ kʰan³⁵ niau⁰ ti⁰。/a. tɕiau³⁵ ɕiau⁵¹ tɕʰiaŋ³¹ i²⁴ nər⁵⁵ tɕʰi³⁵ tiɛn⁵⁵ in⁵¹ ʐan⁵⁵ kʰan³⁵《niəu³¹ san⁴⁴ tɕiɛ⁵¹》。b. tʰa⁴⁴ kʰan³⁵ niau⁰ niɛ³⁵ ko⁵⁵ tiɛn⁵⁵ in⁵¹ ti⁰。
广水	a. 叫小强一路儿去电影院瞧《刘三姐》。b. 他瞧了迥个电影的。 a. tɕiau¹³ ɕiau³⁴ tɕʰiaŋ⁵³ i⁵³ lər¹³ tɕʰi¹³ tiɛn¹³ in³⁴ ʐan¹³ tɕʰiau⁵³《liəu⁵³ san³¹ tɕiɛ³⁴》。 b. tʰa³¹ tɕʰiau⁵³ uau⁰ liɛ¹³ ko¹³ tiɛn¹³ in³⁴ ti⁰。
黄石	a. 喊小强一路去电影院看《刘三姐》。b. 他看过了。 a. xan⁵⁵ ɕiau⁵⁵ tɕʰiaŋ³¹ i²¹³ lou³²⁴ tɕʰi²⁵ tian³²⁴ in⁵⁵ ʐan³²⁴ kʰan²⁵《liou³¹ san³³ tɕiɛ⁵⁵》。 b. tʰɒ³³ kʰan²⁵ ko²⁵ liau⁰。
大冶	a. 叫小强一路去电影院看《刘三姐》。b. 嘚个电影渠看了。 a. tɕiɛ²⁵ ɕie⁴⁴ tɕʰiɔŋ³¹ i²¹³ lɐu³³ tɕʰi²⁵ tin²⁵ iɐn⁴⁴ yɛ̃²² kʰɛ̃²⁵《liu³¹ sɐ̃²² tɕi⁴⁴》。b. tɐ²⁵ ko⁰ tin²⁵ iɐn⁴⁴ kʰe³¹ kʰɛ̃²⁵ le⁰。
阳新	a. 叫小强一路到电影院去看《刘三姐》。b. 这部电影渠看了。 a. tɕiɛ⁴⁴ si³¹ tɕʰiɔ̃²¹³ i²⁵ lau⁴⁴ tɔ⁴⁴ tiĩ⁴⁴ ian³¹ yɛ⁴⁴ tɕʰi⁴⁴ kʰo⁴⁴《liu²¹³ sã⁴⁴ tsi³¹》。b. tɛ²⁵ pʰu⁴⁴ tiĩ⁴⁴ ian³¹ kʰɛ²¹³ kʰõ⁴⁴ le⁰。

续表

	0006a. 叫小强一起去电影院看 《刘三姐》。 b. 这部电影他看过了。／他这部电影看过了。／他看过这部电影了。
咸宁	a. 曰小强一路去电影院看《刘三姐》。b. 个个电影伊看过了。／a. 曰小强一路去电影院看《刘三姐》。b. 伊看过个个电影。 a. yɒ²¹³ ɕie⁴² tɕʰiõ³¹ i⁵⁵ nɒu³³ tɕʰie²¹³ tʰiẽ³³ iən⁴² yẽ³³ kʰõ²¹³《niɒu³¹ sɒ̃⁴⁴ tɕie⁴²》。b. kə³¹ kə²¹³ tʰiẽ³³ iən⁴² e³¹ kʰõ²¹³ kuə²¹³ nɒ⁴²。／a. yɒ²¹³ ɕie⁴² tɕʰiõ³¹ i⁵⁵ nɒu³³ tɕʰie²¹³ tʰiẽ³³ iən⁴² yẽ³³ kʰõ²¹³《niɒu³¹ sɒ̃⁴⁴ tɕie⁴²》。b. e³¹ kʰõ²¹³ kuə²¹³ kə³¹ kə²¹³ tʰiẽ³³ iən⁴²。
通山	a. 喊小强一路去电影院看《刘三姐》。b. 渠看过个个电影了。／个个电影渠看过了。 a. xÃ⁴² ɕiɐu⁴² tɕioŋ²¹ i⁵⁵ lɑu³³ tɕiei⁴⁵ ten³³ ien⁴² yẽ³³ kʰœ⁴⁵《liɛu²³ sÃ²³ tsi⁴²》。b. ki²¹ kʰœ⁴⁵ kou⁴⁵ ka²¹ kou⁴⁵ ten³³ ien⁴² liɛu⁰。／ka²¹ kou⁴⁵ ten³³ ien⁴² ki²¹ kʰœ⁴⁵ kou⁴⁵ liɛu⁰。
通城	a. 叫小强同倒去电影院看《刘三姐》。b. 个部电影伊看过仂。／a. 叫小强一起去电影院看《刘三姐》。b. 个部电影伊看过仂。 a. tɕiau²¹⁴ ɕiau⁴² dʑioŋ³³ dəŋ³³ tau⁴² dʑie²¹⁴ diɛn³⁵ in⁴² yɛn³⁵ han²¹⁴《diou³³ san²¹ tɕia⁴²》。b. ke²⁴ bu³⁵ diɛn³⁵ in⁴² ie⁴² han²⁴ kuo²¹⁴ de⁰。／a. tɕiau²¹⁴ ɕiau⁴² dʑioŋ³³ iʔ⁵⁵ dʑi⁴² dʑie²¹⁴ diɛn³⁵ in⁴² yɛn³⁵ han²¹⁴《diou³³ san²¹ tɕia⁴²》。b. ke²¹⁴ bu³⁵ diɛn³⁵ in⁴² ie⁴² han²⁴ kuo²¹⁴ de⁰。
崇阳	a. 喊小强一路去电影院看《刘三姐》。b. 个部电影伊看过了。 a. hæ⁵³ ɕio⁵³ ʑiaŋ²¹ i⁵⁵ nəu⁴⁴ ʑiɛ²⁴ diɛ⁴⁴ in⁵³ viɛ⁴⁴ hə²⁴《n̠io¹ sæ²² tɕiɛ⁵³》。b. ko²⁴ bu⁴⁴ diɛ⁴⁴ in⁵³ i⁵³ hə²⁴ ko²⁴ næ⁰。
嘉鱼	a. 叫小强一路去电影院看《刘三姐》。b. 这部电影他看过了。 a. kʰo²¹³ ɕie³¹ tɕʰioŋ²⁴ i⁵⁵ nəu²² tɕʰi²¹³ tʰin²² iən³¹ yn²² kʰɛn²¹³《niəu²⁴ san⁴⁴ tɕie³¹》。b. tɒ²¹³ pʰu²² tʰin²² iən³¹ xɒ⁴⁴ kʰɛn²¹³ ko²¹³ nie³¹。
赤壁	a. 叫小强一伙去电影院看《刘三姐》。b. 这部电影他看了。 a. tɕiau²¹³ ɕiau³¹ dʑiou¹³ i⁴⁵ xo³¹ dʑi²¹³ diei²² in³¹ ɥɛi²² gei²¹³《diu¹³ san⁴⁴ tɕiɛ³¹》。b. ta¹³ bu²² diei²² in³¹ nɑ⁴⁴ gei²¹³ diau⁰。

续表

	0006a. 叫小强一起去电影院看《刘三姐》。 b. 这部电影他看过了。/他这部电影看过了。/他看过这部电影了。
监利	a. 喊小强一起去电影院里看《刘三姐》去。b. 迺个电影他看过哒。 a. xan²¹ ɕiau²¹ tɕʰiaŋ¹³ i⁵⁵ tɕʰi²¹ kʰɯ⁴⁴ xiɛn³³ in²¹ ɣɛn³³ ti⁰ kʰan³³《niou¹³ san⁴⁴ tɕiɛ²¹》kʰɯ⁰。b. niɛ²⁵ ko⁰ xiɛn³³ in²¹ tʰa⁴⁴ kʰan³³ ko⁰ ta⁰。

	0007 你把碗洗一下。
武汉	你把碗洗它吵。/你把碗洗下子。 li³³ pa³³ uan⁴² ɕi³³ tʰa⁵⁵ sa⁰。/li³³ pa³³ uan⁴² ɕi³³ xa⁰ tsɿ⁰。
蔡甸	你去把碗洗它吵。 n̠i³³⁴ kʰɯ⁵⁵ pa³³⁴ uan³³⁴ ɕi³³⁴ tʰa⁰ sa⁰。
江夏	你把碗洗一下子。 ni⁴¹ pa⁴¹ uan⁴¹ ɕi⁴¹ i³⁴ xa⁰ tsɿ⁰。
汉川	你把碗洗了它。 ni⁴² pa⁴² uɑn⁴² ɕi⁴² niɑu⁰ tʰɑ⁰。
荆州	你把碗洗一下。 li⁴² pa⁴² uan⁴² ɕi⁴² i¹³ xa⁵⁵。
仙桃	你把碗洗它。 li³¹ pa³¹ uan³¹ ɕi³¹ tʰa⁰。
天门	你把碗洗下。 li³¹ pa³¹ uan³¹ ɕi³¹ xa⁰。
荆门	你把碗洗下。 ni⁵⁵ pa³³ uan⁵⁵ ɕi⁵⁵ xa⁰。
钟祥	你把碗洗一下。 ni⁵³ pa⁵³ uan⁵³ ɕi⁵³ i³¹ xa²¹。
宜昌	你把碗洗一下。 li³³ pa³³ uan³³ ɕi³³ i¹³ xa⁰。
兴山	你把碗洗一下。 ni⁵⁵ pa⁵⁵ uan⁵⁵ ɕi⁵⁵ i⁰ xa²⁴。
长阳	你把碗洗一下。 ni³¹ pa³¹ uan³¹ ɕi³¹ i⁰ xa⁰。
五峰	你把碗洗啊下。 li³³ pa³³ uan³³ ɕi³³ a⁰ xa⁰。

续表

	0007 你把碗洗一下。
宜都	你把碗洗一下。 ni³³ pa³³ uan³³ ɕi³³ i¹³ xa⁰。
恩施	你把碗洗一下。 ni⁵¹ pa⁵¹ uan⁵¹ ɕi⁵¹ i³³ xa⁰。
咸丰	你洗下碗哦。 ni⁴² ɕi⁴² xa⁰ uan⁴² o⁰。
建始	你把碗洗一下。 ni⁵¹ pa⁵¹ uan⁵¹ ɕi⁵¹ i²² xa⁰。
巴东	你把碗家业洗一下。 ni⁵¹ pa⁵¹ uan⁵¹ tɕia⁴⁵ ie²² ɕi⁵¹ i²² xa⁰。
宜城	你把碗洗下儿。 ni⁵⁵ pa⁴¹ uan⁵⁵ ɕi⁵⁵ xaʴ⁰。
保康	你把碗洗一下儿。 ni⁵⁵ pa⁵⁵ uan⁵⁵ ɕi⁵⁵ i⁰ xaʴ⁰。
神农架	你把碗洗下儿。/你叫碗洗下儿。 ni³³ pa³³ uan³³ ɕi³³ xəʴ⁰。/ni³³ tɕiau³¹ uan³³ ɕi³³ xəʴ⁰。
襄阳	你给碗洗一伙子儿。 ni³⁵ kuɪ²⁴ uan³⁵ ɕi³⁵ i⁵³ xuo³⁵ ʴ⁰。
随州	你把碗洗下儿。/你跟碗洗下儿。 ni³⁵³ pɔ³⁵ uan³⁵³ ɕi³⁵³ xɔʴ⁰。/ni³⁵³ kən⁴⁴ uan³⁵³ ɕi³⁵³ xɔʴ⁰。
郧阳	你叫碗洗洗。/你叫碗洗下儿。 li⁴³ tɕiau³¹ uan⁴³ ɕi⁴³ ɕi⁰。/li⁴³ tɕiau³¹ uan⁴³ ɕi⁴³ xaʴ³¹。
丹江口	你叫碗洗洗。/你叫碗洗下儿。 ni³³ tɕiɔ³¹ uan³³ ɕi³³ ɕi⁰。/ni³³ tɕiɔ³¹ uan³³ ɕi³³ xaʴ³¹。
房县	你把碗洗下儿。/你叫碗洗下儿。 ni³¹ pa³³ uan³³ ɕi³³ xəʴ³¹。/ni³³ tɕiou³¹ uan³³ ɕi³³ xəʴ³¹。

续表

	0007 你把碗洗一下。
竹溪	你把碗洗下子。/你给碗洗下子。 ȵi³⁵ pa³⁵ uan³⁵ ɕi³⁵ xa⁰ tsʅ⁰。/ȵi³⁵ kɛ³⁵ uan³⁵ ɕi³⁵ xa⁰ tsʅ⁰。
公安	你把碗洗一下。 ni²¹ pa²¹ uan²¹ ɕi²¹ i³⁵ xa²¹。
鹤峰	你把碗洗下。 ni⁵³ pa⁵³ uan⁵³ ɕi⁵³ xa⁰。
黄冈	你把碗洗下儿。 li⁵⁵ pa⁵⁵ uan⁵⁵ ɕi⁵⁵ xar⁰。
红安	尔把碗洗一下儿子。 n̩⁵⁵ pa³⁴ uan⁵⁵ ɕi⁵⁵ i⁰ xar³³ tsʅ⁰。
英山	尔把碗洗下儿。 n̩²⁴ pa²⁴ uan²⁴ ɕi²⁴ xar⁰。
蕲春	尔把碗洗下儿。 n̩³⁴ pɒ³⁴ uan³⁴ ɕi³⁴ xɒr⁰。
武穴	尔把碗洗一下儿。 n̩³³ pa³³ uɛn³³ si³³ i⁰ xa²² ɚ⁰。
黄梅	尔把碗洗下。 n̩¹³ ma¹³ uan¹³ ɕi¹³ xa⁰。
黄陂	尔把碗洗下子。/尔把碗洗了它。 n̩⁴¹ pa⁴¹ uan⁴¹ ɕi⁴¹ xa⁰ tsʅ⁰。/n̩⁴¹ pa⁴¹ uan⁴¹ ɕi⁴¹ a⁰ tʰa⁰。
新洲	你把碗洗下儿。 ȵi⁵⁵ pa⁵⁵ uan⁵⁵ ɕi⁵⁵ xar³³。
孝感	你把碗洗一下儿。 ni⁵² pɑ⁵² uɑn⁵² ɕi⁵² i⁰ xɑr⁰。
安陆	尔把碗洗下。 n̩⁵¹ pa⁵¹ uan⁵¹ ɕi⁵¹ xa⁴⁴。

续表

	0007 你把碗洗一下。
广水	尔把碗洗一伙。 n̩³⁴ pa³⁴ uan³⁴ ɕi³⁴ i⁵³ xo³⁴。
黄石	你把碗洗嗒。 li⁵⁵ pɒ⁵⁵ uan⁵⁵ ɕi⁵⁵ tʰɒ⁰。
大冶	尔把碗洗下。 n̩⁴⁴ pɒ⁴⁴ uɛ̃⁴⁴ sɐi⁴⁴ xɒ⁰。
阳新	尔把碗洗一下。 n̩³¹ pa²⁵ uõ³¹ sai³¹ i²⁵ xɒ⁴⁴。
咸宁	尔把碗洗一下。 n̩⁴² pɒ²¹³ uõ⁴² sæ⁴² i⁵⁵ xɒ³³。
通山	尔把碗洗下。 n̩⁴² pɒ⁴² uœ⁴² sæ⁴² xɔ³³。
通城	尔去把碗洗一下嘞。/尔把碗去洗一下嘞。 n̩⁴² dʑie²¹⁴ pa⁴² uon⁴² ɕi⁴² iʔ⁵⁵ ha³⁵ de³⁵。/n̩⁴² pa⁴² uon⁴² dʑie²¹⁴ ɕi⁴² iʔ⁵⁵ ha³⁵ de³⁵。
崇阳	尔把碗洗下子。 n̩⁵³ pa⁵³ uə⁵³ ɕi⁵³ hɑ⁴⁴ tsæ⁰。
嘉鱼	你把碗洗一下。 ni³¹ pɒ³¹ un³¹ ɕi³¹ i⁵⁵ xɒ⁴⁴。
赤壁	尔把碗洗了！ n̩³¹ pa³¹ uei³¹ ɕi³¹ nɑ⁰！
监利	你把碗洗一下。 ni²¹ pa²¹ uɛn²¹ ɕi²¹ i⁵⁵ xa⁰。

	0008 他把橘子剥了皮， 但是没吃。
武汉	他把橘子皮剥都剥了，又冇吃。 tʰa⁵⁵ pa⁴² tɕy²¹³ tsɿ⁰ pʰi²¹³ po²¹³ tou⁵⁵ po²¹³ liao⁰， iou²⁵ mao²⁵ tɕʰi²¹。
蔡甸	他把橘子剥都剥了，[没有]吃。/他把橘子皮都剥了，[没有]吃。 tʰa¹⁵ pa³³⁴ tɕy³²⁴ tsɿ⁰ po³²⁴ tou¹⁵ po³²⁴ ȵiao⁰， miou³³⁴ tɕʰi³²⁴。/tʰa¹⁵ pa³³⁴ tɕy³²⁴ tsɿ⁰ pʰi²¹³ tou¹⁵ po³²⁴ ȵiao⁰， miou³³⁴ tɕʰi³²⁴。
江夏	他把橘子皮剥了，冇吃。 tʰa³⁵ pa⁴¹ tɕy³²⁴ tsɿ⁰ pʰi¹³ pɤ¹³ ȵiao⁰， mao³²⁴ tɕʰi³¹。
汉川	他把橘子的皮剥了，但是冇吃。 tʰɑ⁵⁵ pa⁴² tɕy²⁴ tsɿ⁰ ti⁰ pʰi¹³ po²⁴ ȵiɑu⁰， tan³³ sɿ⁰ mɑu³³ tɕʰi²⁴。
荆州	他把橘子皮都剥哒，没有吃。 tʰa⁵⁵ pa⁴² tɕy¹³ tsɿ⁰ pʰi¹³ təu⁵⁵ pɤ⁵⁵ ta⁰， mei⁵⁵ iəu⁴² tɕʰi¹³。
仙桃	他把橘子皮剥哒，没有吃。 tʰa⁴⁵ pa³¹ tɕy²⁴ tsɿ⁰ pʰi¹³ po²⁴ ta⁰， mei¹³ iəu³¹ tɕʰi²⁴。
天门	他把橘子皮都剐哒，冇有吃。 tʰa⁴⁵ pa³¹ tɕy²⁴ tsɿ⁰ pʰi²¹³ təu⁴⁵ kua³¹ ta⁰， mau⁵³ iəu³¹ tɕʰi²⁴。
荆门	他把橘子剥哒皮，但是他没吃。 tʰa⁴⁵ pa³³ tɕy²⁴ r̩⁰ po²⁴ ta⁰ pʰi²⁴， tan³³ ʂɿ³³ tʰa⁴⁵ mei²⁴ tɕʰi²⁴。
钟祥	他把橘子皮子剥哒，也没吃。 tʰa²⁴ pa⁵³ tɕy³¹ r̩⁰ pʰi³¹ r̩⁰ po³¹ ta⁰， ie⁵³ məi²⁴ tɕʰi³¹。
宜昌	他把迩个橘子剥哒皮，但他没有吃。 tʰa⁵⁵ pa³³ lie³⁵ kɤ⁰ tɕy¹³ tsɿ⁰ po¹³ ta⁰ pʰi¹³， tan³⁵ tʰa⁵⁵ mei⁵⁵ iəu³³ tɕʰi¹³。
兴山	他把橘子皮剥哒，不过没吃。 tʰa⁴⁵ pa⁵⁵ tɕy³¹ tsɿ⁰ pʰi³¹ po³¹ ta⁰， pu³¹ kuo¹¹ mei⁴⁵ tʂʰɿ³¹。
长阳	他把橘子皮剥哒，不过他没有吃。 tʰa⁴⁵ pa³¹ tɕy²² tsɿ⁰ pʰi²² po²² ta⁰， pu²² ko²⁴ tʰa⁴⁵ mei⁴⁵ iəu³¹ tɕʰi²²。

续表

	0008 他把橘子剥了皮，但是没吃。
五峰	他把橘子皮剥哒，不过没吃。 tʰa⁵⁵ pa³³ tɕy²¹³ tsʅ⁰ pʰi²¹ po²¹³ ta⁰, pu²² kuo³⁵ mei⁵⁵ tɕʰi²¹³。
宜都	他把柑子皮剥哒，没吃。/他剥啊柑子皮，没吃。 tʰa⁵⁵ pa³³ kan⁵⁵ tsʅ⁰ pʰi¹³ po¹³ ta⁰, mei⁵⁵ tɕʰi¹³。/tʰa⁵⁵ po¹³ a⁰ kan⁵⁵ tsʅ⁰ pʰi¹³, mei⁵⁵ tɕʰi¹³。
恩施	他把橘子皮都剥哒，但是没吃。 tʰa⁵⁵ pa⁵¹ tɕy³³ tsʅ⁰ pʰi³³ təu⁵⁵ po³³ ta⁰, tan³⁵ sʅ³³ mei⁵⁵ tɕʰi³³。
咸丰	他把橘子皮剥哒，但是没吃。 tʰa⁵⁵ pa⁴² tɕy²² tsʅ⁰ pʰi²² po²² ta⁰, tan²⁴ sʅ²¹³ mei⁵⁵ tsʰʅ²²。
建始	他把橘子皮剥哒，就是没吃。 tʰa⁴⁵ pa⁵¹ tɕy²² tsʅ⁰ pʰi²² po²² ta⁰, tɕiəu³⁵ sʅ⁰ mei³⁵ tʂʰʅ²²。
巴东	他把柑子掰哒，又没吃。 tʰa⁴⁵ pa⁵¹ kan⁴⁵ tsʅ⁰ pɤ⁴⁵ ta⁰, iəu²⁴ mei⁴⁵ tsʰʅ²²。
宜城	他把橘子儿皮剥了，没有吃。 tʰa²² pa⁵⁵ tɕi⁵³ r̩⁰ pʰi⁵³ puo²² nɔ⁰, mei²² iəu⁰ tsʰʅ⁵³。
保康	他把橘子皮剥了，不过没吃。 tʰa²⁴ pa⁵⁵ tɕy⁵³ tsʅ⁰ pʰi⁵³ puo²² nau⁰, pu⁵³ kuo⁰ mei²² tʂʰʅ⁵³。
神农架	他把橘子皮剥了，但是没吃。 tʰa²² pa³³ tɕy⁵³ tsʅ⁰ pʰi⁵³ puo²² na⁰, tan³¹ sʅ³¹ mei²² tʂʰʅ⁵³。
襄阳	他给橘子儿皮剥了，没有吃。 tʰa²⁴ kɯ⁰ tɕy⁵³ r̩⁰ pʰi⁵³ po²⁴ nau⁰, mei²⁴ iəu⁰ tsʰʅ⁵³。
随州	他把橘子剥了皮儿，就是没吃。/他跟橘子剥了皮儿，就是没吃。 tʰɔ⁴⁴ pɔ³⁵³ tɕy⁴² tsʅ⁰ po⁴⁴ niau⁰ pʰiər⁴², tsəu⁴² sʅ²¹³ mei⁴² tɕʰi⁴⁴。/tʰɔ⁴⁴ kən⁴⁴ tɕy⁴² tsʅ⁰ po⁴⁴ niau⁰ pʰiər⁴², tsəu⁴² sʅ²¹³ mei⁴² tɕʰi⁴⁴。

续表

	0008 他把橘子剥了皮，但是没吃。
郧阳	他叫橘子皮儿剥了，没吃。 tʰa⁴⁵ tɕiau³¹ tɕy⁵¹ tʂʅ⁰ pʰiər⁵¹ po⁴⁵ lau⁰，mei⁵¹ tʂʰʅ⁴⁵。
丹江口	他叫橘子皮剥了，就没吃。 tʰa³⁵ tɕiɔ³¹ tɕy⁵¹ tsʅ⁰ pʰi⁵¹ po³⁵ lo⁰，təu³¹ mei³⁵ tsʰʅ³⁵。
房县	他把橘子皮剥了，没吃。/他叫橘子皮剥了，没吃。 tʰa²⁴ pa³³ tɕy⁵³ tʂʅ⁰ pʰi⁵³ po²⁴ nɔu⁰，mei²⁴ tʂʰʅ²⁴。/tʰa²⁴ tɕiɔu³¹ tɕy⁵³ tʂʅ⁰ pʰi⁵³ po²⁴ nɔu⁰，mei²⁴ tʂʰʅ²⁴。
竹溪	他给橘子皮剥了，又没吃。 tʰa²² kɛ³⁵ tɕy⁵³ tʂʅ⁰ pʰi⁵³ po²² lia⁰，iəu³¹ mei²⁴ tʂʰʅ²⁴。
公安	他把橘子皮剥哒，不过没吃。 tʰa⁵⁵ pa²¹ tɕy³⁵ tsʅ²¹ pʰi²⁴ po³⁵ ta²¹，pu³⁵ kuo³³ mei⁵⁵ tɕʰi³⁵。
鹤峰	他把橘子剥哒，没吃。 tʰa⁵⁵ pa⁵³ tɕy¹² tsʅ⁰ po¹² ta⁰，mei¹² tɕʰi¹²。
黄冈	他把橘子皮剥了，冇吃。 tʰa²² pa⁵⁵ tʂʅ²¹³ tsʅ⁰ pʰi³¹ po²¹³ liau⁰，mau⁴⁴ tɕʰi²¹³。
红安	他把橘子皮剥了，冇吃。 tʰa¹¹ pa⁵⁵ tʂʅ²¹³ tsʅ⁰ pʰi³¹ po²¹³ liau⁰，mau³³ tɕʰi²¹³。
英山	他把橘子皮剥了，冇吃。 tʰa³¹ pa²⁴ tʂʅ²¹³ tsʅ⁰ pʰi⁵⁵ po²¹³ liau⁰，mau³³ tɕʰi²¹³。
蕲春	他把橘子皮剥了，冇吃。 tʰɒ⁴² pɒ³⁴ tʂʅ²¹ tsʅ⁰ pʰi³¹ po²¹ liau⁰，mau²¹² tɕʰi²¹。
武穴	渠把橘子剥啰，冇吃。/橘子渠剥啰，冇吃。 xe⁵⁵ pa³³ tʂʅ¹³ tsʅ⁰ po¹³ lo⁰，mau²² tɕʰi¹³。/tʂʅ¹³ tsʅ⁰ xe⁵⁵ po¹³ lo⁰，mau²² tɕʰi¹³。

	0008 他把橘子剥了皮，但是没吃。
黄梅	渠把橘嘞剥了，冇吃。/橘嘞剥了，渠冇吃。 kʰæ⁵⁵ma¹³tɕʯ⁴²ne⁰po⁴²liau⁰，mau³³tɕʰi⁴²。/tɕʯ⁴²ne⁰po⁴²liau⁰，kʰæ⁵⁵mau³³tɕʰi⁴²。
黄陂	他把橘子皮剥了又冇吃。 tʰa³³⁴pa⁴¹tʂʯ²¹⁴tsʯ⁰pʰi²¹²po²¹⁴liao⁰iou⁴⁵⁵mao⁴⁴tɕʰi²¹⁴。
新洲	他把橘子皮剥了，冇吃。 tʰa³¹pa⁵⁵tʂʯ²¹³tsʯ⁰pʰi²²⁴po²¹³ɲiao⁰，mao³³tɕʰi²¹³。
孝感	他把橘子皮剥了，就是冇吃。 tʰɑ³³pɑ⁵²tʂʯ²¹³tsʯ⁰pʰi³¹po²¹³ɲiɑu⁰，tɕiəu⁵⁵sʯ⁵⁵mɑu⁵⁵tɕʰi²¹³。
安陆	他把橘子的皮剥了，但是他冇吃。 tʰa⁴⁴pa⁵¹tʂʯ²⁴tsʯ⁰ti⁰pʰi³¹po²⁴ɲiau⁰，tan⁵⁵sʯ⁵⁵tʰa⁴⁴mau⁵⁵tɕʰi²⁴。
广水	他把橘子皮剥了，还冇吃。 tʰa³¹pa³⁴tʂʯ⁵³tsʯ⁰pʰi⁵³po⁵³liau⁰，xai⁵³mau¹³tɕʰi⁵³。
黄石	他把橘子剥了皮，但冇吃。 tʰɒ³³pɒ⁵⁵tɕʯ²¹³tsʯ⁰po²¹³liau⁰pʰi³¹，tan³²⁴mau³²⁴tɕʰi²¹³。
大冶	渠把橘子皮剥了，但渠冇喫。 kʰe³¹pɒ⁴⁴tɕy²¹³tsʯ⁰pʰɐi³¹po²¹³le⁰，tẽ²⁵kʰe³¹mɔ²²tɕʰiɒ²¹³。
阳新	渠把橘子皮剥欸，不过渠冇喫。 kʰɛ²¹³pa²⁵tɕy²⁵tsʯ⁰pʰai²¹³po²⁵ɛ⁰，pu²⁵ko⁴⁴kʰɛ²¹³mɔ⁴⁴tɕʰiɒ²⁵。
咸宁	伊把桔剥了皮，但是冇喫。/伊把桔皮剥了，但冇喫。 e³¹pɒ²¹³tɕy⁵⁵pə⁵⁵nɒ⁴²pʰæ³¹，tʰɒ̃³³sʯ³³mo⁴⁴tɕʰiɒ⁵⁵。/e³¹pɒ²¹³tɕy⁵⁵pʰæ³¹pə⁵⁵nɒ⁴²，tʰɒ̃³³mo⁴⁴tɕʰiɒ⁵⁵。
通山	渠把橘子剥了皮，不过渠冇喫。 ki⁴²pɔ⁴²tɕy⁵⁵tsʯ⁴²pou⁵⁵liɐu⁰pæ²¹，pa⁵⁵kou⁴⁵ki²¹mau³³tɕʰiɔ⁵⁵。

	0008 他把橘子剥了皮，但是没吃。
通城	伊把橘子箇皮剥仂，但是伊冇喫。／伊把橘子箇皮剥落仂，但是伊冇喫。 ie⁴² pa⁴² tsʅʔ⁵⁵ tsʅ⁴² ko⁰ bi³³ poʔ⁵⁵ de⁰，dan³⁵ sʅ³⁵ ie⁴² mau³⁵ dʑiaʔ⁵⁵。／ie⁴² pa⁴² tsʅʔ⁵⁵ tsʅ⁴² ko⁰ bi³³ poʔ⁵⁵ no⁵⁵ de⁰，dan³⁵ sʅ³⁵ ie⁴² mau³⁵ dʑiaʔ⁵⁵。
崇阳	伊把橘子皮剥了，不过伊冇喫。 i⁵³ pɑ⁵³ kui⁵⁵ tsʅ⁰ bi²¹ po⁵⁵ næ⁰，pæ⁵⁵ ko²⁴ i⁵³ mau⁴⁴ ʑiɑ⁵⁵。
嘉鱼	他把橘子剥了皮，他也冇吃。 xɒ⁴⁴ pɒ³¹ tɕy⁵⁵ tsʅ³¹ pə⁵⁵ nie³¹ pʰi²⁴，xɒ⁴⁴ ie³¹ mau²² tɕʰie⁵⁵。
赤壁	他把橘子剥了皮，他又不喫。 nɑ⁴⁴ pa³¹ tʂʯ⁴⁵ tsʅ⁰ pə⁴⁵ diɑu³¹ bi¹³，nɑ⁴⁴ iu²² pu⁴⁵ dʑiɑ⁴⁵。
监利	他把橘子剥哒皮，但是冇吃。 tʰa⁴⁴ pa²¹ tsʯ⁵⁵ tsʅ⁰ po⁵⁵ ta⁰ pʰi¹³，tan³³ sʅ³³ mau¹³ tɕʰi⁵⁵。

	0009 他们把教室都装上了空调。
武汉	他们把教室都装了空调。 tʰa⁵⁵ men⁰ pa⁴² tɕiao²⁵ sʅ²¹ tou⁵⁵ tɕyaŋ⁵⁵ liao⁰ kʰoŋ⁵⁵ tʰiao²¹。
蔡甸	他们把教室都装了空调。 tʰa¹⁵ men⁰ pa³³⁴ tɕiao⁵⁵ sʅ³²⁴ tʰou¹⁵ tɕyaŋ¹⁵ ȵiao⁰ kʰuŋ¹⁵ tʰiao²¹³。
江夏	他们把教室都安了空调。 tʰa³⁵ mən⁰ pa⁴¹ tɕiao³²⁴ sʅ⁰ tou³⁵ ŋan³⁵ niao⁰ kʰoŋ³⁵ tʰiao³¹。
汉川	他们把教室里都装上了空调。 tʰa⁵⁵ mən⁰ pa⁴² tɕiau³³ sʅ⁰ ti⁰ təu⁵⁵ tɕyaŋ⁵⁵ saŋ⁰ niau⁰ kʰoŋ⁵⁵ tʰiau¹³。
荆州	他们把教室里下安哒空调。 tʰa⁵⁵ mən⁰ pa⁴² tɕiau³⁵ sʅ³⁵ li⁰ xa³⁵ an⁵⁵ ta⁰ kʰoŋ⁵⁵ tʰiau¹³。
仙桃	他们把教室里下安哒空调。 tʰa⁴⁵ mən⁰ pa³¹ tɕiau⁵³ sʅ⁵³ ti⁰ xa⁵³ an⁴⁵ ta⁰ kʰoŋ⁴⁵ tʰiau¹³。
天门	他们把教室下安哒空调。 tʰa⁴⁵ mən⁰ pa³¹ tɕiau⁵³ sʅ⁵³ xa⁵³ an⁴⁵ ta⁰ kʰoŋ⁴⁵ tʰiau²¹³。
荆门	他们把教室里都装哒空调。 tʰa⁴⁵ mən⁰ pa³³ tɕiau³³ sʅ³³ ti⁰ tou⁴⁵ tʂuaŋ⁴⁵ ta⁰ kʰoŋ⁴⁵ tʰiau²⁴。
钟祥	他们把教室里都装了空调哒。 tʰa²¹ mən⁵⁵ pa⁵³ tɕiau²⁴ sʅ²¹⁴ ni⁰ təu²⁴ tʂuaŋ²¹ na⁵⁵ kʰoŋ²⁴ tʰiau³¹ ta⁰。
宜昌	他们教室都装哒空调。 tʰa⁵⁵ mən⁰ tɕiau³⁵ sʅ¹³ təu⁵⁵ tsuaŋ⁵⁵ ta⁰ kʰoŋ⁵⁵ tʰiau¹³。
兴山	他们把教室都装空调哒。 tʰa⁴⁵ mən⁰ pa⁵⁵ tɕiau²⁴ sʅ³¹ təu⁴⁵ tʂuaŋ⁴⁵ kʰoŋ⁴⁵ tʰiau³¹ ta⁰。
长阳	他们把教室都装啊空调。 tʰa⁴⁵ mən⁰ pa³¹ tɕiau²⁴ sʅ⁰ təu⁴⁵ tsuaŋ⁴⁵ a⁰ kʰoŋ⁴⁵ tʰiau²¹。
五峰	他们把教室都装上空调哒。 tʰa⁵⁵ mən⁰ pa³³ tɕiau³⁵ sʅ²¹ təu⁵⁵ tsuaŋ⁵⁵ saŋ⁰ kʰoŋ⁵⁵ tʰiau²¹ ta⁰。

续表

	0009 他们把教室都装上了空调。
宜都	他们教室都装啊空调。 tʰa⁵⁵ mən⁰ tɕiau³⁵ sʅ¹³ təu⁵⁵ tsuaŋ⁵⁵ a⁰ kʰoŋ⁵⁵ tʰiau¹³。
恩施	他们把教室里都安哒空调。 tʰa⁵⁵ mən³³ pa⁵¹ tɕiau³⁵ sʅ⁰ ni⁵¹ təu⁵⁵ an⁵⁵ ta⁰ kʰoŋ⁵⁵ tʰiau³³。
咸丰	他们把教室都安上哒空调。 tʰa⁵⁵ mən⁰ pa⁴² tɕiau²⁴ sʅ²² təu⁵⁵ ŋan⁵⁵ saŋ²¹³ ta⁰ kʰoŋ⁵⁵ tʰiau²²。
建始	他们把教室里都安啊空调。 tʰa⁴⁵ mən⁰ pa⁵¹ tɕiau³⁵ sʅ²² ni⁰ təu⁴⁵ an⁴⁵ a⁰ kʰuŋ⁴⁵ tʰiau²²。
巴东	他们把教室都安哒空调。 tʰa⁴⁵ mən⁰ pa⁵¹ tɕiau²⁴ sʅ⁰ təu⁴⁵ an⁴⁵ ta⁰ kʰoŋ⁴⁵ tʰiau²²。
宜城	他们把教室都装上空调了。 tʰa²² mən⁰ pa⁴¹ tɕiɔ²⁴ sʅ⁵³ təu²⁴ tsuaŋ²² saŋ⁰ kʰuaŋ²⁴ tʰiɔ⁵³ nɔ⁰。
保康	他们把教室都装上空调了。 tʰa²⁴ mən⁰ pa⁵⁵ tɕiau³¹ sʅ⁵³ təu²⁴ tʂuaŋ²² ʂaŋ⁰ kʰuəŋ²² tʰiau⁵³ nau⁰。
神农架	他们把教室都装空调了。 tʰa²² mən⁰ pa³³ tɕiau³¹ sʅ⁵³ təu²⁴ tʂuaŋ²⁴ kʰuəŋ²² tʰiau⁵³ na⁰。
襄阳	他们给教室里都安上了空调了。 tʰa²⁴ mən⁰ kɯ³⁵ tɕiau²⁴ sʅ⁵³ ni⁰ təu²⁴ an²⁴ saŋ⁰ nau⁰ kʰuŋ²⁴ tʰiau⁵³ nau⁰。
随州	他们把教室里都装了空调。/他们跟教室里都装了空调。 tʰɔ⁴⁴ mən⁰ pa³⁵³ tɕiau²⁴ sʅ⁴² ni⁰ təu⁴⁴ tʂuaŋ⁴⁴ niau⁰ kʰoŋ⁴⁴ tʰiau⁴²。/tʰɔ⁴⁴ mən⁰ kən⁴⁴ tɕiau²⁴ sʅ⁴² ni⁰ təu⁴⁴ tʂuaŋ⁴⁴ niau⁰ kʰoŋ⁴⁴ tʰiau⁴²。
郧阳	他们叫教室装的都有空调。 tʰa⁴⁵ mən⁰ tɕiau³¹ tɕiau⁴⁵ sʅ⁵¹ tsuaŋ⁴⁵ ti⁰ təu⁵¹ iəu⁴³ kʰuən⁴⁵ tʰiau⁵¹。

语法例句对照　49

续表

	0009 他们把教室都装上了空调。
丹江口	他们给教室的都安上空调了。/他们叫教室的都安上空调了。 tʰa³⁵ mən⁰ kɯ³⁵ tɕiɔ³¹ ʂʅ⁵¹ ti⁰ təu³⁵ an³⁵ saŋ⁰ kʰuŋ³⁵ tʰiɔ⁵¹ la⁰。/tʰa³⁵ mən⁰ tɕiɔ³¹ tɕiɔ³¹ ʂʅ⁵¹ ti⁰ təu³⁵ an³⁵ saŋ⁰ kʰuŋ³⁵ tʰiɔ⁵¹ la⁰。
房县	他们把教室都安上空调了。/他们叫教室都安上空调了。 tʰa²⁴ mən⁰ pa³³ tɕiɔu³¹ ʂʅ⁰ təu³¹ an²⁴ ʂaŋ⁰ kʰuəŋ³¹ tʰiɔu⁵³ nɔu⁰。/tʰa²⁴ mən⁰ tɕiɔu³¹ tɕiɔu³¹ ʂʅ⁰ təu³¹ an²⁴ ʂaŋ⁰ kʰuəŋ³¹ tʰiɔu⁵³ nɔu⁰。
竹溪	他们给教室下安上空调。 tʰa²² mən⁰ kɛ³⁵ tɕiau³¹ ʂʅ⁵³ xa³¹ ŋan²⁴ ʂaŋ⁰ kʰuəŋ²² tʰiau⁵³。
公安	他们在教室里都安啊空调。 tʰa⁵⁵ mən⁰ tai³³ tɕiau³³ ʂʅ³⁵ ni⁰ təu⁵⁵ an⁵⁵ a²¹ kʰoŋ⁵⁵ tʰiau²⁴。
鹤峰	他们教室都装空调哒。 tʰa⁵⁵ mən⁰ tɕiau³⁵ ʂʅ⁰ təu⁵⁵ tʂuan⁵⁵ kʰoŋ⁵⁵ tʰiau¹² ta⁰。
黄冈	他们在教室里下安了空调。 tʰa²² mən⁰ tai⁴⁴ tɕiau³⁵ ʂʅ²¹³ li⁰ xa⁴⁴ ŋan²² liau⁰ kʰoŋ²² tʰiau³¹。
红安	他皆ᵉ把教室下安了空调。 tʰa¹¹ tɕie⁰ pa⁵⁵ tɕiau³⁵ ʂʅ²¹³ xa³³ ŋan¹¹ liau⁰ kʰoŋ¹¹ tʰiau³¹。
英山	他得把教室下安了空调。 tʰa³¹ te⁰ pa²⁴ tɕiau³⁵ ʂʅ²¹³ xa³³ ŋan³¹ liau⁰ kʰoŋ³¹ tʰiau⁵⁵。
蕲春	他们在教室里下安了空调。/他们把教室下安了空调。 tʰɒ⁴² mən⁰ tsai²¹² tɕiau²⁵ ʂʅ²¹ li⁰ xɒ²¹² ŋan⁴² liau⁰ kʰoŋ⁴² tʰiau³¹。/tʰɒ⁴² mən⁰ pɒ³⁴ tɕiau²⁵ ʂʅ²¹ xɒ²¹² ŋan⁴² liau⁰ kʰoŋ⁴² tʰiau³¹。
武穴	渠那些人把教室的空调一下装啰。/教室的空调渠那些人一下装啰。 xe⁵⁵ na²² sie⁵⁵ in³¹ pa³³ tɕiau³⁵ ʂʅ¹³ ti⁰ kʰəŋ⁵⁵ tʰiau³¹ i²² xa²² tsaŋ⁵⁵ lo⁰。/tɕiau³⁵ ʂʅ¹³ ti⁰ kʰəŋ⁵⁵ tʰiau³¹ xe⁵⁵ na²² sie⁵⁵ in³¹ i²² xa²² tsaŋ⁵⁵ lo⁰。

续表

	0009 他们把教室都装上了空调。
黄梅	渠带ᵇ的把教室下装了空调。 kʰæ⁵⁵ tai³⁵ ti⁰ ma¹³ tɕiau³⁵ sʅ⁴² xa³³ tsaŋ²¹ liau⁰ kʰoŋ²¹ tʰiau⁵⁵。
黄陂	他者在教室都装了空调。 tʰa³³⁴ tsɤ⁰ tsai⁴⁵⁵ tɕiao³⁵ sʅ²¹² tou³³⁴ tʂuaŋ³³⁴ liao⁰ kʰoŋ³³⁴ tʰiao²¹²。
新洲	他们把教室都安了空调。 tʰa³¹ men⁰ pa⁵⁵ tɕiao³²⁴ sʅ²¹ tou³¹ ŋan³¹ ȵiao⁰ kʰoŋ³¹ tʰiao²²⁴。
孝感	他们在教室下装上了空调。 tʰɑ³³ mən⁰ tai⁵⁵ tɕiau³⁵ sʅ⁰ xa⁵⁵ tʂuaŋ³³ ʂaŋ⁰ ŋau⁰ kʰoŋ³³ tʰiau³¹。
安陆	他们把教室下装上了空调。 tʰa⁴⁴ mən⁰ pa⁵¹ tɕiau³⁵ sʅ²⁴ xa⁵⁵ tʂuaŋ⁴⁴ ʂaŋ⁵⁵ ŋau⁰ kʰuŋ⁴⁴ tʰiau³¹。
广水	他着ᵇ把教室下装上空调。 tʰa³¹ tɕio⁵³ pa³⁴ tɕiau¹³ sʅ⁵³ xa¹³ tʂuaŋ³¹ ʂaŋ¹³ kʰuŋ³¹ tʰiau⁵³。
黄石	他们把教室下装了空调。 tʰɒ³³ men⁰ pɒ⁵⁵ tɕiau²⁵ sʅ²¹³ xɒ³²⁴ tɕɤaŋ³³ liau⁰ kʰoŋ³³ tʰiau³¹。
大冶	渠伢把教室下安了空调。 kʰe³¹ lɐ²⁵ pɐ⁴⁴ tɕiɔ²⁵ sʅ²¹³ xɒ²² ŋɛ̃²² le⁰ kʰɐŋ²² tʰie³¹。
阳新	渠伢把教室箇空调一下安了。 kʰɛ²¹³ lɛ²⁵ pa²⁵ tɕiɔ⁴⁴ sʅ⁵⁵ ko⁰ kʰaŋ⁴⁴ tʰi²¹³ i²⁵ xɒ⁴⁴ ŋõ⁴⁴ lɛ⁰。
咸宁	伊都把教室都装了空调。 e²¹³ tɒu⁴⁴ pɒ²¹³ tɕiɔ²¹³ sʅ⁵⁵ tɒu⁴⁴ tsõ⁴⁴ nɒ⁴² kʰuəŋ⁴⁴ tʰie³¹。
通山	渠伢把教室一下装上了空调。 ki²¹ lɛ³³ pɔ⁴² tɕiɐu⁴⁵ sʅ⁵⁵ i⁵⁵ xɔ³³ tsoŋ²³ soŋ³³ liɛu⁰ kʰuɑŋ²³ tʰiɛu²¹。
通城	伊伢把教室［一下］装上伢空调。 ie⁴² de⁰ pa⁴² tɕiau²⁴ sən⁵⁵ ia⁵⁵ tsoŋ²¹ soŋ³⁵ ne⁰ həŋ²¹ diau³³。

续表

	0009 他们把教室都装上了空调。
崇阳	伊家哒把教室哒［一下］装上了空调。 i⁵³ kɑ²² dæ⁰ pɑ⁵³ tɕio²⁴ sə⁰ dæ⁰ iɑ⁵⁵ taŋ²² saŋ⁴⁴ næ⁰ hən²² dio²¹。
嘉鱼	他呆⁼把教室都装了空调。 xɒ⁴⁴ ta⁴⁴ pɒ³¹ tɕiau²¹³ ʂʅ⁵⁵ təu⁴⁴ tsoŋ⁴⁴ nie³¹ kʰuən⁴⁴ tʰie²¹³。
赤壁	他之⁼把教室都装了空调。 nɑ⁴⁴ tʂʅ⁰ pa³¹ tɕiau²¹³ ʂʅ⁴⁵ tou⁴⁴ tsou⁴⁴ diɑu⁰ guən⁴⁴ diɑu¹³。
监利	他们把那个教室里都下安哒空调哒。 tʰa⁴⁴ mən⁰ pa²¹ mɤ⁴⁴ ko⁰ tɕiau²⁵ sʅ⁵⁵ ti⁰ tou⁴⁴ xa²¹ ŋan⁴⁴ ta⁰ kʰoŋ⁴⁴ tʰiau¹³ ta⁰。

	0010 帽子被风吹走了。
武汉	帽子把得风吹起跑了。 mao²⁵ tsɿ⁰ pa³³ te⁰ foŋ⁵⁵ tsʰuei⁵⁵ tɕʰi⁰ pʰao²¹³ liao⁰。
蔡甸	帽子被风吹起跑了。/风把帽子都吹起走了。 mao⁵⁵ tsɿ⁰ pei⁵⁵ fuŋ¹⁵ tɕʰyei¹⁵ tɕʰi⁰ pʰao²¹³ ȵiao⁰。/fuŋ¹⁵ pa³³⁴ mao⁵⁵ tsɿ⁰ tou¹⁵ tɕʰyei¹⁵ tɕʰi⁰ tsou³³⁴ ȵiao⁰。
江夏	帽子把风吹跑了。 mao⁴⁴⁵ tsɿ⁰ pa⁴¹ foŋ³⁵ tɕʰuei³⁵ pʰao³¹ niao⁰。
汉川	帽子把得风吹起跑了。 mɑu³³ tsɿ⁰ pa⁴² tæ⁰ foŋ⁵⁵ tɕʰyei⁵⁵ tɕʰi⁰ pʰau¹³ niɑu⁰。
荆州	帽子被风吹跑哒。/风把帽子吹跑哒。 mau³⁵ tsɿ⁰ pei³⁵ foŋ⁵⁵ tsʰuei⁵⁵ pʰau⁴² ta⁰。/foŋ⁵⁵ pa⁴² mau³⁵ tsɿ⁰ tsʰuei⁵⁵ pʰau⁴² ta⁰。
仙桃	帽子被风卷起跑哒。 mau⁵³ tsɿ⁰ pei⁵³ foŋ⁴⁵ tɕyɛn³¹ tɕʰi⁰ pʰau³¹ ta⁰。
天门	帽子尽风吹跑哒。 mau⁵³ tsɿ⁰ tɕin³¹ foŋ⁴⁵ tɕʰyei⁴⁵ pʰau³¹ ta⁰。
荆门	帽子被风吹跑哒。 mau³³ r̩⁰ pei³³ ɸoŋ⁴⁵ tʂʰuei⁴⁵ pʰau⁵⁵ ta⁰。
钟祥	帽子被风刮跑哒。 mau²¹ r̩²⁴ pəi²¹ fəŋ²⁴ kua³¹ pʰau³¹ ta⁰。
宜昌	帽子尽风吹走哒。 mau³⁵ tsɿ⁰ tɕin³³ foŋ⁵⁵ tsʰuei⁵⁵ tsəu³³ ta⁰。
兴山	帽子着风吹走哒。/帽子尽风吹走哒。 mau²⁴ tsɿ⁰ tʂuo³¹ foŋ⁴⁵ tʂʰuei⁴⁵ tsəu⁵⁵ ta⁰。/mau²⁴ tsɿ⁰ tɕin⁵⁵ foŋ⁴⁵ tʂʰuei⁴⁵ tsəu⁵⁵ ta⁰。

续表

	0010 帽子被风吹走了。
长阳	帽子尽风吹走哒。 mau^{24} ts̩^{0} tɕin^{31} foŋ^{45} tsʰuei^{45} tsəu^{31} ta^0。
五峰	帽子被风吹起走哒。 mau^{35} ts̩^{0} pei^{33} foŋ^{55} tsʰuei^{55} tɕʰi^0 tsəu^{33} ta^0。
宜都	帽子尽风吹起跑哒。 mau^{35} ts̩^{0} tɕin^{33} foŋ^{55} tsʰuei^{55} tɕʰi^{33} pʰau^{33} ta^0。
恩施	帽子被风吹走哒。 mau^{35} ts̩^{0} pei^{35} xoŋ^{55} tʂʰuei^{55} tsəu^{51} ta^0。
咸丰	帽子着风吹走哒。 mau^{24} ts̩^{0} tsuo^{22} foŋ^{55} tsʰuei^{55} tsəu^{42} ta^0。
建始	帽壳儿着风吹起跑哒。 mau^{35} kʰuɚ^0 tʂo^{22} fən^{45} tʂʰuei^{45} tɕʰi^{45} pʰau^{51} ta^0。
巴东	帽子被风吹掉哒。 mau^{24} ts̩^{0} pei^{24} foŋ^{45} tsʰuei^{45} tiau^{24} ta^0。
宜城	帽子儿被风刮走了。 mɔ^{41} r̩^{0} pei^{41} fəŋ^{24} kua^{53} tsəu^{55} nɔ^0。
保康	帽子叫风吹走了。 mau^{31} ts̩^{0} tɕiau^{31} fəŋ^{24} tʂʰuei^{22} tsəu^{55} nau^0。
神农架	帽子叫风刮跑了。 mau^{31} ts̩^{0} tɕiau^{31} fəŋ^{24} kua^{53} pʰau^{33} na^0。
襄阳	帽子儿叫风吹走了。 mau^{31} r̩^{0} tɕiau^{31} fəŋ^{24} tsʰuei^{24} tsəu^{35} nau^0。
随州	帽子着风吹跑去了。 mau^{213} ts̩^{0} tʂo^{42} foŋ^{44} tʂʰuei^{44} pʰau^{42} tɕʰio^{44} niau^0。

续表

	0010 帽子被风吹走了。
郧阳	帽子叫风吹跑了。 mau³¹ tsɿ⁰ tɕiau³¹ fən⁴⁵ tsʰuei⁴⁵ pʰau⁴³ lau⁰。
丹江口	帽子叫风刮跑了。 mɔ³¹ tsɿ⁰ tɕiɔ³¹ fəŋ³⁵ kua³⁵ pʰɔ³³ lɔ⁰。
房县	风把帽子刮跑了。/帽子叫风吹跑了。 fəŋ²⁴ pa³³ mou³¹ ʅ⁰ kua⁵³ pʰɔu³³ nɔu⁰。/mɔu³¹ ʅ⁰ tɕiɔu³¹ fəŋ²⁴ tsʰuei²⁴ pʰɔu³³ nɔu⁰。
竹溪	风给帽子刮跑了。/帽子让风刮跑了。 fəŋ²² kɛ³⁵ mau³¹ tsɿ⁰ kua²² pʰau³⁵ lia⁰。/mau³¹ tsɿ⁰ zaŋ³¹ fəŋ²⁴ kua²² pʰau³⁵ lia⁰。
公安	帽子着风吹走哒。/帽子被风吹走哒。 mɑu³³ tsɿ⁰ tsuo⁵⁵ foŋ⁵⁵ tsʰuei⁵⁵ tsəu²¹ ta²¹。/mɑu³³ tsɿ⁰ pei³³ foŋ⁵⁵ tsʰuei⁵⁵ tsəu²¹ ta²¹。
鹤峰	帽子被风吹走哒。 mau³⁵ tsɿ⁰ pei³⁵ xoŋ⁵⁵ tʂʰuei⁵⁵ tsəu⁵³ ta⁰。
黄冈	风把帽子吹跑了。/帽子让风吹跑了。 foŋ²² pa⁵⁵ mau⁴⁴ tsɿ⁰ tʂʰyei²² pʰau³¹ liau⁰。/mau⁴⁴ tsɿ⁰ zyan⁴⁴ foŋ²² tʂʰyei²² pʰau³¹ liau⁰。
红安	帽子尽风吹得跑哇。/风把帽子吹得跑哇。 mau³³ tsɿ⁰ tɕin³³ foŋ¹¹ tʂʰyei¹¹ te⁰ pʰau³¹ ua⁰。/foŋ¹¹ pa⁵⁵ mau³³ tsɿ⁰ tʂʰyei¹¹ te⁰ pʰau³¹ ua⁰。
英山	帽子让风吹跑了。 mau³³ tsɿ⁰ zyan³³ foŋ³¹ tʂʰy³¹ pʰau⁵⁵ liau⁰。
蕲春	帽子让风吹跑了。/帽子把风吹跑了。 mau²¹² tsɿ⁰ yaŋ²¹² foŋ⁴² tʂʰyei⁴² pʰau³¹ liau⁰。/mau²¹² tsɿ⁰ pɒ³⁴ foŋ⁴² tʂʰyei⁴² pʰau³¹ liau⁰。

续表

	0010 帽子被风吹走了。
武穴	帽子把风吹跑啰。/风把帽子吹跑啰。 mau²² tsʅ⁰ pa³³ fəŋ⁵⁵ tʂʰʮ⁵⁵ pʰau³¹ lo⁰。/fəŋ⁵⁵ pa³³ mau²² tsʅ⁰ tʂʰʮ⁵⁵ pʰau³¹ lo⁰。
黄梅	帽嘞把风吹跑了。/风把帽嘞吹跑了。 mau³³ ne⁰ ma¹³ foŋ²¹ tɕʰʮ²¹ pʰau⁵⁵ liau⁰。/foŋ²¹ ma¹³ mau³³ ne⁰ tɕʰʮ²¹ pʰau⁵⁵ liau⁰。
黄陂	帽子叫风刮起走了。 mao⁴⁵⁵ tsʅ⁰ tɕiao³⁵ foŋ³³⁴ kua²¹⁴ tɕʰi⁰ tsou⁴¹ ao⁰。
新洲	风把帽子吹跑了。 foŋ³¹ pa²¹ mao³³ tsʅ⁰ tʂʰʮei³¹ pʰao²¹³ ɲiao⁰。
孝感	帽子把得风吹跑了。 mɑu⁵⁵ tsʅ⁰ pɑ⁵² te⁰ foŋ³³ tʂʰʮei³³ pau³¹ uɑu⁰。
安陆	帽子尽风吹去跑了。/帽子尽风吹去走了。 mau⁵⁵ tsʅ⁰ tɕin⁵⁵ fuŋ⁴⁴ tʂʰʮei⁴⁴ tɕʰi³⁵ pʰau³¹ uau⁰。/mau⁵⁵ tsʅ⁰ tɕin⁵⁵ fuŋ⁴⁴ tʂʰʮei⁴⁴ tɕʰi³⁵ tsəu⁵¹ uau⁰。
广水	帽子尽风吹走了。 mau¹³ tsʅ⁰ tɕin¹³ xuŋ³¹ tʂʰʮei³¹ tsəu³⁴ uau⁰。
黄石	帽子被风吹跑了。 mau³²⁴ tsʅ⁰ pi³²⁴ foŋ³³ tɕʰʮ³³ pʰau³¹ liau⁰。
大冶	帽子把那风吹倒跑了。 mɒ²² tsʅ⁰ pɒ⁴⁴ lɛ²⁵ fɐŋ²² tɕʰy²² to⁰ pʰɔ³¹ lɛ⁰。
阳新	帽子把风吹跑了。 mɔ⁴⁴ tsʅ⁰ pɒ²⁵ faŋ⁴⁴ tɕʰy⁴⁴ pʰɔ³¹ lɛ⁰。
咸宁	帽把风吹跑了。/风把帽吹跑了。 mo³³ pɒ²¹³ fəŋ⁴⁴ tɕʰy⁴⁴ pʰo⁴² nɒ⁴²。/fəŋ⁴⁴ pɒ²¹³ mo³³ tɕʰy⁴⁴ pʰo⁴² nɒ⁴²。

续表

	0010 帽子被风吹走了。
通山	帽把得风吹跑了。 mɑu³³ pɔ⁴² tɛ⁰ faŋ²³ tɕʰyæ²³ pʰɑu⁴² liɛu⁰。
通城	帽仂把得风吹起走仂。 mau³⁵ de⁰ pa⁴² te³⁵ fəŋ²¹ dʐʅ²¹ dzi⁴² tɕiau⁴² de⁰。
崇阳	帽哒把得风吹起跑了。 mau⁴⁴ dæ⁰ pɑ⁵³ tə⁵⁵ fən²² dəu²² zi⁵³ bau⁵³ næ⁰。
嘉鱼	帽子被风吹跑了。 mau²² tsʅ³¹ pʰi²² fən⁴⁴ tɕʰy⁴⁴ pʰau³¹ nie³¹。
赤壁	帽子把得风吹起走了。 mau²² tsʅ⁰ pɑ³¹ tə⁰ fən⁴⁴ dzʐ⁴⁴ dʑi⁰ tɕiau³¹ diɑu⁰。
监利	帽子喊风刮跑哒。 mau³³ tsʅ⁰ xan²¹ foŋ⁴⁴ kua⁵⁵ pʰau²¹ ta⁰。

	0011 张明被坏人抢走了一个包，人也差点儿被打伤。
武汉	张明的包包被别个抢跑了，人也差点被打了。 tsaŋ⁵⁵ min²¹ ti⁰ pao⁴⁵ pao⁰ pei²⁵ pie²¹³ ke⁰ tɕʰiaŋ⁴² pʰao²¹³ liao⁰，len²¹³ ie²¹ tsʰa⁵⁵ tie⁴² pei²⁵ ta⁴² liao⁰。
蔡甸	坏人抢了张明的包，差点人也被打了。/张明的包被坏人抢了，差点人也被打了。 xuai⁵⁵ len²¹³ tɕʰiaŋ³³⁴ n̠iao⁰ tsaŋ¹⁵ min²¹³ ti⁰ pao¹⁵，tsʰa¹⁵ tie³³⁴ len²¹³ ie³³⁴ pei⁵⁵ ta³³⁴ n̠iao⁰。/tsaŋ¹⁵ min²¹³ ti⁰ pao¹⁵ pei⁵⁵ xuai⁵⁵ len²¹³ tɕʰiaŋ³³⁴ n̠iao⁰，tsʰa¹⁵ tie³³⁴ len²¹³ ie³³⁴ pei⁵⁵ ta³³⁴ n̠iao⁰。
江夏	张明的包被坏人抢跑了，人也差点被打伤了。 tsaŋ³⁵ min³¹ ti⁰ pao³⁵ pei³²⁴ xuai⁴⁴⁵ nən³¹ tɕʰiaŋ⁴⁴ pʰao³¹ niao⁰，nən¹³ ie⁴¹ tsʰa³¹ tie⁴¹ pei³²⁴ ta⁴⁴ saŋ³⁵ niao⁰。
汉川	张明被坏人抢走了个包，人也差点个被打伤了。 tsaŋ⁵⁵ min¹³ pei³³ xuai³³ nən¹³ tɕʰiaŋ⁴² tsəu⁴² niɑu⁰ ko⁰ pɑu⁵⁵，nən¹³ ie⁴² tsʰɑ⁵⁵ tiɑn⁴² ko⁰ pei³³ ta⁴² sɑŋ⁵⁵ niɑu⁰。
荆州	张明的包被抢哒，人也差滴尕被打伤哒。 tsan⁵⁵ min¹³ ti⁰ pau⁵⁵ pei³⁵ tɕʰian⁴² ta⁰，lən¹³ ie⁴² tsʰa⁵⁵ ti⁵⁵ kʰa⁵⁵ pei³⁵ ta⁴² san⁵⁵ ta⁰。
仙桃	张明的包被抢哒，人也差滴尕被打伤哒。 tsaŋ⁴⁵ min¹³ ti⁰ pau⁴⁵ pei⁵³ tɕʰiaŋ³¹ ta⁰，ən¹³ ie³¹ tsʰa⁴⁵ ti⁴⁵ kʰa⁰ pei⁵³ ta³¹ saŋ⁴⁵ ta⁰。
天门	张明尽坏人把包抢哒一个，人还些尕被打。 tsaŋ⁴⁵ min²¹³ tɕin³¹ xuai⁵³ ən²¹³ pa³¹ pau⁴⁵ tɕʰiaŋ³¹ ta⁰ i²⁴ ko⁵³，ən¹³ xai¹³ ɕi⁴⁵ kʰa⁰ pei⁵³ ta³¹。
荆门	张明被坏人抢走了包，还差点被打伤。 tʂaŋ⁴⁵ min²⁴ pei³³ xuai³³ ʐən²⁴ tɕʰiaŋ⁵⁵ tʂou⁵⁵ nɛ⁰ pau⁴⁵，xai²⁴ tʂʰa⁴⁵ tian⁰ pei³³ ta⁵⁵ ʂaŋ⁴⁵。

续表

	0011 张明被坏人抢走了一个包，人也差点儿被打伤。
钟祥	张明被坏人抢走啊一个袋子，人也差点儿被打伤哒。 tʂaŋ²⁴ min³¹ pəi²¹ xuai²¹ zən³¹ tɕʰiaŋ⁵³ tʂəu⁵³ a⁰ i³¹ kuo²¹ tai²¹ ɿ²⁴，zən³¹ ie²¹ tʂʰa²¹ tier⁵³ pəi²¹ ta⁵³ ʂaŋ²¹ ta⁵⁵。
宜昌	张明被坏人把包包儿抢哒，人也差点儿受啊伤。 tsaŋ⁵⁵ min¹³ pei⁵⁵ xuai³⁵ zən¹³ pa³³ pau⁵⁵ pauʳ⁰ tɕʰin³³ ta⁰，zən¹³ ie³³ tsʰa⁵⁵ tiəʳ⁰ səu³⁵ a⁰ saŋ⁵⁵。
兴山	张明的包被坏人抢走哒，人也差点儿被打伤哒。 tʂaŋ⁴⁵ min³¹ ti⁰ pau⁰ pei²⁴ xuai²⁴ zən³¹ tɕʰiaŋ⁵⁵ tsəu⁵⁵ ta⁰，zən³¹ ie⁵⁵ tʂʰa⁴⁵ tiəʳ⁰ pei⁴⁵ ta²⁴ ʂaŋ⁴⁵ ta⁰。
长阳	小明被坏人抢啊一个包，人也差点儿被打伤哒。 ɕiau³¹ min²¹ pei⁴⁵ xuai²⁴ zən²¹ tɕʰiaŋ⁴⁵ a⁰ i²² kɤ²⁴ pau⁴⁵，zən²² ie³¹ tsʰa⁴⁵ tiəʳ⁰ pei²⁴ ta³¹ saŋ⁴⁵ ta⁰。
五峰	张明被抢犯抢啊个包，人也稀乎被打伤哒。 tsaŋ⁵⁵ min²¹ pei³⁵ tɕʰiaŋ³⁵ fan²¹³ tɕʰiaŋ³³ a⁰ kɤ⁰ pau⁵⁵，ən³³ ie³³ ɕi⁵⁵ xu⁰ pei³⁵ ta³³ saŋ²¹ ta⁰。
宜都	张明尽坏人抢啊一个包，人也稀乎儿被打伤哒。 tsaŋ⁵⁵ min¹³ tɕin³³ xuai³⁵ zən²¹ tɕʰiaŋ³³ a⁰ i¹³ kɤ⁰ pau⁵⁵，zən¹³ ie³³ ɕi³³ xuəʳ⁵⁵ pei³⁵ ta³⁵ saŋ⁵⁵ ta⁰。
恩施	张明的包被坏人抢哒，差乎儿被打伤哒。 tʂaŋ⁵⁵ min³³ ti⁰ pau⁵⁵ pei³⁵ xuai³⁵ zən³³ tɕʰiaŋ⁵¹ ta⁰，tʂʰa⁵⁵ xəʳ⁰ pei³⁵ ta⁵¹ ʂaŋ⁵⁵ ta⁰。
咸丰	张明着坏人抢走哒一个包包，人也差颗儿米着坏人打伤哒。 tsaŋ⁵⁵ min²² tsuo²² xuai²⁴ zən²² tɕʰiaŋ³³ tsəu⁴² ta⁰ i²² ko²¹³ pau⁵⁵ pau⁰，zən²² iɛ⁴² tsʰa⁵⁵ kʰuəʳ⁰ mi⁴² tsuo²² xuai²⁴ zən²² ta⁴² saŋ⁵⁵ ta⁰。

续表

	0011 张明被坏人抢走了一个包，人也差点儿被打伤。
建始	张明的包被别人抢哒，人也些乎儿被打伤哒。 tṣan⁴⁵ min²² ti⁰ pau⁴⁵ pei³⁵ pie²² zən⁰ tɕʰian⁵¹ ta⁰，zən²² ie⁵¹ ɕiau⁴⁵ xuə⁰ pei³⁵ ta⁵¹ ʂan⁴⁵ ta⁰。
巴东	张明的包被坏人抢走哒，人也差些乎儿搞伤哒。 tsaŋ⁴⁵ min²² ti⁰ pau⁴⁵ pei²⁴ xuai²⁴ zən²² tɕʰian⁵¹ tsəu⁵¹ ta⁰，zən²² ie⁵¹ tsʰa⁴⁵ ɕi⁴⁵ xuə⁰ kau⁵¹ saŋ⁴⁵ ta⁰。
宜城	张明儿被坏人抢走了一个包儿，人也差点儿被打伤了。 tsaŋ²⁴ miər⁵³ pei²⁴ xuɛ⁴¹ zən⁰ tɕʰian⁵⁵ tsəu⁵⁵ nɔ⁰ i⁵³ kɔ⁰ pɔr²⁴，zən⁵³ ie⁵³ tsʰa²² tiɐr⁵⁵ pei⁴¹ ta⁵⁵ saŋ²⁴ nɔ⁰。
保康	张明叫坏人抢跑了一个包，人也好悬打坏了。 tsaŋ²² min⁵³ tɕiau³¹ xuai³¹ zən⁰ tɕʰian⁵⁵ pʰau⁵⁵ nau⁰ i⁵³ kə³¹² pau²⁴，zən⁵³ ie⁵⁵ xau⁵⁵ ɕyɛn⁵⁵ ta⁵⁵ xuai³¹ nau⁰。
神农架	张明的包叫坏人抢跑了，人也稀乎儿打坏了。 tṣaŋ²² min⁵³ ti⁰ pau²⁴ tɕiau³¹ xuai³¹ zən⁰ tɕʰian³³ pʰau³³ na⁰，zən⁵³ iɛ³³ ɕi²² xuər⁰ ta³³ xuai³¹ na⁰。
襄阳	坏人抢走了张明的包儿，还给他打伤了。 xuai³¹ zən⁰ tɕʰian³⁵ tsəu³⁵ nau⁰ tsaŋ²⁴ min⁵³ ti⁰ paur²⁴，xai⁵³ ku³⁵ tʰa⁰ ta³⁵ saŋ²⁴ nau⁰。
随州	张明儿着拐家伙抢了个包，人也差点儿着他们打伤了。 tṣaŋ⁴⁴ miər⁴² tṣo⁴² kuai³⁵ tɕiɕi⁴⁴ xo⁰ tɕʰian³⁵³ niau⁰ ko²¹³ pau⁴⁴，zən⁴² i³⁵³ tṣʰɔ⁴⁴ tiɐr³⁵³ tṣo⁴² tʰɔ⁴⁴ mən⁰ tɔ³⁵ ʂaŋ⁴⁴ niau⁰。
郧阳	张明儿的包儿叫坏蛋抢跑了，人也稀达乎儿打坏了。 tsaŋ⁴⁵ miər⁵¹ ti⁰ paur⁴⁵ tɕiau³¹ xuɛ⁴⁵ tan³¹ tɕʰian⁴³ pʰau⁴³ lau⁰，zən⁵¹ iɛ⁴³ ɕi⁴⁵ ta⁵¹ xuər⁴⁵ ta⁴³ xuɛi³¹ lau⁰。

	0011 张明被坏人抢走了一个包，人也差点儿被打伤。
丹江口	张明儿的包叫坏人抢跑了，稀乎儿人也打坏了。 tṣaŋ³⁵ miər⁵¹ ti⁰ pɔ³⁵ tɕiɔ³¹ xuɛ³¹ zən⁵¹ tɕʰiaŋ³³ pʰɔ³³ la⁰，ɕi³⁵ xuər³⁵ zən⁵¹ iɛ³³ ta³³ xuɛ³¹ la⁰。
房县	张明儿的一个包叫哈人抢跑了，人也稀乎儿打坏了。 tṣaŋ²⁴ miər⁵³ ti⁰ i²⁴ kɤ⁰ pou²⁴ tɕiou³¹ xa³³ zən⁵³ tɕʰiaŋ³³ pʰou³³ nou⁰，zən⁵³ ie³³ ɕi²⁴ xuər⁰ ta³³ xuai³¹ nou⁰。
竹溪	张明的包让哈人抢跑了，人还稀乎儿让人家打了。 tṣaŋ²² min⁵³ ti⁰ pau²⁴ zaŋ³¹ xa³⁵ zən⁵³ tɕʰiaŋ³⁵ pʰau³⁵ lia⁰，zən⁵³ xai⁵³ ɕi²² xuər⁰ zaŋ³¹ zən⁵³ tɕia⁰ ta³⁵ lia⁰。
公安	张明的包被坏人抢走哒，人也差滴尕被打伤哒。 tsaŋ⁵⁵ min²⁴ ti³³ pau⁴⁴ pei³³ xuai³³ ən²⁴ tɕʰiaŋ²¹ tsəu²¹ ta²¹，ən²⁴ ie²¹ tsʰa⁵⁵ ti⁵⁵ ka⁰ pei³³ ta²¹ saŋ⁵⁵ ta²¹。
鹤峰	张明的包被坏人抢走了，消会儿被打伤了。 tṣaŋ⁵⁵ min¹² ti⁰ pau⁵⁵ pei³⁵ xuai³⁵ zən¹² tɕʰiaŋ⁵³ tsəu⁵³ niau⁰，ɕiau⁵⁵ xuɚ⁰ pei³⁵ ta⁵³ ṣaŋ⁵⁵ niau⁰。
黄冈	张明的包让人抢了，人也差点儿打了。/张明的包把人抢了，人也差点儿打了。 tsaŋ²² min³¹ ti⁰ pau²² zu̯aŋ⁴⁴ zən³¹ tɕʰiaŋ⁵⁵ liau⁰，zən³¹ ie⁵⁵ tsʰa²² tiɛr⁰ ta⁵⁵ liau⁰。/tsaŋ²² min³¹ ti⁰ pau²² pa zən³¹ tɕʰiaŋ⁵⁵ liau⁰，zən³¹ ie⁵⁵ tsʰa²² tiɛr⁰ ta⁵⁵ liau⁰。
红安	张明的包尽坏人抢跑哇，人也差点儿打伤了。 tsaŋ¹¹ min³¹ ti⁰ pau¹¹ tɕin³³ fai³³ zu̯ən³¹ tɕʰiaŋ⁵⁵ pʰau⁰ ua⁰，zu̯ən³¹ ie⁵⁵ tṣʰa²² tiər³³ ta³³ ṣaŋ¹¹ liau⁰。
英山	张明的包儿让人抢了，人也差点儿打伤了。 tsaŋ³¹ min⁵⁵ ti⁰ pau³¹ ɚ⁰ zu̯aŋ³³ zən⁵⁵ tɕʰiaŋ²⁴ liau⁰，zən⁵⁵ ie²⁴ tsʰa³¹ tiər⁰ ta²⁴ ṣaŋ³¹ liau⁰。

续表

	0011 张明被坏人抢走了一个包，人也差点儿被打伤。
蕲春	张明的包儿让人抢了，他也差点儿把人打伤了。/张明的包儿让人抢去了，人也差点儿打伤了。 tṣaŋ⁴² min³¹ ti⁰ paur⁴² ɻaŋ²¹² zən³¹ tɕʰiaŋ³⁴ liau⁰, tʰa⁴² iɛ³⁴ tṣʰɒ⁴² tiar³⁴ pa³⁴ zən³¹ tɒ²¹ ṣaŋ⁴² liau⁰。/tṣaŋ⁴² min³¹ ti⁰ paur⁴² ɻaŋ²¹² zən³¹ tɕʰiaŋ³⁴ tɕʰi⁰ liau⁰, zən³¹ iɛ³⁴ tṣʰɒ⁴² tiar³⁴ tɒ³⁴ ṣaŋ⁴² liau⁰。
武穴	张明的包把坏人抢跑啰，人也差点儿打倒啰。/坏人把张明的包抢跑啰，人也差点儿打倒啰。 tsaŋ⁵⁵ min³¹ ti⁰ pau⁵⁵ pa³³ xuai²² in³¹ tɕʰiaŋ³³ pʰau³¹ lo⁰, in³¹ ia³³ tsʰa⁵⁵ tiɛr³³ ta³³ tau⁰ lo⁰。/xuai²² in³¹ pa³³ tsaŋ⁵⁵ min³¹ ti⁰ pau⁵⁵ tɕʰiaŋ³³ pʰau³¹ lo⁰, in³¹ ia³³ tsʰa⁵⁵ tiɛr³³ ta³³ tau⁰ lo⁰。
黄梅	张明的包被坏人抢走了，人还差点打伤了。/坏人把张明的包抢走了，人差点被打伤。 tsaŋ²¹ min⁵⁵ ti⁰ pau²¹ pi³³ xuai³³ ən⁵⁵ tɕʰiaŋ¹¹ tseu¹³ liau⁰, ən⁵⁵ xan⁵⁵ tsʰa²¹ tiɛn¹³ ta¹³ saŋ²¹ liau⁰。/xuai³³ ən⁵⁵ ma¹³ tsaŋ²¹ min⁵⁵ ti⁰ pau²¹ tɕʰiaŋ¹¹ tseu¹³ liau⁰, ən⁵⁵ tsʰa³⁵ tiɛn¹³ pi³³ ta¹³ saŋ²¹。
黄陂	张明的包叫拐人抢起[走了]，人也差点被打伤了。 tsaŋ³³⁴ min²¹² ti⁰ pao³³⁴ tɕiao³⁵ kuai⁴¹ zen⁰ tɕʰiaŋ⁴¹ tɕʰi⁰ tsə⁴¹, zen²¹² iɛ⁴¹ tsʰa³³⁴ tiɛ⁴¹ pei⁴⁵⁵ ta⁴¹ saŋ³³⁴ liao⁰。
新洲	张明的包儿被拐人抢走了，差点儿人也被打伤了。 tsaŋ³¹ min²²⁴ ti⁰ paor³¹ pei³³ kuai⁵⁵ zʅn²²⁴ tɕʰiaŋ⁵⁵ tsou⁰ ɲiao⁰, tsʰa³¹ tiɛ̃r⁵⁵ zʅn²²⁴ iɛ⁵⁵ pei³³ ta⁵⁵ saŋ³¹ ɲiao⁰。
孝感	张明被坏人抢走了一个包，人也被打伤了。 tsaŋ³³ min³¹ pei⁵⁵ xuai⁵⁵ zən³¹ tɕʰiaŋ⁵² tsəu⁵² uau⁰ i²¹³ ko⁰ pau³³, zən³¹ iɛ⁵² pei⁵⁵ tɒ⁵² ṣaŋ³³ ŋau⁰。

续表

	0011 张明被坏人抢走了一个包，人也差点儿被打伤。
安陆	张明尽坏人抢了一个包跑了，人也差点儿打伤了。 tʂaŋ⁴⁴ min³¹ tɕin⁵⁵ xuai⁵⁵ zən³¹ tɕʰiaŋ⁵¹ ŋau⁰ i²⁴ ko³⁵ pau⁴⁴ pʰau³¹ uau⁰，zən³¹ iɛ⁵¹ tʂʰa⁴⁴ tiɐr⁵¹ ta⁵¹ ʂaŋ⁴⁴ ŋau⁰。
广水	张明尽坏人抢走了一个包，人也差点被坏人打伤了。 tʂaŋ³¹ min⁵³ tɕin¹³ xuai¹³ zən⁵³ tɕʰiaŋ³⁴ tsəu³⁴ uau⁰ i⁵³ ko¹³ pau³¹，zən⁵³ iɛ³⁴ tʂʰa³¹ tiɛn³⁴ pei¹³ xuai¹³ zən⁵³ ta³⁴ ʂaŋ³¹ ŋau⁰。
黄石	张明被拐人抢跑了一个包，人也差点儿打伤了。 tsaŋ³³ min³¹ pi³²⁴ kuæ⁵⁵ zən³¹ tɕʰiaŋ⁵⁵ pʰau³¹ liau⁰ i²¹³ ko⁰ pau³³，zən³¹ ie⁵⁵ tsʰɒ³³ tiɐr⁵⁵ tɒ⁵⁵ saŋ³³ liau⁰。
大冶	张明笿包把那个拐人抢倒跑了，人也差[点儿]打伤了。 tsoŋ²² min³¹ ko⁰ pɔ²² pɒ⁴⁴ le²⁵ ko⁰ kuɐ⁴⁴ zɐn³¹ tɕʰiɔŋ⁴⁴ tɔ⁰ pʰɔ³¹ le⁰，zən³¹ iɒ⁴⁴ tsʰɒ²² ɲiẽ⁵² tɒ⁴⁴ soŋ²² le⁰。
阳新	张明把坏人抢走了一个包，人也差点打伤了。 tsɔ̃⁴⁴ min²¹³ pɒ²⁵ xua⁴⁴ zan²¹³ tɕʰiɔ̃³¹ tsɛ³¹ lɛ⁰ i²⁵ ko⁰ pɔ⁴⁴，zan²¹³ iɒ³¹ tsʰɒ⁴⁴ tin²⁵ tɒ³¹ sɔ̃⁴⁴ lɛ⁰。
咸宁	张明把拐人抢了一个包去，人差点崽打伤了。 tsõ⁴⁴ miən³¹ pɒ²¹³ kua⁴² zən³¹ tɕʰiõ⁴² nɒ⁴² i⁵⁵ kə²¹³ po⁴⁴ tɕʰie²¹³，zən³¹ tsʰɒ⁴⁴ tiẽ⁴² tsa⁴² tɒ⁴² sõ⁴⁴ nɒ⁴²。
通山	张明把得坏人抢了一个包，人也差点打伤。 tsoŋ²³ men²¹ pɒ⁴² tɛ⁰ xuã³³ zɐn²¹ tɕʰioŋ⁴² liɛu⁴² i⁵⁵ kou⁴⁵ pau²¹³，zɐn²¹ iɔ⁴² tsʰɒ⁴⁵ ten⁴² tɔ⁴² soŋ²¹³。
通城	张明笿包把得坏人抢起走伓，人也差丁牙者把得伊打伤伓。 tsoŋ²¹ min³³ ko⁰ pau²¹ pa⁴² te³⁵ fai³⁵ ɲin³³ dʑioŋ⁴² dʑi⁴² tɕiau⁴² de⁰，ɲin³³ ie⁴² dza²¹ tinʔ⁵⁵ ŋa³⁵ tse⁰ pa⁴² te³⁵ ie⁴² ta⁴² soŋ²¹ ne⁰。

续表

	0011 张明被坏人抢走了一个包，人也差点儿被打伤。
崇阳	张明把得拐子哒抢走了一个包，人差点子把得伊打伤了。 taŋ²² min²¹ pɑ⁵³ tə⁵⁵ kuæ⁵³ tsʅ⁰ dæ⁰ ʑiaŋ⁵³ tɕio⁵³ næ⁰ i⁵⁵ ko²⁴ pau²², ȵin²¹ zɑ²² tiɛ⁵³ tsæ⁰ pɑ⁵³ tə⁵⁵ i⁵³ tɑ⁵³ saŋ²² næ⁰。
嘉鱼	张明被拐人抢走了一个包，人也差点儿被打伤。 tʂoŋ⁴⁴ miən²⁴ pʰi²² kuai³¹ zən²⁴ tɕʰioŋ³¹ tsei³¹ nie³¹ i⁵⁵ ko²¹³ pau⁴⁴, zən²⁴ ie³¹ tsʰɒ⁴⁴ tir³¹ pʰi²² tɒ³¹ ʂoŋ⁴⁴。
赤壁	坏人把张明箇包抢走了，人还差点儿打伤了。 xuai²² zən⁰ pɑ³¹ tʂou⁴⁴ min¹³ ko⁰ pau⁴⁴ dʑiou³¹ tɕiau³¹ diau⁰, zən¹³ xai²¹³ dzɑ⁴⁴ tiɛʀ⁰ tɑ³¹ ʂou⁴⁴ diau⁰。
监利	张明喊坏人抢哒一个包去哒，还差滴被人打伤哒。 tsaŋ⁴⁴ min¹³ xan²¹ xuai³³ ən¹³ tɕʰiaŋ²¹ ta⁰ i⁵⁵ ko⁰ pau⁴⁴ kʰɯ⁴⁴ ta⁰, xai¹³ tsʰa⁴⁴ ti⁵⁵ pei³³ ən¹³ ta²¹ saŋ⁴⁴ ta⁰。

	0012 快要下雨了，你们别出去了。
武汉	要下雨了，你们莫出去。 iao²⁵ɕia²⁵y⁴²liao⁰，li³³men⁰mo²¹³tɕʰy²¹³kʰɯ²⁵。
蔡甸	天道落雨了，你们就莫出去。 tʰien¹⁵tao⁰lo³²⁴y³³⁴n̠iao⁰，n̠i³³⁴men⁰tɕiou⁵⁵mo³²⁴tɕʰy³²⁴kʰɯ⁰。
江夏	天要落雨了，你们莫出去了。 tʰien³⁵iao³²⁴no³³y³¹niao⁰，ni⁴¹mən⁰mo³²⁴tɕʰy³²⁴kʰɤ⁰niao⁰。
汉川	快要落雨了，你们莫出去了。 kʰuɑi³³iau³³no²⁴y⁴²niau⁰，ni⁴²mən⁰mo²⁴tɕʰy¹³tɕʰi⁰niau⁰。
荆州	要下雨哒，你们不出去哒。/快下雨哒，你们不出去哒。 iau³⁵ɕia³⁵y⁴²ta⁰，li⁴²mən⁰pu¹³tsʰu¹³kʰɯ³⁵ta⁰。/kʰuai³⁵ɕia³⁵y⁴²ta⁰，li⁴²mən⁰pu¹³tsʰu¹³kʰɯ³⁵ta⁰。
仙桃	要下雨哒，你们不出去哒。 iau⁵³ɕia⁵³y³¹ta⁰，li³¹mən⁰pu²⁴tsʰu²⁴kʰɯ⁰ta⁰。
天门	快要下雨了，你们不出去哒。 kʰuai⁵³iau⁵³ɕia⁵³y³¹liau⁰，li³¹mən⁰pu²⁴tɕʰy²⁴kʰɯ⁰ta⁰。
荆门	天快下雨了，你们就不去哒。 tʰian⁴⁵kʰuai³³ɕia³³y⁵⁵na⁰，ni⁵⁵mən⁰tɕiou³³pu²⁴kʰɯ³³ta⁰。
钟祥	要下雨哒，你们不要出去哒。 iau²¹ɕia²¹y⁵³ta⁰，ni⁵³mən⁰pu³¹iau²¹tʂʰu³¹kʰə²¹ta⁰。
宜昌	马上要下雨哒，你们不要出去啊。 ma³³saŋ³⁵iau³⁵ɕia³³y³³ta⁰，li³³mən⁰pu¹³iau³⁵tsʰu¹³kʰɤ³⁵a⁰。
兴山	要下雨哒，你们莫出去哒。 iau²⁴ɕia³²y⁵⁵ta⁰，ni⁵⁵mən⁰mo²⁴tʂʰu⁴⁵kʰɤ²⁴ta⁰。
长阳	快哒下雨哒，你们不出去哒。 kʰuai²⁴ta⁰ɕia²⁴y³¹ta⁰，ni³¹mən⁰pu²²tsʰu²²kʰɤ²⁴ta⁰。

续表

	0012 快要下雨了，你们别出去了。
五峰	快哒下雨的，你们不出去哒。 kʰuai³³ ta⁰ ɕia³⁵ y³¹ ti⁰，li³³ mən⁰ pu²¹³ tsʰu²¹³ kʰɤ³⁵ ta⁰。
宜都	快要下雨哒，你们不出去哒。 kʰuai³⁵ iau³⁵ ɕia³⁵ i³³ ta⁰，ni³³ mən⁰ pu¹³ tsʰu¹³ kʰɤ³⁵ ta⁰。
恩施	天要下雨哒，你们莫出去哒。 tʰiɛn⁵⁵ iau³⁵ ɕia³⁵ y⁵¹ ta⁰，ni⁵¹ mən⁰ mo³³ tʂʰu³³ tɕʰi⁰ ta⁰。
咸丰	快要落雨哒，你们莫出去哒。 kʰuai²⁴ iau⁴² nuo²² y⁴² ta⁰，ni³³ mən⁰ mo²⁴ tsʰu²² tɕʰi²¹³ ta⁰。
建始	要下雨哒，你们莫出去哒。 iau³⁵ ɕia³⁵ y⁵¹ ta⁰，ni⁵¹ mən⁰ mo²² tʂʰu²² tɕʰie³⁵ ta⁰。
巴东	要下雨哒，你们莫出去哒。 iau²⁴ ɕia²⁴ y⁵¹ ta⁰，ni⁵¹ mən⁰ mo²² tsʰu²² kʰɤ⁰ ta⁰。
宜城	要下雨了，你们莫出去了。 iɔ²⁴ ɕia⁴¹ i⁵⁵ nɔ⁰，ni⁵⁵ mən⁰ muo⁵³ tsʰu⁵³ kʰi⁰ nɔ⁰。
保康	就要下雨了，你们莫出去了。 təu³¹ iau³¹ ɕia³¹ y⁵⁵ nau⁰，ni⁵⁵ mən⁰ muo⁵³ tʂʰu⁵³ kʰi⁰ nau⁰。
神农架	要下雨了，你们莫出去了。 iau³¹ ɕia³¹ y³³ na⁰，ni³³ m̩⁰ mo⁵³ tʂʰu⁵³ kʰu³¹ na⁰。
襄阳	就要下雨了，你们莫出去了。 təu³¹ iau³¹ ɕia³¹ y³⁵ nau⁰，ni³⁵ mən⁰ mo⁵³ tsʰu⁵³ kʰu⁰ nau⁰。
随州	要下雨的，你们莫出去了。 iau²¹³ ɕiɔ²⁴ y³⁵³ ti⁰，ni³⁵³ mən⁰ mo⁴² tʂʰʅ⁴⁴ tɕʰi²¹³ niau⁰。

	0012 快要下雨了，你们别出去了。
郧阳	就要下雨了，你们莫出去。 təu³¹ iau³¹ ɕia³¹ y⁴³ lau⁰，li⁴³ mən⁰ ma⁴⁵ tsʰu⁵¹ kʰɯ³¹。
丹江口	就要下雨了，你们莫出去了。 təu³¹ iɔ³¹ ɕia³¹ y³³ la⁰，ni³³ mən⁰ mɛ⁵¹ tsʰu⁵¹ kʰɯ³¹ la⁰。
房县	要下雨了，就莫出去。 iɔu³¹ ɕia³¹ y³³ nəu⁰，təu³¹ mo⁵³ tʂu⁵³ kʰɯ⁰。
竹溪	要下雨了，你们莫出去。 iau³¹ ɕia³¹ y³⁵ lia⁰，n̩³⁵ mən⁰ mo⁵³ tʂu⁵³ kʰɛ³¹。
公安	快下雨去哒，你们不出去哒。 kʰuai³³ ɕia³³ y²¹ kʰɯ³⁵ ta²¹，ni²¹ mən⁰ pu³⁵ tsʰɯ³⁵ kʰɯ³⁵ ta²¹。
鹤峰	要落雨哒，你们莫出去哒。 iau³⁵ nuo³⁵ y⁵³ ta⁰，ni⁵³ mən¹² mo³⁵ tʂʰu¹² tʰi³⁵ ta⁰。
黄冈	要落雨了，你们莫出去。 iau³⁵ lo²¹³ zʅ⁵⁵ liau⁰，li⁵⁵ mən⁰ mo²¹³ tʂʰʅ³¹ tɕʰi⁰。
红安	快要落雨了，尔皆ᵌ莫出去。 kʰuai³⁵ iau³⁵ lo²² zʅ⁵⁵ liau⁰，n̩⁵⁵ tɕie⁰ mo²² tʂʅ²¹³ tɕʰi⁰。
英山	要落雨了，尔得莫出去了。 iau³⁵ lo²² zʅ²⁴ liau⁰，n̩²⁴ te⁰ mo³³ tʂʰʅ²² tɕʰi⁰ liau⁰。
蕲春	要落雨了，你们莫出去了。 iau²⁵ lo²¹ ʅ³⁴ liau⁰，li³⁴ mən⁰ mo²¹² tʂʰʅ²¹ tɕʰi⁰ liau⁰。
武穴	要下雨啰，尔那些人莫出去。 iau³⁵ ɕia²² ʅ³³ lo⁰，n̩³³ na²² sie⁵⁵ in³¹ mo¹³ tʂʰʅ¹³ tɕʰi⁰。

续表

	0012 快要下雨了，你们别出去了。
黄梅	要下雨啊，尔带⁼的莫出去啊。 iau³⁵ xa³³ ər¹³ a⁰，n̩¹³ tai³⁵ ti⁰ mo³³ tɕʰu̩³³ tɕʰi³³ a⁰。
黄陂	快落雨了，尔者莫出去。 kʰuai³⁵ lo²¹⁴ zu̩⁴¹ ao⁰，n̩⁴¹ tsou⁰ mo²¹² tʂʰu̩²¹² tɕi³⁵。
新洲	要落雨了，你们莫出去。 iao³²⁴ no²¹³ u̩⁵⁵ niao⁰，n̩i⁵⁵ men⁰ mo²¹³ tʂʰu̩²¹³ tɕi⁰。
孝感	快要落雨了，你者莫出去。 kʰuai³⁵ iau³⁵ no²¹³ u̩⁵² ʁau⁰，ni⁵² tso⁰ mo²¹³ tʂʰu̩²¹³ tɕi⁰。
安陆	快要落雨了，尔们莫出去。 kʰuai³⁵ iau⁵⁵ no²⁴ u̩⁵¹ au⁰，n̩⁵¹ mən³¹ mo²⁴ tʂʰu̩²⁴ tɕi⁴⁴。
广水	一下儿要落雨，尔着⁼莫出去。 i³¹ xar³⁴ iau¹³ lo⁵³ u̩³⁴，n̩³⁴ tɕio⁵³ mo⁵³ tʂʰu̩⁵³ tɕʰi¹³。
黄石	快落雨了，你们莫出去。 kʰuæ²⁵ lo²¹³ u̩⁵⁵ liau⁰，li⁵⁵ men⁰ mo²¹³ tɕʰu̩²¹³ tɕi²⁵。
大冶	要落雨了，尔仂莫出去了。 ie²⁵ lo²¹³ y⁴⁴ lе⁰，n̩⁴⁴ lе²⁵ mo²² tɕʰy²¹³ tɕi²⁵ lе⁰。
阳新	就要落雨了，尔嘚莫出去。 tsʰiu⁴⁴ iɛ⁴⁴ lo²⁵ y³¹ lɛ⁰，n̩³¹ tɛ²⁵ mo²⁵ tɕʰy²⁵ tɕʰi⁴⁴。
咸宁	要落雨了，尔都不要出去了。 ie²¹³ nə⁵⁵ y⁴² nɒ⁴²，n̩²¹³ tɒu⁴⁴ pu⁵⁵ ie²¹³ tɕʰy⁵⁵ tɕʰie²¹³ nɒ⁴²。
通山	快要落雨了，尔仂莫出去。 kʰua⁴⁵ iɛu⁴⁵ lou⁵⁵ y⁴² liɛu⁰，n̩⁴² lE³³ mou⁵⁵ tɕʰy⁵⁵ tɕʰiei⁴⁵。

	0012 快要下雨了，你们别出去了。
通城	快要落雨仂，尔仂莫出去哒。 uai²⁴ iau³⁵ noʔ⁵⁵ yʔ⁴² de⁰，n̩⁴² ne⁰ moʔ⁵⁵ dzənʔ⁵⁵ dʑie³⁵ ta⁰。
崇阳	快要落雨了，尔家哒[一下]莫出去。 uæ²⁴ io²⁴ no⁵⁵ vi⁵³ næ⁰，n̩⁵³ kɑ²² dæ⁰ iɑ⁵⁵ mo⁵⁵ də⁵⁵ ʑie²¹⁴。
嘉鱼	要落雨了，你呆=不要出去了。 ie²¹³ no⁵⁵ y³¹ nie³¹，ni³¹ ta⁴⁴ pu⁵⁵ ie²¹³ tɕʰy⁵⁵ tɕʰi²¹³ nie³¹。
赤壁	快要落雨了，尔之=莫出去了。 guai²¹³ iau⁰ no⁴⁵ ʅ³¹ diɑu⁰，n̩³¹ tʂʅ⁰ mo⁴⁵ dzʅ⁴⁵ dʑi⁰ diɑu⁰。
监利	外头奄至快要下雨哒，你们一下不出去哒。 uai³³ xou²¹ ŋan⁴⁴ tsʅ³³ kʰuai³³ iau³³ ɕia³³ ʅ²¹ ta⁰，ni²¹ mən⁰ i⁵⁵ xa²¹ pu¹³ tsʰʅ⁵⁵ kʰɯ³³ ta⁰。

语法例句对照　　　　　　　　　　　　　　　　　　　　　69

	0013 这毛巾很脏了，扔了它吧。
武汉	这个袱子蛮邋坬了，把它丢了它。 le^{13}ke^{0}fu^{213}tsŋ^{0}man^{213}la^{44}kua^{55}liao^0，pa^{33}tʰa^{0}tiou^{55}a^{0}tʰa^{55}。
蔡甸	这个袱子蛮邋坬，把它甩了它。 tse^{55}ke^{0}fu^{213}tsŋ^{0}man^{334}la^{15}kua^0，pa^{334}tʰa^{15}ɕyæ^{334}a^{0}tʰa^0。
江夏	这个袱子邋坬了，丢了它。/这个袱子邋坬了，甩了它。 tsɤ^{324}ko^{0}fu^{13}tsŋ^{0}na^{35}kua^{35}niao^0，tiou^{35}niao^{0}tʰa^0。/tsɤ^{324}ko^{0}fu^{13}tsŋ^{0}na^{35}kua^{35}niao^0，suai^{35}niao^{0}tʰa^0。
汉川	这个袱子蛮邋遢，把它丢了它。 tɕʰie^{33}ko^{0}fu^{13}tsŋ^{0}mɑn^{13}nɑi^{55}tai^0，pa^{42}tʰɑ^{55}tiəu^{55}niɑu^{0}tʰɑ^0。
荆州	迗袱子好齷齪哒，把它丢呃它。/迗袱子好俩=垮哒，丢呃它。 lie^{35}fu^{13}tsŋ^{0}xau^{42}uo^{35}tsʰuo^{55}ta^0，pa^{42}tʰa^{55}tiəu^{55}ɤ^{0}tʰa^{55}。/lie^{35}fu^{13}tsŋ^{0}xau^{42}lia^{42}kʰua^{42}ta^0，tiəu^{55}ɤ^{0}tʰa^{55}。
仙桃	这毛巾蛮齷齪哒，你把它丢呃它。 tsɤ^{45}mau^{13}tɕin^{45}man^{13}au^{45}tsəu^{53}ta^0，li^{31}pa^{31}tʰa^{45}tiəu^{45}ɤ^{0}tʰa^0。
天门	这袱子齷齪死哒，丢呃它。 tsɤ^{45}fu^{213}tsŋ^{0}au^{45}tsəu^{53}sŋ^{31}ta^0，tiəu^{45}ɤ^{0}tʰa^{45}。
荆门	这袱子好邋遢，甩了算了。 tʂɛ^{45}ɸu^{24}tsŋ^{0}xau^{55}nai^{45}tai^0，ʂuai^{55}na^{0}ʂuan^{33}niau^0。
钟祥	这袱子好齷齪啊，丢啊它。 tʂə^{24}fu^{31}ɿ^{0}xau^{53}uo^{31}tsʰuo^{31}a^0，tiəu^{21}a^{55}tʰa^{55}。
宜昌	迗个洗脸袱子好齷齪，把它丢啊去啊。 lie^{35}kɤ^{0}ɕi^{33}liɛn^{33}fu^{13}tsŋ^{0}xau^{33}uo^{13}tsʰuo^0，pa^{33}tʰa^{55}tiəu^{55}a^{0}kʰɤ^{35}a^0。
兴山	这个袱子好邋遢啊，甩啊它。 tʂɤ^{24}kɤ^{24}fu^{45}tsŋ^{0}xau^{24}nai^{32}tai^{55}a^0，ʂuai^{45}a^{0}tʰa^{45}。

续表

	0013 这毛巾很脏了，扔了它吧。
长阳	这条袱子太俩=垮哒，把它甩啊下。 tsɤ²⁴ tʰiau³¹ fu²² tsʅ⁰ tʰai²⁴ nia³¹ kua³¹ ta⁰，pa³¹ tʰa⁴⁵ suai³¹ a⁰ xa⁰。
五峰	迩个袱子太俩=垮哒，把它甩啊哒。 lie³⁵ kɤ⁰ fu²¹³ tsʅ⁰ tʰai³⁵ lia³³ kʰua²¹ ta⁰，pa³³ tʰa⁵⁵ suai³³ a⁰ ta⁰。
宜都	迩个袱子好俩=垮，甩啊下。 nie³³ kɤ⁰ fu¹³ tsʅ⁰ xau³³ nia³³ kʰua³³，suai⁵⁵ a⁰ xa⁰。
恩施	这个帕子邋遢哒，把它甩啊它。 tʂɛ³⁵ kɤ⁰ pʰa³⁵ tsʅ⁰ nai⁵⁵ tai⁰ ta⁰，pa⁵¹ tʰa⁵⁵ ʂuai⁵¹ a⁰ tʰa⁰。
咸丰	那个毛巾帕子好邋遢哒，掟了它。 nɛ²⁴ ko²¹³ mau²² tɕin⁵⁵ pʰa²⁴ tsʅ⁰ xau³³ nai⁵⁵ tai⁰ ta⁰，tin²⁴ na⁰ tʰa⁵⁵。
建始	迩个帕子好塞邋哦，甩啊它。 nɛ³⁵ kɤ⁰ pʰa³⁵ tsʅ⁰ xau⁵¹ sɛ²² nai⁰ o⁰，ʂuai⁵¹ a⁰ tʰa⁴⁵。
巴东	这个袱子太邋遢哒，把它甩啊它。 tse²⁴ kə⁰ fu²² tsʅ⁰ tʰai²⁴ na⁵¹ kua⁰ ta⁰，pa⁵¹ tʰa⁴⁵ suai⁵¹ a⁰ tʰa⁰。
宜城	这毛巾这么脏，甩了它。 tse²⁴ mɔ⁵³ tɕin⁵⁵ tsən⁴¹ mən⁰ tsaŋ²⁴，fɛ⁵⁵ nɔ⁰ tʰa⁰。
保康	这条毛巾太邋邋，甩了它。 tʂe³¹ tʰiau⁵³ mau⁵³ tɕin⁵⁵ tʰai³¹ nai²² nai⁰，ʂuai⁵⁵ nau⁰ tʰa²⁴。
神农架	这袱子好邋遢，甩了它。 tʂɛ³¹ fu⁵³ tsʅ⁰ xau³³ nai³¹ tai⁰，ʂuai³³ na⁰ tʰa²⁴。
襄阳	这毛巾脏得很，给它甩了。 tsə³¹ mau⁵³ tɕin²⁴ tsaŋ²⁴ ti⁰ xən³⁵，ku³⁵ tʰa⁰ suai³⁵ nau⁰。
随州	这块袱子蛮脏了的，甩了它。 tɕi²⁴ kʰuai²¹³ fu⁴² tsʅ⁰ man⁴² tsaŋ⁴⁴ niau⁰ ti⁰，tʂuai³⁵³ niau⁰ tʰɔ⁴⁴。

续表

	0013 这毛巾很脏了，扔了它吧。
郧阳	这手巾好凛人哪，扔了算了。 tsɤ³¹ səu⁴³ tɕin⁰ xau⁴³ lin⁴⁵ zən⁵¹ la³¹，zuɛi⁴⁵ lau⁰ san³¹ lau⁰。
丹江口	这毛巾好脏，甩了。/这毛巾好脏，扔了。 tsɤ³¹ mɔ⁵¹ tɕin⁰ xɔ³³ tsaŋ³⁵，suɛ³³ la⁰。/tsɤ³¹ mɔ⁵¹ tɕin⁰ xɔ³³ tsaŋ³⁵，zuŋ³⁵ la⁰。
房县	这手巾好邋遢，甩它。 tṣe³¹ ṣu³³ tɕin⁰ xɔu³³ nai³¹ tai³¹，ṣuai³³ tʰa³¹。
竹溪	这手巾好邋遢，甩它。/这条手巾好邋遢，甩它。 tṣɛ³¹ ṣəu³⁵ tɕin⁰ xau³⁵ lai³¹ tai³⁵，ṣuai³⁵ tʰa⁰。/tṣɛ³¹ tʰiau⁵³ ṣəu³⁵ tɕin⁰ xau³⁵ lai³¹ tai³⁵，ṣuai³⁵ tʰa⁰。
公安	迭袄子蛮俩°垮啊的，甩啊算哒。 niɛ³⁵ fu³⁵ tsɿ⁰ man²⁴ nia²¹ kʰua²¹ a²¹ ni⁰，suai²¹ a²¹ suan³³ ta²¹。
鹤峰	这手巾邋遢哒，甩呀它。 tṣɛ³⁵ ṣəu⁵³ tɕin⁵⁵ nai⁵⁵ tɛ⁰ ta⁰，ṣuai⁵³ ia⁵⁵ tʰa⁵⁵。
黄冈	这条毛巾乜°邋塞，丢它。 tɕie³⁵ tʰiau³¹ mau³¹ tɕin²² me⁴⁴ lai⁴⁴ sai⁰，tiəu²² tʰa⁰。
红安	迭个手袄好邋塞，甩它吧。 le³⁵ ko⁰ ṣəu³⁴ fu³¹ xau⁵⁵ lai³⁵ sa⁰，ṣʅai³⁴ tʰa¹¹ pa⁰。
英山	这个袄儿好邋塞，丢它。 te³⁵ ko⁰ fu³³ ɚ⁰ xau²⁴ lai³³ se⁰，tiəu³¹ tʰa⁰。
蕲春	这个手巾好邋死，丢它。 tṣɛ²⁵ ko⁰ ṣou³⁴ tɕin⁴² xɑu³⁴ lai²² sʅ²⁵，tiou⁴² tʰɒ⁰。
武穴	这手巾好邋遢，丢的。 te³⁵ səu³³ tɕin⁵⁵ xau³³ lai²² tai⁵⁵，tiu⁵⁵ ti⁰。

	0013 这毛巾很脏了，扔了它吧。
黄梅	这个手巾好邋塞，丢的渠。 tai³⁵ ko³⁵ seu¹³ tɕin²¹ xau¹³ lai³³ sʅ³⁵, tieu²¹ te⁰ kʰæ⁵⁵。
黄陂	迡个手帕蛮邋，把它[丢了]它。 lie³⁵ kɤ⁰ sou⁴¹ pʰɤ⁰ man²¹² lai⁴⁵⁵, pa⁴¹ tʰa⁰ tiɯ³³⁴ tʰa⁰。
新洲	这手袱好邋遢，甩了吧。 tse³²⁴ sou⁵⁵ fu²¹ xao⁵⁵ na³¹ tʰa⁰, ʂuai⁵⁵ ȵiao⁰ pa⁰。
孝感	迡个袱子蛮脏，把它丢了它吧。 niɛ³⁵ ko⁰ fu³¹ tsʅ⁰ man³¹ tsɑŋ³³, pa⁵² tʰa³³ tiəu³³ uɑu⁰ tʰɑ³³ pa⁰。
安陆	迡个袱子很邋遢，丢了它吧。 niɛ³⁵ ko⁵⁵ fu³¹ tsʅ⁰ xɛ⁵¹ nai⁴⁴ tɛ³¹, tiəu⁴⁴ uɑu⁰ tʰa⁴⁴ pa⁰。
广水	迡个手帕太邋遢了，摆了它。 liɛ¹³ ko¹³ ʂəu³⁴ pʰa³¹ tʰai¹³ la³¹ tʰa²¹ liau⁰, pai³⁴ iau⁰ tʰa³¹。
黄石	这袱子邋塞死了，拴⁼嗒。 tse²⁵ fu²¹³ tsʅ⁰ læ³²⁴ sæ³²⁴ sʅ⁵⁵ liau⁰, ɕuan³³ tʰɒ⁰。
大冶	这袱子个邋塞，丢了渠。 tɐ²⁵ fu²² tsʅ⁰ ko⁴⁴ lɐ³¹ sɐ²², tiu²² le⁰ kʰe³¹。
阳新	这袱子太邋塞了，丢欤渠。 tɐ²⁵ fu²⁵ tsʅ⁰ tʰa²⁵ la⁴⁴ sa⁴⁴ lɛ⁰, tiu⁴⁴ ɛ⁰ kʰɛ²¹³。
咸宁	个袱蛮䵣䵢嘞，把伊只丢嘞。/个袱䵣䵢死嘞，把伊只丢嘞。 kə³¹ fu³³ mɒ̃³¹ u⁵⁵ tsʰə⁵⁵ ne⁴⁴, pɒ²¹³ e³¹ tsʅ⁵⁵ tiɒu⁴⁴ ne³¹。/ kə³¹ fu³³ u⁵⁵ tsʰə⁵⁵ sʅ⁴² ne⁴⁴, pɒ²¹³ e³¹ tsʅ⁵⁵ tiɒu⁴⁴ ne³¹。
通山	个毛巾䵣䵢了，甩了伊吧。 ka²³ mɑu²¹ tɕien²¹³ oʊ⁵⁵ tsʰoʊ⁵⁵ liɛu⁰, ɕyɐn⁴⁵ liɛu⁰ i²¹ pa²¹。

语法例句对照 73

续表

	0013 这毛巾很脏了，扔了它吧。
通城	个只毛袱仂太齷齪仂，把伊丢仂得吧。/个只毛袱太齷齪仂，把伊丢落得吧。 ke²⁴tsaʔ⁵⁵mau³³fuʔ⁵⁵de⁰dai²¹⁴uoʔ⁵⁵dzoʔ⁵⁵de⁰, paʔ⁴²ieʔ⁴²tiaŋ²¹⁴ne⁰te³⁵pa⁰。/ ke²⁴tsaʔ⁵⁵mau³³fuʔ⁵⁵de⁰dai²¹⁴uoʔ⁵⁵dzoʔ⁵⁵de⁰, paʔ⁴²ieʔ⁴²tiaŋ²⁴noʔ⁵⁵te³⁵pa⁰。
崇阳	个袱哒点把齷齪，丢了嘀。 ko²⁴fu⁵⁵dæ⁰tiɛ⁵³paʔ⁵³o⁵⁵do⁵⁵, tiəu²²næ⁰ti⁰。
嘉鱼	这袱子甩ᵂ齷齪，丢了算了。 tʊ²¹³fu²⁴tsʅ³¹ɕyai³¹ŋo⁵⁵tʂʰo⁵⁵, tiəu⁴⁴nie³¹sɛn²¹³nie³¹。
赤壁	这个毛巾甩ᵂ齷齪了，扔了算了。 tɑ¹³ko⁰mau¹³tɕin⁴⁴ʂʮai³¹uo⁴⁵dzo⁴⁵diau⁰, ɣan⁴⁴nɑ⁰sei²¹³diau⁰。
监利	那个手袱子好邋塞哒，把它丢噗哒算哒。 mɤ⁴⁴kɤ⁰sou²¹fu⁵⁵tsʅ⁰xau²¹na⁵⁵sa⁵⁵ta⁰, paʔ²¹tʰa⁴⁴tiou⁴⁴pʰo³³ta⁰sɛn²⁵ta⁰。

	0014 我们是在车站买的车票。
武汉	我们在车站买的票。 o³³men⁰ tai²⁵ tsʰe⁵⁵ tsan²⁵ mai⁴² ti⁰ pʰiao²⁵。
蔡甸	我们在车站买的票。 o³³⁴men⁰ tsai⁵⁵ tsʰe¹⁵ tsan⁵⁵ mai³³⁴ ti⁰ pʰiao⁵⁵。
江夏	我们是车站屋里买的票。 ŋo⁴⁴ mən⁰ sɿ³⁵ tsʰɤ³⁵ tsan³²⁴ tou³⁴ ni⁰ mai⁴⁴ ti⁰ pʰiao³⁵。
汉川	我们在车站买的车票。 uo⁴² mən⁰ tɑi³³ tsʰe⁵⁵ tsan³³ mɑi⁴² ti⁰ tsʰe⁵⁵ pʰiɑu³³。
荆州	我们是在车站里买的票。 uo⁴² mən⁰ sɿ³⁵ tsai³⁵ tsʰɤ⁵⁵ tsan³⁵ li⁰ mai⁴² ti⁰ pʰiau³⁵。
仙桃	我们是在车站屋的买的票。 uo³¹ mən⁰ sɿ⁵³ tsai⁵³ tsʰɤ⁴⁵ tsan⁵³ təu²⁴ ti⁰ mai³¹ ti⁰ pʰiau⁵³。
天门	我们是在车站里头买的票。 o³¹ mən⁰ sɿ⁵³ tsai⁵³ tsʰɤ⁴⁵ tsan⁵³ li³¹ tʰəu⁰ mai³¹ ti⁰ pʰiau⁵³。
荆门	我们是在车站买的车票。 uo⁵⁵ mən⁰ sʅ³³ tsai³³ tʂʰɛ⁴⁵ tsan³³ mai⁵⁵ ti⁰ tʂʰɛ⁴⁵ pʰiau³³。
钟祥	我们在车站里买的票。 uo⁵³ mən⁰ tʂai²¹⁴ tʂʰə²⁴ tʂan²¹ ti⁵⁵ mai⁵³ ti⁰ pʰiau²¹⁴。
宜昌	我们是在车站买的票。 uo³³ mən⁰ sɿ³⁵ tsai³⁵ tsʰɤ⁵⁵ tsan³⁵ mai³³ ti⁰ pʰiau³⁵。
兴山	我们是在车站买的票。 uo⁵⁵ mən⁰ sʅ²⁴ tsai²⁴ tsʰɤ⁴⁵ tsan²⁴ mai⁵⁵ ti⁰ pʰiau²⁴。
长阳	我们是在车站买的票。 o³¹ mən⁰ sɿ²⁴ tsai²⁴ tsʰɤ⁴⁵ tsan²⁴ mai³¹ ti⁰ pʰiau²⁴。

续表

	0014 我们是在车站买的车票。
五峰	我们是在车站买的票。 uo³³ mən⁰ sɿ³³ tsai³⁵ tsʰɤ⁵⁵ tsan³⁵ mai³³ ti⁰ pʰiau³⁵。
宜都	我们是在车站买的票。 o³³ mən⁰ sɿ³⁵ tsai³⁵ tsʰɤ⁵⁵ tsan³⁵ mai³³ ti⁰ pʰiau³⁵。
恩施	我们是在车站买的票。 uo⁵¹ mən⁰ ʂɿ³⁵ tsai³⁵ tʂʰɛ⁵⁵ tsan³⁵ mai⁵¹ ti⁰ pʰiau³⁵。
咸丰	我们是在车站买的车票。 ŋo⁴² mən⁰ sɿ²⁴ tsai²¹³ tsʰɛ⁵⁵ tsan²¹³ mai⁴² ti⁰ tsʰɛ⁵⁵ pʰiau²¹³。
建始	我们是在车站买的票。 o⁵¹ mən⁰ ʂɿ²² tsai³⁵ tʂʰɛ⁴⁵ tsan³⁵ mai⁵¹ ti⁰ pʰiau³⁵。
巴东	我们在车站买的票。 uo⁵¹ mən⁰ tsai²⁴ tsʰe⁴⁵ tsan²⁴ mai⁵¹ ti⁰ pʰiau²⁴。
宜城	我们是在车站买的票。 uo⁵⁵ mən⁰ sɿ⁴¹ tsɛ⁰ tsʰe²⁴ tsan⁴¹ mɛ⁵⁵ ni⁰ pʰiɔ⁴¹。
保康	我们是在车站买的票。 uo⁵⁵ mən⁰ ʂɿ³¹ tsai³¹ tʂʰe²² tsan³¹ mai⁵⁵ ni⁰ pʰiau³¹²。
神农架	我们是在车站买的票。 uo³³ mən⁰ ʂɿ³¹ tʂai³¹ tʂʰɛ²⁴ tsan³¹ mai³³ ti⁰ pʰiau³¹³。
襄阳	我们在车站买的票。 uo³⁵ mən⁰ tsai³¹ tsʰə²⁴ tsan³¹ mai³⁵ ti⁰ pʰiau³¹。
随州	我们是在车站买的票。 uo³⁵³ mən⁰ sɿ²¹³ tai²¹³ tʂʰa⁴⁴ tsan²¹³ mai³⁵³ ti⁰ pʰiau²¹³。

续表

	0014 我们是在车站买的车票。
郧阳	我们在车站买的票。 uo⁴³ mən⁰ tsɛi⁴⁵ tsʰɤ⁵¹ tsan³¹ mɛi⁴³ ti⁰ pʰiau³¹。
丹江口	我们的票就在车站买的。 uo³³ mən⁰ ti⁰ pʰiɔ³¹ təu³¹ tsɛ³¹ tsʰɤ⁵¹ tsan³¹ mɛ³³ ti⁰。
房县	我们是在站上买的车票。 uo³³ mən⁰ ʂʅ³¹ tsai³¹ tsan³¹ ʂaŋ⁰ mai³³ ti⁰ tʂʰe²⁴ pʰiɔu³¹。
竹溪	我们是在车站买的票。/我们的票是在车站买的。 ŋo³⁵ mən⁰ ʂʅ³¹ tsai³¹ tʂʰɛ²⁴ tʂan³¹ mai³⁵ ti⁰ pʰiau³¹。/ŋo³⁵ mən⁰ ti⁰ pʰiau³¹ ʂʅ³¹ tsai³¹ tʂʰɛ²⁴ tʂan³¹ mai³⁵ ti⁰。
公安	我们是在车站买的车票。 o²¹ mən⁰ ʂʅ³³ tai³³ tsʰɤ⁵⁵ tsan³³ mai²¹ ni⁰ tsʰɤ⁵⁵ pʰiau³³。
鹤峰	我们是在车站买的票。 uo⁵³ mən⁰ ʂʅ³⁵ tsai³⁵ tʂʰɛ⁵⁵ tʂan³⁵ mai⁵³ ti⁰ pʰiau³⁵。
黄冈	我们是在车站买的票。 ŋo⁵⁵ mən⁰ ʂʅ⁴⁴ tai⁴⁴ tsʰe²² tsan⁴⁴ mai⁵⁵ ti⁰ pʰiau³⁵。
红安	我皆⁼是在车站买的票。/我皆⁼的票是在车站买的。 ŋo⁵⁵ tɕie⁰ ʂʅ³³ tsai³³ tʂʰe¹¹ tʂan³⁵ mai⁵⁵ ti⁰ pʰiau³⁵。/ŋo⁵⁵ tɕie⁰ ti⁰ pʰiau³⁵ ʂʅ³³ tsai³³ tʂʰe¹¹ tʂan³⁵ mai⁵⁵ ti⁰。
英山	我得在车站买的票。 ŋo²⁴ te⁰ tsai³³ tʂʰe³¹ tʂan³⁵ mai²⁴ ti⁰ pʰiau³⁵。
蕲春	我们在车站的买的票。 ŋo³⁴ mən⁰ tsai²¹² tʂʰɛ⁴² tʂan²¹² ti⁰ mai³⁴ ti⁰ pʰiɑu²⁵。

续表

	0014 我们是在车站买的车票。
武穴	俺那些人的票在车站买的。/俺那些人在车站买的票。 ŋan³³ na²² sie⁵⁵ in³¹ ti⁰ pʰiau³⁵ te²² tsʰe⁵⁵ tsan³⁵ mai³³ ti⁰。/ŋan³³ na²² sie⁵⁵ in³¹ te²² tsʰe⁵⁵ tsan³⁵ mai³³ ti⁰ pʰiau³⁵。
黄梅	我带˭的是在车站买的票。/我带˭的票是在车站买的。 ŋo¹³ tai³⁵ ti⁰ sɿ³³ tsai³³ tsʰe²¹ tsan³³ mai¹³ ti⁰ pʰiau³⁵。/ŋo¹³ tai³⁵ ti⁰ pʰiau³⁵ sɿ³³ tsai³³ tsʰe²¹ tsan³³ mai¹³ ti⁰。
黄陂	我者是在车站买的车票。 ŋo⁴¹ tsɤ⁰ sɿ⁴⁵⁵ tsai⁴⁵⁵ tsʰe³³⁴ tsan³⁵ mai⁴¹ ti⁰ tsʰe³³⁴ pʰiao³⁵。
新洲	我们是在车站买的票儿。 ŋo⁵⁵ men⁰ sɿ³³ tsai³³ tsʰe³¹ tsan³²⁴ mai⁵⁵ ti⁰ pʰiaor³²⁴。
孝感	我者是在车站买的车票。 ŋo⁵² tʂo⁰ sʅ⁵⁵ tai⁵⁵ tʂʰe³³ tsɑn³⁵ mɑi⁵² ti⁰ tʂʰe³³ pʰiɑu³⁵。
安陆	我们是在车站买的车票。 ŋo⁵¹ mən³¹ sʅ⁵⁵ tai⁵⁵ tʂʰɛ⁴⁴ tsan³⁵ mai⁵¹ ti⁰ tʂʰɛ⁴⁴ pʰiau³⁵。
广水	我着˭是在车站买的车票。 ŋo³⁴ tɕio⁵³ sʅ¹³ tsai¹³ tʂʰɛ³¹ tsan¹³ mai³⁴ ti⁰ tʂʰɛ³¹ pʰiau³¹。
黄石	我们是在车站买的票。 ŋo⁵⁵ men⁰ sɿ³²⁴ tsæ³²⁴ tsʰe³³ tsan²⁵ mæ⁵⁵ ti⁰ pʰiau²⁵。
大冶	我伈是在车站买箇票。 ŋo³¹ lɤ²⁵ sɿ²² tsʰɐ²² tsʰe²² tsɛ̃²⁵ mɐ⁴⁴ ko⁰ pʰie²⁵。
阳新	我嘚是在车站买箇车票。 ŋo³¹ tɛ²⁵ sɿ⁴⁴ tsʰa⁴⁴ tsʰɛ⁴⁴ tsã⁴⁴ ma³¹ ko⁰ tsʰɛ⁴⁴ pʰi⁴⁴。

	0014 我们是在车站买的车票。
咸宁	我都是在车站买箇车票。 ŋə²¹³ tɒu⁴⁴ sɿ³³ tsʰa³³ tsʰɒ⁴⁴ tsɒ̃²¹³ ma⁴² kə⁴⁴ tsʰɒ⁴⁴ pʰie²¹³。
通山	我仂是在车站买箇车票。 ŋou⁴² lɐ³³ sɿ³³ tsa³³ tsʰɔ²³ tsÃ⁴⁵ ma⁴² ka³³ tsʰɔ²³ piɐu⁴⁵。
通城	我仂是在车站买箇车票。 ŋo⁴² de⁰ sɿ³⁵ dzai³⁵ dza²¹ tsan²¹⁴ mai⁴² ko⁰ dza²¹ biau²¹⁴。
崇阳	我家哒在车站哒买箇车票。 ŋo⁵³ ka²² dæ⁰ zæ⁴⁴ dɑ²² tsæ²⁴ dæ⁰ mæ⁵³ kɑ⁰ dɑ²² bio²¹⁴。
嘉鱼	我呆⁼是在车站买箇车票。 ŋo³¹ ta⁴⁴ ʂɿ²² tsʰai²² tʂʰə⁴⁴ tsan²¹³ mai³¹ ko⁴⁴ tʂʰə⁴⁴ pʰie²¹³。
赤壁	我之⁼是在车站买箇票。 ŋo³¹ tʂʅ⁰ ʂɿ²² dzai²² dzɑ⁴⁴ tsan²¹³ mai³¹ ko⁰ biau²¹³。
监利	我们是在那个车站屋里买的票。 ŋo²¹ mən⁰ sɿ³³ ai²⁵ kɤ⁰ tsʰɤ⁴⁴ tsan³³ xou³³ ti⁰ mai²¹ ti⁰ pʰiau²⁵。

语法例句对照 79

		0015 墙上贴着一张地图。
武汉	墙高头贴倒一张地图在。 tɕʰiaŋ¹³ kao⁴⁵ tʰou⁰ tʰie²¹³ tao⁰ i²¹³ tsaŋ⁵⁵ ti²⁵ tʰou²¹³ tai²⁵。	
蔡甸	墙高头贴了张地图在。 tɕʰiaŋ²¹³ kao¹⁵ tʰou⁰ tʰie³²⁴ niao⁰ tsaŋ¹⁵ ti⁵⁵ tʰou²¹³ tæ⁰。	
江夏	墙高头贴了一张地图在。/墙高头贴了一张地图。 tɕʰiaŋ¹³ kao³⁵ tʰou⁰ tʰie¹³ niao⁰ i³⁴ tsaŋ³⁵ ti⁴⁴⁵ tʰou³¹ tsai⁰。/tɕʰiaŋ¹³ kao³⁵ tʰou⁰ tʰie¹³ niao⁰ i³⁴ tsaŋ³⁵ ti⁴⁴⁵ tʰou³¹。	
汉川	墙高头贴了一张地图在。 tɕʰiaŋ¹³ kɑu⁵⁵ tʰəu⁰ tʰie²⁴ niɑu⁰ i¹³ tsaŋ⁵⁵ ti³³ tʰəu¹³ tai⁰。	
荆州	墙高头巴哒一张地图。 tɕʰiaŋ¹³ kau⁵⁵ tʰəu⁰ pa⁵⁵ ta⁰ i¹³ tsaŋ⁵⁵ ti³⁵ tʰu¹³。	
仙桃	墙高下贴哒一张地图。 tɕʰiaŋ¹³ kau⁴⁵ xa⁰ tʰie²⁴ ta⁰ i²⁴ tsaŋ⁴⁵ ti⁵³ tʰəu¹³。	
天门	墙高头粘哒一张地图。 tɕʰiaŋ²¹³ kau⁴⁵ tʰəu⁰ tsan⁴⁵ ta⁰ i²⁴ tsaŋ⁴⁵ ti⁵³ tʰəu²¹³。	
荆门	墙上贴哒一张地图。 tɕʰiaŋ²⁴ ʂaŋ³³ tʰiɛ²⁴ ta⁰ i²⁴ tʂaŋ⁴⁵ ti³³ tʰu²⁴。	
钟祥	墙壁子上贴啊张地图。 tɕʰiaŋ³¹ pi³¹ ts̩⁰ ʂaŋ²¹ tʰie³¹ a⁰ tʂaŋ²⁴ ti²⁴ tʰu³¹。	
宜昌	墙高头贴啊一张地图。 tɕʰiaŋ¹³ kau⁵⁵ tʰəu⁰ tʰie¹³ a⁰ i¹³ tsaŋ⁵⁵ ti³⁵ tʰu¹³。	
兴山	墙高头巴张地图。 tɕʰiaŋ³¹ kau⁴⁵ tʰəu⁰ pa⁴⁵ tʂaŋ⁴⁵ ti³² tʰu⁴⁵。	

续表

	0015 墙上贴着一张地图。
长阳	墙高头贴啊一张地图。 tɕʰiaŋ²² kau⁴⁵ tʰəu⁰ tʰie²² a⁰ i²² tsaŋ⁴⁵ ti²⁴ tʰu²²。
五峰	墙上贴的一张地图。 tɕʰiaŋ²¹³ saŋ⁰ tʰie²¹³ ti⁰ i²¹³ tsaŋ⁵⁵ ti³⁵ tʰu²¹。
宜都	墙上巴啊一张地图。 tɕʰiaŋ¹³ saŋ⁰ pa³³ a⁰ i¹³ tsaŋ⁵⁵ ti³⁵ tʰu²¹。
恩施	墙上巴的张地图。 tɕʰiaŋ³³ ʂaŋ³⁵ pa⁵⁵ ti⁰ tʂaŋ⁵⁵ ti³⁵ tʰu³³。
咸丰	墙高头巴的一张地图。 tɕʰiaŋ²² kau⁵⁵ tʰəu⁰ pia⁵⁵ ti⁰ i²² tsaŋ⁵⁵ ti²⁴ tʰu²²。
建始	墙高头巴的一张地图。 tɕʰian²² kau⁴⁵ tʰəu⁰ pa⁴⁵ ti⁰ i²² tsan⁴⁵ ti³⁵ tʰu²²。
巴东	墙上巴哒一张地图。 tɕʰiaŋ²² saŋ⁰ pa⁴⁵ ta⁰ i²² tsaŋ⁴⁵ ti²⁴ tʰu²²。
宜城	墙上贴了一张地图。 tɕʰiaŋ⁵³ saŋ⁰ tʰie⁵³ nɔ⁰ i⁵³ tsaŋ²⁴ ti²⁴ tʰu⁵³。
保康	墙上巴了一张地图。 tɕʰiaŋ⁵³ ʂaŋ⁰ pia²² nau⁰ i⁵³ tʂaŋ²⁴ ti³¹ tʰəu⁵³。
神农架	墙上巴了张地图。 tɕʰiaŋ⁵³ ʂaŋ⁰ pia²⁴ na⁰ tʂaŋ²⁴ ti³¹ tʰəu⁵³。
襄阳	墙上巴了个地图。 tɕʰiaŋ⁵³ saŋ⁰ pia²⁴ nau⁰ kə⁰ ti³¹ tʰu⁵³。

续表

	0015 墙上贴着一张地图。
随州	墙上贴了张地图。 tɕʰiaŋ⁴² ʂaŋ⁰ tʰi⁴⁴ niau⁰ tʂaŋ⁴⁴ ti²⁴ tʰəu⁴²。
郧阳	墙上巴了张地图。 tɕʰiaŋ⁵¹ saŋ³¹ pia⁴⁵ lau⁰ tsaŋ⁴⁵ ti⁴⁵ tʰəu⁵¹。
丹江口	墙上巴了张地图。 tɕʰiaŋ⁵¹ saŋ³¹ pia³⁵ la⁰ tsaŋ³⁵ ti³¹ tʰu⁵¹。
房县	墙上巴了一张地图。 tɕʰiaŋ⁵³ saŋ³¹ pia²⁴ nɔu⁰ i⁵³ tʂaŋ²⁴ ti³¹ tʰəu⁵³。
竹溪	墙上巴了张地图。 tɕʰiaŋ⁵³ saŋ⁰ pia²² lia⁰ tʂaŋ²⁴ ti³¹ tʰəu⁵³。
公安	墙上贴哒一张地图。 tɕʰiaŋ²⁴ saŋ³³ tʰiɛ³⁵ ta²¹ i³⁵ tsaŋ⁵⁵ ti³³ tʰu²⁴。
鹤峰	墙上有张地图。 tɕʰiaŋ¹² ʂaŋ⁰ iəu⁵³ tʂaŋ⁵⁵ ti³⁵ tʰəu¹²。
黄冈	墙上贴了张地图。／墙上贴倒张地图。 tɕʰiaŋ³¹ saŋ⁰ tʰie²¹³ liau⁰ tsaŋ²² ti⁴⁴ tʰəu³¹。／tɕʰiaŋ³¹ saŋ⁰ tʰie²¹³ tau⁰ tsaŋ²² ti⁴⁴ tʰəu³¹。
红安	墙上贴倒一张地图。 tɕʰiaŋ³¹ saŋ³³ tʰie²¹³ tau⁰ i²² tsaŋ¹¹ ti³³ tʰəu³¹。
英山	墙上贴了张地图。／墙上贴倒张地图。 tɕʰiaŋ⁵⁵ saŋ⁰ tʰie²¹³ liau⁰ tsaŋ³¹ ti³³ tʰəu⁵⁵。／tɕʰiaŋ⁵⁵ saŋ⁰ tʰie²¹³ tau⁰ tsaŋ³¹ ti³³ tʰəu⁵⁵。
蕲春	墙上贴倒张地图。／地图在墙上贴倒。 tɕʰiaŋ³¹ saŋ⁰ tʰiɛ²¹ tau⁰ tsaŋ⁴² ti²² tʰou³¹。／ti²² tʰou³¹ tsai²¹² tɕʰiaŋ³¹ saŋ⁰ tʰiɛ²¹ tau⁰。
武穴	墙上贴着张地图。／地图在墙上贴倒的。 tɕʰiaŋ³¹ saŋ⁰ tʰie¹³ tse⁰ tsaŋ⁵⁵ ti²² tʰu³¹。／ti²² tʰu³¹ te²² tɕʰiaŋ³¹ saŋ⁰ tʰie¹³ tau⁰ ti⁰。

续表

	0015 墙上贴着一张地图。
黄梅	墙上贴倒张地图。 tɕʰiaŋ⁵⁵ saŋ⁰ tʰiæ⁴² tau⁰ tsaŋ⁵⁵ ti³³ tʰeu⁵⁵。
黄陂	墙上贴了一张地图。/墙上贴倒一张地图在。 tɕʰiaŋ²¹² saŋ⁰ tʰie²¹⁴ liao⁰ i²¹⁴ tsaŋ³³⁴ ti⁴⁵⁵ tʰou²¹²。/tɕʰiaŋ²¹² saŋ⁰ tʰie²¹⁴ tao⁰ i²¹⁴ tsaŋ³³⁴ ti⁴⁵⁵ tʰou²¹² tai⁰。
新洲	墙下儿贴倒一张地图。 tɕʰiaŋ²²⁴ xar⁰ tʰie²¹³ tao⁰ i²¹³ tsaŋ³¹ ti³³ tʰou²²⁴。
孝感	墙上贴倒一幅地图在。 tɕʰiaŋ³¹ ʂaŋ⁰ tʰie²¹³ tau⁰ i²¹³ fu³⁵ ti⁵⁵ tʰəu¹³ tɛ⁰。
安陆	壁子高头贴了一张地图得。 pi²⁴ tsɿ⁰ kau⁴⁴ tʰəu⁰ tʰiɛ²⁴ niau⁰ i²⁴ tsaŋ⁴⁴ ti⁵⁵ tʰəu³¹ tɛ³¹。
广水	壁子高头贴了一个地图。 pi⁵³ tsɿ⁰ kau³¹ tʰəu⁰ tiɛ⁵³ liau⁰ i⁵³ ko¹³ ti¹³ tʰəu⁵³。
黄石	墙上贴倒一张地图。 tɕʰiaŋ³¹ saŋ³²⁴ tʰie²¹³ tau⁰ i²¹³ tsaŋ³³ ti³²⁴ tʰou³¹。
大冶	墙上贴倒个地图。 tɕʰiɔŋ³¹ sɔŋ²² tʰi²¹³ tɔ⁰ ko²⁵ tʰɐi²² tʰɐu³¹。
阳新	壁欻搭倒一张地图。 pai²⁵ ɛ⁰ tɒ²⁵ tɔ³¹ i²⁵ tsɔ̃⁴⁴ tʰai⁴⁴ tʰau²¹³。
咸宁	壁上贴了一张地图。/壁上贴倒一张地图在。 piŋ⁵⁵ sõ³³ tʰi⁵⁵ nɒ⁴² i⁵⁵ tsɔ̃⁴⁴ tʰæ³³ tʰɒu³¹。/piŋ⁵⁵ sõ³³ tʰi⁵⁵ to⁴² i⁵⁵ tsɔ̃⁴⁴ tʰæ³³ tʰɒu³¹ tsʰa³³。
通山	壁里贴了一张地图。 piɔ⁵⁵ læ⁴² tʰi⁵⁵ liɛu⁰ i⁵⁵ tsoŋ²³ tæ³³ tau²¹。

续表

	0015 墙上贴着一张地图。
通城	壁上贴倒一张地图。／壁上贴倒一张地图在。 piaʔ⁵⁵ soŋ⁴² dieʔ⁵⁵ tau⁰ iʔ⁵⁵ tsoŋ²¹ di³⁵ dou³³。／piaʔ⁵⁵ soŋ⁴² dieʔ⁵⁵ tau⁰ iʔ⁵⁵ tsoŋ²¹ di³⁵ dou³³ dzai³⁵。
崇阳	壁上贴倒一张地图。 piɑ⁵⁵ saŋ⁴⁴ diɑ⁵⁵ tau⁰ i⁵⁵ taŋ²² di⁴⁴ dəu²¹。
嘉鱼	墙上巴倒一张地图。／墙上巴倒一张地图在。 tɕʰioŋ²⁴ ʂoŋ²² pɒ⁴⁴ tau³¹ i⁵⁵ tʂoŋ⁴⁴ tʰi²² tʰəu²⁴。／tɕʰioŋ²⁴ ʂoŋ²² pɒ⁴⁴ tau³¹ i⁵⁵ tʂoŋ⁴⁴ tʰi²² tʰəu²⁴ tsʰai²²。
赤壁	墙上巴了一张地图。 dʑiou¹³ ʂou⁰ pa⁴⁴ diɑu⁰ i⁴⁵ tʂou⁴⁴ di²² du¹³。
监利	墙高头呃贴的个地图。 tɕʰiaŋ¹³ ka⁴⁴ xou⁰ ɤ⁰ xiɛ⁵⁵ tɤ⁰ kɤ⁰ xi³³ tʰou¹³。

	0016 床上躺着一个老人。
武汉	床高头睡倒一个老人在。 tɕʰyaŋ¹³ kao⁴⁵ tʰou⁰ suei²⁵ tao⁰ i²¹³ kɤ⁰ lao⁴² lən²¹ tai²⁵。
蔡甸	床高头睡倒个老人在。/床上有个老人睡得在。 tɕʰyaŋ²¹³ kao¹⁵ tʰou⁰ ɕyei⁵⁵ te⁰ kɤ⁰ lao³³⁴ lən²¹³ tæ⁰。/tɕʰyaŋ²¹³ saŋ⁰ iou³³ kɤ⁰ lao³³⁴ lən²¹³ ɕyei⁵⁵ e⁰ tæ⁰。
江夏	床上头睡倒一个老人家。 tsʰuaŋ¹³ saŋ³²⁴ tʰou⁰ suei³²⁴ tao⁰ i³²⁴ kɤ⁰ nao⁴⁴ nən³¹ ka⁰。
汉川	床上睡了个老人在。 tɕʰyaŋ¹³ saŋ⁰ ɕyei³³ niɑu⁰ ko⁰ nɑu⁴² nən¹³ tai⁰。
荆州	床高头躺哒一个老的。 tsʰuaŋ¹³ kau⁵⁵ tʰəu⁵⁵ tʰan⁴² ta⁰ i¹³ kɤ³⁵ lau⁴² ti⁰。
仙桃	床高下睡哒一个老人。 tsʰuaŋ¹³ kau⁴⁵ xa⁰ suei⁵³ ta⁰ i²⁴ kuo⁵³ lau³¹ ən¹³。
天门	床高头躺哒个老人。 tɕʰyaŋ²¹³ kau⁴⁵ tʰəu⁰ tʰan³¹ ta⁰ ko⁵³ lau³¹ ən²¹³。
荆门	床上躺着一个老人。 tʂʰuaŋ²⁴ ʂaŋ³³ tʰaŋ⁵⁵ tʂuo⁰ i²⁴ kuo⁰ nau⁵⁵ zən²⁴。
钟祥	床高头睡哒一个老人。 tʂʰuaŋ³¹ kau²¹ tʰəu⁵⁵ ʂuəi²¹ ta⁰ i³¹ kuo²¹ nau⁵³ zən³¹。
宜昌	床上睡啊一个老头儿。 tsʰuaŋ¹³ saŋ⁰ suei³⁵ a⁰ i¹³ kɤ³⁵ lau³³ tʰər⁰。
兴山	床上睡啊个老人。 tʂʰuaŋ³¹ ʂaŋ⁰ ʂuei²⁴ a⁰ kɤ²⁴ nau⁵⁵ zən³¹。
长阳	床上躺啊一个老人家。 tsʰuaŋ²² saŋ⁰ tʰan³¹ a⁰ i²² kɤ²⁴ nau³¹ zən²² ka⁴⁵。

续表

	0016 床上躺着一个老人。
五峰	床上躺倒一个老人。 tsʰuaŋ²¹³ saŋ⁰ tʰaŋ³⁵ tau⁰ i²¹³ kɤ³⁵ lau³³ ən²¹。
宜都	床上躺的一个老人。 tsʰuaŋ¹³ saŋ⁰ tʰaŋ³³ ti⁰ i¹³ kɤ⁰ nau³³ zən²¹。
恩施	铺上睡的个老年人。 pʰu⁵⁵ ʂaŋ⁰ ʂuei³⁵ ti⁰ kɤ⁰ nau⁵¹ niɛn³³ zən⁰。
咸丰	床上睡的一个老年人。 tsʰuaŋ²² saŋ²¹³ suei²⁴ ti⁰ i²² ko²¹³ nau³³ niɛn²² zən²²。
建始	铺上睡的个老年人。 pʰu⁴⁵ ʂaŋ⁰ ʂuei³⁵ ti⁰ kɤ⁰ nau⁵¹ nin²² zən⁰。
巴东	铺上睡哒一个老年人。 pʰu⁴⁵ ʂaŋ⁰ suei²⁴ ta⁰ i²² kuo²⁴ nau⁵¹ niɛn²² zən²²。
宜城	床上躺了一个老人。 tsʰuaŋ⁵³ saŋ⁰ tʰaŋ⁵⁵ nɔ⁰ i⁵³ ko⁰ nɔ⁵⁵ zən⁰。
保康	床上睡了一个老人。 tʂʰuaŋ⁵³ ʂaŋ⁰ ʂuei³¹ nau⁰ i⁵³ kə⁰ nau⁵⁵ zən⁰。
神农架	床上躺了个老年人。 tʂʰuaŋ⁵³ ʂaŋ⁰ tʰaŋ³³ nau⁰ kɤ⁰ nau³³ nian⁵³ zən⁵³。
襄阳	床上歪了个老的。 tsʰuaŋ⁵³ saŋ⁰ uai²⁴ nau⁰ kə⁰ nau³⁵ ti⁰。
随州	床上睡了个老人。 tʂʰuaŋ⁴² saŋ⁰ ʂuei²¹³ niau⁰ ko²¹³ nau³⁵³ zən⁰。
郧阳	床上睡了个老年人。 tsʰuaŋ⁵¹ saŋ³¹ sei³¹ lau⁰ kɤ⁰ lau⁴³ lian⁵¹ zən⁵¹。

续表

	0016 床上躺着一个老人。
丹江口	床上睡了个老年人。 tsʰuaŋ⁵¹ saŋ³¹ sei³¹ la⁰ kɤ⁰ lɔ³³ nian⁵¹ zən⁵¹。
房县	床上睡了个老年人。 tʂʰuaŋ⁵³ ʂaŋ³¹ ʂuei³¹ nou⁰ kɤ⁰ nou³³ nian⁵³ zən⁵³。
竹溪	床上躺了个老年人。 tʂʰuaŋ⁵³ ʂaŋ⁰ tʰaŋ³⁵ lia⁰ kɤ⁰ lau³⁵ ɲian⁵³ zən⁵³。
公安	床上睡倒一个老人。 tsʰuaŋ²⁴ saŋ³³ suei³³ təu²¹ i³⁵ kɤ³³ nau²¹ ən²⁴。
鹤峰	床上睡个老人。 tʂʰuaŋ¹² ʂaŋ⁰ ʂuei³⁵ kɛ⁰ nau⁵³ zən⁰。
黄冈	床上睏倒一个老人。/老人睏倒床上的。 tʂʰyaŋ³¹ saŋ⁰ kʰuən³⁵ tau⁰ i²¹³ ko⁰ lau⁵⁵ zən³¹。/lau⁵⁵ zən³¹ kʰuən³⁵ tau⁰ tʂʰyaŋ³¹ saŋ⁰ ti⁰。
红安	床上睏倒个老人的。 tsʰaŋ³¹ saŋ⁰ kʰuən³⁵ tau⁰ ko⁰ lau³⁴ zʮən³¹ ti⁰。
英山	床上睏倒个老儿。/老儿睏倒床上在。 tsʰaŋ⁵⁵ saŋ⁰ kʰuən³⁵ tau⁰ ko⁰ lau²⁴ ɚ⁰。/lau²⁴ ɚ⁰ kʰuən³⁵ tau⁰ tsʰaŋ⁵⁵ saŋ⁰ tsai⁰。
蕲春	床上睏倒个老人。/床上睏倒个老人在的。 tʂʰyaŋ³¹ saŋ⁰ kʰuən²⁵ tau⁰ ko⁰ lau³⁴ zən³¹。/tʂʰyaŋ³¹ saŋ⁰ kʰuən²¹² tau⁰ ko⁰ lau³⁴ zən³¹ tsai²¹² ti⁰。
武穴	床上睏倒个老人。/床上一个老人睏倒的。 tsʰaŋ³² saŋ²² kʰun³⁵ tau⁰ ko³⁵ lau³³ in³¹。/tsʰaŋ³² saŋ²² i²² ko³⁵ lau³³ in³¹ kʰun³⁵ tau⁰ ti⁰。

续表

	0016 床上躺着一个老人。
黄梅	床上睏了个老人。/有个老人睏在床上。 tsʰaŋ⁵⁵ saŋ³³ kʰuən³⁵ liau⁰ ko³⁵ lau¹³ ən⁵⁵。/ieu¹³ ko⁰ lau¹³ ən⁵⁵ kʰuən³⁵ tsai⁰ tsʰaŋ⁵⁵ saŋ⁰。
黄陂	床上睡倒一个老人在。 tʂʰuaŋ²¹² saŋ⁰ ʂɿei³⁵ tao⁰ i²¹² kɤ⁰ lao⁴¹ ʐən²¹² tai⁰。
新洲	床下儿睡倒一个老人。/一个老人睡倒床下儿。 tʂʰuaŋ²²⁴ xar⁰ ʂɿei³³ tao⁰ i²¹³ ko⁰ nao⁵⁵ ʐɿn²²⁴。/i²¹³ ko⁰ nao⁵⁵ ʐɿn²²⁴ ʂɿei³³ tao⁰ tʂʰuaŋ²²⁴ xar⁰。
孝感	床上睡倒一个老人在。 tʂʰuaŋ³¹ saŋ⁰ ʂɿei³⁵ tɑu⁰ i²¹³ ko⁰ nɑu⁵² ʐən³¹ tɛ⁰。
安陆	床上睡了一个老人得。 tʂʰuaŋ³¹ saŋ⁰ ʂɿei³⁵ iau⁰ i²⁴ ko³⁵ nau⁵¹ ʐən³¹ tɛ³¹。
广水	床上睡了一个老的。 tʂʰuaŋ⁵³ saŋ⁰ ʂɿei¹³ liau⁰ i⁵³ ko¹³ lau³⁴ ti⁰。
黄石	床上睏倒一个老人。 tɕʰuaŋ³¹ saŋ³²⁴ kʰuen²⁵ tau⁰ i²¹³ ko²⁵ lau⁵⁵ ʐən³¹。
大冶	眠床那睏倒个老人。 min³¹ tsʰɔŋ³¹ le⁰ kʰuɐn²⁵ tɔ⁴⁴ ko²⁵ lɔ⁴⁴ ʐen³¹。
阳新	一个老汉在眠床上睏倒。 i²⁵ ko⁴⁴ lɔ³¹ xən²⁵ tsʰa⁴⁴ min⁴⁴ tsʰɔ̃²¹³ sɔ̃⁴⁴ kʰuan⁴⁴ tɔ³¹。
咸宁	床嘞睏倒一个老者在。 tsʰɔ̃³¹ ne⁴⁴ kʰuən²¹³ to⁴² i⁵⁵ kə²¹³ no⁴² tse⁴² tsʰa³³。

续表

	0016 床上躺着一个老人。
通山	眠床睏了一个老人家。 mĩ²¹ tsoŋ²¹ kʰuɐn⁴⁵ liɛu⁰ i⁵⁵ koʊ⁴⁵ lɑu⁴² zɐn²¹ kɔ²¹³。
通城	床上睏倒一个老人伢。/一个老人伢睏伢个床上。 dzoŋ³³ soŋ⁴² un²¹⁴ tau⁰ iʔ⁵⁵ ko⁰ nau⁴² n̠in³³ ne⁰。/iʔ⁵⁵ ko⁰ nau⁴² n̠in³³ ne⁰ un²⁴ ne⁰ ko⁰ dzoŋ³³ soŋ⁴²。
崇阳	床上睏倒了一个老人家。 zaŋ²¹ saŋ⁴⁴ uən²⁴ tau⁵³ næ⁰ i⁵⁵ ko²⁴ nau⁵³ n̠in²¹ kɑ²²。
嘉鱼	床上睏倒一个老脚儿。 tsʰoŋ²⁴ ʂoŋ²² kʰuən²¹³ tau³¹ i⁵⁵ ko²¹³ nau³¹ tɕior⁵⁵。
赤壁	床上睏倒一个老人家。 dzou¹³ ʂou⁰ guən²¹³ tau⁰ i⁴⁵ ko⁰ nau³¹ zən⁰ kɑ⁰。
监利	床高头呃躺哒个老人家的。 tsʰaŋ¹³ ka⁴⁴ xou⁰ ɤ⁰ tʰaŋ²¹ ta⁰ kɤ⁰ nau²¹ ən¹³ ka⁰ ti⁰。

	0017 河里游着好多小鱼。
武汉	河里头有蛮多小鱼。 xo¹³ li³³ tʰou⁰ iou³³ man²¹³ to⁵⁵ ɕiao⁴² y²¹。
蔡甸	河里蛮多小鱼在游。 xo²¹³ n̨i⁰ man²¹³ to¹⁵ ɕiao³³⁴ y²¹³ tsai⁵⁵ iou²¹³。
江夏	港里蛮多小鱼在游。 kaŋ⁴¹ ni⁰ man³³ to³⁵ ɕiao⁴⁴ y³¹ tsai³⁵ iou³¹。
汉川	河里蛮多小鱼在游。 xo¹³ ni⁰ mɑn¹³ to⁵⁵ ɕiɑu⁴² y¹³ tɑi³³ iəu¹³。
荆州	河里好多小鱼在游。/好多小鱼在河里游。 xuo¹³ ti⁰ xau⁴² tuo⁵⁵ ɕiau⁴² y¹³ tsai³⁵ iəu¹³。/xau⁴² tuo⁵⁵ ɕiau⁴² y¹³ tsai³⁵ xuo¹³ ti⁰ iəu¹³。
仙桃	河里游哒好多小鱼。 xuo¹³ ti⁰ iəu¹³ ta⁰ xau³¹ tuo⁴⁵ ɕiau³¹ y¹³。
天门	河里头游哒好多小鱼。 xo²¹³ li³¹ tʰəu⁰ iəu²¹³ ta⁰ xau³¹ to⁴⁵ ɕiau³¹ y²¹³。
荆门	河里有好多小鱼在游。 xuo²⁴ ti⁰ iou⁵⁵ xau⁵⁵ tuo⁴⁵ ɕiau⁵⁵ y²⁴ tʂai³³ iou²⁴。
钟祥	河沟子里游哒好多小鱼伢子啊。 xuo³¹ kəu²¹ ts̩⁵⁵ ni⁵⁵ iəu³¹ ta⁰ xau⁵³ tuo²¹ ɕiau⁵³ y³¹ a⁰ ts̩⁰ a⁰。
宜昌	河里好多小鱼伢子在游。 xuo¹³ ti⁰ xau³³ tuo⁵⁵ ɕiau³³ y¹³ a⁰ tsɿ⁰ tsai³⁵ iəu¹³。
兴山	好多小鱼在河里游。 xau⁵⁵ tuo⁴⁵ ɕiau⁵⁵ y³¹ tsai²⁴ xuo³¹ ti⁰ iəu³¹。
长阳	河里好多小鱼伢子在游。 xo²² ti⁰ xau³¹ to⁴⁵ ɕiau³¹ y²² a⁰ tsɿ⁰ tsai²⁴ iəu²²。

续表

	0017 河里游着好多小鱼。
五峰	河里好多小鱼伢子在游。 xuo²¹³ ti⁰ xau³³ tuo⁵⁵ ɕiau³³ y²¹³ a⁰ tsɿ⁰ tsai³⁵ iəu²¹³。
宜都	河里好多小鱼在游。 xo¹³ li⁰ xau³³ to⁵⁵ ɕiau³³ i²¹ tsai³⁵ iəu¹³。
恩施	河里好多小鱼娃儿在跑。 xuo³³ ni⁰ xau⁵¹ tuo⁵⁵ ɕiau⁵¹ y³³ uɚ⁰ tsai³⁵ pʰau⁵¹。
咸丰	河巴头有好多小鱼儿在游。 xo²² pa⁵⁵ tʰəu⁰ iəu⁴² xau³³ tuo⁵⁵ ɕiau³³ yɚ²² tsai²⁴ iəu²²。
建始	河里好多小鱼儿在游。 xo²² ni⁰ xau⁵¹ to⁴⁵ ɕiau⁵¹ y²² ɚ⁰ tsai³⁵ iəu²²。
巴东	河里好多小鱼儿在游。 xuo²² ni⁰ xau⁵¹ tuo⁴⁵ ɕiau⁵¹ yɚ²² tsai²⁴ iuei²²。
宜城	河里好多小鱼在游。 xuo⁵³ ni⁰ xɔ⁵⁵ tuo²⁴ ɕiɔ⁵⁵ i⁵³ tsɛ²⁴ iəu⁵³。
保康	河里有好多小鱼在跑。 xuo⁵³ ni⁰ iəu⁵⁵ xau⁵⁵ tuo²⁴ ɕiau⁵⁵ y⁵³ tsai²² pʰau⁵⁵。
神农架	好些小鱼在河的游。 xau³³ ɕiɛ²⁴ ɕiau³³ y⁵³ tʂai³¹ xuo⁵³ ti⁰ iəu⁵³。
襄阳	河里有好多小鱼娃儿在游。 xə⁵³ ni⁰ iəu³⁵ xau³⁵ tuo²⁴ ɕiau⁵³ uar⁰ tsai³¹ iəu⁵³。
随州	河里好多小鱼娃儿在那儿游。 xo⁴² ni⁰ xau³⁵ to⁴⁴ ɕiau³⁵ y⁴² uɔr⁰ tai²¹³ nar²⁴ iəu⁴²。
郧阳	河的有好多鱼娃儿。 xɤ⁵¹ ti⁰ iəu⁴³ xau⁴³ tuo⁴⁵ y⁴⁵ uar⁵¹。

语法例句对照 91

续表

	0017 河里游着好多小鱼。
丹江口	河里有好些小鱼娃儿。 xɤ⁵¹ li⁰ iəu³³ xɔ³³ ɕiɛ³⁵ ɕiɔ³³ y³⁵ uar⁵¹。
房县	河的有好些小鱼娃子。 xɤ⁵³ ti⁰ iəu³³ xou³³ ɕie²⁴ ɕiɔu³³ y⁵³ ua⁵³ r̩⁰。
竹溪	河的有好些小鱼在游。 xo⁵³ ti⁰ iəu³⁵ xau³⁵ ɕiɛ⁰ ɕiau³⁵ y⁵³ tsai³¹ iəu⁵³。
公安	河里好多小鱼伢子在游尔。 xuo²⁴ ni⁰ xau²¹ tuo⁵⁵ ɕiau²¹ y²⁴ a⁵⁵ tsŋ⁰ tai³³ iəu²⁴ ɤ⁰。
鹤峰	河里有好多鱼儿在跑。 xuo¹² ni⁰ iəu⁵³ xau⁵³ to⁵⁵ y¹² uɚ⁰ tsai³⁵ pʰau⁵³。
黄冈	河里乜ˉ多细鱼儿在游。/乜ˉ多细鱼儿在河里游。 xo³¹ li⁰ me⁴⁴ to²² ɕi³⁵ z̩ʅ³¹ ɛr⁰ tai⁴⁴ iəu³¹。/me⁴⁴ to²² ɕi³⁵ z̩ʅ³¹ ɛr⁰ tai⁴⁴ xo³¹ li⁰ iəu³¹。
红安	河里游倒好多细鱼的。 xo³¹ li⁰ iəu³¹ tau⁰ xau³⁴ to¹¹ ɕi³⁵ z̩ʅ³¹ ti⁰。
英山	黑乎的细鱼儿在河里游。 xe²² xu⁵⁵ ti⁰ ɕi³⁵ z̩ʅ⁵⁵ ɚ⁰ tsai³³ xo⁵⁵ li⁰ iəu⁵⁵。
蕲春	河里好多细鱼儿在游。/好多细鱼儿在河里游在的。 xo³¹ li⁰ xau³⁴ to⁴² ɕi²⁵ ʅ³¹ ɚ⁰ tsai²¹² iou³¹。/xau³⁴ to⁴² ɕi²⁵ ʅ³¹ ɚ⁰ tsai²¹² xo³¹ li⁰ iou³¹ tsai²¹² ti⁰。
武穴	河里好多细鱼儿划起的。/好多细鱼儿在河里划起的。 xo³¹ li⁰ xau³³ to⁵⁵ si³⁵ ŋʅ³¹ ɚ⁰ xua³¹ tɕʰi³³ ti⁰。/xau³³ to⁵⁵ si³⁵ ŋʅ³¹ ɚ⁰ te²² xo³¹ li⁰ xua³¹ tɕʰi³³ ti⁰。
黄梅	河里好多细鱼在划。 xo⁵⁵ li⁰ xau¹³ to²¹ ɕi³⁵ ŋʅ⁵⁵ tsai³³ xua³³。

	0017 河里游着好多小鱼。
黄陂	河里有好多细鱼在游。 xo²¹² ti⁰ iou⁴¹ xao⁴¹ to³³⁴ ɕi³⁵ zʉ²¹² tai⁴⁵⁵ iou²¹²。
新洲	河里游倒蛮多细鱼。 xo²²⁴ n̩i⁰ iou²²⁴ tao⁰ man²²⁴ to³¹ ɕi³²⁴ ʉ²²⁴。
孝感	河里蛮多小鱼在游。 xo³¹ ni⁰ man³¹ to³³ xiɑu⁵² ʉ³¹ tɑi⁵⁵ iəu³¹。
安陆	河里很多小鱼儿涌去涌来的。 xo³¹ ni⁰ xɛ⁵¹ to⁴⁴ ɕiau⁵¹ ʉɹ³¹ yŋ³⁵ tɕʰi³⁵ yŋ³⁵ nai³¹ ti⁰。
广水	河里好多小鱼在跑。 xo⁵³ li⁰ xau³⁴ to³¹ ɕiau³⁴ ʉ⁵³ tsai¹³ pʰau⁵³。
黄石	河里好多细鱼在游。 xo³¹ li⁰ xau⁵⁵ to³³ ɕi²⁵ ʉ³¹ tsæ³²⁴ iou³¹。
大冶	湖里游倒好多细鱼。 xu³¹ le⁰ iɐu³¹ tɔ⁴⁴ xɔ⁴⁴ to²² sei²⁵ y³¹。
阳新	好多细鱼在哎河欸游。 xɔ³¹ to⁴⁴ sai⁴⁴ y²¹³ tsʰa⁴⁴ a²⁵ xo²¹³ ɛ⁰ iɑu²¹³。
咸宁	好多鱼崽在河嘞游。/好多鱼崽在河嘞游倒在。 xo⁴² tə⁴⁴ y³¹ tsa⁴² tsʰa³³ xə³¹ ne⁴⁴ iɒu³¹。/xo⁴² tə⁴⁴ y³¹ tsa⁴² tsʰa³³ xə³¹ ne⁴⁴ iɒu³¹ to⁴² tsʰa³³。
通山	河里游着好多鱼崽。 xoʊ⁴² læ³³ ioʊ²¹ tsoʊ⁰ xɑu⁴² toʊ²³ ɳ̩y²¹ tsa⁴²。
通城	港下仂有好多细鱼者在浴。/好多细鱼者在个港下仂浴。 koŋ²¹ ha⁰ de⁰ iou⁴² hau⁴² to²¹ ɕi²⁴ m̩³³ tse⁰ dzai³⁵ iouʔ⁵⁵。/hau⁴² to⁰ ɕi²⁴ m̩³³ tse⁰ dzai³⁵ ko⁰ koŋ²¹ ha⁰ de⁰ iouʔ⁵⁵。

续表

	0017 河里游着好多小鱼。
崇阳	港哒划倒闷多小鱼崽。 kaŋ⁵³ dæ⁰ fɑ²¹ tau⁰ mən⁵⁵ to²² ɕio⁵³ ŋi²¹ tsæ⁵³。
嘉鱼	河里甩多末滴儿鱼在游。 xo²⁴ ni³¹ ɕyai³¹ to⁴⁴ ma⁵⁵ tir⁵⁵ y²⁴ tsʰai²² iəu²⁴。
赤壁	河里有好多小鱼儿在游。 xo¹³ di⁰ iu³¹ xɑu³¹ to⁴⁴ ɕiɑu³¹ ɱɥɑr¹³ dzai²² iu¹³。
监利	河里呃有好多小鱼子在游[的呃]。 xo¹³ ti⁰ ɤ⁰ iou²¹ xau²¹ to⁴⁴ ɕiau²¹ ɥ¹³ tsɿ⁰ tsai³³ iou¹³ tiɛ⁰。

	0018 前面走来了一个胖胖的小男孩。
武汉	前头走来一个蛮胖的儿子伢。 tɕʰian¹³ tʰou⁰ tsou³³ lai⁰ i²¹³ ke⁰ man²¹³ pʰaŋ²⁵ ti⁰ ɯ²¹³ tsʅ⁰ ŋa²¹³。
蔡甸	从前头走过来了一个蛮胖的小儿子伢。 tsʰuŋ²¹³ tɕʰien²¹³ tʰou²¹³ tsou³³⁴ ko⁵⁵ lai²¹³ ɳiao⁰ i³²⁴ ko⁰ man²¹³ pʰaŋ⁵⁵ ti⁰ ɕiao³³⁴ ɯ²¹³ tsʅ⁰ ŋa²¹³。
江夏	前面来了一个很胖的小伢。/前面来了一个胖乎乎的小伢。 tɕʰien³³ mian⁰ nai³¹ ɳiao⁰ i³²⁴ kɤ⁰ xɤ³⁵ pʰaŋ³⁵ ti⁰ ɕiao⁴⁴ ŋa³¹。/tɕʰien³³ mian⁰ nai³¹ ɳiao⁰ i³²⁴ kɤ⁰ pʰaŋ³⁵ xu⁰ xu⁰ ti⁰ ɕiao⁴⁴ ŋa³¹。
汉川	前头走来个胖胖的小男伢。 tɕʰian¹³ tʰəu⁰ tsou⁴² nai¹³ ko⁰ pʰaŋ³³ pʰaŋ⁰ ti⁰ ɕiau⁴² nan¹³ ŋa¹³。
荆州	前头走来哒一个好胖的男伢儿。 tɕʰien¹³ tʰəu⁵⁵ tsəu⁴² lai¹³ ta⁰ i¹³ kuo³⁵ xau⁴² pʰan³⁵ ti⁰ lan¹³ a¹³ ɯ¹³。
仙桃	前头走下来哒一个好胖的儿子伢。 tɕʰien¹³ tʰəu⁰ tsəu³¹ xa⁰ lai¹³ ta¹ i²⁴ kɤ⁰ xau³¹ pʰaŋ⁵³ ti⁰ ɯ¹³ tsʅ⁰ a¹³。
天门	前头走来哒一个好胖的小男伢。 tɕʰien²¹³ tʰəu⁰ tsəu³¹ lai⁰ ta⁰ i²⁴ ko⁵³ xau³¹ pʰaŋ⁵³ ti⁰ ɕiau³¹ lan²¹³ a²¹³。
荆门	前面走来一个胖乎乎的男娃子。 tɕʰian²⁴ mian³³ tʂou⁵⁵ nai²⁴ i²⁴ kuo⁰ pʰaŋ³³ ɸu⁴⁵ ɸu⁴⁵ ti⁰ nan²⁴ ua²⁴ tsʅ⁰。
钟祥	前头走过来好胖一个小男伢子啊。 tɕʰien³¹ tʰəu⁰ tʂəu⁵³ kuo²¹ nai⁰ xau⁵³ pʰaŋ²¹⁴ i³¹ kuo²¹ ɕiau⁵³ nan³¹ a³¹ ts̩⁰ a⁰。
宜昌	前头来啊一个好胖的儿哦。 tɕʰien¹³ tʰəu⁰ lai¹³ a⁰ i¹³ kɤ³⁵ xau³³ pʰaŋ³⁵ ti⁰ ɚ¹³ o⁰。
兴山	前头来啊个胖娃子。 tɕʰiɛn³¹ tʰəu⁰ nai³¹ a⁰ kɤ²⁴ pʰaŋ³¹ ua³¹ tsʅ⁰。
长阳	前头来啊一个蛮胖的男伢子。 tɕʰiɛn²² tʰəu⁰ nai²² a⁰ i²² kɤ²⁴ man²² pʰaŋ²⁴ ti⁰ nan²² a⁰ tsʅ⁰。

续表

	0018 前面走来了一个胖胖的小男孩。
五峰	前头来啊一个胖乎乎的男伢子。 tɕʰiɛn²¹³ tʰəu⁰ lai²¹³ a⁰ i²² kɤ³⁵ pʰaŋ³⁵ xu⁵⁵ xu⁰ ti⁰ lan²¹³ a⁰ tsʅ⁰。
宜都	前头来啊一个胖乎乎儿的小儿子儿。 tɕʰiɛn¹³ tʰəu⁰ nai¹³ a⁰ i¹³ kɤ³⁵ pʰaŋ³⁵ xu³³ xuɚ⁰ ti⁰ ɕiau³³ ɚ²¹ tsʅ⁰ ɚ²¹。
恩施	前头过来个小男娃儿，好胖哦。 tɕʰiɛn³³ tʰəu³³ kuo³⁵ nai⁰ kɤ⁰ ɕiau⁵¹ nan³³ uə⁰，xau⁵¹ paŋ³⁵ uo⁰。
咸丰	前头走来一个胖得胖的小男娃儿。 tɕʰiɛn²² tʰəu⁰ tsəu⁴² nai²² i²² ko²¹³ pʰaŋ²⁴ tɛ²² pʰaŋ²¹³ ti⁰ ɕiau⁴² nan²² uə²²。
建始	前头来啊个儿娃子，长得胖墩墩儿里的。 tɕʰin²² tʰəu⁰ nai²² a⁰ kɤ⁰ ɚ²² ua²² tsʅ⁰，tʂan⁵¹ tɛ⁰ pʰan³⁵ tən⁴⁵ tɚ²² ni⁰ ti⁰。
巴东	前头来哒一个蛮胖的小儿娃子。 tɕʰiɛn²² tʰəu⁰ nai²² ta⁰ i²² kə⁰ man²² pʰaŋ²⁴ ti⁰ ɕiau⁵¹ ɚ²² ua²² tsʅ⁰。
宜城	前面儿走来了一个胖乎乎的小娃子儿。 tɕʰian⁵³ miɚ⁰ tsəu⁵⁵ nɛ⁵³ nɔ⁰ i⁵³ ko⁰ pʰaŋ⁴¹ xu²⁴ xu²⁴ ti⁰ ɕiɔ⁵⁵ ua⁵³ ʅ⁰。
保康	前面来了一个胖嘟嘟的儿娃子。 tɕʰiɛn⁵³ miɛn⁰ nai⁵³ nau⁰ i⁵³ kə⁰ pʰaŋ³¹ təu⁵³ təu⁵³ ni⁰ ɚ⁵³ ua²² tsʅ⁰。
神农架	前头来了个胖乎乎的小儿娃子。 tɕʰian⁵³ tʰəu⁰ nai⁵³ na⁰ kɤ⁰ pʰaŋ³¹ xu²² xu⁰ ti⁰ ɕiau³³ ɚ⁵³ ua⁵³ tsʅ⁰。
襄阳	前头来了一个胖胖儿的小儿娃子儿。 tɕʰian⁵³ tʰəu⁰ nai⁵³ nau⁰ i⁵³ kə⁰ pʰaŋ²⁴ pʰãr³¹ ti⁰ ɕiau³⁵ ɚ⁵³ ua⁰ ʅ⁰。
随州	前头来了个胖墩儿了的小崽娃子。 tɕʰian⁴² tʰəu⁰ nai⁴² niau⁰ ko⁰ pʰaŋ²⁴ tuɚ⁴⁴ niau⁰ ti⁰ ɕiau³⁵³ tsai³⁵ uɔ⁴² tsʅ⁰。
郧阳	前头来了个胖乎乎的儿娃子。 tɕʰian⁵¹ tʰəu⁰ lɛi⁵¹ lau⁰ kɤ⁰ pʰaŋ³¹ xu⁴⁵ xu⁴⁵ ti⁰ ɚ⁵¹ ua⁵¹ tsʅ⁰。

续表

	0018 前面走来了一个胖胖的小男孩。
丹江口	前头过来个胖乎乎的儿娃子。 tɕʰian⁵¹ tʰəu⁰ kuo³¹ lɛ⁰ kɤ⁰ pʰaŋ³¹ xu³⁵ xu⁰ ti⁰ ɚ⁵¹ ua³¹ tsŋ⁰。
房县	前头来了一个胖嘟嘟的儿娃子。 tɕʰian⁵³ tʰəu⁰ nai⁵³ nɔu⁰ i⁵³ kɤ⁰ pʰaŋ³¹ tu²⁴ tu⁰ ti⁰ ær⁵³ ua⁵³ r̩⁰。
竹溪	前头来了一个胖堆堆的小儿娃子。 tɕʰian⁵³ tʰəu⁰ lai⁵³ lia⁰ i⁵³ ko⁰ pʰaŋ³¹ tei²² tei⁰ ti⁰ ɕiau³⁵ ɚ⁵³ ua⁵³ tsŋ⁰。
公安	前头来哒一个胖墩哒的男伢儿。 tɕʰian²⁴ tʰəu⁰ nai²⁴ ta²¹ i³⁵ kuo³³ pʰaŋ³³ tən⁵⁵ ta²¹ ni⁰ nan²⁴ a²⁴ ɯ²⁴。
鹤峰	前面走来了一个很壮的小男儿。 tɕʰian¹² tʰəu⁰ tsəu⁵³ nai¹² niau⁰ i¹² kɛ⁰ xən⁵³ tʂuaŋ³⁵ ti⁰ ɕiau⁵³ nan¹² ɚ⁰。
黄冈	前头来了个细儿伢，长得胖坨了。 tɕʰien³¹ tʰəu⁰ lai³¹ liau⁰ ko⁰ ɕi³⁵ ɔr³¹ ŋa³¹，tsaŋ⁵⁵ te⁰ pʰaŋ³⁵ tʰo³¹ liau⁰。
红安	前头走来一个好胖的细儿伢儿。 tɕʰian³¹ tʰəu⁰ tsəu³⁴ lai³¹ i²¹³ ko⁰ xau³⁴ pʰaŋ³⁵ ti⁰ ɕi³⁵ ər³¹ ŋar³¹。
英山	前头来了个细男伢儿，长得胖巴了的。 tɕʰian⁵⁵ tʰəu⁰ lai³¹ liau⁰ ko⁰ ɕi³⁵ lan⁵⁵ ŋar⁵⁵，tʂaŋ²⁴ te⁰ pʰaŋ³⁵ pa³¹ liau⁰ ti⁰。
蕲春	前头来了一个胖巴了的细男伢儿。／一个胖巴了的细男伢儿从前头走过来了。 tɕʰian³¹ tʰou⁰ lai³¹ liau⁰ i²¹ ko⁰ pʰaŋ²⁵ pɒ⁴² liau⁰ ti⁰ ɕi²⁵ lan³² ŋɒr³¹。／i²¹ ko²⁵ pʰaŋ²⁵ pɒ⁴² liau⁰ ti⁰ ɕi²⁵ lan³² ŋɒr³¹ tsʰoŋ³¹ tɕʰian³¹ tʰou⁰ tsou³⁴ ko²⁵ lai³¹ liau⁰。
武穴	一个胖巴儿了的细男伢儿从前头走过来啰。／前头来了个胖巴儿了的细男伢儿。 i¹³ ko⁰ pʰaŋ³⁵ par⁵⁵ liau⁰ ti⁰ si³⁵ lan³² ŋar³¹ tsʰəŋ³¹ tɕʰiɛn³² tʰeu³¹ tseu³³ ko³⁵ lai³¹ lo⁰。／tɕʰiɛn³² tʰeu³¹ lai³¹ le⁰ ko³⁵ pʰaŋ³⁵ par⁵⁵ liau⁰ ti⁰ si³⁵ lan³² ŋar³¹。

语法例句对照　　97

续表

	0018 前面走来了一个胖胖的小男孩。
黄梅	前头来了个胖巴的小泼。 tɕʰiɛn⁵⁵ tʰeu⁰ lai⁵⁵ liau⁰ ko³⁵ pʰaŋ³⁵ pa²¹ ti⁰ ɕiau¹³ pʰo²¹。
黄陂	前头来了一个胖[笃儿]的小男伢。 tɕʰian²¹² tʰou⁰ lai²¹² iao⁰ i²¹² kɤ³⁵ pʰaŋ³⁵ tuːɻ²¹⁴ ti⁰ ɕiao⁴¹ lan²¹² ŋa²¹²。
新洲	前头过来了一个好胖的细儿伢。/一个好胖的细儿伢从前头过来了。 tɕʰien²²⁴ tʰou⁰ ko³²⁴ nai⁰ ȵiao⁰ i²¹³ ke⁰ xao⁵⁵ pʰaŋ³²⁴ ti⁰ ɕi³²⁴ or²²⁴ ŋa⁰。/i²¹³ ke⁰ xao⁵⁵ pʰaŋ³²⁴ ti⁰ ɕi³²⁴ or²²⁴ ŋa⁰ tsʰoŋ²²⁴ tɕʰien²²⁴ tʰou⁰ ko³²⁴ nai⁰ ȵiao⁰。
孝感	前头走来了一个胖胖的小男伢。 tɕʰin³¹ tʰəu⁰ tsəu⁵² nai³¹ iau⁰ i²¹³ ko⁰ pʰɑŋ³⁵ pʰɑŋ³⁵ ti⁰ ɕiau⁵² nan³¹ ŋa³¹。
安陆	前头走来了一个胖胖的小儿伢。 tɕʰiɛn³¹ tʰəu⁰ tsəu⁵¹ nai³¹ iau⁰ i²⁴ ko³⁵ pʰaŋ³⁵ pʰaŋ³⁵ ti⁰ ɕiau⁵¹ ər³¹ ŋa³¹。
广水	前头来了一个胖胖的小男伢。 tɕʰiɛn⁵³ tʰəu⁰ lai⁵³ iau⁰ i⁵³ ko¹³ pʰaŋ¹³ pʰaŋ¹³ ti⁰ ɕiau³⁴ lan⁵³ ŋa⁵³。
黄石	前面来了一个胖乎乎的细男伢。 tɕʰian³¹ mian³²⁴ læ³¹ liau⁰ i²¹³ ko²⁵ pʰaŋ²⁵ xu³³ xu³³ ti⁰ ɕi²⁵ lan³¹ ŋa³¹。
大冶	前面来了个胖嘟嘟箇细男伢。 tɕʰin³¹ min²² lɐ³¹ le⁰ ko²⁵ pʰɔŋ²⁵ tɐu²¹³ tɐu²¹³ ko⁰ sɐi²⁵ lɛ̃³¹ ŋɐu³¹。
阳新	前面过来了一个胖嘟嘟箇细性伢。 tsʰʮĩ²¹³ miĩ⁴⁴ ko⁴⁴ la²¹³ lɛ⁰ i²⁵ ko⁴⁴ pʰɔ̃²⁵ tau²⁵ tau²⁵ ko⁰ sai⁴⁴ sin²⁵ ŋã²⁵。
咸宁	前头走过来一个肉箇细男伢崽。 tɕʰiẽ³¹ tʰe³¹ tse⁴² kuə²¹³ na³¹ i⁵⁵ kə²¹³ zɒu⁵⁵ kə⁴⁴ sæ²¹³ nõ³¹ ŋa³¹ tsa⁴²。
通山	前面走来一个壮壮箇男伢崽。 tsĩ²¹ mĩ³³ tsɐu⁴² la²¹ i⁵⁵ koʊ⁴⁵ tsoŋ⁴⁵ tsoŋ⁴⁵ ka³³ nɔ̃²¹ ŋa²¹ tsa⁴²。

续表

	0018 前面走来了一个胖胖的小男孩。
通城	一个恁胖者箇男崽伢在前底走过来伢。/一个恁胖箇男崽伢走前底走过来伢。 iʔ⁵⁵ ko⁰ nən ʔ⁵⁵ boŋ²¹⁴ tse⁰ ko⁰ non³³ tsai⁴² de⁰ dzai³⁵ dʑiɛn³³ ti⁴² tɕiau⁴² kuo²⁴ nai³³ de⁰。/iʔ⁵⁵ ko⁰ nən ʔ⁵⁵ boŋ²¹⁴ ko⁰ non³³ tsai⁴² de⁰ tɕiou⁴² dʑiɛn³³ ti⁰ tɕiau⁴² kuo²¹⁴ nai³³ de⁰。
崇阳	前底走来了个勒⁼壮箇小男伢崽。 ʑiɛ²¹ ti⁰ tɕio⁵³ næ²¹ næ⁰ ko²⁴ nə⁰ tsaŋ²⁴ ka⁰ ɕio⁵³ nə²¹ ŋæ²¹ tsæ⁵³。
嘉鱼	前里走来一个肉巴箇小男伢。 tɕʰin²⁴ ni³¹ tsei³¹ nai²⁴ i⁵⁵ ko²¹³ zəu⁵⁵ pɒ⁴⁴ ko⁴⁴ ɕie³¹ nan²⁴ ŋɒ²⁴。
赤壁	前底来了一个甩⁼肉巴箇小男伢。 dʑiei¹³ ti⁰ nai¹³ diɑu⁰ i⁴⁵ ko⁰ ʂuai³¹ zou⁴⁵ pa⁰ ko⁰ ɕiau³¹ nɑn¹³ ŋa¹³。
监利	前头呃走来一个好胖的小儿子伢。 tɕʰiɛn¹³ tʰou⁰ ɤ⁰ tsou²¹ nai¹³ i⁵⁵ ko⁰ xau²¹ pʰaŋ²⁵ ti⁰ ɕiau¹³ ɯ¹³ tsɿ⁰ ŋa¹³。

	0019 他家一下子死了三头猪。
武汉	他屋里一下死了三头猪。 tʰa⁵⁵ u²¹³ li⁰ i²¹ xa²⁵ sʅ³³ a⁰ san⁵⁵ tʰou²¹ tɕy⁵⁵。
蔡甸	他的屋里一下死三头猪。/他的屋里三头猪一下死了。 tʰa¹⁵ ti⁰ u³²⁴ ni⁰ i³²⁴ xa⁵⁵ sʅ³³⁴ san¹⁵ tʰou²¹³ tɕy¹⁵。/tʰa¹⁵ ti⁰ u³²⁴ ni⁰ san¹⁵ tʰou²¹³ tɕy¹⁵ i³²⁴ xa⁵⁵ sʅ³³⁴ niao⁰。
江夏	他屋里一下死了三头猪。 tʰa³⁵ u¹³ ni⁰ i³²⁴ xa⁰ sʅ³³⁴ niao⁰ san¹⁵ tʰou⁰ tɕy³⁵。
汉川	他的屋的一下子死了三头猪。 tʰɑ⁵⁵ ti⁰ u²⁴ ti⁰ i¹³ xɑ⁰ tsʅ⁰ sʅ⁴² niɑu⁰ san⁵⁵ tʰəu⁰ tɕy⁵⁵。
荆州	他屋的一下儿死啊三头猪。 tʰa⁵⁵ u¹³ ti⁰ i¹³ xa⁵⁵ ɯ⁰ sʅ⁴² a⁰ san⁵⁵ tʰəu¹³ tsu⁵⁵。
仙桃	他屋的一下下死哒三头猪。 tʰa⁴⁵ u²⁴ ti⁰ i²⁴ xa¹³ xa⁵⁵ sʅ³¹ ta⁰ san⁴⁵ tʰəu¹³ tsu⁴⁵。
天门	他屋的一下死哒三头猪。 tʰa⁴⁵ u²⁴ ti⁰ i²⁴ xa⁰ sʅ³¹ ta⁰ san⁴⁵ tʰəu²¹³ tɕy⁴⁵。
荆门	他家一下死了三头猪。 tʰa⁴⁵ tɕia⁴⁵ i²⁴ xa²⁴ sʅ⁵⁵ a⁰ san⁴⁵ tʰou⁰ tsu⁴⁵。
钟祥	他屋的一下死哒三个猪子。 tʰa²¹ u⁵⁵ ti⁵⁵ i³¹ xa⁵³ sʅ⁵³ ta⁰ san²¹ kuo⁵⁵ tsu²¹ ʅ⁵⁵。
宜昌	他屋的一下死啊三个猪子。 tʰa⁵⁵ u¹³ ti⁰ i¹³ xa³⁵ sʅ³³ a⁰ san⁵⁵ kɤ³⁵ tsu⁵⁵ tsʅ⁰。
兴山	他家里一下死啊三个猪。 tʰa⁴⁵ tɕia⁴⁵ ni⁰ i³¹ xa²⁴ sʅ⁵⁵ a⁰ san⁴⁵ kɤ²⁴ tsu⁴⁵。
长阳	他屋的一下儿死啊三个猪伢子。 tʰa⁴⁵ u²² ti⁰ i²² xar²⁴ sʅ³¹ a⁰ san⁴⁵ kɤ²⁴ tsu⁴⁵ a⁰ tsʅ⁰。

续表

	0019 他家一下子死了三头猪。
五峰	他家的一下死啊三条猪。 tʰa⁵⁵ tɕia⁵⁵ ti⁰ i̠²² xa³⁵ sʅ³³ a⁰ san⁵⁵ tʰiau³⁵ tsu⁵⁵。
宜都	他屋的一下死啊三头猪。 tʰa⁵⁵ u¹³ ti⁰ i̠¹³ xa³⁵ sʅ³³ a⁰ san⁵⁵ tʰəu³⁵ tsu⁵⁵。
恩施	他屋里一下死啊三头猪。 tʰa⁵⁵ u³³ ni⁰ i̠³³ xa³⁵ sʅ⁵¹ a⁰ san⁵⁵ tʰəu³³ tʂu⁵⁵。
咸丰	他屋一下儿死哒三个猪。 tʰa⁵⁵ u²² i̠²² xɚ²¹³ sʅ⁴² ta⁰ san⁵⁵ ko²¹³ tsu⁵⁵。
建始	他屋里一下死啊三头猪。 tʰa⁴⁵ u²² ni⁰ i̠²² xa⁵¹ sʅ⁵¹ a⁰ san⁴⁵ tʰəu²² tʂu⁴⁵。
巴东	他屋里一下死啊三个猪。 tʰa⁴⁵ u²² ni⁰ i̠²² xa⁵¹ sʅ⁵¹ a⁰ san⁴⁵ kə⁰ tsu⁴⁵。
宜城	他儿里一伙子儿死了三头猪。 tʰʌr²² ni⁰ i̠⁵³ xuo⁵⁵ ɿ⁰ sʅ⁵⁵ nɔ⁰ san²⁴ tʰəu⁵³ tsu²⁴。
保康	他屋里一伙子死了三头猪。 tʰa²⁴ u⁵³ ni⁰ i̠⁵³ xuo⁵⁵ tsʅ⁰ sʅ⁵⁵ nau⁰ san²² tʰəu⁵³ tʂu²⁴。
神农架	他屋的一下死了三条猪。 tʰa²² u⁵³ ti⁰ i̠⁵³ xa³¹ sʅ³³ na⁰ ʂan²² tʰiau⁵³ tʂu²⁴。
襄阳	他屋里一伙子儿死了三头猪。 tʰa²⁴ u⁵³ ni⁰ i̠⁵³ xuo³⁵ ɿ⁰ sʅ³⁵ nau⁰ san²⁴ tʰəu⁵³ tsu²⁴。
随州	他里一下儿死了三头猪。 tʰɔ⁴⁴ ni⁰ i̠⁴⁴ ɕiar²¹³ sʅ³⁵³ niau⁰ san⁴⁴ təu⁴² tʂʅ⁴⁴。

续表

	0019 他家一下子死了三头猪。
郧阳	他们屋的一伙子死了三个猪。 tʰa⁴⁵ mən⁰ u⁵¹ ti⁰ i⁴⁵ xuo⁴³ tʂʅ⁰ sʅ⁴³ lau⁰ san⁴⁵ kɤ³¹ tsu⁴⁵。
丹江口	他们屋里一下子死了三个猪。 tʰa³⁵ mən⁰ u³⁵ li⁰ i⁵¹ ɕia³¹ tʂʅ⁰ sʅ³³ la⁰ san³⁵ kɤ⁰ tsu³⁵。
房县	他屋的一下子死了三个猪娃子。 tʰa³¹ u²⁴ ti⁰ i⁵³ xa³¹ ʐ̩⁰ sʅ³³ nɔu⁰ ʂan²⁴ kɤ³¹ tʂu²⁴ ua⁵³ ʐ̩⁰。
竹溪	他屋的一下子死了三头猪。 tʰa²² u⁵³ ti⁰ i⁵³ xa³¹ tʂʅ⁰ sʅ³⁵ lia⁰ san²² tʰəu⁵³ tʂʅ²⁴。
公安	他屋里一下死哒三头猪子。 tʰa⁵⁵ u³⁵ ni⁰ i·³⁵ xa²¹ sʅ²¹ ta²¹ san⁵⁵ tʰəu²⁴ tsu⁵⁵ tsʅ⁰。
鹤峰	他屋里三头猪一下死哒。 tʰa⁵⁵ vu¹² ni⁰ san⁵⁵ tʰəu⁰ tʂu⁵⁵ i¹² xa⁵³ sʅ⁵³ ta⁰。
黄冈	他屋里三头猪一下子死了。 tʰa²² u²¹³ li⁰ san²² tʰəu³¹ tʂʅ²² i·²¹³ xa⁴⁴ tʂʅ⁰ sʅ⁵⁵ liau⁰。
红安	他屋里一下儿死了三头猪。 tʰa¹¹ u²¹³ li⁰ i·²² xaʴ³³ sʅ⁵⁵ liau⁰ san¹¹ tʰəu³¹ tʂʅ¹¹。
英山	他屋里一下子死了三头猪。 tʰa³¹ u²¹³ li⁰ i·²¹³ xa³³ tʂʅ⁰ sʅ²⁴ liau⁰ san³¹ tʰəu⁵⁵ tʂʅ³¹。
蕲春	他屋的一下子死了三头猪。/他屋的三头猪一下子死了。 tʰɒ⁴² u²¹ ti⁰ i·⁰ xɒ²¹² tʂʅ⁰ sʅ³⁴ liɑu⁰ san⁴² tʰou³¹ tʂʅ⁴²。/tʰɒ⁴² u²¹ ti⁰ san⁴² tʰou³¹ tʂʅ⁴² i·²¹ xɒ²¹² tʂʅ⁰ sʅ³⁴ liɑu⁰。
武穴	渠屋的一下儿死了三个猪。/渠屋的三个猪一下儿死啰。 xe⁵⁵ u¹³ ti⁰ i·² xaʴ²² sʅ³³ le⁰ san⁵⁵ ko⁰ tʂʅ⁵⁵。/xe⁵⁵ u¹³ ti⁰ san⁵⁵ ko⁰ tʂʅ⁵⁵ i·²² xaʴ²² sʅ³³ lo⁰。

续表

	0019 他家一下子死了三头猪。
黄梅	渠屋的一下死了三头猪。／渠屋的三头猪下死了。 kʰæ⁵⁵ u⁴² ti⁰ i⁴² xa³³ sʅ¹³ liau⁰ san²¹ tʰeu⁵⁵ tɕʅ²¹。／kʰæ⁵⁵ u⁴² ti⁰ san²¹ tʰeu⁵⁵ tɕʅ²¹ xa³³ sʅ¹³ liau⁰。
黄陂	他屋里一下子死了三头猪。 tʰa³³⁴ u²¹⁴ ti⁰ i²¹² xa⁴⁵⁵ tsʅ⁰ sʅ⁴¹ a⁰ san³³⁴ tʰou²¹² tʂʅ³³⁴。
新洲	他屋里一下儿死了三个猪。 tʰa³¹ u²² ɳi⁰ i²¹³ xar³³ sʅ⁵⁵ ɳiao⁰ san³¹ ko⁰ tʂʅ³¹。
孝感	他屋里一家伙死了三头猪。 tʰɑ³³ u²¹³ ni⁰ i²¹³ tɕia³³ xo⁰ sʅ⁵² zau⁰ san³³ tʰəu¹³ tʂʅ³³。
安陆	他的屋里一家伙死了三头猪。 tʰa⁴⁴ ti⁰ u²⁴ ni⁴⁴ i²⁴ tɕia⁴⁴ xo³¹ sʅ⁵¹ au⁰ san⁴⁴ tʰəu³¹ tʂʅ⁴⁴。
广水	他的屋里一伙死了三头猪。 tʰa³¹ ti⁰ u⁵³ li⁵³ i⁵³ xo³⁴ sʅ³⁴ au⁰ san³¹ tʰəu⁵³ tʂʅ³¹。
黄石	他屋里一下子死了三头猪。 tʰɒ³³ u²¹³ li⁰ i²¹³ xɒ³²⁴ tsʅ⁰ sʅ⁵⁵ liau⁰ san³³ tʰou³¹ tɕʅ³³。
大冶	渠屋一下死了三个猪。 kʰe³¹ u²¹³ i²¹³ xɒ²² sʅ⁴⁴ le⁰ sẽ²² ko²⁵ tɕy²²。
阳新	渠屋欸一下时死了三只猪。 kʰɛ²¹³ u²⁵ ɛ⁰ i²⁵ xa²⁵ sʅ²¹³ sʅ³¹ lɛ⁰ sã⁴⁴ tsɒ²⁵ tɕy⁴⁴。
咸宁	伊屋一下崽死了三只猪。 e²¹³ u⁵⁵ i⁵⁵ xɒ³³ tsa⁴² sʅ⁴² nɒ⁴² sɒ̃⁴⁴ tsɒ⁵⁵ tɕy⁴⁴。
通山	渠屋里一刻时死了三只猪。 ki²¹ u⁵⁵ læ³³ i⁵⁵ kʰᴇ⁵⁵ sʅ²¹ sʅ⁴² liɐu⁰ sã²³ tsɔ⁵⁵ tɕy²¹³。

续表

	0019 他家一下子死了三头猪。
通城	伊屋仈一下者死去仈三只猪。／伊屋仈一下者死仈三只猪。 ie⁴² uʔ⁵⁵ de⁰ iʔ⁵⁵ ha⁴² tse⁰ sɿ⁴² dzie²¹⁴ de⁰ san²¹ tsaʔ⁵⁵ tsʮ²¹。／ie⁴² uʔ⁵⁵ de⁰ iʔ⁵⁵ ha⁴² tse⁰ sɿ⁴² de⁰ san²¹ tsaʔ⁵⁵ tsʮ²¹。
崇阳	伊哒屋哒一下子死了三只猪。 i⁵³ dæ⁰ u⁵⁵ dæ⁰ i⁵⁵ ha⁴⁴ tsæ⁰ sɿ⁵³ næ⁰ sæ²² tɑ⁵⁵ təu²²。
嘉鱼	他屋一下死了三只猪。 xɒ⁴⁴ u⁵⁵ i⁵⁵ xɒ²² sɿ³¹ nie³¹ san⁴⁴ tʂa⁵⁵ tɕy⁴⁴。
赤壁	他屋里一下死了三只猪。 nɑ⁴⁴ u⁴⁵ diˑ⁰ iˑ⁴⁵ xa²² sɿ³¹ diɑu⁰ san⁴⁴ tʂa⁴⁵ tsʮ⁴⁴。
监利	他屋头呃一下儿死了三头猪。 tʰa⁴⁴ u⁵⁵ xou⁰ ɤ⁰ iˑ⁰ xa⁴⁴ ɯ⁰ sɿ²¹ m̩⁰ san⁴⁴ tʰou¹³ tsʮ⁴⁴。

	0020 这辆汽车要开到广州去。／这辆汽车要开去广州。
武汉	这个汽车要开到广州去。 tse¹³ ke⁰ tɕʰi²⁵ tsʰe⁵⁵ iao²⁵ kʰai⁴⁵ tao⁰ kuaŋ⁴⁴ tsou⁵⁵ kʰɯ²⁵。
蔡甸	这辆汽车要开到广州去。 tse⁵⁵ ȵiaŋ²¹³ tɕʰi⁵⁵ tsʰe¹⁵ iao⁵⁵ kʰai¹⁵ tao⁰ kuaŋ³³⁴ tsou¹⁵ kʰɯ⁵⁵。
江夏	这个车子要开到广州去。 tsɤ³²⁴ kɤ⁰ tsʰɤ³⁵ tsʅ⁰ iao³²⁴ kʰai³⁵ tao⁰ kuaŋ⁴⁴ tsou³⁵ kʰɤ³²⁴。
汉川	这辆车要开得广州去。 tɕie³³ ȵiaŋ⁴² tsʰe⁵⁵ iɑu³³ kʰai⁵⁵ ti⁰ kuaŋ⁴² tsəu⁵⁵ tɕʰi⁰。
荆州	迩辆车是开啊广州去的。 lie³⁵ lian⁴² tsʰɤ⁵⁵ sʅ³⁵ kʰai⁵⁵ a⁰ kuan⁴² tsəu⁵⁵ kʰɯ³⁵ ti⁰。
仙桃	这辆汽车要开到广州去的。 tsɤ⁵⁵ liaŋ³¹ tɕʰi⁵³ tsʰɤ⁴⁵ iau⁵³ kʰai⁴⁵ tau⁵³ kuaŋ³¹ tsəu⁴⁵ kʰɯ⁵³ ti⁰。
天门	这辆汽车要开去广州去。 tsɤ²⁴ liaŋ³¹ tɕʰi⁵³ tsʰɤ⁴⁵ iau⁵³ kʰai⁴⁵ kʰɯ⁰ kuaŋ³¹ tsəu⁴⁵ kʰɯ⁰。
荆门	这辆汽车要开到广州去。 tʂɛ⁴⁵ ȵiaŋ³³ tɕʰi³³ tsʰɛ⁴⁵ iau³³ kʰai⁴⁵ tau³³ kuaŋ⁵⁵ tsou⁴⁵ kʰɯ⁰。
钟祥	这辆汽车要开到广州去。 tʂə²¹ ȵian²⁴ tɕʰi²¹ tsʰə²⁴ iau²¹ kʰai²¹ tau⁵⁵ kuan⁵³ tsəu⁰ kʰə²¹⁴。
宜昌	迩个车子要开到广州去。 lie³⁵ kɤ³⁵ tsʰɤ⁵⁵ tsʅ⁰ iau³⁵ kʰai⁵⁵ tau³⁵ kuan³³ tsəu⁵⁵ kʰɤ³⁵。
兴山	这辆汽车要开到广州去。 tʂɤ²⁴ ȵian⁵⁵ tɕʰi³² tsʰɤ⁴⁵ iau²⁴ kʰai⁴⁵ tau²⁴ kuaŋ⁵⁵ tsəu⁴⁵ kʰɤ²⁴。
长阳	迩个车要开到广州去。 nie²⁴ kɤ²⁴ tsʰɤ⁴⁵ iau²⁴ kʰai⁴⁵ tau²⁴ kuan³¹ tsəu⁴⁵ kʰɤ²⁴。

续表

	0020 这辆汽车要开到广州去。／这辆汽车要开去广州。
五峰	这辆汽车要开到广州去。 tsɤ⁵⁵ liaŋ³³ tɕʰi³⁵ tsʰɤ⁵⁵ iau³⁵ kʰai⁵⁵ tau⁰ kuaŋ³³ tsəu⁵⁵ kʰɤ³⁵。
宜都	迡个车要开到广州去。 nie³⁵ kɤ⁰ tsʰɤ⁵⁵ iau³⁵ kʰai⁵⁵ tau⁰ kuaŋ³³ tsəu⁵⁵ kʰɤ³⁵。
恩施	这个车子开到广州去的。 tʂɛ³⁵ kɤ⁰ tʂʰɛ⁵⁵ tsɿ⁰ kʰai⁵⁵ tau⁰ kuaŋ⁵¹ tʂəu⁵⁵ tɕʰi³⁵ ti⁰。
咸丰	迡架汽车要开到广州去。 niɛ²⁴ tɕia²¹³ tɕʰi²⁴ tsʰɛ⁵⁵ iau²¹³ kʰai⁵⁵ tau²¹³ kuaŋ³³ tsəu⁵⁵ tɕʰi²¹³。
建始	迡个车子要开啊广州去。 nɛ³⁵ kɤ⁰ tʂʰɛ⁴⁵ tsɿ⁰ iau³⁵ kʰai⁴⁵ a⁰ kuaŋ⁵¹ tʂəu⁴⁵ tɕʰie³⁵。
巴东	迡个车要开啊广州去。 nɛ²⁴ kə⁰ tsʰɤ⁴⁵ iau²⁴ kʰai⁴⁵ a⁰ kuaŋ⁵¹ tsəu⁴⁵ kʰɤ²⁴。
宜城	这个车要开到广州去。 tse⁴¹ ko⁰ tsʰe²⁴ iɔ⁴¹ kʰɛ²² tɔ⁰ kuaŋ⁵⁵ tsəu²⁴ kʰi⁴¹。
保康	这个汽车要开到广州去。 tʂe³¹ kə⁰ tɕʰi³¹ tʂʰe²⁴ iau³¹ kʰai²² tau⁰ kuaŋ⁵⁵ tʂəu²⁴ kʰi³¹²。
神农架	这个车要开到广州去。 tʂɛ³¹ kɤ⁰ tʂʰɛ²⁴ iau³¹ kʰai²⁴ tau³¹ kuaŋ³³ tʂəu²⁴ kʰɯ³¹³。
襄阳	这个车要开到广州去。 tsə³¹ kə⁰ tsʰə²⁴ iau³¹ kʰai²⁴ tau⁰ kuaŋ³⁵ tsəu²⁴ kʰɯ⁰。
随州	这辆汽车要开到广州去。 tɕi²⁴ niaŋ²¹³ tɕʰi⁴² tʂʰa⁴⁴ iau²¹³ kʰai⁴⁴ tau⁰ kuaŋ³⁵ tʂəu⁴⁴ tɕʰy²¹³。

续表

	0020 这辆汽车要开到广州去。／这辆汽车要开去广州。
郧阳	这个车要到广州去。／这个车要开到广州去。 tsɤ³¹ kɤ⁰ tʂʰɤ⁴⁵ iau³¹ tau³¹ kuaŋ⁴³ tsəu⁴⁵ kʰɯ³¹。／tsɤ³¹ kɤ⁰ tʂʰɤ⁴⁵ iau³¹ kʰei⁴⁵ tau³¹ kuaŋ⁴³ tsəu⁴⁵ kʰɯ³¹。
丹江口	这个车要到广州去。／这个车要去广州。 tsɤ³¹ kɤ³¹ tʂʰɤ³⁵ iɔ³¹ tɔ⁰ kuaŋ³³ tsəu³⁵ kʰɯ³¹。／tsɤ³¹ kɤ³¹ tʂʰɤ³⁵ iɔ³⁵ kʰɯ³¹ kuaŋ³³ tsəu³⁵。
房县	这个车要去广州。／这个车要到广州去。 tʂe³¹ kɤ⁰ tʂʰe²⁴ iɔu²⁴ kʰɯ³¹ kuaŋ³³ tsəu²⁴。／tʂe³¹ kɤ⁰ tʂʰe²⁴ iɔu²⁴ tou³¹ kuaŋ³³ tsəu²⁴ kʰɯ³¹。
竹溪	这个车要开到广州去。／这个车要去广州。 tʂɛ³¹ kɤ⁰ tʂʰɛ²⁴ iau³¹ kʰai²² tau⁰ kuaŋ³⁵ tsəu⁰ kʰɛ³¹。／tʂɛ³¹ kɤ⁰ tʂʰɛ²⁴ iau³¹ kʰɛ³¹ kuaŋ³⁵ tsəu⁰。
公安	迯台汽车要开到广州去。 niɛ³⁵ tʰai²⁴ tɕʰi³³ tsʰɤ⁵⁵ iau³³ kʰai⁵⁵ tau³³ kuaŋ²¹ tsəu⁵⁵ kʰɯ³⁵。
鹤峰	这辆汽车要到广州去。 tʂɛ¹² niaŋ⁵³ tɕʰi³⁵ tsʰɛ⁵⁵ iau³⁵ tau⁰ kuaŋ⁵³ tsəu⁵⁵ tʰi³⁵。
黄冈	这台车要到广州去。 tɕie³⁵ tʰai³¹ tsʰe²² iau³⁵ tau³⁵ kuaŋ⁵⁵ tsəu²² tɕʰi³⁵。
红安	迯个车要开到广州去。 le³⁵ ko⁰ tʂʰe¹¹ iau³⁵ kʰai¹¹ tau³⁵ kuaŋ³⁴ tsəu¹¹ tɕʰi³⁵。
英山	这台车要开到广州去。 te³⁵ tʰai⁵⁵ tsʰe³¹ iau³⁵ kʰai³¹ tau⁰ kuaŋ²⁴ tsəu³¹ tɕʰi⁰。
蕲春	这乘汽车要到广州去。／这乘汽车要往广州开。 tʂɛ²⁵ tʂʰən³¹ tɕʰi²⁵ tsʰɛ⁴² iau²⁵ tau²⁵ kuaŋ³⁴ tsou⁴² tɕʰi²⁵。／tʂɛ²⁵ tʂʰən³¹ tɕʰi²⁵ tsʰɛ⁴² iau²⁵ uaŋ³⁴ kuaŋ³⁴ tsou⁴² kʰai⁴²。

续表

	0020 这辆汽车要开到广州去。／这辆汽车要开去广州。
武穴	这个车要开到广州去。 te³⁵ ko⁰ tsʰe⁵⁵ iau³⁵ kʰai⁵⁵ tau³⁵ kuaŋ³³ tseu⁵⁵ tɕʰi³⁵。
黄梅	这个车要到广州去。 tai³⁵ ko⁰ tsʰe²¹ iau³⁵ tau³⁵ kuaŋ¹³ tseu²¹ tɕʰĩ³³。
黄陂	迾个汽车要开得广州去。 lie³⁵ kɤ⁰ tɕʰi³⁵ tsʰe²³ iao³⁵ kʰai³³⁴ te⁰ kuaŋ⁴¹ tsou³³⁴ tʂʰʅ³⁵。
新洲	这个车要开到广州去。／这个车要去广州。 tse³²⁴ ke⁰ tsʰe³¹ iao³²⁴ kʰai³¹ tao⁰ kuaŋ⁵⁵ tsou³¹ tɕʰi²⁴。／tse³²⁴ ke⁰ tsʰe³¹ iao³²⁴ tɕʰi³²⁴ kuaŋ⁵⁵ tsou³¹。
孝感	迾辆汽车要开到广州去。 niɛ³⁵ niaŋ⁵² tɕʰi³⁵ tʂʰe³³ iau³⁵ kʰai³³ tɑu³⁵ kuaŋ⁵² tʂəu³³ tɕʰi³⁵。
安陆	迾乘汽车要开到广州去。 niɛ³⁵ tʂʰən³¹ tɕʰi³⁵ tʂʰɛ⁴⁴ iau³⁵ kʰai⁴⁴ tau³⁵ kuaŋ⁵¹ tʂəu⁴⁴ tɕʰi³⁵。
广水	迾个汽车要开到广州去。 liɛ¹³ ko¹³ tɕʰi¹³ tʂʰɛ³¹ iau¹³ kʰai³¹ tau¹³ kuaŋ³⁴ tʂəu³¹ tɕʰi¹³。
黄石	这部汽车要开到广州去。 tse²⁵ pu³²⁴ tɕʰi²⁵ tsʰe³³ iau²⁵ kʰæ³³ tau²⁵ kuaŋ⁵⁵ tsou³³ tɕʰi²⁵。
大冶	嘚个汽车要开到广州去。 tɐ²⁵ ko²⁵ tɕʰi²⁵ tsʰe³¹ ie²⁵ kʰɐ²² tɔ²⁵ kuɔŋ⁴⁴ tseu²² tɕʰi²⁵。
阳新	这乘汽车要开到广州去。 tɐ²⁵ tsʰan²¹³ tɕʰi⁴⁴ tsʰɛ⁴⁴ iɛ⁴⁴ kʰa⁴⁴ tɔ⁴⁴ kuɔ̃³¹ tsau⁴⁴ tɕʰi⁴⁴。
咸宁	个乘汽车要开得广州去。 kə³¹ tsʰən³¹ tɕʰi²¹³ tsʰɒ⁴⁴ ie²¹³ kʰa⁴⁴ te⁵⁵ kuõ⁴² tsɒu⁴⁴ tɕʰie²¹³。

续表

	0020 这辆汽车要开到广州去。／这辆汽车要开去广州。
通山	个乘车要开到广州去。 ka²³ tsʰɐn²¹ tsʰɛ²³ ioʊ⁴⁵ kʰa²³ tɑu⁴⁵ kuoŋ⁴² tsɛu²³ tɕʰiei⁴⁵。
通城	个张汽车要开得广州去。 ke²⁴ tsoŋ²¹ dʑi²⁴ dza²¹ iau²¹⁴ hai²¹ te³⁵ kuoŋ⁴² tsou²¹ dʑie²¹⁴。
崇阳	个辆车要开到广州去。 ko²⁴ diaŋ⁵³ dɑ²² io²⁴ hæ²² tau⁰ kuaŋ⁵³ təu²² ʑiɛ²¹⁴。
嘉鱼	这个车要开得广州去。 tɒ²⁴ ko²¹³ tʂʰə⁴⁴ ie²¹³ kʰai²¹³ tə⁵⁵ kuoŋ³¹ tʂəu⁴⁴ tɕʰi²¹³。
赤壁	这辆汽车要开到广州去。 tɑ¹³ diou³¹ dʑi²¹³ dzɑ⁴⁴ iɑu²¹³ gai⁴⁴ tɑu⁰ kou³¹ tsou⁴⁴ dʑi⁰。
监利	这辆汽车要开到广州去。 tsɿ³³ niaŋ²¹ tɕʰi²⁵ tsʰɤ⁴⁴ iau²⁵ kʰai⁴⁴ tau³³ kuaŋ²¹ tsou⁴⁴ kʰɯ⁴⁴。

	0021 学生们坐汽车坐了两整天了。
武汉	学生伢们坐汽车坐了两亘天了。 ɕyo²¹ sen⁵⁵ ŋa²¹ men⁰ tso²⁵ tɕʰi²⁵ tsʰe⁵⁵ tso²⁵ a⁰ liaŋ⁴² ken³³ tʰian⁵⁵ liao⁰。
蔡甸	学生们坐了两亘天的汽车。 ɕyo²¹³ sen¹⁵ men⁰ tso⁵⁵ niao⁰ niaŋ³³⁴ ken³³⁴ tʰien¹⁵ ti⁰ tɕʰi⁵⁵ tsʰe¹⁵。
江夏	学生伢坐了两亘天的车。/学生伢坐车坐了两亘天了。 ɕyo³²⁴ sən³⁵ ŋa³¹ tso⁴⁴⁵ niao⁰ niaŋ⁴¹ kən³³ tʰien³⁵ ti⁰ tsʰɤ³⁵。/ɕyo³²⁴ sən³⁵ ŋa³¹ tso⁴⁴⁵ tsʰɤ³⁵ tso⁴⁴⁵ niao⁰ niaŋ⁴¹ kən³³ tʰien³⁵ niao⁰。
汉川	学生伢们的坐汽车坐了两亘天了。 ɕio¹³ sən⁵⁵ ŋa¹³ mən⁰ ti⁰ tso³³ tɕʰi³³ tsʰe⁵⁵ tso³³ niɑu⁰ niɑŋ⁴² kən⁴² tʰiɑn⁵⁵ niɑu⁰。
荆州	学生伢们坐汽车坐啊两亘天哒。 ɕio¹³ sən⁵⁵ a¹³ mən⁰ tsuo³⁵ tɕʰi³⁵ tsʰɤ⁵⁵ tsuo³⁵ a⁰ liaŋ⁴² kən⁴² tʰien⁵⁵ ta⁰。
仙桃	学生伢们坐汽车坐两亘天哒。 ɕyo¹³ sən⁴⁵ a¹³ mən⁰ tsuo⁵³ tɕʰi⁵³ tsʰɤ⁴⁵ tsuo⁵³ liaŋ³¹ kən³¹ tʰiɛn⁴⁵ ta⁰。
天门	学生伢们坐汽车坐啊两亘天哒。 ɕyo²¹³ sən⁴⁵ a²¹³ mən⁰ tso⁵³ tɕʰi⁵³ tsʰɤ⁴⁵ tso⁵³ a⁰ liaŋ³¹ kən³¹ tʰien⁴⁵ ta⁰。
荆门	学生伢们坐汽车坐哒两整天了。 ɕio²⁴ ʂən⁴⁵ a²⁴ mən⁰ tʂuo³³ tɕʰi³³ tʂʰɛ⁴⁵ tʂuo³³ a⁰ niaŋ⁵⁵ tʂən⁵⁵ tʰian⁴⁵ niau⁰。
钟祥	学生伢子们坐啊两天汽车哒。 ɕio³¹ sən⁰ a³¹ ɿ⁰ mən⁰ tʂuo²¹ a⁰ niaŋ⁵³ tʰien²⁴ tɕʰi²¹ tʂʰə²¹ ta²⁴。
宜昌	迾些学生儿们坐车已经坐啊两天哒。 lie³⁵ ɕie⁵⁵ ɕio¹³ sən⁵⁵ ɚ¹³ mən⁰ tsuo³⁵ tsʰɤ⁵⁵ i³³ tɕin⁵⁵ tsuo³⁵ a⁰ liaŋ³³ tʰiɛn⁵⁵ ta⁰。
兴山	学生们坐汽车坐啊两亘天哒。 ɕyo³¹ sən⁴⁵ mən⁰ tsuo²⁴ tɕʰi³² tsʰɤ⁴⁵ tsuo⁴⁵ a⁰ niaŋ⁵⁵ kən⁵⁵ tʰiɛn⁴⁵ ta⁰。
长阳	学生们坐车坐啊两亘天。 ɕyo²² sən⁴⁵ mən⁰ tso²⁴ tsʰɤ⁴⁵ tso²⁴ a⁰ niaŋ³¹ kən²² tʰiɛn⁴⁵。

续表

	0021 学生们坐汽车坐了两整天了。
五峰	学生们坐车坐啊两整天哒。 ɕyo²¹ sən⁵⁵ mən⁰ tsuo³³ tsʰɤ⁵⁵ tsuo³⁵ a⁰ liaŋ³³ tsən³³ tʰiɛn⁵⁵ ta⁰。
宜都	学生坐车坐啊两亘天哒。/学生坐啊两亘天的车。 ɕio¹³ sən⁵⁵ tso³⁵ tsʰɤ⁵⁵ tso³⁵ a⁰ niaŋ³³ kən³³ tʰiɛn⁵⁵ ta⁰。/ɕio¹³ sən⁵⁵ tso³⁵ a⁰ niaŋ³³ kən³³ tʰiɛn⁵⁵ ti⁰ tsʰɤ⁵⁵。
恩施	学生娃儿坐车坐啊两亘天。 ɕio³³ sən³³ uə⁰ tsuo³⁵ tʂʰɛ⁵⁵ tsuo³⁵ a⁰ niaŋ⁵¹ kən⁵¹ tʰiɛn⁵⁵。
咸丰	学生娃儿坐汽车坐了两个亘天。 ɕyo²² sən⁵⁵ uə²² tsuo²⁴ tɕʰi²⁴ tsʰɛ⁵⁵ tsuo²⁴ na⁰ niaŋ³³ ko²¹³ kən⁵⁵ tʰiɛn⁵⁵。
建始	学生娃儿坐车坐啊两亘天哒。 ɕyo²² sən⁴⁵ uə²² tso³⁵ tsʰɛ⁴⁵ tso³⁵ a⁰ nian⁵¹ kən⁵¹ tʰin⁴⁵ ta⁰。
巴东	学生娃儿坐车坐啊两亘天哒。 ɕio²² sən⁴⁵ uə²² tsuo²⁴ tsʰɤ⁴⁵ tsuo²⁴ a⁰ niaŋ⁵¹ kən⁵¹ tʰiɛn⁴⁵ ta⁰。
宜城	学生们坐车就坐了两亘天了。 ɕyo⁵³ sən⁰ mən⁰ tsuo⁴¹ tsʰe²⁴ təu⁰ tsuo⁴¹ nɔ⁰ niaŋ⁵⁵ kən⁵⁵ tʰian²⁴ nɔ⁰。
保康	学生们坐汽车坐了两亘天了。 ɕyo⁵³ sən²² mən⁰ tsuo³¹ tɕʰi³¹ tʂʰe²⁴ tsuo³¹ nau⁰ niaŋ⁵⁵ kən⁵⁵ tʰiɛn²⁴ nau⁰。
神农架	学生娃儿们坐车坐了两亘天。 ɕyo⁵³ ʂən⁰ uər⁵³ mən⁰ tʂuo³¹ tsʰɛ²⁴ tʂuo³¹ na⁰ niaŋ³³ kən³³ tʰian²⁴。
襄阳	学生们坐了两亘天的汽车。 ɕyo⁵³ sən⁰ mən⁰ tsuo³¹ nau⁰ niaŋ³⁵ kən³⁵ tʰian²⁴ ti⁰ tɕʰi³¹ tsʰə²⁴。
随州	学生们坐汽车坐了两整天。 ɕio⁴² sən⁴⁴ mən⁰ tso²¹³ tɕʰi⁴² tʂʰa⁴⁴ tso²¹³ niau⁰ niaŋ³⁵ tsən³⁵ tʰian⁴⁴。

续表

	0021 学生们坐汽车坐了两整天了。
郧阳	学生娃儿们坐车都坐了亘亘儿两天。 ɕyɛ⁵¹ sən⁴⁵ uar⁵¹ mən⁰ tsuo³¹ tsʰɤ⁴⁵ təu⁴⁵ tsuo³¹ lau⁰ kən⁴³ kər⁴³ liaŋ⁴³ tʰian⁴⁵。
丹江口	学生娃儿们坐了亘亘儿两天车。 ɕyɛ⁵¹ sən³⁵ uar⁵¹ mən⁰ tsuo³¹ la⁰ kən³³ kər³³ liaŋ³³ tʰian³⁵ tsʰɤ³⁵。
房县	学娃子坐了两亘天汽车。 ɕyo⁵³ ua⁵³ r̩⁰ tʂuo³¹ nou⁰ niaŋ³³ kən³³ tʰian²⁴ tɕʰi³¹ tʂʰe²⁴。
竹溪	学生娃子亘亘儿坐了两天车。 ɕio⁵³ sən⁰ ua⁵³ tsɿ⁰ kən³⁵ kər⁰ tso³¹ lia⁰ liaŋ³⁵ tʰian²⁴ tʂʰe²⁴。
公安	学生伢坐汽车坐哒两亘天哒。 ɕyo²⁴ sən⁵⁵ a²⁴ tsuo³³ tɕʰi³³ tsʰɤ⁵⁵ tsuo³³ ta²¹ niaŋ²¹ kən²¹ tʰian⁵⁵ ta²¹。
鹤峰	学生娃儿坐车坐了两亘天。 ɕio¹² sən⁵⁵ uɚ⁰ tso¹² tʂʰɛ⁵⁵ tso¹² niau⁰ niaŋ⁵³ kən⁵³ tʰian⁵⁵。
黄冈	学生伢坐了两亘天的车了。 ɕio³¹ sən²² ŋa³¹ tso⁴⁴ liau⁰ liaŋ⁵⁵ kən⁵⁵ tʰien²² ti⁰ tʂʰe²² liau⁰。
红安	学生伢儿坐车坐了两亘天。 ɕio²² sən¹¹ ŋar³¹ tso³³ tʂʰe¹¹ tso³³ liau⁰ liaŋ³⁴ kən³⁴ tʰian¹¹。
英山	学生伢儿坐车坐了两亘天了。 ɕio³³ sən³¹ ŋar⁵⁵ tso³³ tʂʰe³¹ tso³³ liau⁰ liaŋ²⁴ kən²⁴ tʰian³¹ liau⁰。
蕲春	学生伢儿坐车坐了两亘天了。/学生伢儿坐了两亘天的车了。 ɕio²² sən⁴² ŋɒr³¹ tso²² tʂʰɛ⁴² tso²¹² liau⁰ liaŋ³⁴ kən³⁴ tʰian⁴² liau⁰。/ɕio²² sən⁴² ŋɒr³¹ tso²¹² liau⁰ liaŋ³⁴ kən³⁴ tʰian⁴² ti⁰ tsʰɛ⁴² liau⁰。
武穴	学生伢儿坐车坐了两亘天啰。/学生伢儿坐了两亘天车啰。 ɕio²² sən⁵⁵ ŋar³¹ tso²² tsʰe⁵⁵ tso²² le⁰ liaŋ³³ kən³³ tʰiɛn⁵⁵ lo⁰。/ɕio²² sən⁵⁵ ŋar³¹ tso²² le⁰ liaŋ³³ kən³³ tʰiɛn⁵⁵ tsʰe⁵⁵ lo⁰。

续表

	0021 学生们坐汽车坐了两整天了。
黄梅	学生伢啰厮坐了两亘天的汽车。 ɕio³³ sən²¹ ŋa⁵⁵ lo⁰ sɿ⁰ tso³³ liau¹³ liaŋ¹¹ kən¹³ tʰiɛn²¹ ti⁰ tɕʰi³⁵ tsʰe²¹。
黄陂	学生们坐了两亘天的汽车了。/学生们坐汽车坐了两亘天了。 ɕio²¹² sen⁰ men²¹² tso⁴⁵⁵ liao⁰ liaŋ⁴¹ ken⁴¹ tʰian³³⁴ ti⁰ tɕʰi³⁵ tsʰe²³ liao⁰。/ɕio²¹² sen⁰ men²¹² tso⁴⁵⁵ tɕʰi³⁵ tsʰe²³ tso⁴⁵⁵ liao⁰ liaŋ⁴¹ ken⁴¹ tʰian³³⁴ liao⁰。
新洲	学生们坐汽车坐了两亘天。/学生们坐了两亘天的汽车。 ɕio²²⁴ sen⁰ men⁰ tso³³ tɕʰi³²⁴ tsʰe³¹ tso³³ ȵiao⁰ ȵiaŋ⁵⁵ ken⁵⁵ tʰien³¹。/ɕio²²⁴ sen⁰ men⁰ tso³³ ȵiao⁰ ȵiaŋ⁵⁵ ken⁵⁵ tʰien³¹ ti⁰ tɕʰi³²⁴ tsʰe³¹。
孝感	学生们的坐汽车坐了两整天了。 ɕio³¹ sən³³ mən⁰ ti⁰ tso⁵⁵ tɕʰi³⁵ tʂʰe³³ tso⁵⁵ niau⁰ niaŋ⁵² tʂən⁵² tʰin³³ niau⁰。
安陆	学生们坐汽车已经坐了两亘天了。 ɕio³¹ sən⁰ mən³¹ tso⁵⁵ tɕʰi³⁵ tsʰɛ⁴⁴ i⁵¹ tɕin⁴⁴ tso⁵⁵ niau⁰ niaŋ⁵¹ kən⁵¹ tʰiɛn⁴⁴ niau⁰。
广水	学生们坐汽车坐了两亘天。 ɕio⁵³ sən⁰ mən⁵³ tso¹³ tɕʰi¹³ tʂe³¹ tso¹³ liau⁰ liaŋ³⁴ kən³⁴ tiɛn³¹。
黄石	学生伢坐汽车坐了两亘天。 ɕio²¹³ sen³³ ŋɿ³¹ tso³²⁴ tɕʰi²⁵ tsʰe³³ tso³²⁴ liau⁰ liaŋ⁵⁵ ken⁵⁵ tʰian³³。
大冶	学生伢坐汽车坐了两个亘日。 ɕio²² sɛ̃³³ ŋɐu³¹ tsʰo²² tɕʰi²⁵ tsʰe²² tsʰo²² le⁰ lioŋ⁴⁴ ko⁰ kɛ̃⁴⁴ zɿ²¹³。
阳新	学生伢坐汽车坐了两个亘日欸。 ɕio²⁵ san⁴⁴ ŋã²⁵ tsʰo⁴⁴ tɕʰi⁴⁴ tsʰɛ⁴⁴ tsʰo⁴⁴ lɛ⁰ liɔ̃³¹ ko⁰ kan³¹ zɿ²⁵ ɛ⁰。
咸宁	学生伢崽坐汽车坐了整整两天。 ɕiə³³ səŋ⁴⁴ ŋa³¹ tsa⁴² tsʰə³³ tɕʰi²¹³ tsʰɒ⁴⁴ tsʰə³³ nɒ⁴² tsən⁴² tsən⁴² niõ⁴² tʰiɛ̃⁴⁴。
通山	学生坐车坐了两整天了。 ɕioʊ⁵⁵ saŋ²³ tsoʊ³³ tsʰE³³ tsoʊ³³ liɐu⁰ lioŋ⁴² tsɐn⁴² tĩ²¹³ liɛu⁰。

续表

	0021 学生们坐汽车坐了两整天了。
通城	学生崽仂坐汽车坐仂两日亘箇仂。 hoʔ⁵⁵ sɛn²¹ tsai⁴² de⁰ dzo³⁵ dʑi²⁴ dza²¹ dzo³⁵ de⁰ ioŋ⁴² n̠inʔ⁵⁵ kiɛn⁴² ko⁰ de⁰。
崇阳	学生崽坐汽车坐了两整日。 ho⁵⁵ saŋ²² tsæ⁵³ zo⁴⁴ ʑi²⁴ dɑ²² zo⁴⁴ næ⁰ diaŋ⁵³ tən⁵³ n̠in⁵⁵。
嘉鱼	学生伢坐汽车坐了两亘天。 ɕio²⁴ sən⁴⁴ ŋɒ²⁴ tsʰo²² tɕʰi²¹³ tʂʰə⁴⁴ tsʰo²² nie³¹ nioŋ³¹ kɛn²¹³ tʰin⁴⁴。
赤壁	这些学生伢儿坐汽车坐了两亘日。 tɑ²¹³ ɕia⁴⁴ ɕio¹³ sei⁴⁴ ŋɑr¹³ dzo²² dʑi²¹³ dzɑ⁴⁴ dzo²² diɑu³¹ diou³¹ kei³¹ or⁴⁵。
监利	学生伢们呃坐车坐了两亘天的。 ɕio⁵⁵ sən⁴⁴ ŋa¹³ mən⁰ ɤ⁰ tsʰo³³ tsʰɤ⁴⁴ tsʰo³³ m̩⁰ niaŋ²¹ kən²¹ tʰiɛn⁴⁴ ti⁰。

	0022 你尝尝他做的点心再走吧。
武汉	尔[您家]尝下子他做的点心再走。 n̩³³ lia²¹ tsʰaŋ²¹ xa⁰ tsɿ⁰ tʰa⁵⁵ tsou²⁵ ti⁰ tian⁴⁴ ɕin⁵⁵ tsai²⁵ tsou⁴² 。
蔡甸	你尝下子他做的点心再走。/他做了点心的，你尝下子再走。 ȵi³³⁴ saŋ²¹³ xa⁵⁵ tsɿ⁰ tʰa¹⁵ tsou⁵⁵ ti⁰ tien³³⁴ ɕin¹⁵ tsai⁵⁵ tsou³³⁴ 。/tʰa¹⁵ tsou⁵⁵ ȵiao⁰ tien³³⁴ ɕin¹⁵ ti⁰ , ȵi³³⁴ saŋ²¹³ xa⁵⁵ tsɿ⁰ tsai⁵⁵ tsou³³⁴ 。
江夏	你尝下他做的点心再走。 ni⁴¹ saŋ³³ xa³⁵ tʰa³⁵ tso³⁵ ti⁰ tien⁴¹ ɕin⁰ tsai³⁴ tsou⁴⁴ 。
汉川	你尝下子他做的点心再走。 ni⁴² saŋ¹³ xɑ⁰ tsɿ⁰ tʰa⁵⁵ tsəu³³ ti⁰ tiɑn⁴² ɕin⁰ tsai³³ tsəu⁴² 。
荆州	你尝下他做的点心再走。 li⁴² saŋ¹³ xa⁰ tʰa⁵⁵ tsuo³⁵ ti⁰ tien⁴² ɕin⁵⁵ tsai³⁵ tsəu⁴² 。
仙桃	你尝一下他做的点心啊再走。 li³¹ saŋ¹³ i²⁴ xa⁰ tʰa⁴⁵ tsəu⁵³ ti⁰ tien³¹ ɕin⁴⁵ a⁰ tsai⁵³ tsəu³¹ 。
天门	你尝下他做的点心哒再走。 li³¹ saŋ²¹³ xa⁰ tʰa⁴⁵ tsəu⁵³ ti⁰ tien³¹ ɕin⁴⁵ ta⁰ tsai⁵³ tsəu³¹ 。
荆门	你尝下他做的点心再走吧。 ni⁵⁵ ʂaŋ²¹ xa⁴⁵ tʰa⁴⁵ tʂuo³³ ti⁰ tian⁵⁵ ɕin⁴⁵ tʂai³³ tʂou⁵⁵ pa⁰ 。
钟祥	你尝一下子他做的点心再走。 ni⁵³ tʂʰaŋ³¹ i³¹ xa²¹ ɻ̩²⁴ tʰa²⁴ tʂəu²¹⁴ ti⁰ tien⁵³ ɕin⁰ tʂai²¹ tʂəu⁵³ 。
宜昌	你尝下儿他做的迩个点心再走。 li³³ saŋ¹³ xar⁰ tʰa⁵⁵ tsuo³⁵ ti⁰ lie³⁵ kɤ⁰ tien³³ ɕin⁰ tsai³⁵ tsəu³³ 。
兴山	你尝下儿他做的点心再走。 ni⁵⁵ tʂʰaŋ³¹ xar⁰ tʰa⁴⁵ tsəu²⁴ ti⁰ tiɛn⁵⁵ ɕin⁰ tsai²⁴ tsəu⁵⁵ 。
长阳	你尝下儿他做的点心再走。 ni³¹ saŋ²² xar⁰ tʰa⁴⁵ tsəu²⁴ ti⁰ tiɛn³¹ ɕin⁰ tsai²⁴ tsəu³¹ 。

续表

	0022 你尝尝他做的点心再走吧。
五峰	你尝下他做的点心哒再走哟。 li³³ saŋ²¹³ xa⁰ tʰa⁵⁵ tsəu³⁵ ti⁰ tien³³ ɕin⁵⁵ ta⁰ tsai³⁵ tsəu³³ sa⁰。
宜都	你尝下儿他做的点心再走。 ni³³ tsʰaŋ¹³ xar⁰ tʰa⁵⁵ tso³⁵ ti⁰ tien³³ ɕin⁰ tsai³⁵ tsəu³³。
恩施	你试下他做的糕点再走嘛。 ni⁵¹ ʂɻ³⁵ xa⁵¹ tʰa⁵⁵ tsəu³⁵ ti⁰ kau⁵⁵ tien⁵¹ tsai³⁵ tsəu⁵¹ ma⁰。
咸丰	你尝下他做的那个点心再走要得不？ ni⁴² saŋ²² xa⁰ tʰa⁵⁵ tsuo²⁴ ti⁰ na²⁴ ko²¹³ tien³³ ɕin⁵⁵ tsai²⁴ tsəu⁴² iau²⁴ tɛ⁰ pu²²？
建始	你尝下他做的糕点再走嘛。 ni⁵¹ ʂan²² xa⁰ tʰa⁴⁵ tʂu³⁵ ti⁰ kau⁴⁵ tin⁵¹ tsai³⁵ tsəu⁵¹ ma⁰。
巴东	你尝下儿他做的吃货儿再走吧。 ni⁵¹ tsʰaŋ²² xə⁰ tʰa⁴⁵ tsuo²⁴ ti⁰ tsʰɻ²² xuə⁰ tsai²⁴ tsəu⁵¹ pa⁰。
宜城	你尝下儿他做的点心再走。 ni⁵⁵ tsʰaŋ⁵³ xɐr⁰ tʰa²⁴ tsəu⁴¹ ti⁰ tian⁵⁵ ɕin⁰ tsɛ⁴¹ tsəu⁵⁵。
保康	你尝下儿他做的点心再走吧。 ni⁵⁵ tʂʰaŋ⁵³ xar⁵⁵ tʰa²⁴ tsəu³¹ ni⁰ tien⁵⁵ ɕin tsai³¹ tsəu⁵⁵ pa⁰。
神农架	你尝下儿他做的果果儿再走。 ni³³ tʂʰaŋ⁵³ xər⁰ tʰa²⁴ tʂəu³¹ ti⁰ kuo³³ kuər⁰ tsai³¹ tʂəu³³。
襄阳	你尝一下儿他做的点心再走。 ni³⁵ tsʰaŋ⁵³ i⁰ xar³⁵ tʰa²⁴ tsəu³¹ ti⁰ tian³⁵ ɕin⁰ tsai³¹ tsəu³⁵。
随州	你尝下儿他做的点心再走哟。 ni³⁵³ tʂʰaŋ⁴² xar⁰ tʰɔ⁴⁴ tsəu²¹³ ti⁰ tian³⁵³ ɕin⁰ tsai²⁴ tsəu³⁵³ ʂa⁰。
郧阳	你尝下儿他做的果子再走哟。 li⁴³ tsʰaŋ⁵¹ xar³¹ tʰa⁴⁵ tsəu³¹ ti⁰ kuo⁴³ tsɻ⁰ tsɛi³¹ tsəu⁴³ sa³¹。

续表

	0022 你尝尝他做的点心再走吧。
丹江口	你尝下儿他做的果子再走哟。 ni³³ tsʰaŋ⁵¹ xar³¹ tʰa³³ tsəu³¹ ti⁰ kuo³³ tsʅ⁰ tsɛ³¹ tsəu³³ sa⁰。
房县	你尝下儿他做的果果儿再走。 ni³³ tʂʰaŋ⁵³ xər³¹ tʰa²⁴ tʂəu³¹ ti⁰ kuo³³ kuər⁰ tʂai³¹ tʂəu³³。
竹溪	你尝下子他做的点心再走。 nɪ³⁵ ʂaŋ⁵³ xa³¹ tsʅ⁰ tʰa²⁴ tsəu³¹ ti⁰ tian³⁵ ɕin⁰ tsai³¹ tsəu³⁵。
公安	你尝下子他做的糕点再去。 ni²¹ saŋ²⁴ xa²¹ tsʅ⁰ tʰa⁵⁵ tsəu³³ ni⁰ kau⁵⁵ tian²¹ tsai³³ kʰɯ³⁵。
鹤峰	你尝下儿他弄的小饮食再走。 ni⁵³ ʂaŋ¹² xəʴ⁰ tʰa⁵⁵ noŋ³⁵ ti⁰ ɕiau⁵³ in⁵³ ʂʅ⁰ tsai³⁵ tsəu⁵³。
黄冈	你尝下儿他做的点心再走哟。 li⁵⁵ tsʰan³¹ xar⁰ tʰa²² tsəu³⁵ ti⁰ tien⁵⁵ ɕin²² tsai³⁵ tsəu⁵⁵ sa⁰。
红安	尔尝下儿他做的点心再走吧。 n̩⁵⁵ ʂaŋ³¹ xar³³ tʰa¹¹ tsəu³⁵ ti⁰ tian³⁴ ɕin¹¹ tsai³⁵ tsəu⁵⁵ pa⁰。
英山	尔试下儿他做的糕点再走哟。 n̩²⁴ ʂʅ³⁵ xar⁰ tʰa³¹ tsəu³⁵ ti⁰ kau³¹ tian²⁴ tsai³⁵ tsəu²⁴ ʂe⁰。
蕲春	尔尝下儿他做的糕点再走哟。 n̩³⁴ ʂaŋ³¹ xɒr⁰ tʰɒ⁴² tsou²⁵ ti⁰ kɑu⁴² tian³⁴ tsai²⁵ tsou³⁴ ʂe⁰。
武穴	尔尝下儿渠做的糕点再走哇。/尔把渠做的糕点尝下儿再走哇。 n̩³³ saŋ³² xar²² xe⁵⁵ tseu⁵⁵ ti⁰ kau⁵⁵ tiɛn³³ tsai³⁵ tseu³³ ua⁰。/n̩³³ pa³³ xe⁵⁵ tseu³⁵ ti⁰ kau⁵⁵ tiɛn³³ saŋ³¹ xar²² tsai³⁵ tseu³³ ua⁰。
黄梅	尔试下渠做的糕点，吃点再走噻。 n̩¹³ sʅ³⁵ xa⁰ kʰæ⁵⁵ tseu³⁵ ti⁰ kau²¹ tiɛn¹³，tɕʰi³³ tiɛn¹³ tsai³⁵ tseu¹³ sæ⁰。

续表

	0022 你尝尝他做的点心再走吧。
黄陂	尔尝下子他做的点心再走吧。 n̩^{41} saŋ^{212} xa^{455} tsŋ^0 tʰa^{334} tsou^{35} ti^0 tian^{41} ɕin^0 tsai^{35} tsou^{41} pa^0。
新洲	你试下子他做的点心再走吧。 n̠i^{55} sŋ^{324} xa^0 tsŋ^0 tʰa^{31} tsou^{324} ti^0 tien^{55} ɕin^{31} tsai^{324} tsou^{55} pa^0。
孝感	你尝下儿他做的点心再走。 ni^{52} ʂaŋ^{31} xɑɻ^0 tʰɑ^{33} tsəu^{35} ti^0 tin^{52} ɕin^0 tsɑi^{35} tsəu^{52}。
安陆	尔尝下他做的点心再走吧。 n̩^{51} ʂaŋ^{31} xa^{55} tʰa^{44} tsəu^{35} ti^0 tiɛn^{51} ɕin^{31} tsai^{35} tsəu^{51} pa^0。
广水	尔尝下他做的点心再走。 n̩^{34} ʂaŋ^{53} xa^{13} tʰa^{31} tsəu^{13} ti^0 tiɛn^{34} ɕin^{31} tsai^{13} tsəu^{34}。
黄石	你尝下子他做的糕点再走哈。 li^{55} tsʰaŋ^{31} xɒ^{324} tsŋ^0 tʰɒ^{33} tsou^{25} ti^0 kau^{33} tian^{55} tsæ^{25} tsou^{55} xɒ^0。
大冶	尔尝下渠做箇糕点再走哪。 n̩^{44} sɔŋ^{31} xɒ^{22} kʰe^{31} tsɐi^{25} ko^0 kɔ^{22} tin^{44} tsɐ^{25} tse^{44} lɒ^0。
阳新	尔尝下渠做箇糕点再走。 n̩^{31} sɔ̃^{213} xa^{25} kʰɛ^{213} tsau^{44} ko^0 kɔ^{44} tiĩ^{31} tsa^{44} tsɛ^{31}。
咸宁	尔尝一下伊做箇点心再走。 n̩^{42} sɔ̃^{31} i^{55} xɒ^{33} e^{31} tsɒu^{213} kə^{44} tiẽ^{42} ɕiən^{44} tsa^{213} tse^{42}。
通山	尔尝下渠做箇糖食再走咯。 n̩^{42} soŋ^{21} xɔ^{33} ki^{21} tsɑu^{45} ka^{21} toŋ^{21} sŋ^{55} tsa^{45} tsɐu^{42} lou^{33}。
通城	尔试下者伊制箇点心再走嘞。/尔试下者伊制箇点心再走吵。 n̩^{42} sŋ^{214} ha^{35} tse^0 ie^{42} tsŋ^{24} ko^0 tiɛn^{42} ɕin^{21} tsai^{214} tɕiau^{42} de^{35}。/n̩^{42} sŋ^{214} ha^{35} tse^0 ie^{42} tsŋ^{24} ko^0 tiɛn^{42} ɕin^{21} tsai^{24} tɕiau^{42} sa^0。

续表

	0022 你尝尝他做的点心再走吧。
崇阳	尔尝下子伊制箇点心再走。 n̩^{53} saŋ^{21} hɑ^{44} tsæ^{0} i^{53} tsɿ^{24} kɑ^{0} tiɛ^{53} ɕin^{22} tsæ^{24} tɕio^{53}。
嘉鱼	你尝一下他做箇点心再走。 ni^{31} ʂoŋ^{24} i^{55} xɒ^{22} xɒ^{44} tsəu^{213} ko^{44} tin^{31} ɕiən^{44} tsai^{213} tsei^{31}。
赤壁	尔喫点儿他做箇零碎再走算了。 n̩^{31} dʑiɑ^{45} tir^{45} nɑ^{44} tsu^{213} ko^{0} diɑn^{13} ɕi^{0} tsai^{213} tɕiɑu^{31} sei^{213} diɑu^{0}。
监利	你尝一下他做的点心以后再走呐。 ni^{21} tsʰaŋ^{13} i^{55} xa^{0} tʰa^{44} tsou^{33} ti^{0} tiɛn^{21} ɕin^{44} i^{21} xou^{33} tsai^{33} tsou^{21} na^{44}。

	0023a. 你在唱什么？ b. 我没在唱，我放着录音呢。
武汉	a. 你在唱么什啊？ b. 我冇唱，我在放录音在。 a. li³³tai²⁵tsʰaŋ²⁵mo³³sʅ⁰a⁰? b. o³³mao²⁵tsʰaŋ²⁵, o³³tai²⁵faŋ²⁵lou²¹in⁵⁵tai²⁵。
蔡甸	a. 你在唱么什吵？ b. 不是我唱的，在放录音。 a. ȵi³³⁴tsai⁵⁵tsʰaŋ⁵⁵mo³³⁴sʅ⁰sa⁰? b. pu³²⁴sʅ⁵⁵o³³⁴tsʰaŋ⁵⁵ti⁰, tsai⁵⁵faŋ⁵⁵lou³²⁴in¹⁵。
江夏	a. 你在唱么歌啊？ b. 我冇唱歌，我在放录音。 a. ni⁴¹tsai⁴⁴⁵tsʰaŋ³⁴mo⁴⁴ko⁴⁵a⁰? b. ŋo³³⁴mao³²⁴tsʰaŋ³⁴ko⁴⁵, ŋo⁴¹tsai⁴⁴⁵faŋ³⁴nou³³in³⁵。
汉川	a. 你在唱恩˭个啊？ b. 我冇唱，我在放录音。 a. ni⁴²tai³³tsʰaŋ³³n̩³³ko⁰a⁰? b. uo⁴²mau³³tsʰaŋ³³, uo⁴²tai³³faŋ³³nəu¹³in⁵⁵。
荆州	a. 你在唱么子啊？ b. 我没有唱，在放录音。 a. li⁴²tsai³⁵tsʰan³⁵mo⁴²tsʅ⁵⁵a⁰? b. uo⁴²mei⁵⁵iəu⁴²tsʰan³⁵, tsai³⁵fan³⁵lu¹³in⁵⁵。
仙桃	a. 你在唱么家啊？ b. 我没有唱，在放录音。 a. li³¹tsai⁵³tsʰaŋ⁵³mo³¹tɕia⁴⁵a⁰? b. uo³¹mei¹³iəu³¹tsʰaŋ⁵³, tsai⁵³faŋ⁵³ləu²⁴in⁴⁵。
天门	a. 你在唱[什么]的啊？ b. 我没有唱，我在放录音。 a. li³¹tsai⁵³tsʰaŋ⁵³soŋ³¹ti⁰a⁰? b. o³¹mei⁵⁵iəu³¹tsʰaŋ⁵³, o³¹tsai⁵³faŋ⁵³ləu²⁴in⁴⁵。
荆门	a. 你在唱啥子啊？ b. 我没唱，我是在放录音。 a. ni⁵⁵tʂai³³tʂʰaŋ³³ʂa⁵⁵tsʅ⁰a⁰? b. uo⁵⁵mei²⁴tʂʰaŋ³³, uo⁵⁵sʅ³³tsai³³ɸuaŋ³³nu²⁴in⁴⁵。
钟祥	a. 你在唱什么子啊？ b. 我没唱，我在放录音。 a. ni⁵³tsai²¹tʂʰaŋ²¹⁴ʂən⁵³mə⁰f̩⁰a⁰? b. uo⁵³məi³¹tʂʰaŋ²¹⁴, uo⁵³tsai²¹faŋ²¹nu³¹in²⁴。
宜昌	a. 你在唱什么儿啊？ b. 我没有唱啊，在放录音。 a. li³³tsai³⁵tsʰaŋ³⁵sən³⁵mɤɻ⁰a⁰? b. uo³³mei³³iəu³³tsʰaŋ³⁵a⁰, tsai³⁵faŋ³⁵lu¹³in⁵⁵。

续表

	0023 a. 你在唱什么？ b. 我没在唱，我放着录音呢。
兴山	a. 你在唱些啥儿？ b. 我没唱，我在放录音呢。 a. ni⁵⁵ tsai²⁴ tsʰaŋ²⁴ ɕie⁴⁵ ʂar²⁴? b. uo⁵⁵ mei⁵⁵ tsʰaŋ²⁴，uo⁵⁵ tsai²⁴ faŋ²⁴ nu³² in⁴⁵ mɤ⁰。
长阳	a. 你在唱什么儿啊？ b. 我没有唱啊，我在放录音。 a. ni³¹ tsai²⁴ tsʰaŋ²⁴ sən²⁴ mɤr⁰ a⁰? b. o³¹ mei³¹ iəu³¹ tsʰaŋ²⁴ a⁰，o³¹ tsai²⁴ faŋ²⁴ nu²² in⁴⁵。
五峰	a. 你在唱什么子啊？ b. 我没唱，放的录音机。 a. li³³ tsai³⁵ tsʰaŋ³⁵ soŋ³⁵ mɤ⁰ tsɿ⁰ a⁰? b. uo³³ mei⁵⁵ tsʰaŋ³⁵，faŋ³⁵ ti⁰ lu²¹ in⁵⁵ tɕi⁵⁵。
宜都	a. 你在唱蕻⁼儿？ b. 我没有唱，放的录音。 a. ni³³ tsai³⁵ tsʰaŋ³⁵ xoŋ⁰ ɚ¹³? b. o³³ mei³³ iəu³³ tsʰaŋ³⁵，faŋ³⁵ ti⁰ nu¹³ in⁵⁵。
恩施	a. 你在唱么子？ b. 我没唱，我放的录音。 a. ni⁵¹ tsai³⁵ tʂʰaŋ³⁵ mo⁵¹ tsɿ⁰? b. uo⁵¹ mei⁵⁵ tsʰaŋ³⁵，uo⁵¹ xuaŋ³⁵ ti⁰ nu³³ in⁵⁵。
咸丰	a. 你在唱么子？ b. 我没唱，我是在放录音。 a. ni⁴² tsai²¹³ tsʰaŋ²⁴ mo⁴² tsɿ⁰? b. ŋo⁴² mei⁵⁵ tsʰaŋ²¹³，ŋo⁴² sɿ²¹³ tsai²⁴ faŋ²⁴ nu²² in⁵⁵。
建始	a. 你在唱么子吗？ b. 我没唱么子，放的录音。 a. ni⁵¹ tsai³⁵ tʂʰan³⁵ mo⁵¹ tsɿ⁰ ma⁰? b. o⁵¹ mei³⁵ tʂʰan³⁵ mo⁵¹ tsɿ⁰，fan³⁵ ti⁰ nu²² in⁴⁵。
巴东	a. 你在唱什么子？ b. 我没唱，放的录音。 a. ni⁵¹ tsai²⁴ tsʰaŋ²⁴ sən²⁴ mo⁰ tsɿ⁰? b. uo⁵¹ mei⁴⁵ tsʰaŋ²⁴，xuaŋ²⁴ ti⁰ nu²² in⁴⁵。
宜城	a. 你在唱啥儿？ b. 我没唱，我在放录音。 a. ni⁵⁵ tsɛ⁴¹ tsʰaŋ²⁴ ʂAr⁴¹? b. uo⁵⁵ mei⁵⁵ tsʰaŋ⁴¹，uo⁵⁵ tsɛ⁰ faŋ⁴¹ nu⁵⁵ in²⁴。
保康	a. 你在唱啥子？ b. 我没唱，我在放录音呢。 a. ni⁵⁵ tsai²² tʂʰaŋ³¹ ʂa³¹ tsɿ⁰? b. uo⁵⁵ mei²² tsʰaŋ³¹²，uo⁵⁵ tsai²² faŋ³¹ nəu²² in²⁴ ne⁰。

续表

	0023 a. 你在唱什么？ b. 我没在唱，我放着录音呢。
神农架	a. 你在唱啥子？ b. 我没唱，我在放录音。 a. ni³³ tsai³¹ tsʰaŋ³¹³ sa³¹ tsʅ⁰? b. uo³³ mei²⁴ tsʰaŋ³¹, uo³³ tsai³¹ faŋ³¹ nəu⁵³ in²⁴。
襄阳	a. 你在唱啥子儿？ b. 我没唱，我在放录音。 a. ni³⁵ tsai³¹ tsʰaŋ³¹ sa³¹ r̩⁰? b. uo³⁵ mei²⁴ tsʰaŋ³¹, uo³⁵ tsai³¹ faŋ³¹ nəu³⁵ in²⁴。
随州	a. 你在唱嘛？ b. 我没唱啊，我在放录音。 a. ni³⁵³ tsai²¹³ tsʰaŋ²¹³ ma⁰? b. uo³⁵³ mei²⁴ tsʰaŋ²¹³ ŋa⁰, uo³⁵³ tsai²¹³ faŋ²⁴ nəu²⁴ in⁴⁴。
郧阳	a. 你在唱啥子？ b. 我没唱，在放录音。 a. li⁴³ tsɛi³¹ tsʰaŋ⁴⁵ sa³¹ tsʅ⁰? b. uo⁴³ mei⁵¹ tsʰaŋ³¹, tsɛi³¹ faŋ³¹ ləu⁴⁵ in⁴⁵。
丹江口	a. 你在唱啥子？ b. 我没唱，在放录音。 a. ni³³ tsɛ³¹ tsʰaŋ³⁵ xa³¹ tsʅ⁰? b. uo³³ mei³⁵ tsʰaŋ³¹, tsɛ³¹ faŋ³¹ ləu³⁵ in³⁵。
房县	a. 你在唱啥子？ b. 我没唱，我在放录音。/a. 你在唱啥子？ b. 不是我唱的，放的录音。 a. ni³³ tsai³¹ tsʰaŋ²⁴ sa³¹ r⁰? b. uo³³ mei²⁴ tsʰaŋ³¹, uo³³ tsai³¹ faŋ³¹ nəu²⁴ in²⁴。/a. ni³³ tsai³¹ tsʰaŋ²⁴ sa³¹ r⁰? b. pu⁵³ sʅ³¹ uo³³ tsʰaŋ³¹ ti⁰, faŋ³¹ ti⁰ nəu²⁴ in²⁴。
竹溪	a. 你在唱啥子？ b. 我没唱，我在放录音。 a. ȵi³⁵ tsai⁰ tsʰaŋ²⁴ sa³¹ tsʅ⁰? b. ŋo³⁵ mei²⁴ tsʰaŋ³¹, ŋo³⁵ tsai⁰ faŋ³¹ ləu²⁴ in²⁴。
公安	a. 你在唱[什么]个？ b. 我没有唱，我在放录音。 a. ni²¹ tai³³ tsʰaŋ³³ soŋ²¹ kuo³³? b. o²¹ mei⁵⁵ iəu⁰ tsʰaŋ³³, o²¹ tai³³ faŋ³³ nu³⁵ in⁵⁵。
鹤峰	a. 你在唱么得？ b. 我没唱，我放的录音。 a. ni⁵³ tsai³⁵ tsʰaŋ³⁵ mo⁵³ tɛ⁰? b. uo⁵³ mei³⁵ tsʰaŋ³⁵, uo⁵³ xuaŋ³⁵ ti⁰ nəu³⁵ in⁵⁵。
黄冈	a. 你在唱么什啊？ b. 我冇唱，我在放录音。 a. li⁵⁵ tsai⁴⁴ tsʰaŋ³⁵ mo⁵⁵ sʅ⁴⁴ a⁰? b. ŋo⁵⁵ mau⁴⁴ tsʰaŋ³⁵, ŋo⁵⁵ tai⁴⁴ faŋ³⁵ ləu²¹³ in²²。

续表

	0023 a. 你在唱什么？ b. 我没在唱，我放着录音呢。
红安	a. 尔在唱么什？ b. 我冇唱，我在放录音。 a. n̩⁵⁵ tsai³³ tʂʰaŋ³⁵ mo³⁴ sɿ³³？ b. ŋo⁵⁵ mau³³ tʂʰaŋ³⁵，ŋo⁵⁵ tsai³³ faŋ³⁵ ləu²² in¹¹。
英山	a. 尔在唱么什啊？ b. 我冇唱，我在放录音。 a. n̩²⁴ tsai³³ tʂʰaŋ³⁵ mo²⁴ sɿ³³ a⁰？ b. ŋo²⁴ mau³³ tʂʰaŋ³⁵，ŋo²⁴ tsai³³ faŋ³⁵ ləu²² in³¹。
蕲春	a. 尔在唱么什啊？ b. 我冇唱，我放录音在的。/我冇唱啊，我在放录音。 a. n̩³⁴ tsai²¹² tʂʰaŋ²⁵ mo³⁴ sɿ²¹² ɒ⁰？ b. ŋo³⁴ mau²¹² tʂʰaŋ²⁵，ŋo³⁴ faŋ²⁵ lou²¹ in⁴² tsai²¹² ti⁰。/ŋo³⁴ mau²¹² tʂʰaŋ²⁵ ɒ⁰，ŋo³⁴ tsai²¹² faŋ²⁵ lou²¹ in⁴²。
武穴	a. 尔在唱么什？ b. 我冇唱，我放录音起的。 a. n̩³³ tsai²² tsʰaŋ³⁵ mo³³ sɿ²²？ b. ŋo³³ mau²² tsʰaŋ³⁵，ŋo³³ faŋ³⁵ lu²² in⁵⁵ tɕʰi³³ ti⁰。
黄梅	a. 尔在唱么什哩？ b. 我冇唱，我在放录音。 a. n̩¹³ tsai³³ tsʰaŋ³⁵ mo¹³ sɿ³³ li⁰？ b. ŋo¹³ mau³³ tsʰaŋ³⁵，ŋo¹³ tsai³³ faŋ³⁵ leu⁴² in²¹。
黄陂	a. 尔在唱么什啊？ b. 我冇唱么什，我在放录音。 a. n̩⁴¹ tai⁴⁵⁵ tsʰaŋ³⁵ mo⁴¹ sɿ⁰ a⁰？ b. ŋo⁴¹ mao⁴⁵⁵ tsʰaŋ³⁵ mo⁴¹ sɿ⁰，ŋo⁴¹ tai⁴⁵⁵ faŋ³⁵ lou²¹⁴ in³³⁴。
新洲	a. 你在唱么什？ b. 我冇唱，我放录音。 a. n̠ʑi⁵⁵ tsai³²⁴ tsʰaŋ³²⁴ mo⁵⁵ sɿ⁰？ b. ŋo⁵⁵ mao³³ tsʰaŋ³²⁴，ŋo⁵⁵ faŋ³²⁴ nou³²⁴ in³¹。
孝感	a. 你在唱么什？ b. 我冇唱，我在放录音。 a. ni⁵² tai⁵⁵ tʂʰaŋ³⁵ mo⁵² sɿ⁰？ b. ŋo⁵² mau⁵⁵ tʂʰaŋ³⁵，ŋo⁵² tai⁵⁵ faŋ³⁵ nəu²¹³ in³³。
安陆	a. 尔在唱嚜？ b. 我冇唱唉，我在放录音。 a. n̩⁵¹ tai⁵⁵ tʂʰaŋ³⁵ mɛ⁵¹？ b. ŋo⁵¹ mau⁵⁵ tʂʰaŋ³⁵ ŋɛ⁰，ŋo⁵¹ tai⁵⁵ faŋ³⁵ nəu²⁴ in⁴⁴。
广水	a. 尔在唱么家？ b. 我冇唱么家，我在放录音。 a. n̩³⁴ tai¹³ tʂʰaŋ³⁵ mo³⁴ tɕia³¹？ b. ŋo³⁴ mau¹³ tʂʰaŋ¹³ mo³⁴ tɕia³¹，ŋo³⁴ tai¹³ xuaŋ¹³ ləu⁵³ in³¹。

续表

	0023a. 你在唱什么？ b. 我没在唱，我放着录音呢。
黄石	a. 你在唱么什？ b. 我冇唱，放录音在。 a. li⁵⁵ tsæ³²⁴ tsʰaŋ²⁵ mo⁵⁵ sʅ³³？ b. ŋo⁵⁵ mau³²⁴ tsʰaŋ²⁵，faŋ²⁵ lou²¹³ in³³ tsæ⁰。
大冶	a. 尔在唱セ゠唻？ b. 我冇唱，我在放录音。 a. n̩⁴⁴ tsʰɐ²² tsʰɔŋ²⁵ mɐi²² lɐ⁰？ b. ŋo⁴⁴ mɔ²² tsʰɔŋ²⁵，ŋo⁴⁴ tsʰɐ²² fɔŋ²⁵ lɐu²¹³ iɐn²²。
阳新	a. 尔在唱昧゠呀？ b. 我冇唱，我在嘚放录音。 a. n̩³¹ tsʰa⁴⁴ tsʰɔ̃⁴⁴ mai⁴⁴ iɒ⁰？ b. ŋo³¹ mɔ⁴⁴ tsʰɔ̃⁴⁴，ŋo³¹ tsʰa⁴⁴ tɛ²⁵ fɔ̃⁴⁴ lau²⁵ ian⁴⁴。
咸宁	a. 尔在唱么呢？ b. 我冇唱，我放录音在。/a. 尔在唱么呢？ b. 我冇唱，我在放录音在。 a. n̩⁴² tsʰa³³ tsʰɔ̃²¹³ mo⁴² næ⁴⁴？ b. ŋə⁴² mo⁴⁴ tsʰɔ̃²¹³，ŋə⁴² fɔ̃²¹³ nɒu⁵⁵ iən⁴⁴ tsʰa³³。/ a. n̩⁴² tsʰa³³ tsʰɔ̃²¹³ mo⁴² næ⁴⁴？ b. ŋə⁴² mo⁴⁴ tsʰɔ̃²¹³，ŋə⁴² tsʰa³³ fɔ̃²¹³ nɒu⁵⁵ iən⁴⁴ tsʰa³³。
通山	a. 尔在唱么哩？ b. 我冇唱，我放箇是录音。 a. n̩⁴² tsa³³ tsʰoŋ⁴⁵ mou⁴² li³³？ b. ŋou⁴² mau³³ tsʰoŋ⁴⁵，ŋou⁴² foŋ⁴⁵ ka³³ sʅ³³ lɑu⁵⁵ ien²¹³。
通城	a. 尔在唱么仂哦？ b. 我冇唱哦，我在放录音啰。 a. n̩⁴² dzai³⁵ dzoŋ²¹⁴ mo⁴² de⁰ o³⁵？ b. ŋo⁴² mau³⁵ dzoŋ²¹⁴ ŋo³⁵，ŋo⁴² dzai³⁵ fəŋ²¹⁴ nou ʔ⁵⁵ in²¹ no³⁵。
崇阳	a. 尔在唱么哒？ b. 我冇唱，我在放录音。 a. n̩⁵³ zæ⁴⁴ daŋ²⁴ mo⁵³ dæ⁰？ b. ŋo⁵³ mau⁴⁴ daŋ²¹⁴，ŋo⁵³ zæ⁴⁴ faŋ²⁴ nəu⁵⁵ in²²。
嘉鱼	a. 你在唱么达゠？ b. 我冇唱，我在放录音。 a. ni³¹ tsʰai²² tʂʰoŋ²¹³ mo³¹ ta⁵⁵？ b. ŋo³¹ mau²² tsʰoŋ²¹³，ŋo³¹ tsʰai²² foŋ²¹³ nəu⁵⁵ iən⁴⁴。
赤壁	a. 尔在唱么家？ b. 我冇唱，我放箇是录音。 a. n̩³¹ dzai²² dʐou²¹³ mo³¹ tɕia⁰？ b. ŋo³¹ mau²² dʐou²¹³，ŋo³¹ fou²¹³ ko⁰ sʅ²² nu⁴⁵ in⁴⁴。

续表

	0023a. 你在唱什么？ b. 我没在唱，我放着录音呢。
监利	a. 你在唱么家伙啊？ b. 我没有唱，我在放录音哩。 a. ni²¹ tsai³³ tsʰaŋ³³ mo²¹ tɕia⁴⁴ xo⁰ a⁰？ b. ŋo²¹ mei³³ iou²¹ tsʰaŋ³³，ŋo²¹ tsai³³ faŋ³³ nou⁵⁵ in⁴⁴ ti⁰。

语法例句对照

	0024a. 我吃过兔子肉，你吃过没有？ b. 没有，我没吃过。
武汉	a. 我吃过兔子肉，你吃过有啥？ b. 有，我有吃过。 a. o³³tɕʰi²¹³ko⁰tʰou²⁵tsʅ⁰lou²¹³, li³³tɕʰi²¹³ko⁰mao²⁵sa⁰? b. mao²⁵, o³³mao²⁵tɕʰi²¹³ko²⁵。
蔡甸	a. 我吃过了兔子肉的，你吃过了的嘛？ b. [没有]，我[没有]吃过。 a. o³³⁴tɕʰi³²⁴ko⁵⁵ȵiao⁰tʰou⁵⁵tsʅ⁰lou³²⁴ti⁰, ȵi³³⁴tɕʰi³²⁴ko⁵⁵ȵiao⁰ti⁰ma²¹? b. miou³³⁴, o³³⁴miou³³⁴tɕʰi³²⁴ko⁵⁵。
江夏	a. 我吃过兔子肉，你吃过有？ b. 我有吃过。 a. ŋo⁴⁴tɕʰi³³ko⁰tʰou³⁵tsʅ⁰nou¹³, ȵi³³⁴tɕʰi¹³ko³⁵mao³²⁴? b. ŋo⁴¹mao³²⁴tɕʰi³³ko⁰。
汉川	a. 我吃了兔子肉的，你吃有吃过的？ b. 我有有吃过。 a. uo⁴²tɕʰi²⁴ȵiɑu⁰tʰəu³³tsʅ⁰nəu²⁴ti⁰, ȵi⁴²tɕʰi¹³mɑu³³tɕʰi¹³ko⁰ti⁰? b. uo⁴²mɑu³³iəu⁴²tɕʰi¹³ko⁰。
荆州	a. 我吃过兔子肉，你吃过没得啊？ b. 没吃过。 a. uo⁴²tɕʰi¹³kuo⁰tʰu³⁵tsʅ⁰lu¹³, li⁴²tɕʰi¹³kuo⁰mei⁵⁵tɤ⁰a⁰? b. mei⁵⁵tɕʰi¹³kuo⁰。
仙桃	a. 我吃过兔子肉，你吃没吃过的啊？ b. 我没有吃。 a. uo³¹tɕʰi²⁴kuo⁰təu⁵³tsʅ⁰əu²⁴, li³¹tɕʰi²⁴m̩tɕʰi²⁴kuo⁰ti⁰ia⁰? b. uo³¹mei¹³iəu¹tɕʰi²⁴。
天门	a. 我吃过兔子肉，你吃过有？ b. 有有，我有有吃过。 a. o³¹tɕʰi²⁴ko⁰təu⁵³tsʅ⁰əu²⁴, li³¹tɕʰi²⁴ko⁰mau⁵³? b. mau⁵³iəu³¹, o³¹mau⁵³iəu³¹tɕʰi²⁴ko⁰。
荆门	a. 我吃过兔子肉，你吃过没有？ b. 没有吃。 a. uo⁵⁵tɕʰi²⁴kuo⁰tu³³tsʅ⁰ʑou²⁴, ȵi⁵⁵tɕʰi²⁴kuo⁰mei²⁴iou⁵⁵? b. mei²⁴iou⁰tɕʰi²⁴。
钟祥	a. 我吃啊兔子肉的，你吃啊的啵？ b. 没有，我没吃过。 a. uo⁵³tɕʰi³¹a⁰tʰu²¹ɻ̩²⁴ʐəu³¹ti⁰, ȵi⁵³tɕʰi³¹a⁰ti⁰pɔ⁰? b. məi²⁴iəu⁵³, uo⁵³məi²¹tɕʰi³¹kuo²¹。

续表

	0024 a. 我吃过兔子肉，你吃过没有？ b. 没有，我没吃过。
宜昌	a. 我吃过兔子肉，你吃过没有？ b. 我没吃过。 a. uo³³ tɕʰi¹³ kuo³⁵ tʰu³⁵ tsʅ⁰ ʐu¹³，li³³ tɕʰi¹³ kuo³⁵ mei⁵⁵ iəu³³？ b. uo³³ mei⁵⁵ tɕʰi¹³ kuo⁰。
兴山	a. 我吃过兔子肉，你吃过没得啊？ b. 我没吃过。 a. uo⁵⁵ tʂʰʅ³¹ kuo⁰ tʰu²⁴ tsʅ⁰ ʐu³¹，ni⁵⁵ tʂʰʅ³¹ kuo⁰ mei⁴⁵ tɤ⁰ a⁰？ b. uo⁵⁵ mei⁴⁵ tʂʰʅ³¹ kuo⁰。
长阳	a. 我吃过兔子肉，你吃过没有？ b. 我没吃过。 a. o³¹ tɕʰi²² ko²⁴ tʰu²⁴ tsʅ⁰ ʐu²²，ni³¹ tɕʰi²² ko²⁴ mei⁴⁵ iəu³¹？ b. o³¹ mei⁴⁵ tɕʰi²² ko⁰。
五峰	a. 我吃过兔子肉，你吃过不得？ b. 我没吃过。 a. uo³³ tɕʰi²² kuo⁰ tʰu³⁵ tsʅ⁰ əu²¹，li⁵⁵ tɕʰi²² kuo⁰ pu⁰ tɤ⁰？ b. uo³³ mei⁵⁵ tɕʰi²¹³ kuo⁰。
宜都	a. 我吃过兔子肉，你吃过没得？ b. 没有吃过。 a. o³³ tɕʰi¹³ ko³⁵ tʰu³⁵ tsʅ⁰ ʐu¹³，ni³³ tɕʰi¹³ ko³⁵ mei⁵⁵ tɤ⁰？ b. mei⁵⁵ iəu⁰ tɕʰi¹³ ko⁰。
恩施	a. 我吃过兔子肉，你吃过没得？ b. 我没吃过。 a. uo⁵¹ tɕʰi³³ kuo⁰ tʰu³⁵ tsʅ⁰ ʐu³³，ni⁵¹ tɕʰi³³ kuo⁰ mei⁵⁵ tɛ⁰？ b. uo⁵¹ mei⁵⁵ tɕʰi³³ kuo⁰。
咸丰	a. 我逮过兔儿肉的，你逮过没？ b. 没有，我没逮过。 a. ŋo⁴² tai⁴² ko²¹³ tʰu²⁴ ɚ²² ʐu²² ti⁰，ni⁴² tai⁴² ko²¹³ mei⁵⁵？ b. mei⁵⁵ iəu⁴²，ŋo⁴² mei⁵⁵ tai⁴² ko²¹³。
建始	a. 我吃过啊兔子肉的，你吃过啊没得？ b. 我没吃过。 a. o⁵¹ tʂʰʅ²² ko³⁵ a⁰ tʰu³⁵ tsʅ⁰ ʐu²² ti⁰，ni⁵¹ tʂʰʅ²² ko³⁵ a⁰ mei²² tɛ⁰？ b. o⁵¹ mei³⁵ tʂʰʅ²² ko³⁵。
巴东	a. 我吃啊兔子肉的，你吃过没得？ b. 没有，我没吃过。 a. uo⁵¹ tʂʰʅ²² a⁰ tʰu²⁴ tsʅ⁰ ʐu²² ti⁰，ni⁵¹ tʂʰʅ²² kuo²⁴ mei⁴⁵ tɛ⁰？ b. mei²⁴ iəu⁴⁵，uo⁵¹ mei²⁴ tʂʰʅ²² kuo²⁴。

续表

	0024a. 我吃过兔子肉， 你吃过没有？ b. 没有， 我没吃过。
宜城	a. 我吃过兔子儿肉，你吃过没有？b. 没有，我没吃过。 a. uo⁵⁵tsʰʅ⁵³kuo⁰tʰu⁴¹r̩⁰zəu⁴¹，ni⁵⁵tsʰʅ⁵³kuo⁰meɪ²²iəu⁰？b. meɪ²²iəu⁰，uo⁵⁵meɪ²⁴tsʰʅ⁵³kuo⁰。
保康	a. 我吃过兔子肉，你吃过嘛？b. 没有，我没吃过。 a. uo⁵⁵tsʰʅ⁵³kuo⁰tʰəu³¹tsʅ⁰zəu³¹²，ni⁵⁵tsʰʅ⁵³kuo⁰me⁰？b. mei²²iəu⁵⁵，uo⁵⁵mei²²tsʰʅ⁵³kuo⁰。
神农架	a. 我吃过兔子肉的，你吃过没？b. 没，我没吃过。 a. uo³³tsʰʅ⁵³kuo⁰tʰu³¹tsʅ⁰zəu³¹ti⁰，ni³³tsʰʅ⁵³kuo⁰mei²⁴？b. mei²⁴，uo³³mei²⁴tsʰʅ⁵³kuo⁰。
襄阳	a. 我吃过兔子儿肉，你吃过吗？b. 我没吃过。 a. uo³⁵tsʰʅ⁵³kuo⁰tʰu³¹r̩⁰zəu³¹，ni³⁵tsʰʅ⁵³kuo⁰man⁰？b. uo³⁵mei²⁴tsʰʅ⁵³kuo⁰。
随州	a. 我吃过兔子肉，你吃过嘛？b. 没有，我没吃过。 a. uo³⁵³tɕhi⁴²ko⁰tʰəu²¹³tsʅ⁰zəu⁴²，ni³⁵³tɕhi⁴²ko⁰ma⁰？b. mei⁴²iəu²¹³，uo³⁵³mei⁴²tɕhi⁴²ko⁰。
郧阳	a. 我吃过兔子肉，你吃过没？b. 没，没吃过。 a. uo⁴³tsʰʅ⁴⁵kuo⁰tʰəu³¹tsʅ⁰zəu³¹，li⁴³tsʰʅ⁴⁵kuo⁰mei⁵¹？b. mei⁵¹，mei⁵¹tsʰʅ⁴⁵kuo³¹。
丹江口	a. 我吃过兔子肉，你吃过没？b. 没，没吃过。 a. uo³³tsʰʅ³⁵kuo⁰tʰu³¹tsʅ⁰zəu³¹，ni³³tsʰʅ³⁵kuo⁰mei³⁵？b. mei³⁵，mei³⁵tsʰʅ³⁵kuo⁰。
房县	a. 我吃过兔子肉的，你吃过没？b. 没。/a. 兔子肉我吃过的，你吃过没？b. 没。 a. uo³³tsʰʅ³¹kuo⁰tʰəu³¹r̩⁰zəu³¹ti⁰，ni³³tsʰʅ³¹kuo⁰mei²⁴？b. mei²⁴。/a. tʰəu³¹r̩⁰zəu³¹uo³³tsʰʅ³¹kuo⁰ti⁰，ni³³tsʰʅ³¹kuo⁰mei²⁴？b. mei²⁴。

续表

	0024a. 我吃过兔子肉，你吃过没有？ b. 没有，我没吃过。
竹溪	a. 我吃过兔子肉，你吃过没？ b. 没，我没吃过。 a. ŋo³⁵ tʂʰʅ²⁴ ko⁰ tʰəu³¹ tsʅ⁰ zou³¹, n̩i³⁵ tʂʰʅ²⁴ ko⁰ mei²⁴? b. mei²⁴, ŋo³⁵ mei²² tʂʰʅ²⁴ ko⁰。
公安	a. 我吃过兔子肉，你吃过没得？ b. 没有，我没吃过。 a. o²¹ tɕʰi³⁵ kuo³³ tʰu³³ tsʅ⁰ əu³⁵, ni²¹ tɕʰi³⁵ kuo³³ mei⁵⁵ tɤ⁰? b. mei⁵⁵ iəu²⁴, o²¹ mei⁵⁵ tɕʰi³⁵ kuo³³。
鹤峰	a. 我吃过啊兔子肉的，你吃过啊没得？ b. 我没吃过。 a. uo⁵³ tɕʰi¹² kuo⁰ a⁰ tʰəu³⁵ tsʅ⁰ zəu¹² ti⁰, ni⁵³ tɕʰi¹² kuo⁰ a⁰ mɛ³⁵ tɛ⁰? b. uo⁵³ mei³⁵ tɕʰi¹² kuo⁰。
黄冈	a. 我吃过兔儿肉，你吃过冇？ b. 我冇吃过。 a. ŋo⁵⁵ tɕʰi²¹³ ko⁰ tʰəu³⁵ ɛr⁰ zou²¹³, li⁵⁵ tɕʰi²¹³ ko⁰ mau⁴⁴? b. ŋo⁵⁵ mau⁴⁴ tɕʰi²¹³ ko⁰。
红安	a. 我吃过兔子肉，尔吃过冇？ b. 冇，我冇吃过。／a. 我吃过兔子肉，尔吃冇吃过？ b. 冇，我冇吃过。 a. ŋo⁵⁵ tɕʰi²¹³ ko⁰ tʰəu³⁵ tsʅ⁰ zou²¹³, n̩⁵⁵ tɕʰi²¹³ ko⁰ mau³³? b. mau³³, ŋo⁵⁵ mau³³ tɕʰi²¹³ ko⁰。／a. ŋo⁵⁵ tɕʰi²¹³ ko⁰ tʰəu³⁵ tsʅ⁰ zou²¹³, n̩⁵⁵ tɕʰi²² mau³³ tɕʰi²¹³ ko⁰? b. mau³³, ŋo⁵⁵ mau³³ tɕʰi²¹³ ko⁰。
英山	a. 我吃过兔儿肉，尔吃过冇？ b. 我冇吃过。 a. ŋo²⁴ tɕʰi²¹³ ko⁰ tʰəu³⁵ ə⁰ zou²¹³, n̩²⁴ tɕʰi²¹³ ko⁰ mau³³? b. ŋo²⁴ mau³³ tɕʰi²¹³ ko⁰。
蕲春	a. 我吃过兔子肉，尔吃过冇？ b. 我冇吃过。 a. ŋo³⁴ tɕʰi²¹ ko⁰ tʰou²⁵ tsʅ⁰ zou²¹, n̩³⁴ tɕʰi²¹ ko⁰ mau²¹²? b. ŋo³⁴ mɑu²¹² tɕʰi²¹ ko⁰。
武穴	a. 我吃过兔子肉，尔吃过啵？ b. 我冇吃过。 a. ŋo³³ tɕʰi¹³ ko⁰ tʰu³⁵ tsʅ⁰ iu¹³, n̩³³ tɕʰi¹³ ko⁰ po⁰? b. ŋo³³ mau²² tɕʰi¹³ ko⁰。
黄梅	a. 我吃过兔肉，尔吃过唛？ b. 我冇吃过。 a. ŋo¹³ tɕʰi⁴² ko³⁵ tʰeu³⁵ ʮeu⁴², n̩¹³ tɕʰi⁴² ko³⁵ mæ⁰? b. ŋo¹³ mau³³ tɕʰi⁴² ko⁰。

续表

	0024a. 我吃过兔子肉，你吃过没有？ b. 没有，我没吃过。
黄陂	a. 我吃过兔子肉的，尔吃过冇？ b. 冇，我冇吃过。 a. ŋo⁴¹tɕʰi²¹⁴ko⁰tʰou³⁵tsʅ⁰ʐou²¹⁴ti⁰，n̩⁴¹tɕʰi²¹²ko³⁵mao⁴⁵⁵？ b. mao⁴⁵⁵，ŋo⁴¹mao⁴⁵⁵tɕʰi²¹²ko³⁵。
新洲	a. 我吃过兔子肉，你吃过冇？ b. 冇啊。 a. ŋo⁵⁵tɕʰi²¹³ko⁰tʰou³²⁴tsʅ⁰ʐʯou²¹³，ni⁵⁵tɕʰi²¹³ko⁰mao³³？ b. mao³³a⁰。
孝感	a. 我吃过兔子肉的，你吃过了冇？ b. 我冇吃过。 a. ŋo⁵²tɕʰi²¹³ko⁰tʰəu³⁵tsʅ⁰ʐəu²¹³ti⁰，ni⁵²tɕʰi²¹³ko⁰niɑu⁰mɑu⁵⁵？ b. ŋo⁵²mɑu⁵⁵tɕʰi²¹³ko⁰。
安陆	a. 我吃了兔子肉的，尔吃了冇？ b. 冇，我冇吃过。 a. ŋo⁵¹tɕʰi²⁴iau⁰tʰəu³⁵tsʅ⁰ʐəu²⁴ti⁰，n̩⁵¹tɕʰi²⁴iau⁰mau⁵⁵？ b. mau⁵⁵，ŋo⁵¹mau⁵⁵tɕʰi²⁴ko³⁵。
广水	a. 我吃了兔子肉，尔吃了冇？ b. 冇，我冇吃。 a. ŋo³⁴tɕʰi⁵³iau⁰tʰəu¹³tsʅ⁰ʐəu⁵³，n̩³⁴tɕʰi⁵³iau⁰mau¹³？ b. mau¹³，ŋo³⁴mau¹³tɕʰi⁵³。
黄石	a. 我吃过兔子肉，你吃过冇？ b. 冇。 a. ŋo⁵⁵tɕʰi²¹³ko⁰tʰou²⁵tsʅ⁰ʐou²¹³，li⁵⁵tɕʰi²¹³ko⁰mau³²⁴？ b. mau³²⁴。
大冶	a. 我喫过兔子肉，尔喫过冇唻？ b. 冇，我冇喫过。 a. ŋo⁴⁴tɕʰiɒ²¹³ku²⁵tʰɐu²⁵tsʅ⁰ʐɐu²¹³，n̩⁴⁴tɕʰiɒ²¹³ku²⁵mɔ²²lɐ⁰？ b. mɔ²²，ŋo⁴⁴mɔ²²tɕʰiɒ²¹³ku²⁵。
阳新	a. 我喫过兔子肉，尔喫过冇？ b. 冇，我冇喫过。 a. ŋo³¹tɕʰiɒ²⁵ko⁴⁴tʰau⁴⁴tsʅ⁰ʐau²⁵，n̩³¹tɕʰiɒ²⁵ko⁴⁴mɔ⁴⁴？ b. mɔ⁴⁴，ŋo³¹mɔ⁴⁴tɕʰiɒ²⁵ko⁴⁴。
咸宁	a. 我喫过兔肉，尔喫冇喫过？ b. 冇，我冇喫过。 a. ŋə⁴²tɕʰiɒ⁵⁵kuə²¹³tʰɒu²¹³ʐɒu⁵⁵，n̩⁴²tɕʰiɒ⁵⁵mo⁴⁴tɕʰiɒ⁵⁵kuə²¹³？ b. mo⁴⁴，ŋə⁴²mo⁴⁴tɕʰiɒ⁵⁵kuə²¹³。

续表

	0024 a. 我吃过兔子肉，你吃过没有？ b. 没有，我没吃过。
通山	a. 我喫过兔肉，尔喫过冇咧？ b. 冇，我冇喫过。 a. ŋoʊ⁴² tɕʰiɔ⁵⁵ koʊ⁴⁵ tʰɛu⁴⁵ zɛu³³，n̩⁴² tɕʰiɔ⁵⁵ koʊ⁴⁵ mɑu³³ lɛ⁰？ b. mɑu³³，ŋoʊ⁴² mɑu³³ tɕʰiɔ⁵⁵ koʊ⁴⁵。
通城	a. 我喫过兔嘞肉，尔喫过莫仂？ b. 冇，我冇喫过。 a. ŋo⁴² dʑiaʔ⁵⁵ kuo³⁵ dou²⁴ de⁰ n̪iou？⁵⁵，n̩⁴² dʑiaʔ⁵⁵ kuo³⁵ mo³⁵ de³⁵？ b. mau³⁵，ŋo⁴² mau³⁵ dʑiaʔ⁵⁵ kuo³⁵。
崇阳	a. 我喫过兔子肉，尔喫过冇？ b. 我冇。 a. ŋo⁵³ ʑia⁵⁵ ko⁰ dəu²⁴ tsæ⁰ n̪iəu⁵⁵，n̩⁵³ ʑia⁵⁵ ko⁰ mau⁴⁴？ b. ŋo⁵³ mau⁴⁴。
嘉鱼	a. 我吃过兔子肉，你吃冇吃过？ b. 冇，我冇吃过。 a. ŋo³¹ tɕʰie⁵⁵ ko²¹³ tʰəu²¹³ tsʅ³¹ zəu⁵⁵，ni³¹ tɕʰie⁵⁵ mau²² tɕʰie⁵⁵ ko²¹³？ b. mau²²，ŋo³¹ mau²² tɕʰie⁵⁵ ko²¹³。
赤壁	a. 我喫过兔子肉，尔喫过吗？ b. 冇，我冇喫过。 a. ŋo³¹ dʑia⁴⁵ ko⁰ du²¹³ tə⁰ zou⁴⁵，n̩³¹ dʑia⁴⁵ ko⁰ ma⁰？ b. mau²²，ŋo³¹ mau²² dʑia⁴⁵ ko⁰。
监利	a. 我吃过兔子肉了的，你吃过没有啊？ b. 没有，我冇吃过。 a. ŋo²¹ tɕʰi⁵⁵ ko⁰ xou²⁵ tsʅ⁰ ou⁵⁵ ɤ⁰ ti⁰，ni²¹ tɕʰi⁵⁵ ko⁰ mei³³ iou²¹ a⁰？ b. mei³³ iou²¹，ŋo²¹ mau³³ tɕʰi⁵⁵ ko⁰。

	0025 我洗过澡了，今天不打篮球了。
武汉	我洗了澡的，今天不打篮球了。 o³³ɕi³³liao⁰tsao⁴²ti⁰，tɕin⁴⁴tʰian⁵⁵pu²¹³ta⁴²lan²¹tɕʰiou²¹³liao⁰。
蔡甸	还打个么篮球吵，我澡都洗了。 xai²¹³ta³³⁴ko⁰mo³³⁴lan²¹³tɕʰiou²¹³sa⁰，o³³⁴tsao³³⁴tou¹⁵ɕi³³⁴ɲiao⁰。
江夏	我洗过了澡，今朝不打篮球了。 ŋo⁴¹ɕi⁴⁴ko⁰niao⁰tsao⁴¹，tɕin³⁵tso³⁵pu³³ta⁴⁴nan³³tɕʰiou³¹niao⁰。
汉川	我洗了澡的，今天不打篮球了。 uo⁴²ɕi⁴²niɑu⁰tsɑu⁴²ti⁰，tɕin⁵⁵tʰian⁵⁵pu²⁴tɑ⁴²nɑn¹³tɕʰiəu¹³niɑu⁰。
荆州	我澡都洗哒，今日不打球哒。 uo⁴²tsau⁴²təu⁵⁵ɕi⁴²ta⁰，tɕi⁵⁵ɯ¹³pu¹³ta⁴²tɕʰiəu¹³ta⁰。
仙桃	我洗澡哒，今日不打球哒。 uo³¹ɕi³¹tsau³¹ta⁰，tɕi⁴⁵ɯ⁰pu²⁴ta³¹tɕʰiəu¹³ta⁰。
天门	我洗澡了，今昝不打篮球哒咧。 o³¹ɕi³¹tsau³¹liau⁰，tsən⁴⁵tsa²¹³pu²⁴ta³¹lan²¹³tɕʰiəu²¹³ta⁰lie⁰。
荆门	我抹过澡了，我今天不打篮球了。 uo⁵⁵ma²⁴kuo⁰tʂau⁵⁵niau⁰，uo⁵⁵tɕin⁴⁵tʰian⁴⁵pu²⁴ta⁵⁵nan²⁴tɕʰiou²⁴niau⁰。
钟祥	我已经洗哒，今天不打球哒。 uo⁵³i⁵³tɕin²⁴ɕi⁵³ta⁰，tɕin²¹tʰien⁵⁵pu³¹ta⁵³tɕʰiəu³¹ta⁰。
宜昌	我已经洗啊澡哒，今儿不去打篮球哒。 uo³³i³³tɕin⁵⁵ɕi³³a⁰tsau³³ta⁰，tsər⁵⁵pu¹³kʰɤ³⁵ta³³lan¹³tɕʰiəu¹³ta⁰。
兴山	我洗过澡哒，今天不打篮球哒。 uo⁵⁵ɕi⁵⁵kuo²⁴tsau⁵⁵ta⁰，tɕin⁴⁵tʰiɛn⁴⁵pu³¹ta⁵⁵nan⁴⁵tɕʰiəu³¹ta⁰。
长阳	我洗过澡哒，今儿不打篮球哒。 o³¹ɕi³¹ko²⁴tsau³¹ta⁰，tsər⁴⁵pu²²ta³¹nan²²tɕʰiəu²²ta⁰。

续表

	0025 我洗过澡了，今天不打篮球了。
五峰	我洗啊澡哒，今儿不打篮球哒。 uo³³ ɕi³³ a⁰ tsau³³ ta⁰，tɕiər⁵⁵ pu²¹³ ta³³ lan²¹ tɕʰiəu²¹³ ta⁰。
宜都	我洗啊澡哒，今儿不打篮球哒。 o³³ ɕi³³ a⁰ tsau³³ ta⁰，tɕiər⁵⁵ pu¹³ ta³³ nan¹³ tɕʰiəu¹³ ta⁰。
恩施	我洗澡哒，今天不打篮球哒。 uo⁵¹ ɕi⁵¹ tsau⁵¹ ta⁰，tɕin⁵⁵ tʰiɛn⁵⁵ pu³³ ta⁵¹ nan³³ tɕʰiəu³³ ta⁰。
咸丰	我澡都洗哒，今天不打篮球哒。 ŋo⁴² tsau⁴² təu⁵⁵ ɕi³³ ta⁰，tɕin⁵⁵ tʰiɛn⁵⁵ pu²² ta⁴² nan²² tɕʰiəu²² ta⁰。
建始	我洗啊澡哒，今天不去打篮球哒。 o⁵¹ ɕi⁵¹ a⁰ tsau⁵¹ ta⁰，tɕin⁴⁵ tʰin⁴⁵ pu²² kʰɛ³⁵ ta⁵¹ nan²² tɕʰiəu²² ta⁰。
巴东	我洗啊汗哒，那时候儿不打篮球哒。 uo⁵¹ ɕi⁵¹ a⁰ xan²⁴ ta⁰，na²⁴ ʂʅ²² xə⁰ pu²² ta⁵¹ nan²² tɕʰiəu²² ta⁰。
宜城	我洗澡了，今儿的我不打篮球了。 uo⁵⁵ ɕi⁵⁵ tsɔ⁵⁵ nɔ⁰，tɕiər²² ni⁰ uo⁵⁵ pu⁵³ ta⁵⁵ nan⁵³ tɕʰiəu⁵³ nɔ⁰。
保康	我洗过澡了，今儿不打篮球了。 uo⁵⁵ ɕi⁵⁵ kuo⁰ tsau⁵⁵ nau⁰，tɕiər²⁴ pu⁵³ ta⁵⁵ nan⁵³ tɕʰiəu⁵³ nau⁰。
神农架	我洗罢澡了，今儿不打篮球了。 uo³³ ɕi³³ pa³¹ tʂau³³ na⁰，tɕiər²⁴ pu⁵³ ta³³ nan⁵³ tɕʰiəu⁵³ na⁰。
襄阳	我抹澡了，今儿的打不成篮球了。 uo³⁵ ma⁵³ tsau³⁵ nau⁰，tɕiər²⁴ ni⁰ ta³⁵ pu⁰ tsʰən⁵³ nan⁵³ tɕʰiəu⁵³ nau⁰。
随州	我洗了澡的，今昼不打篮球了。 uo³⁵³ ɕi³⁵³ niau⁰ tsau³⁵³ ti⁰，tɕin⁴⁴ tʂəu⁴⁴ pu⁴² tɔ³⁵³ nan⁴² tɕʰiəu⁴² niau⁰。
郧阳	我洗罢澡了，今儿的不打篮球了。 uo⁴³ ɕi⁴³ pa³¹ tsau⁴³ lau⁰，tɕiər⁴⁵ ti⁰ pu⁴⁵ ta⁴³ lan⁴⁵ tɕʰiəu⁵¹ lau⁰。

续表

	0025 我洗过澡了，今天不打篮球了。
丹江口	我洗了澡了，今儿不打篮球了。 uo³³ ɕi³³ la⁰ tsɔ³³ la⁰, tɕiər³⁵ pu⁵¹ ta³³ lan³⁵ tɕʰiəu⁵¹ la⁰。
房县	我洗澡了，今儿的不打篮球了。 uo³³ ɕi³³ tʂɔu³³ nɔu⁰, tɕiər²⁴ ti⁰ pu⁵³ ta³³ nan²⁴ tɕʰuei⁵³ nɔu⁰。
竹溪	我洗澡了的，今天不打篮球。 ŋo³⁵ ɕi³⁵ tsau³⁵ lia⁰ ti⁰, tɕin²² tʰian⁰ pu⁵³ ta³⁵ lan⁵³ tɕʰiəu⁵³。
公安	我洗哒澡哒，今儿不打篮球哒。 o²¹ ɕi²¹ ta²¹ tsau²¹ ta²¹, tɕi⁵⁵ ɯ²⁴ pu³⁵ ta²¹ nan²⁴ tɕʰiəu²⁴ ta²¹。
鹤峰	我已经洗过澡哒，今天不打篮球哒。 uo⁵³ i⁵³ tɕin⁵⁵ ɕi⁵³ kuo⁰ tsau⁵³ ta⁰, tɕin⁵⁵ tʰian⁵⁵ pu³⁵ ta⁵³ nan¹² tɕʰiəu¹² ta⁰。
黄冈	我洗了澡，今昼儿不打篮球了。 ŋo⁵⁵ ɕi⁵⁵ liau⁰ tsau⁵⁵, tsən²² tsar²² pu²¹³ ta⁵⁵ lan³¹ tɕʰiəu³¹ liau⁰。
红安	我抹了汗了，今昼儿我不打篮球了。 ŋo⁵⁵ ma²¹³ liau⁰ xan³³ liau⁰, tʂən¹¹ tʂər³³ ŋo⁵⁵ pu²² ta⁵⁵ lan³¹ tɕʰiəu³¹ liau⁰。
英山	我洗了澡，今昼不打篮球了。 ŋo²⁴ ɕi²⁴ liau⁰ tsau²⁴, tɕin³¹ təu⁰ pu²¹³ ta²⁴ lan⁵⁵ tɕʰiəu⁵⁵ liau⁰。
蕲春	我洗了澡，今昼儿不打篮球了。 ŋo³⁴ ɕi³⁴ liɑu⁰ tsɑu³⁴, tʂən⁴² tər²⁵ pu²¹ tɒ³⁴ lan³² tɕʰiou³¹ liɑu⁰。
武穴	我洗了澡啰，今昼不打篮球啰。 ŋo³³ si³³ le⁰ tsau³³ lo⁰, tɕin⁵⁵ te⁰ pu²² ta³³ lan²² tɕʰiu³¹ lo⁰。
黄梅	我洗澡了，今昼不打篮球。 ŋo¹³ ɕi¹¹ tsau¹³ liau⁰, tsən²¹ tseu³⁵ pu⁴² ta¹³ lan⁵⁵ tɕʰieu⁵⁵。
黄陂	我洗了澡，今朝不打篮球了。 ŋo⁴¹ ɕi⁴¹ a⁰ tsao⁴¹, tsen³³⁴ tsao⁰ pu²¹⁴ ta⁴¹ lan²¹² tɕʰiou²¹² a⁰。

续表

	0025 我洗过澡了，今天不打篮球了。
新洲	正朝不打篮球，我洗了澡。 tsen³¹ tsao⁰ pu²¹³ ta⁵⁵ nan²²⁴ tɕʰiou²², ŋo⁵⁵ ɕi⁵⁵ ȵiao⁰ tsao⁵⁵。
孝感	我洗了澡的，今朝儿不打篮球。 ŋo⁵² ɕi⁵² iɑu⁰ tsɑu⁵² ti⁰, tɕin³³ nor⁰ pu²¹³ ta⁵² nɑn³¹ tɕʰiəu²²。
安陆	我已经洗了澡了，今朝不打篮球了。 ŋo⁵¹ i⁵¹ tɕin⁴⁴ ɕi⁵¹ iɑu⁰ tsɑu⁵¹ uɑu⁰, tɕin⁴⁴ tʂo³¹ pu²⁴ ta⁵¹ nɑn³¹ tɕʰiəu³¹ uɑu⁰。
广水	我洗了澡，今朝不打篮球。 ŋo³⁴ ɕi³⁴ iɑu⁰ tsəu³⁴, tɕin³¹ tʂo⁵³ pu⁵³ ta³⁴ lau⁵³ tɕʰiəu⁵³。
黄石	我洗了澡，今儿不打篮球了。 ŋo⁵⁵ ɕi⁵⁵ liau⁰ tsau⁵⁵, tɕier³³ pu²¹³ tɒ⁵⁵ lan³¹ tɕʰiou³¹ liau⁰。
大冶	我洗了澡，今日不打球了。 ŋo⁴⁴ sɐi⁴⁴ le⁰ tsɔ⁴⁴, tɕiɐn²² zɿ²¹³ pu²¹³ tɒ⁴⁴ tɕʰiɐu³¹ le⁰。
阳新	我洗澡了，今日不打篮球了。 ŋo³¹ sai³¹ tsɔ³¹ lɛ⁰, tɕian⁴⁴ zɿ²⁵ pu²⁵ tɒ³¹ lã²¹³ tɕʰiau²¹³ lɛ⁰。
咸宁	我洗了澡了，今日不打篮球了。 ŋo⁴² sæ⁴² nɒ⁴² tsɔ⁴² nɒ⁴², tɕiən⁴⁴ zɿ⁵⁵ pu⁵⁵ tɒ⁴² nɒ̃³¹ tɕʰiɒu³¹ nɒ⁴²。
通山	我洗了澡，今日不打篮球了。 ŋoʊ⁴² sæ⁴² liɛu⁰ tsɑu⁴², tɕien²³ zɿ⁵⁵ pa⁵⁵ tɔ⁴² lã²¹ tɕiou²¹ liɛu⁰。
通城	我洗仈澡仈，今日不打篮球仈。 ŋo⁴² ɕi⁴² de⁰ tsau⁴² de⁰, tɕin²¹ ȵin⁵⁵ pənʔ⁵⁵ ta⁴² nan³³ dʑiou³³ de⁰。
崇阳	我洗了澡，今日不打篮球了。 ŋo⁵³ ɕi⁵³ næ⁰ tsau⁵³, tɕin²² ȵin⁵⁵ pæ⁵⁵ ta⁵³ næ²¹ ziəu²¹ næ⁰。
嘉鱼	我洗了澡，今日不打篮球了。 ŋo³¹ ɕi³¹ nie³¹ tsau³¹, tɕiən⁴⁴ zɿ⁵⁵ pu⁵⁵ tɒ³¹ nan²⁴ tɕʰiɐu²⁴ nie³¹。

续表

	0025 我洗过澡了，今天不打篮球了。
赤壁	我洗了汗，今儿不打篮球了。 ŋo³¹ ɕi³¹ diɑu⁰ xei²², tɕin⁴⁴ ŋar⁰ pu⁴⁵ tɑ³¹ nɑn¹³ dʑiu⁰ diɑu⁰。
监利	我洗哒澡的，今儿就不打球哒。 ŋo²¹ ɕi²¹ tɑ⁰ tsau²¹ ti⁰, tɕi⁴⁴ ɯ⁰ tɕiou³³ pu⁵⁵ tɑ²¹ tɕʰiou¹³ tɑ⁰。

	0026 我算得太快算错了， 让我重新算一遍。
武汉	我算得蛮快算错了，尽我重算一遍。 o³³ san²⁵ te⁰ man²¹³ kʰuai²⁵ suan²⁵ tsʰo²⁵ liao⁰， tɕin⁴² o³³ tsʰoŋ²¹³ san²⁵ i²¹ pian²⁵。
蔡甸	我太算快了，算错了，让我再算一遍。 o³³⁴ tʰai⁵⁵ san⁵⁵ kʰuai⁵⁵ n̠iao⁰， san⁵⁵ tsʰo³²⁴ n̠iao⁰， laŋ⁵⁵ o³³⁴ tsai san⁵⁵ i³²⁴ pien⁵⁵。
江夏	我算得太快了，算错了，重来一遍。 ŋo⁴¹ san⁴⁴ tɤ⁰ tʰai³⁴ kʰuai³²⁴ niao⁰， san⁴⁴ tsʰo³²⁴ niao⁰， tsʰoŋ³³ nai³³ i³⁴ pien³³。
汉川	我算快了，算错了，我要重新算一遍。 uo⁴² san³³ kʰuai³³ niɑu⁰， san³³ tsʰo³³ niɑu⁰， uo⁴² iɑu³³ tsʰoŋ¹³ ɕin⁵⁵ san³³ i¹³ pian³³。
荆州	我算得太快算错哒，尽我重算一遍。 uo⁴² suan³⁵ ti⁰ tʰai³⁵ kʰuai³⁵ suan³⁵ tsʰuo³⁵ ta⁰， tɕin⁴² uo⁴² tsʰoŋ¹³ suan³⁵ i¹³ pien³⁵。
仙桃	我算得太快哒，算错哒，尽我重算一遍。 uo³¹ san³⁵ ti⁰ tʰai⁵³ kʰuai⁵³ ta⁰， san⁵³ tsʰuo²⁴ ta⁰， tɕin³¹ uo³¹ tsʰoŋ¹³ san⁵³ i²⁴ piɛn⁵³。
天门	我算得太快了算错了，尽我重算一遍。 o³¹ san⁵³ ti⁰ tʰai⁵³ kʰuai⁵³ liau⁰ san⁵³ tsʰo²⁴ liau⁰， tɕin³¹ o³¹ tsʰoŋ²¹³ san⁵³ i²⁴ pien⁵³。
荆门	我算的太快算错了，让我重新再算一遍。 uo⁵⁵ suan³³ ti⁰ tʰai³³ kʰuai³³ ʂuan³³ tʂʰuo³³ niau⁰， zaŋ³³ uo⁵⁵ tsʰoŋ²⁴ ɕin⁴⁵ tsai³³ ʂuan³³ i⁰ pian³³。
钟祥	我算得太快哒，搞错哒，我再算一遍吧。 uo⁵³ ʂuan²¹ ti⁰ tʰai²⁴ kʰuai²¹⁴ ta⁰， kau⁵³ tʂʰuo²¹⁴ ta⁰， uo⁵³ tsai²¹⁴ ʂuan²⁴ i³¹ pien³¹ pa⁰。
宜昌	我算的太快哒，就算错哒，让我重新算一遍。 uo³³ suan³⁵ ti⁰ tʰai³⁵ kʰuai³⁵ ta⁰， tɕiəu³⁵ suan³⁵ tsʰuo³⁵ ta⁰， zaŋ³⁵ uo³³ tsʰoŋ¹³ ɕin⁵⁵ suan³⁵ i¹³ pien³⁵。
兴山	我算得太快算错哒，让我重新再算一遍。 uo⁵⁵ suan²⁴ tɤ⁰ tʰai²⁴ kʰuai²⁴ suan²⁴ tsʰuo²⁴ ta⁰， zaŋ²⁴ uo⁵⁵ tsʰoŋ³¹ ɕin¹¹ tsai²⁴ suan²⁴ i³¹ piɛn²⁴。

续表

	0026 我算得太快算错了，让我重新算一遍。
长阳	我算得太快哒，算错哒，我重新再算一遍。 o³¹ suan²⁴ ti⁰ tʰai²⁴ kʰuai²⁴ ta⁰，suan²⁴ tsʰo²⁴ ta⁰，o³¹ tsʰoŋ²² ɕin⁴⁵ tsai²⁴ suan²⁴ i²² piɛn²⁴。
五峰	我算哒太快哒，算错哒，让我重新再算一遍。 uo³³ suan³⁵ ta⁰ tʰai³³ kʰuai³⁵ ta⁰，suan³³ tsʰuo³⁵ ta⁰，aŋ³⁵ uo³³ tsʰoŋ²¹ ɕin⁵⁵ tsai³³ suan³⁵ i²¹ piɛn³⁵。
宜都	我算得太快哒，算错哒，让我重新再算一下。 o³³ suan³⁵ ti⁰ tʰai³⁵ kʰuai³⁵ ta⁰，suan³⁵ tsʰo³⁵ ta⁰，zaɲ³⁵ o³³ tsʰoŋ¹³ ɕin⁵⁵ tsai³⁵ suan³⁵ i¹³ xa⁰。
恩施	我算快哒，算错哒，我再来算一遍。 uo⁵¹ suan³⁵ kʰuai³⁵ ta⁰，suan³⁵ tsʰuo³⁵ ta⁰，uo⁵¹ tsai³⁵ nai³³ suan³⁵ i⁰ piɛn³⁵。
咸丰	我算得快了点哒算错哒，让我还单定算一遍。 ŋo⁴² suan²⁴ tɛ⁰ kʰuai²⁴ na⁰ tiɛn⁴² ta⁰ suan²⁴ tsʰuo²⁴ ta⁰，zaŋ²⁴ ŋo⁴² xai²² tan⁵⁵ tin²¹³ suan²⁴ i²² piɛn²¹³。
建始	我算快很哒算错哒，重来一遍。 o⁵¹ suan³⁵ kʰuai³⁵ xən⁵¹ ta⁰ suan³⁵ tsʰo³⁵ ta⁰，tsʰuŋ²² nai²² i²² pin³⁵。
巴东	我算快很哒算错哒，让我再算一遍。 uo⁵¹ suan²⁴ kʰuai²⁴ xən⁵¹ ta⁰ suan²⁴ tsʰuo²⁴ ta⁰，zaɲ²⁴ uo⁵¹ tsai²⁴ suan²⁴ i²² piɛn²⁴。
宜城	我算得太快算错了，我再重新算一遍。 uo⁵⁵ san⁴¹ ni⁰ tʰɛ²⁴ kʰuɛ⁴¹ san²⁴ tsʰuo⁴¹ nɔ⁰，uo⁵⁵ tsɛ⁴¹ tsʰuəŋ⁵³ ɕin²⁴ san⁴¹ i⁰ pian⁴¹。
保康	我算得太快算错了，我再算一遍。 uo⁵⁵ san³¹ ni⁰ tʰai³¹ kʰuai³¹² san³¹ tsʰuo³¹² nau⁰，uo⁵⁵ tsai³¹ san³¹ i⁰ piɛn³¹²。
神农架	我算快了，算错了，叫我再算一遍。 uo³³ ʂan³¹³ kʰuai³¹ na⁰，ʂan³¹³ tʂʰuo³¹ na⁰，tɕiau³¹ uo³³ tsai³¹ ʂan³¹ i⁵³ pian³¹³。

	0026 我算得太快算错了，让我重新算一遍。
襄阳	我算得太快算错了，我再算一遍。 uo³⁵ san³¹ ti⁰ tʰai²⁴ kʰuai³¹ san²⁴ tsʰuo³¹ nau⁰，uo³⁵ tsai³¹ san³¹ i⁰ pian³¹。
随州	我算得太快算错了，尽我重新算一遍儿。 uo³⁵³ san²¹³ ta⁰ tʰai²¹³ kʰuai²¹³ san²⁴ tsʰo²¹³ niau⁰，tɕin³⁵³ uo³⁵³ tsoŋ⁴² ɕin⁴⁴ san²¹³ i⁴⁴ piɐr²¹³。
郧阳	我算快了，算错了，等我再算一遍。 uo⁴³ san⁴⁵ kʰuɛi³¹ lau⁰，san⁴⁵ tsʰuo³¹ lau⁰，tən⁴³ uo⁴³ tsɛi⁴⁵ san³¹ i⁵¹ pian³¹。
丹江口	我算得太快，算错了，尽我再算一遍。 uo³³ san³¹ ti⁰ tʰɛ³⁵ kʰuɛ³¹，san³⁵ tsʰuo³¹ la⁰，tɕin³³ uo³³ tsɛ³⁵ san³¹ i⁵¹ pian³¹。
房县	我算快了，算错了，我再算一遍。 uo³³ ʂan²⁴ kʰuai³¹ nɔu⁰，ʂan²⁴ tʂʰuo³¹ nɔu⁰，uo³³ tʂai³¹ ʂan³¹ i²⁴ pian³¹。
竹溪	我算得太快了，算错了，尽我再算一下子。 ŋo³⁵ san³¹ ti⁰ tʰai²⁴ kʰuai³¹ lia⁰，san²⁴ tsʰo³¹ lia⁰，tɕin³⁵ ŋo³⁵ tsai³¹ san³¹ i⁰ xa³¹ tsʅ⁰。
公安	我算得太快算错哒，尽我重新算一遍。 o²¹ suan³³ tɤ⁰ tʰai³³ kʰuai³³ suan³³ tsʰuo³³ ta²¹，tɕin²¹ o²¹ tsʰoŋ²⁴ ɕin⁵⁵ suan³³ i³⁵ pian³³。
鹤峰	我算得太快，算错哒，重新算一遍。 uo⁵³ san³⁵ tɛ⁰ tʰai³⁵ kʰuai³⁵，san³⁵ tsʰo³⁵ ta⁰，tsʰoŋ³⁵ ɕin⁵⁵ san³⁵ i¹² pian³⁵。
黄冈	我算得太快了，算错了，再算一遍。 ŋo⁵⁵ san³⁵ te⁰ tʰai³⁵ kʰuai³⁵ liau⁰，san³⁵ tsʰo³⁵ liau⁰，tsai³⁵ san³¹ i³¹ pien³⁵。
红安	我算得太快了，算错了，我重算一遍吧。 ŋo⁵⁵ san³⁵ te⁰ tʰai³⁵ kʰuai³⁵ liau⁰，san³⁵ tsʰo³⁵ liau⁰，ŋo⁵⁵ tsʰoŋ³¹ san³⁵ i²² pian³⁵ pa⁰。

续表

	0026 我算得太快算错了，让我重新算一遍。
英山	我算得太快算错了，让我再算遍。 ŋo²⁴san³⁵te⁰tʰai³⁵kʰuai³⁵san³⁵tsʰo³⁵liau⁰, zuaŋ³³ŋo²⁴tsai³⁵san³⁵pian³⁵。
蕲春	我算快很了，算错了，再算一遍。 ŋo³⁴san²⁵kʰuai²⁵xən³⁴liɑu⁰, san²⁵tsʰo²⁵liɑu⁰, tsai²⁵san²⁵i²¹pian²⁵。
武穴	我算得太快啰，算错啰，再算一遍。 ŋo³³son³⁵te⁰tʰai³⁵kʰuai³⁵lo⁰, son³⁵tsʰo³⁵lo⁰, tsai³⁵son³⁵i²²piɛn³⁵。
黄梅	我算得太快了，错了，我再算一下。 ŋo¹³son³⁵tæ⁰tʰai³⁵kʰuai³⁵liau⁰, tsʰo³⁵liau⁰, ŋo¹³tsai³⁵son³⁵i⁴²xa³³。
黄陂	我算得太快了，算错了，让我重里再算一遍。/我算得太快了，算错了，尽我重里再算一遍。 ŋo⁴¹san³⁵tɤ⁰tʰai³⁵kʰuai³⁵iao⁰, san³⁵tsʰo³⁵liao⁰, zuaŋ⁴⁵⁵ŋo⁴¹tsʰoŋ²¹²li⁰tsai³⁵san³⁵i²¹²pian³⁵。/ŋo⁴¹san³⁵tɤ⁰tʰai³⁵kʰuai³⁵iao⁰, san³⁵tsʰo³⁵liao⁰, tɕin⁴¹ŋo⁴¹tsʰoŋ²¹²li⁰tsai³⁵san³⁵i²¹²pian³⁵。
新洲	我算得太快算错了，重新算一下儿。 ŋo⁵⁵san³²⁴te⁰tʰai³²⁴kʰuai³²⁴san³²⁴tsʰo³²⁴ɲiao⁰, tsʰoŋ²²⁴ɕin³¹san³²⁴i²¹³xar³³。
孝感	我算得太快算错了，我重算一遍。 ŋo⁵²san³⁵tɛ⁰tʰai³⁵kʰuai³⁵san³⁵tsʰo³⁵niau⁰, ŋo⁵²tsʰoŋ³¹san³⁵i²¹³pin³⁵。
安陆	我算得太快算错了，尽我再算一遍。 ŋo⁵¹san³⁵te⁰tʰai³⁵kʰuai³⁵san³⁵tsʰo³⁵niau⁰, tɕin⁵⁵ŋo⁵¹tsai³⁵san³⁵i²⁴piɛn³⁵。
广水	我算的太快算错了，尽我再算一遍。 ŋo³⁴san¹³ti⁰tʰai¹³kʰuai¹³san¹³tsʰo¹³liau⁰, tɕin¹³ŋo³⁴tsai¹³san¹³i⁵³piɛn¹³。
黄石	我算得太快算错了，再算下子。 ŋo⁵⁵san²⁵tæ²¹³tʰæ²⁵kʰuæ²⁵san²⁵tsʰo²⁵liau⁰, tsæ²⁵san²⁵xɒ³²⁴tsɿ⁰。

续表

	0026 我算得太快算错了，让我重新算一遍。
大冶	我算得太快算错了，尽我再算下。 ŋo⁴⁴ sẽ²⁵ tɐ⁰ tʰɐ²⁵ kʰuɐ²⁵ sẽ²⁵ tsʰo²⁵ le⁰，tɕin⁴⁴ ŋo⁴⁴ tsɐ²⁵ sẽ²⁵ xɒ⁰。
阳新	我算得太快算错了，把我再算一到。 ŋo³¹ sõ⁴⁴ tɛ²⁵ tʰa⁴⁴ kʰua⁴⁴ sõ⁴⁴ tsʰo⁴⁴ lɛ⁰，pɒ²⁵ ŋo³¹ tsa⁴⁴ sõ⁴⁴ i²⁵ tɔ⁴⁴。
咸宁	我算得太快算错了，等我再算一遍。 ŋə⁴² sõ²¹³ tɛ⁵⁵ tʰa²¹³ kʰua²¹³ sõ²¹³ tsʰə²¹³ nɒ⁴²，tiẽ⁴² ŋə⁴² tsa²¹³ sõ²¹³ i⁵⁵ pʰiẽ²¹³。
通山	我算得太快了，算错了，等我再算一回。 ŋou⁴² sœ⁴⁵ tɛ⁵⁵ tʰa⁴⁵ kʰua⁴⁵ liɛu⁰，sœ⁴⁵ tsʰou⁴⁵ liɛu⁰，tẽ⁴² ŋou⁴² tsa⁴⁵ sœ⁴⁵ i⁵⁵ xuæ²¹。
通城	我算得太快算错仂，让我再算过一遍。/我算得太快算错仂，让我算过一遍仂。 ŋo⁴² son²⁴ te³⁵ dai²⁴ huai²¹⁴ son²⁴ dzo²¹⁴ de⁰，ȵioŋ³⁵ ŋo⁴² tsai²¹⁴ son²⁴ kuo³⁵ iʔ⁵⁵ piɛn²¹⁴。/ŋo⁴² son²⁴ te³⁵ dai²¹⁴ huai²¹⁴ son²⁴ dzo²¹⁴ de⁰，ȵioŋ³⁵ ŋo⁴² son²⁴ kuo³⁵ iʔ⁵⁵ piɛn²¹⁴ ne³⁵。
崇阳	我算得太快了，算错了，尽我再算一遍。 ŋo⁵³ sə²⁴ tə⁰ dæ²⁴ uæ²⁴ næ⁰，sə²⁴ zo²⁴ næ⁰，tɕin⁵³ ŋo⁵³ tsæ²⁴ sə²⁴ i⁵⁵ piɛ²¹⁴。
嘉鱼	我算得太快算错了，等我再算一遍。 ŋo³¹ sɛn²¹³ tə⁵⁵ tʰai²¹³ kʰuai²¹³ sɛn²¹³ tsʰo²¹³ nie³¹，tɛn³¹ ŋo³¹ tsai²¹³ sɛn²¹³ i⁵⁵ pin²¹³。
赤壁	我算快了，把它算错了，尽我再算一遍。 ŋo³¹ sei²¹³ guai²¹³ diɑu⁰，pa³¹ na⁴⁴ sei²¹³ dzo²¹³ diɑu⁰，tɕin³¹ ŋo³¹ tsai²¹³ sei²¹³ i⁴⁵ piei²¹³。
监利	我算的太快，算错哒，等我再重算一下。 ŋo²¹ sɛn³³ ti⁰ tʰai³³ kʰuai²⁵，sɛn³³ tsʰo²⁵ ta⁰，tən²¹ ŋo²¹ tsai³³ tsʰoŋ¹³ sɛn³³ i⁵⁵ xa⁰。

	0027 他一高兴就唱起歌来了。
武汉	他一得乐就唱起来了。 tʰa⁵⁵ i²¹ te³³ lo⁰ tɕiou²⁵ tsʰaŋ²⁵ tɕʰi⁰ lai²¹ liao⁰。
蔡甸	他一高兴就唱歌起来了。 tʰa¹⁵ i³²⁴ kao¹⁵ ɕin⁵⁵ tsou⁵⁵ tsʰaŋ⁵⁵ ko¹⁵ tɕʰi³³ lai⁰ ȵiao⁰。
江夏	他一高兴就唱起歌来了。 tʰa³⁵ i³⁴ kao³⁵ ɕin³⁵ tɕiou³²⁴ tsʰaŋ³⁴ tɕʰi⁴⁴ ko⁴⁵ nai⁰ niao⁰。
汉川	他一高兴就唱起歌来了。 tʰɑ⁵⁵ i²⁴ kau⁵⁵ ɕin³³ tɕiəu³³ tsʰaŋ³³ tɕʰi⁰ ko⁵⁵ nai⁰ niɑu⁰。
荆州	他一乐就唱起歌来哒。 tʰa⁵⁵ i¹³ lɤ³⁵ tɕiəu³⁵ tsʰan³⁵ tɕʰi⁰ kuo⁵⁵ lai¹³ ta⁰。
仙桃	他一高兴就唱起歌来哒。 tʰa⁴⁵ i²⁴ kau⁴⁵ ɕin⁵³ tɕiəu⁵³ tsʰaŋ⁵³ tɕʰi⁰ kuo⁴⁵ lai¹³ ta⁰。
天门	他一爽快就唱起歌来哒去哒。 tʰa⁴⁵ i²⁴ ɕyaŋ³¹ kʰuai⁵³ tɕiəu⁵³ tsʰaŋ⁵³ tɕʰi⁰ ko⁴⁵ lai²¹³ ta⁰ kʰɯ⁵³ ta⁰。
荆门	他一高兴就唱起歌来了。 tʰa⁴⁵ i⁰ kau⁴⁵ ɕin³³ tɕiou³³ tʂʰaŋ³³ tɕʰi⁰ kuo⁴⁵ nai²⁴ niau⁰。
钟祥	他一高兴就唱歌哒。 tʰa²⁴ i³¹ kau²⁴ ɕin²¹ tɕiəu²¹ tʂʰaŋ²⁴ kuo²¹ ta⁵⁵。
宜昌	他一高兴就唱起歌儿来哒。 tʰa⁵⁵ i¹³ kau⁵⁵ ɕin³⁵ tɕiəu³³ tsʰaŋ³⁵ tɕʰi⁰ kuor⁵⁵ lai¹³ ta⁰。
兴山	他一喜欢就唱起歌儿来哒。 tʰa⁴⁵ i³¹ ɕi⁴⁵ xuan⁴⁵ tɕiəu²⁴ tʂʰaŋ²⁴ tɕʰi⁰ kuor⁴⁵ nai³¹ ta⁰。
长阳	他一欢起就唱起歌儿来哒。 tʰa⁴⁵ i²² xuan⁴⁵ tɕʰi³¹ tɕiəu³¹ tsʰaŋ²⁴ tɕʰi⁰ kor⁴⁵ nai²² ta⁰。

续表

	0027 他一高兴就唱起歌来了。
五峰	他一高兴就唱起歌来哒。 tʰa⁵⁵ i²¹³ kau⁵⁵ ɕin³⁵ tɕiəu³³ tsʰaŋ³⁵ tɕʰi³³ kuo⁵⁵ lai²¹ ta⁰。
宜都	他一高兴就唱起歌儿来哒。 tʰa⁵⁵ i¹³ kau⁵⁵ ɕin³⁵ tɕiəu³³ tsʰaŋ³⁵ tɕʰi³³ kor⁵⁵ nai¹³ ta⁰。
恩施	他一欢喜就唱起歌儿来哒。 tʰa⁵⁵ i⁰ xuan⁵⁵ ɕi⁰ tɕiəu³⁵ tʂʰaŋ³⁵ tɕʰi⁵¹ kuɚ⁵⁵ nai³³ ta⁰。
咸丰	他一欢喜就唱起歌来哒。 tʰa⁵⁵ i²² xuai⁵⁵ ɕi⁴² tɕiəu²¹³ tsʰaŋ²⁴ tɕi⁴² ko⁵⁵ nai²² ta⁰。
建始	他一欢喜就唱起歌儿来哒。 tʰa⁴⁵ i²² xuan⁴⁵ ɕi⁰ tɕiəu³⁵ tʂʰan³⁵ tɕʰi⁵¹ kuɚ⁴⁵ nai²² ta⁰。
巴东	他一欢喜就唱起歌来哒。 tʰa⁴⁵ i²² xuan⁴⁵ ɕi⁰ tɕiəu²⁴ tsʰaŋ²⁴ tɕʰi⁵¹ kuo⁴⁵ nai²² ta⁰。
宜城	他一高兴就唱起歌儿来了。 tʰa²⁴ i⁵³ kɔ²⁴ ɕin⁴¹ təu⁰ tsʰaŋ⁴¹ tɕʰi⁰ kɤr²⁴ nɛ⁵³ nɔ⁰。
保康	他一高兴就唱起歌儿来了。 tʰa²⁴ i⁵³ kau²² ɕin³¹² təu³¹ tsʰaŋ³¹ tɕʰi⁵⁵ kər²⁴ nai⁰ nau⁰。
神农架	他一喜欢就唱起歌来了。 tʰa²² i⁵³ ɕi³³ xuan⁰ təu³¹ tʂʰaŋ³¹ tɕʰi⁰ kuo²² nai⁵³ na⁰。
襄阳	他一高兴就唱歌儿。 tʰa²⁴ i⁵³ kau²⁴ ɕin³¹ təu³¹ tsʰaŋ³¹ kɤr²⁴。
随州	他一来快儿就唱起歌儿来了。 tʰɔ⁴⁴ i⁴⁴ nai⁴² kʰuɐr²¹³ tsəu²¹³ tʂʰaŋ²¹³ tɕʰi⁰ kor⁴⁴ nai⁴² niau⁰。
郧阳	他高兴了就架势唱起来了。 tʰa⁴⁵ kau⁴⁵ ɕin⁵¹ lau⁰ təu³¹ tɕia³¹ sɿ³¹ tsʰaŋ³¹ tɕʰi⁴³ lɛi⁵¹ lau⁰。

续表

	0027 他一高兴就唱起歌来了。
丹江口	他一高兴就唱起来了。 tʰa³³ i⁵¹ kɔ³⁵ ɕin³¹ təu³⁵ tsʰaŋ³¹ tɕʰi³³ lɛ⁵¹ la⁰。
房县	他一高兴了就唱起歌儿来了。 tʰa²⁴ i⁵³ kɔu²⁴ ɕin³¹ nɔu⁰ təu³¹ tsʰaŋ³¹ tɕʰi⁰ kər²⁴ nai⁵³ nɔu⁰。
竹溪	他一喜欢就唱歌儿。 tʰa²² i⁰ ɕi³⁵ fan⁰ təu³¹ tʂʰaŋ³¹ kər²⁴。
公安	他一快活就唱起歌去哒。 tʰa⁵⁵ i³⁵ kʰuai³³ xuo²⁴ tɕiəu³³ tsʰaŋ³³ tɕʰi²¹ kuo⁵⁵ kʰɯ³⁵ ta²¹。
鹤峰	他一高兴就唱起歌儿来哒。 tʰa⁵⁵ i¹² kau⁵⁵ ɕin⁰ tɕiəu³⁵ tsʰaŋ³⁵ tɕʰi⁵³ kuɚ⁵⁵ nai¹² ta⁰。
黄冈	他一幸起来就唱起歌儿来。 tʰa²² i²¹³ ɕin⁴⁴ tɕʰi⁵⁵ lai⁰ tsəu⁴⁴ tsʰaŋ³⁵ tɕʰi⁵⁵ kor²² lai⁰。
红安	他一高兴就唱起歌儿了。 tʰa¹¹ i²² kau¹¹ ɕin³⁵ tɕiəu³³ tsʰaŋ³⁵ tɕʰi⁵⁵ kor¹¹ liau⁰。
英山	他一润倒就唱起歌儿来了。 tʰa³¹ i²¹³ ʐu̯ən³⁵ tau⁰ tɕiəu³³ tsʰaŋ³⁵ tɕʰi⁰ ko³¹ ɚ⁰ lai⁰ liau⁰。
蕲春	他一润就架式唱歌儿。 tʰɒ⁴² i²¹ ɣu̯ən²⁵ tɕiou²¹² kɒ²⁵ ʂʅ²⁵ tsʰɑŋ²⁵ ko⁴² ɚ⁰。
武穴	渠一高兴就唱起歌儿来啰。 xe⁵⁵ i²² kau⁵⁵ ɕin³⁵ tɕiu²² tsʰaŋ³⁵ tɕʰi³³ kor⁵⁵ lai³¹ lo⁰。
黄梅	渠一高兴就唱起来。 kʰæ⁵⁵ i⁴² kau²¹ ɕin³⁵ tɕieu³³ tsʰaŋ³⁵ tɕʰi¹³ lai⁵⁵。
黄陂	他一欢喜就唱起来了。 tʰa³³⁴ i²¹⁴ xuan³³⁴ ɕi⁴¹ tsou⁴⁵⁵ tsʰaŋ³⁵ tɕʰi⁴¹ lai⁰ a⁰。

续表

	0027 他一高兴就唱起歌来了。
新洲	他一高兴就唱歌。 tʰa³¹ i²¹³ kao³¹ ɕin³²⁴ tɕiou³³ tsʰaŋ³²⁴ ko³¹。
孝感	他一高兴就唱起歌儿来了。 tʰɑ³³ i²¹³ kɑu³³ ɕin³⁵ tsəu⁰ tʂʰɑŋ³⁵ tɕʰi⁰ ko³³ nɑi³¹ iɑu⁰。
安陆	他一高兴就唱起歌来了。 tʰa⁴⁴ i²⁴ kau⁴⁴ ɕin³⁵ tɕiəu⁵⁵ tʂʰaŋ³⁵ tɕʰi⁵¹ ko⁴⁴ nai³¹ iau⁰。
广水	他一高兴就唱歌。 tʰa³¹ i⁵³ kau³¹ ɕin¹³ tɕiəu¹³ tʂʰaŋ¹³ ko³¹。
黄石	他一喜不过就呀起来了。 tʰɒ³³ i²¹³ ɕi⁵⁵ pu⁰ ko²⁵ tɕiou³²⁴ ŋɒ³³ tɕʰi⁵⁵ læ³¹ liau⁰。
大冶	渠一喜就唱起歌来了。 kʰe³¹ i²¹³ ɕi⁴⁴ tɕʰiu⁴⁴ tsʰɔŋ²⁵ tɕʰi⁴⁴ ko²² lɐ³¹ le⁰。
阳新	渠一欢喜就唱起歌来了。 kʰɛ²¹³ i²⁵ xuõ⁴⁴ ɕi³¹ tsʰiu⁴⁴ tsʰɔ̃⁴⁴ tɕʰi³¹ ko⁴⁴ la²¹³ lɛ⁰。
咸宁	伊一喜就唱起歌来了。 e³¹ i⁵⁵ ɕi⁴² tɕʰiɒu³³ tsʰɔ̃²¹³ tɕʰi⁴² kə⁴⁴ na³¹ nɒ⁴²。
通山	渠一高兴就唱起歌来了。 ki²¹ i⁵⁵ kau²³ ɕien⁴⁵ tɕiou³³ tsʰoŋ⁴⁵ tɕʰi⁴² kou²³ la²¹ liɛu⁰。
通城	伊一高兴就唱起歌来仂。 ie⁴² iʔ⁵⁵ kau²¹ ɕin²¹⁴ dʑiou³⁵ dzoŋ²⁴ dʑi⁴² ko²¹ nai³³ de⁰。
崇阳	伊一高兴就唱起歌来了。 i⁵³ i⁵⁵ kau²² ɕin²¹⁴ ʑiəu⁴⁴ daŋ²⁴ ʑi⁵³ ko²² næ²¹ næ⁰。
嘉鱼	他一高兴就唱起歌来了。 xɒ⁴⁴ i⁵⁵ kau⁴⁴ ɕiən²¹³ tɕʰiəu²² tsʰoŋ²¹³ tɕʰi³¹ ko⁴⁴ nai²⁴ nie³¹。

续表

	0027 他一高兴就唱起歌来了。
赤壁	他一高兴就唱歌儿。 nɑ^{44} i^{45} kɑu^{44} ɕin^0 dʑiu^{22} dʐou^{213} ko^{44} or^0。
监利	他一兴奋呢就唱起歌来哒。 tʰa^{44} i^{55} ɕin^{25} fən^{33} nɤ^0 tɕiou^{33} tsʰaŋ^{33} tɕʰi^{21} ko^{44} nai^{13} ta^0。

	0028 谁刚才议论我老师来着？
武汉	才将哪个在说我们老师啊？ tsʰai²¹ tɕiaŋ⁵⁵ la³³ ke⁰ tsai²⁵ so²¹ o³³ men⁰ lao⁴⁴ sʅ⁵⁵ a⁰？
蔡甸	才哆哪个在说我的老师啊？ tsʰai²¹³ to⁵⁵ la³³⁴ ko⁰ tsai⁵⁵ ɕyæ³²⁴ o³³⁴ ti⁰ lao³³⁴ sʅ¹⁵ a⁰？
江夏	才将哪个在说我的老师啊？ tsʰai³³ tɕiaŋ³⁵ na³²⁴ ko⁰ tsai⁴⁴⁵ so³³ ŋo⁴¹ ti⁰ nao⁴⁴ sʅ³⁵ a⁰？
汉川	哪个刚才在议论我的老师？ nɑ⁴² ko⁰ kaŋ⁵⁵ tsʰai¹³ tai³³ i³³ nən³³ uo⁴² ti⁰ nɑu⁴² sʅ⁰？
荆州	哪个将才戳=我的老师啊？ la⁴² kuo³⁵ tɕian⁵⁵ tsʰai¹³ tsʰuo¹³ uo⁴² ti⁰ lau⁴² sʅ⁵⁵ a⁰？
仙桃	才一门=哪个来说我的老师啊？ tsʰai²¹³ i²⁴ mən²¹³ la²⁴ kɤ⁰ lai⁰ suo²⁴ uo³¹ ti⁰ lau³¹ sʅ⁴⁵ a⁰？
天门	哪个刚刚在说我的老师啊？ la²⁴ ko⁵³ kaŋ⁴⁵ kaŋ⁰ tsai⁵³ ɕye²⁴ o³¹ ti⁰ lau³¹ sʅ⁴⁵ a⁰？
荆门	哪个刚才在说我老师啊？ na⁵⁵ kuo³³ kaŋ⁴⁵ tʂʰai²⁴ tsai³³ ʂuo²⁴ uo⁵⁵ nau⁵⁵ sʅ⁴⁵ a⁰？
钟祥	哪个将才在说我的老师？ na⁵³ kuo²¹ tɕiaŋ²¹ tʂʰai⁵⁵ tsai²¹ ʂuo³¹ uo⁵³ ti⁰ nau⁵³ sʅ²⁴？
宜昌	才将哪个在说我的老师啊？ tsʰai¹³ tɕiaŋ⁵⁵ la³³ kɤ⁰ tsai³⁵ suo¹³ uo³³ ti⁰ lau³³ sʅ⁵⁵ a⁰？
兴山	晒=个刚才在议论我的老师啊？ ʂai⁵⁵ kuo⁰ kaŋ⁴⁵ tsʰai²⁴ tsai²⁴ i³² nən²⁴ uo⁵⁵ ti⁰ nau⁵⁵ sʅ⁴⁵ a⁰？
长阳	将才哪个在议论我的老师？ tɕiaŋ⁴⁵ tsʰai²² na³¹ ko⁰ tsai²⁴ i²⁴ nən⁰ o³¹ ti⁰ nau³¹ sʅ⁴⁵？
五峰	将才哪个在议论我的老师？ tɕiaŋ⁵⁵ tsʰai²¹ lai³³ kɤ⁰ tsai³³ i³³ luən³⁵ uo³³ ti⁰ lau³³ sʅ⁵⁵？

续表

	0028 谁刚才议论我老师来着?
宜都	哪个将才在议论我的老师? nai³³ kɤ³⁵ tɕiaŋ⁵⁵ tsʰai¹³ tsai³⁵ i³⁵ nuən³⁵ o³³ ti⁰ nau³³ sɿ⁵⁵?
恩施	哪个才将在说我的老师? na⁵¹ kɤ⁰ tsʰai³⁵ tɕiaŋ⁵⁵ tsai³⁵ ʂuo³³ uo⁵¹ ti⁰ nau⁵¹ sɿ⁵⁵?
咸丰	是哪个才刚儿议论我的老师的? sɿ²⁴ na³³ ko²¹³ tsʰai²² kə⁵⁵ i²⁴ nuən²¹³ ŋo⁴² ti⁰ nau³³ sɿ⁵⁵ ti⁰?
建始	哪个将才在讲我的老师啊? na⁵¹ kɤ⁰ tɕian⁴⁵ tsʰai⁰ tsai³⁵ tɕian⁵¹ o⁵¹ ti⁰ nau⁵¹ sɿ⁴⁵ a⁰?
巴东	哪个才将在说我的老师? nai⁵¹ kuo⁰ tsʰai²² tɕian⁴⁵ tsai²⁴ suo²² uo⁵¹ ti⁰ nau⁵¹ sɿ⁴⁵?
宜城	哪个才刚儿在议论我的老师? na⁵⁵ ko⁰ tsʰɛ⁵³ tɕiãr²⁴ tsɛ⁰ i⁴¹ nən⁰ uo⁵⁵ ni⁰ nɔ⁵⁵ sɿ²⁴?
保康	哪个将才在乱说我的老师? na⁵⁵ kə⁰ tɕian²² tsʰai⁵³ tsai²² nan³¹ ʂuo⁵³ uo⁵⁵ ni⁰ nau⁵⁵ sɿ²⁴?
神农架	将哪个在说我老师? tɕian²⁴ na³³ kuo³¹ tsai³¹ ʂuo⁵³ uo³³ nau³³ sɿ²⁴?
襄阳	哪个将才在说我老师? na³⁵ kə⁰ tɕian²⁴ tsʰai⁵³ tsai³¹ suo⁵³ uo³⁵ nau³⁵ sɿ²⁴?
随州	哪个将才说我的老师啊? nɔ³⁵³ ko⁰ tɕian⁴⁴ tsʰai⁴² ʂʯa⁴² uo³⁵³ ti⁰ nau³⁵ sɿ⁴⁴ ŋa⁰?
郧阳	将谁个儿在说我老师? tɕian⁴⁵ sei⁵¹ kər³¹ tsɛi³¹ suo⁴⁵ uo⁴³ lau⁴³ sɿ⁴⁵?
丹江口	将谁在说我老师? tɕian³⁵ sei⁵¹ tsɛ³¹ suo³⁵ uo³³ lɔ³³ sɿ³⁵?

	0028 谁刚才议论我老师来着？
房县	将才哪个在背地的咕叨我的老师啊？ tɕiaŋ²⁴ tʂʰai⁵³ na³³ kɤ⁰ tsai³¹ pei²⁴ ti³¹ ti⁰ ku²⁴ tɔu⁰ uo³³ ti⁰ nɔu³³ sŋ²⁴ a⁰？
竹溪	哪个将才在说我老师？ la³⁵ ko⁰ tɕiaŋ²² tsʰai⁵³ tsai³¹ ʂo²² ŋo³⁵ lau³⁵ sŋ²⁴？
公安	哪个刚才在议论我的老师咧？ na³⁵ kuo³³ kaŋ⁵⁵ tsʰai²⁴ tai³³ i³³ nən³³ o²¹ ti⁰ nau²¹ sŋ⁵⁵ niɛ⁰？
鹤峰	刚才是哪个在议论我的老师？ kaŋ⁵⁵ tsʰai¹² sŋ³⁵ nai⁵³ kɛ⁰ tsai³⁵ i³⁵ nən⁰ uo⁵³ ti⁰ nau⁵³ sŋ⁵⁵？
黄冈	一路⁼儿是哪个说我老师？ i³¹ lɔr⁴⁴ sŋ⁴⁴ la⁵⁵ ko³⁵ ʂue²¹³ ŋo⁵⁵ lau⁵⁵ sŋ²²？
红安	哪个刻刻儿说我的老师？ la⁵⁵ ko⁰ kʰe³⁵ kʰer⁰ ʂue²¹³ ŋo⁵⁵ ti⁰ lau³⁴ sŋ¹¹？
英山	一都是哪一个说我老师啊？ i²¹³ təu⁰ sŋ³³ la²⁴ i²² ko³⁵ ʂue²¹³ ŋo²⁴ lau²⁴ sŋ³¹ a⁰？
蕲春	将儿是哪个说我老师？ tɕiaŋ⁴² ŋər⁰ sŋ²¹² lɒ³⁴ ko⁰ ʂua²¹ ŋo³⁴ lau³¹ sŋ⁴²？
武穴	么人将末儿说我老师？/将末儿么人说我老师？ mo³³ in³¹ tɕiaŋ⁵⁵ mor¹³ fe¹³ ŋo³³ lau³³ sŋ⁵⁵？/tɕiaŋ⁵⁵ mor¹³ mo³³ in³¹ fe¹³ ŋo³³ lau³³ sŋ⁵⁵？
黄梅	将一嘞哪个在说我老师哎？ tɕiaŋ²¹ i⁴² ne⁰ nai¹³ ko³⁵ tsai³³ ɕuæ⁴² ŋo¹³ lau¹³ sŋ²¹ e⁰？
黄陂	恰伢⁼哪个在说我的老师？/才将是哪个在说我的老师？ kʰa²¹⁴ ŋa⁰ la⁴¹ kɤ⁰ tai⁴⁵⁵ ʂuæ²¹⁴ ŋo⁴¹ ti⁰ lao⁴¹ sŋ³³⁴？/tsʰai²¹² tɕiaŋ³³⁴ sŋ⁴⁵⁵ la⁴¹ kɤ⁰ tai⁴⁵⁵ ʂuæ²¹⁴ ŋo⁴¹ ti⁰ lao⁴¹ sŋ³³⁴？

	0028 谁刚才议论我老师来着？
新洲	哪个刻眼儿说我老师？ na⁵⁵ ke⁰ kʰe²¹³ ŋar⁰ ʂɥe³¹ ŋo⁵⁵ nao⁵⁵ sɿ³¹ ？
孝感	哪个刚才在议论我的老师？ na⁵² ko⁰ kaŋ³³ tsʰai³¹ tai⁵⁵ i⁵⁵ nən⁵⁵ ŋo⁵² ti⁰ nau⁵² sɿ³³ ？
安陆	才蛋=是哪个在说我的老师欸？ tsʰai³¹ tʂʰʅ⁴⁴ sɿ⁵⁵ na⁵¹ ko⁴⁴ tai⁵⁵ ʂɥæ²⁴ ŋo⁵¹ ti⁰ nau⁵¹ sɿ⁴⁴ ɛ⁰ ？
广水	刚刚哪个在议论我的老师唉？ tɕiaŋ³¹ tɕiaŋ⁰ la³⁴ ko¹³ tai¹³ li¹³ lən¹³ ŋo³⁴ ti⁰ lau³⁴ sɿ³¹ ɛ⁰ ？
黄石	才将哪个说我老师？ tsʰæ³¹ tɕiaŋ³³ læ⁵⁵ ko²⁵ ɕɥæ²¹³ ŋo⁵⁵ lau⁵⁵ sɿ³³ ？
大冶	嵌脚=哪个在说我那老师唻？ kʰẽ²⁵ tɕio²¹³ lɔ⁴⁴ ko²⁵ tsʰɐ²² ɕɥe²¹³ ŋo⁴⁴ ɐ⁰ lɔ⁴⁴ sɿ²² lɐ⁰ ？
阳新	是们=嵌麦=议论我老师？ sɿ⁴⁴ man²¹³ kʰã²⁵ mɛ²⁵ i⁴⁴ lan⁴⁴ ŋo²⁵ lɔ³¹ sɿ⁴⁴ ？
咸宁	哪个刚才在说我箇老师？ nɒ²¹³ kə²¹³ kõ⁴⁴ tsʰa³¹ tsʰa³³ ɕye⁵⁵ ŋɐ⁴² kə⁴⁴ no⁴² sɿ⁴⁴ ？
通山	哪个来=暂=议论我箇老师啊？ nɔ⁴⁵ kou⁴⁵ la²¹ tsa⁴⁵ ȵi⁴⁵ lɐn³³ ŋou⁴² kou³³ lau⁴² sɿ³³ a⁰ ？
通城	将挨子哪个在讲我老师哦？/哪个将挨子在讲我老师哦？ tɕioŋ²¹ ŋai³⁵ tsɿ⁴² na²⁴ ko³⁵ dzai³⁵ koŋ⁴² ŋo⁴² nau⁴² sɿ²¹ o³⁵ ？/na²⁴ ko³⁵ tɕioŋ²¹ ŋai³⁵ tsɿ⁴² dzai³⁵ koŋ⁴² ŋo⁴² nau⁴² sɿ²¹ o³⁵ ？
崇阳	哪个将才话我箇老师啊？ na²⁴ ko⁴⁴ tɕiaŋ²² zæ²¹ ua⁴⁴ ŋo⁵³ ka⁰ nau⁵³ sɿ²² a⁰ ？

	0028 谁刚才议论我老师来着？
嘉鱼	哪个刚才在说我箇老师？ nɒ³¹ ko²¹³ koŋ⁴⁴ tsʰai²⁴ tsʰai²² ɕye⁵⁵ ŋo³¹ ko⁴⁴ nau³¹ sɿ⁴⁴ ？
赤壁	是哪个刚才在说我箇老师啊？ sɿ²² nɑ²¹³ ko⁰ tɕiou⁴⁴ dzai⁰ dzai²² ʂuə⁴⁵ ŋo³¹ ko⁰ nɑu³¹ sɿ⁴⁴ ɑ⁰ ？
监利	刚才呀是哪个来说我的老师来的呀？ kaŋ⁴⁴ tsʰai¹³ ia⁰ sɿ³³ na²¹ ko⁰ nai¹³ suo⁵⁵ ŋo²¹ ti⁰ nau²¹ sɿ⁴⁴ nai¹³ ti⁰ ia⁰ ？

	0029 只写了一半，还得写下去。
武汉	就写了一半，还要写。 tɕiou²⁵ ɕie⁴² liao⁰ i²¹ pan²⁵，xai²¹³ iao²⁵ ɕie⁴²。
蔡甸	只写了一半，还要写下去。/还只写了一半，还要继续写。 tsʅ³³⁴ ɕie³³⁴ ɳiao⁰ i³²⁴ pæ̃⁵⁵，xai²¹³ iao⁵⁵ ɕie³³⁴ ɕia⁵⁵ kʰɯ⁰。/xai²¹³ tsʅ³³⁴ ɕie³³⁴ ɳiao⁰ i³²⁴ pæ̃⁵⁵，xai²¹³ iao⁵⁵ tɕi⁵⁵ sou³² ɕie³³⁴。
江夏	只写了一半，还要接倒写。 tsʅ⁴⁴⁵ ɕie⁴¹ ɳiao⁰ i³⁴ pan³³，xai³³ iao³⁵ tɕie³²⁴ tao⁰ ɕie⁴¹。
汉川	只写了一半，还得写下去。 tsʅ²⁴ ɕie⁴² ɳiɑu⁰ i¹³ pan³³，xai¹³ tæ⁰ ɕie⁴² ɕia³³ tɕʰi⁰。
荆州	只写哒一半，还要写下去。 tsʅ⁵⁵ ɕie⁴² ta⁰ i¹³ pan³⁵，xai¹³ iau³⁵ ɕie⁴² ɕia³⁵ kʰɯ⁰。
仙桃	只写哒一半，还要写下去。 tsʅ²⁴ ɕie³¹ ta⁰ i²⁴ pan⁵³，xai¹³ iau⁵³ ɕie³¹ ɕia⁵³ kʰɯ⁰。
天门	只写哒一半，还要写下去。 tsʅ²⁴ ɕie³¹ ta⁰ i²⁴ pan⁵³，xai²¹³ iau⁵³ ɕie³¹ ɕia⁵³ kʰɯ⁰。
荆门	只写哒一半呢，还要写下去。 tsʅ²⁴ ɕiɛ⁵⁵ ta⁰ i²⁴ pan³³ nɛ⁰，xai²⁴ iau³³ ɕiɛ⁵⁵ ɕia³³ kʰɯ⁰。
钟祥	只写啊一半出来哒，还要往下写。 tsʅ³¹ ɕie⁵³ a⁰ i³¹ pan²¹⁴ tʂʰu³¹ nai³¹ ta⁰，xai³¹ iau²¹ uaŋ⁵³ ɕia²¹ ɕie⁵³。
宜昌	只写啊一半，还要写下去。 tsʅ³³ ɕie³³ a⁰ i¹³ pan³⁵，xai¹³ iau³⁵ ɕie³³ ɕia³⁵ kʰɤ⁰。
兴山	只写哒一半，还得往下写。 tsʅ³¹ ɕie⁵⁵ ta⁰ i³¹ pan²⁴，xai³¹ tɤ⁰ uaŋ⁵⁵ ɕia²⁴ ɕie⁵⁵。
长阳	只写啊一半，还要写下去。 tsʅ³¹ ɕie³¹ a⁰ i²² pan²⁴，xai²² iau²⁴ ɕie³¹ ɕia²⁴ kʰɤ²⁴。

	0029 只写了一半， 还得写下去。
五峰	只写啊一半，还得写啊下去。 tsʅ²² ɕie³¹ a⁰ i²¹ pan³⁵, xai¹³ tɤ⁰ ɕie³³ a⁰ ɕia³³ kʰɤ³⁵。
宜都	只写啊一半儿，还得写啊下去。 tsʅ¹³ ɕie³³ a⁰ i¹³ pər³⁵, xai¹³ tɤ⁰ ɕie³³ a⁰ ɕia³⁵ kʰɤ⁰。
恩施	才写哒一半，还要往下写。 tsʰai³³ ɕie⁵¹ ta⁰ i³³ pan³⁵, xai³³ iau³⁵ uaŋ⁵¹ ɕia³⁵ ɕie⁵¹。
咸丰	只写到一半，还要写下去。 tsʅ²² ɕiɛ³³ tau²¹³ i²² pan²¹³, xai²² iau²¹³ ɕiɛ⁴² ɕia²¹³ tɕʰi⁰。
建始	才写啊一半，还要往下写。 tsʰai²² ɕie⁵¹ a⁰ i²² pan³⁵, xai²² iau³⁵ uan⁵¹ ɕia³⁵ ɕie⁵¹。
巴东	只写哒一半，还要写下去。 tsʅ²² ɕie⁵¹ ta⁰ i²² pan²⁴, xai²² iau²⁴ ɕie⁵¹ ɕia²⁴ kʰɤ⁰。
宜城	只写了一半儿，还要朝下写。 tsʅ⁵³ ɕie⁵⁵ nɔ⁰ i⁵³ per⁴¹, xɛ⁵³ iɔ⁴¹ tsʰɔ⁵³ ɕia⁴¹ ɕie⁵⁵。
保康	才写了一半儿，还得往下写。 tsʰai⁵³ ɕie⁵⁵ nau⁰ i⁵³ per³¹², xai⁵³ te⁵³ uaŋ³¹ ɕia³¹ ɕie⁵⁵。
神农架	才写了一半儿，还要继续写。 tʂʰai⁵³ ɕiɛ³³ na⁰ i⁵³ pər³¹³, xai⁵³ iau³¹ tɕi³¹ ɕy³¹ ɕiɛ³³。
襄阳	才写了一半儿，还得往下写。 tsʰai⁵³ ɕie³⁵ nau⁰ i⁵³ per³¹, xai⁵³ tə⁵³ uaŋ³¹ ɕia³¹ ɕie³⁵。
随州	只写了一半儿，还要写下去。/只写了一半儿，还要往下写。 tsʅ⁴² ɕi³⁵³ niau⁰ i⁴⁴ per²¹³, xai⁴² iau²¹³ ɕi³⁵ ɕiɔ²⁴ tɕʰy⁰。/tsʅ⁴² ɕi³⁵³ niau⁰ i⁴⁴ per²¹³, xai⁴² iau²¹³ uaŋ³⁵ ɕiɔ³⁵ ɕi³⁵³。

续表

	0029 只写了一半，还得写下去。
郧阳	才写了一半儿，还要接倒写。 tsʰɛi⁵¹ ɕie⁴³ lau⁰ i⁵¹ par³¹，xɛi⁴⁵ iau³¹ tɕie⁴⁵ tau⁰ ɕie⁴³。
丹江口	才写了一半儿，还要接倒写。 tsʰɛ⁵¹ ɕie³³ la⁰ i⁵¹ par³¹，xɛ⁵¹ iɔ³¹ tɕiɛ³⁵ tɔ⁰ ɕie³³。
房县	只写了一半儿，还要朝下写。 tʂʅ⁵³ ɕie³³ nɔu⁰ i⁵³ pər³¹，xai⁵³ iɔu³¹ tʂʰɔu⁵³ ɕia³¹ ɕie³³。
竹溪	只写了一半儿，还要接倒写下去。 tʂʅ⁵³ ɕie³⁵ lia⁰ i⁵³ par³¹，xai⁵³ iau³¹ tɕie²² tau⁰ ɕie³⁵ ɕia³¹ kʰɛ⁰。
公安	只写哒一半，还要写下去。 tsʅ³⁵ ɕie²¹ ta²¹ i³⁵ pan³³，xai²⁴ iau³³ ɕie²¹ ɕia³³ kʰɯ³⁵。
鹤峰	只写啊一半，还要继续写下去。 tʂʅ¹² ɕie⁵³ a⁰ i¹² pan³⁵，xai¹² iau³⁵ tɕi⁵³ səu³⁵ ɕie⁵³ ɕia⁰ tʰi³⁵。
黄冈	只写了一半儿，还得写下去。 tsʅ²¹³ ɕie⁵⁵ liau⁰ i³¹ per³⁵，xai³¹ te²¹³ ɕie⁵⁵ xa⁴⁴ tɕʰi⁰。
红安	只写了一半，还要接倒写。 tsʅ²² ɕie⁵⁵ liau⁰ i²² pan³⁵，xai³¹ iau³⁵ tɕie²¹³ tau⁰ ɕie⁵⁵。
英山	只写了一半儿，还得写下去。 tsʅ²¹³ ɕie²⁴ liau⁰ i²² pər³⁵，xai⁵⁵ te²¹³ ɕie²⁴ xa³³ tɕʰi⁰。
蕲春	只写到一半，还要往下写。 tsʅ²¹ ɕie³⁴ tɑu⁰ i²¹ pan²⁵，xai³¹ iɑu²⁵ uaŋ³⁴ xɒ²¹² ɕie³⁴。
武穴	只写了一半，还得接倒写。 tsʅ²² ɕie³³ le⁰ i²² pɛn³⁵，xai³¹ te⁰ tɕie¹³ tau⁰ ɕie³³。
黄梅	只写一半，还接倒写。 tsʅ⁴² ɕia¹³ i⁴² pən³⁵，xai⁵⁵ tɕia⁴² tau⁰ ɕie¹³。

续表

	0029 只写了一半，还得写下去。
黄陂	才写了一半，要接倒写。/只写了一半，还得接倒写。 tsʰai²¹² ɕie⁴¹ liao⁰ i²¹² pan³⁵，iɑʊ³⁵ tɕie²¹⁴ tao⁰ ɕie⁴¹。/tsʅ²¹⁴ ɕie⁴¹ liao⁰ i²¹² pan³⁵，xai²¹² te⁰ tɕie²¹⁴ tao⁰ ɕie⁴¹。
新洲	只写了一半，还要写下去。 tsʅ⁵⁵ ɕie⁵⁵ ȵiao⁰ i²¹³ pan³²⁴，xai²²⁴ iɑʊ³²⁴ ɕie⁵⁵ ɕia³³ tʂʰu̩⁰。
孝感	只写了一半，还得写下去。 tsʅ²¹³ ɕiɛ⁵² ȵiɑu⁰ i²¹³ pan³⁵，xai³¹ tɛ⁰ ɕiɛ⁵² ɕiɑ⁰ tɕʰi⁰。
安陆	只写了一半，还要再写下去。 tsʅ⁵¹ ɕi⁵¹ iɑu⁰ i²⁴ pan³⁵，xai³¹ iɑu³⁵ tsai³⁵ ɕi⁵¹ ɕia⁵⁵ tɕʰi⁴⁴。
广水	只写了一半，还要写下去。 tsʅ³⁴ ɕie³⁴ liau⁰ i⁵³ pan¹³，xai⁵³ iau¹³ ɕie³⁴ ɕia¹³ tɕʰi¹³。
黄石	只写了一半，还得写下去。 tsʅ²¹³ ɕie⁵⁵ liau⁰ i²¹³ pan²⁵，xæ³¹ tæ²¹³ ɕie⁵⁵ xɒ³²⁴ tɕʰi⁰。
大冶	只写了一半，还要写。 tsʅ²² ɕiɒ⁴⁴ le⁰ i²¹³ pɛ̃²⁵，xɐ³¹ ie²⁵ ɕiɒ⁴⁴。
阳新	只写了一半，只落写下去。 tsʅ²⁵ siɒ³¹ lɛ⁰ i²⁵ põ⁴⁴，tsʅ²⁵ lo²⁵ siɒ³¹ xɒ⁴⁴ tɕʰi⁴⁴。
咸宁	只写了一半，还要继续写。 tsʅ⁵⁵ ɕiɒ⁴² nɒ⁴² i⁵⁵ põ²¹³，xa³¹ ie²¹³ tɕi²¹³ ɕiɒu³³ ɕiɒ⁴²。
通山	只写了一半，来要写下去。 tsʅ⁵⁵ ɕiɔ⁴² liɛu⁰ i⁵⁵ pœ⁴⁵，la²¹ iou⁴⁵ ɕiɔ⁴² xɔ³³ tɕʰiei⁴⁵。
通城	只写仂一半，还要写下去。/只写得一半，还要接倒写下去。 tsʅʔ⁵⁵ ɕia⁴² de⁰ iʔ⁵⁵ pon²¹⁴，hai³³ iau³⁵ ɕia⁴² ha³⁵ dzie³⁵。/tsʅʔ⁵⁵ ɕia⁴² te³⁵ iʔ⁵⁵ pon²¹⁴，hai³³ iau²¹⁴ tɕienʔ⁵⁵ tau⁴² ɕia⁴² ha³⁵ dzie³⁵。

续表

	0029 只写了一半，还得写下去。
崇阳	只写了一半，还要写下去。 tə^{55} ɕiɑ^{53} næ^{0} i^{55} pə^{214}，hæ^{21} io^{24} ɕiɑ^{53} hɑ^{44} ʑiɛ^{214}。
嘉鱼	只写了一半，还得继续写。 tʂʅ^{55} ɕiɒ^{31} nie^{31} i^{55} pɛn^{213}，xai^{24} tə^{55} tɕi^{213} səu^{55} ɕiɒ^{31}。
赤壁	我只写了一半，还要往下底写。 ŋo^{31} tʂʅ^{45} ɕiɑ^{31} diɑu^{0} i^{45} pei^{213}，xai^{13} iɑu^{0} uou^{31} xɑ^{22} ti^{0} ɕiɑ^{31}。
监利	只写了一半的，还要接倒写下去。 tʂʅ^{55} ɕiɛ^{21} n̩^{0} i^{55} puɛn^{25} ti^{0}，xai^{13} iɑu^{33} tɕiɛ^{55} tau^{0} ɕiɛ^{21} ɕiɑ^{33} kʰɯ^{33}。

		0030 你才吃了一碗米饭， 再吃一碗吧。
武汉		你只吃了一碗饭，再添一点咧。 li³³ tsʅ²¹ tɕʰi²¹³ a⁰ i²¹³ uan³³ fan²⁵, tsai²⁵ tʰian⁵⁵ i²¹ tie⁴² le⁰。
蔡甸		你只吃了一碗饭，再吃一碗唦。 ni³³⁴ tsʅ³³⁴ tɕʰi³²⁴ niao⁰ i³²⁴ uan³³⁴ fan⁵⁵, tsai⁵⁵ tɕʰi³²⁴ i³²⁴ uan³³⁴ sa⁰。
江夏		你只吃了这一点饭，还吃一碗吧。/你才吃了这一点饭，再吃一碗吧。 ni⁴¹ tsʅ⁴⁴⁵ tɕʰi¹³ niao⁰ tsɤ³²⁴ i³⁴ tie⁴¹ fan⁴⁴⁵, xai³³ tɕʰi¹³ i³⁴ uan⁴¹ pa⁰。/ni⁴¹ tsʰai¹³ tɕʰi¹³ niao⁰ tsɤ³²⁴ i³⁴ tie⁴¹ fan⁴⁴⁵, tsai¹³ tɕʰi¹³ i³⁴ uan⁴¹ pa⁰。
汉川		你只吃了一碗饭，再吃一碗。 ni⁴² tsʅ²⁴ tɕʰi²⁴ niɑu⁰ i²⁴ uan⁴² fan³³, tsai³³ tɕʰi²⁴ i²⁴ uɑn⁴²。
荆州		你才吃哒一碗饭，还吃一碗。 li⁴² tsʰai¹³ tɕʰi¹³ ta⁰ i¹³ uan⁴² fan³⁵, xai¹³ tɕʰi¹³ i¹³ uan⁴²。
仙桃		你才吃哒一碗饭，还吃一碗。 li³¹ tsʰai¹³ tɕʰi²⁴ ta⁰ i²⁴ uan³¹ fan⁵³, xai¹³ tɕʰi²⁴ i²⁴ uan³¹。
天门		你才吃哒碗饭，还吃一碗。 li³¹ tsʰai²¹³ tɕʰi²⁴ ta⁰ uan³¹ fan⁵³, xai²¹³ tɕʰi²⁴ i²⁴ uan³¹。
荆门		你才吃了一碗饭，还吃一碗吧。 ni⁵⁵ tʂʰai²⁴ tʂʅ²⁴ na⁰ i²⁴ uan⁵⁵ ɸuan³³, xai²⁴ tʂʅ²⁴ i²⁴ uan⁵⁵ pa⁰。
钟祥		你才吃啊一碗米饭，再吃一碗吧。 ni⁵³ tʂʰai³¹ tɕʰi³¹ a⁰ i³¹ uan⁵³ mi⁵³ fan²¹⁴, tʂai²¹ tɕʰi³¹ i³¹ uan⁵³ pa⁰。
宜昌		你才吃啊一碗饭，再添一碗。 li³³ tsʰai¹³ tɕʰi¹³ a⁰ i¹³ uan³³ fan³⁵, tsai³⁵ tʰiɛn⁵⁵ i¹³ uan³³。
兴山		你才吃哒一碗饭，还吃一碗吧。 ni⁵⁵ tsʰai³¹ tʂʅ³¹ ta⁰ i³¹ uan⁵⁵ fan²⁴, xai²⁴ tʂʅ³¹ i³¹ uan⁵⁵ pa⁰。
长阳		你才吃啊一碗饭，还吃一碗吧。 ni³¹ tsʰai²² tɕʰi²² a⁰ i²² uan³¹ fan²⁴, xai³¹ tɕʰi²² i²² uan³¹ pa⁰。

续表

	0030 你才吃了一碗米饭， 再吃一碗吧。
五峰	你只吃啊一碗饭，再添一碗呦。 li^{33} tsʅ^{21} tɕʰi^{213} a^0 i^{213} uan^{33} fan^{55}, tsai^{35} tʰiɛn^{55} i^{213} uan^{33} sa^0。
宜都	你才吃啊一碗饭，还吃一碗吧。 ni^{33} tsʰai^{33} tɕʰi^{13} a^0 i^{13} uan^{33} fan^{33}, xai^{35} tɕʰi^{55} i^{13} uan^{33} pa^0。
恩施	你才吃一碗饭，还添一碗嘛。 ni^{51} tsʰai^{33} tɕʰi^{33} i^0 uan^{51} xuan^{35}, xai^{33} tʰiɛn^{55} i^0 uan^{51} ma^0。
咸丰	你才吃了一碗大米饭，还吃一碗要得不？ ni^{42} tsʰai^{22} tsʰʅ^{22} na^0 i^{22} uan^{42} ta^{24} mi^{42} fan^{213}, xai^{22} tsʰʅ^{22} i^{22} uan^{42} iau^{24} tɛ^0 pu^{22}？
建始	你只吃啊一碗饭，还添一碗嘛。 ni^{51} tsʅ^{22} tsʰʅ^{22} a^0 i^{22} uan^{51} fan^{35}, xai^{22} tʰin^{45} i^{22} uan^{51} ma^0。
巴东	你才吃啊一碗米饭，还吃一碗吧。 ni^{51} tsʰai^{22} tsʰʅ^{22} a^0 i^{22} uan^{51} mi^{51} fan^{24}, xai^{22} tsʰʅ^{22} i^{22} uan^{51} pa^0。
宜城	你才吃了一碗饭，再吃一碗吧。 ni^{55} tsʰɛ^{53} tsʰʅ^{53} nɔ^0 i^{53} uan^{55} fan^{41}, tsɛ^{24} tsʰʅ^{53} i^{53} uan^{55} pa^0。
保康	你才吃了一碗饭，再吃一碗吧。 ni^{55} tsʰai^{53} tsʰʅ^{53} nau^0 i^{53} uan^{55} fan^{312}, tsai^{31} tsʰʅ^{53} i^{53} uan^{55} pa^0。
神农架	你才吃了一碗干饭，再吃一碗儿。 ni^{33} tsʰai^{53} tsʰʅ^{53} na^0 i^{53} uan^{33} kan^{22} fan^0, tsai^{31} tsʰʅ^{53} i^{53} uər^{33}。
襄阳	你才吃了一碗饭，再吃一碗吧。 ni^{35} tsʰai^{53} tsʰʅ^{53} nau^0 i^{53} uan^{35} fan^{31}, tsai^{31} tsʰʅ^{53} i^{53} uan^{35} pa^0。
随州	你才吃了一碗饭，再吃一碗。 ni^{353} tsʰai^{42} tɕʰi^{42} niau^0 i^{44} uan^{353} fan^{213}, tsai^{42} tɕʰi^{44} i^{44} uan^{353}。
郧阳	你才吃了一碗干饭，再吃一碗呦。 li^{43} tsʰɛi^{45} tsʰʅ^{45} lau^0 i^{45} uan^{43} kan^{45} fan^{31}, tsɛi^{31} tsʰʅ^{45} i^{51} uan^{43} sa^{31}。

	0030 你才吃了一碗米饭，再吃一碗吧。
丹江口	你才吃了一碗干饭，再吃一碗唦。 ni³³ tsʰɛ⁵¹ tsʰʅ³⁵ la⁰ i³⁵ uan³³ kan³⁵ fan³¹，tsɛ³¹ tsʰʅ³⁵ i³⁵ uan³³ sa⁰。
房县	你才吃了一碗儿，再吃点儿。 ni³³ tʂʰai⁵³ tʂʰʅ²⁴ nou⁰ i²⁴ uər³³，tsai³¹ tʂʰʅ²⁴ tiər³³。
竹溪	你才吃了一碗干饭，再吃一碗儿唦。 ni³⁵ tsʰai⁵³ tʂʰʅ²² lia⁰ i⁵³ uan³⁵ kan²² fan⁰，tsai³¹ tʂʰʅ²² i⁵³ uar³⁵ ʂa⁰。
公安	你只吃哒一碗饭，还吃一碗。 ni²¹ tsʅ³⁵ tɕʰi³⁵ ta²¹ i³⁵ uan²¹ fan³³，xai²⁴ tɕʰi³⁵ i³⁵ uan²¹。
鹤峰	你才吃一碗饭，还吃一碗。 ni⁵³ tsʰai¹² tɕʰi¹² i¹² uan⁵³ xuan³⁵，xai¹² tɕʰi¹² i¹² uan⁵³。
黄冈	你只吃了一碗饭，再添一碗呐。 li⁵⁵ tsʅ²¹³ tɕʰi²¹³ liau⁰ i²¹³ uan⁵⁵ fan⁴⁴，tsai³⁵ tʰien²² i²¹³ uan⁵⁵ le⁰。
红安	尔只吃了一碗饭，还吃一碗吧。 n̩⁵⁵ tsʅ²² tɕʰi²¹³ liau⁰ i²² uan⁵⁵ fan³³，xai³¹ tɕʰi²¹³ i²² uan⁵⁵ pa⁰。
英山	尔只吃了一碗饭，再吃一碗唦。 n̩²⁴ tsʅ²¹³ tɕʰi²¹³ liau⁰ i²² uan²⁴ fan³³，tsai³⁵ tɕʰi²¹³ i²² uan²⁴ ʂe⁰。
蕲春	你只吃一碗饭，还吃一碗吧。 li³⁴ tsʅ³⁴ tɕʰi²¹ i²¹ uan³⁴ fan²¹²，xai³¹ tɕʰi²¹ i³¹ uan³⁴ pɒ⁰。
武穴	尔只吃了一碗饭，还吃一碗饭啰。 n̩³³ tsʅ²² tɕʰi¹³ le⁰ i²² uɛn³³ fan²²，xai³¹ tɕʰi¹³ i²² uɛn³³ fan²² lo⁰。
黄梅	尔只吃一碗饭，还吃一碗噻。 n̩¹³ tsʅ⁴² tɕʰi⁴² i⁴² uan¹³ fan³³，xan⁵⁵ tɕʰi⁴² i⁴² uan¹³ sæ⁰。
黄陂	尔只吃了一碗饭，还吃一碗吧。 n̩⁴¹ tsʅ²¹² tɕʰi²¹² a⁰ i²¹⁴ uan⁴¹ fan⁴⁵⁵，xai²¹² tɕʰi²¹² i²¹⁴ uan⁴¹ pa⁰。

续表

	0030 你才吃了一碗米饭，再吃一碗吧。
新洲	你才吃了一碗饭，还吃一碗吧。 n̠i⁵⁵ tsʰai²²⁴ tɕʰi²¹³ n̠iao⁰ i²¹³ uan⁵⁵ fan³³，xai²²⁴ tɕʰi²¹³ i²¹³ uan⁵⁵ pa⁰。
孝感	你才吃了一碗饭，还吃一碗吧。 ni⁵² tsʰɑi³¹ tɕʰi²¹³ iau⁰ i²¹³ uɑn⁵² fɑn³³，xɑi³¹ tɕʰi²¹³ i²¹³ uɑn⁵² pɑ⁰。
安陆	尔只吃了一碗饭，再吃一碗吧。 n̩⁵¹ tʂɻ⁵¹ tɕʰi²⁴ iau⁰ i²⁴ uan⁵¹ fan⁵⁵。tsai³⁵ tɕʰi²⁴ i²⁴ uan⁵¹ pa⁰。
广水	尔才吃了一碗饭，再吃一碗。 n̩³⁴ tsʰai⁵³ tɕʰi⁵³ iau⁰ i⁵³ uan³⁴ xuan¹³，tsai¹³ tɕʰi⁵³ i⁵³ uan³⁴。
黄石	你才吃了一碗饭，再吃一碗吵。 li⁵⁵ tsʰæ³¹ tɕʰi²¹³ liau⁰ i²¹³ uan⁵⁵ fan³²⁴，tsæ²⁵ tɕʰi²¹³ i²¹³ uan⁵⁵ sa⁰。
大冶	尔就喫了一碗饭，再喫一碗哪。 n̩⁴⁴ tɕʰiu²² tɕʰiɒ²¹³ le⁰ i²¹³ uɛ̃⁴⁴ fɐ̃²²，tsɐ²⁵ tɕʰiɒ²¹³ i²¹³ uɛ̃⁴⁴ lɐ⁰。
阳新	尔只喫了一碗饭，再喫一碗啰。 n̩³¹ tʂɻ²⁵ tɕʰiɒ²⁵ lɛ⁰ i²⁵ uõ³¹ fã⁴⁴，tsa⁴⁴ tɕʰiɒ²⁵ i²⁵ uõ³¹ lo⁰。
咸宁	尔只喫了一碗饭，再喫一碗。 n̩⁴² tʂɻ⁵⁵ tɕʰiɒ⁵⁵ nɒ⁴² i⁵⁵ uõ⁴² fɒ̃³³，tsa²¹³ tɕʰiɒ⁵⁵ i⁵⁵ uõ⁴²。
通山	尔才喫了一碗饭，再喫一碗咯。 n̩⁴² tsa²¹ tɕʰiɔ⁵⁵ liɛu⁰ i⁵⁵ uœ⁴² fÃ³³，tsa⁴⁵ tɕʰiɔ⁵⁵ i⁵⁵ uœ⁴² lou⁰。
通城	尔只喫一碗饭，还喫一碗吧。/尔只喫一碗饭，再喫一碗嘞。 n̩⁴² tsɻʔ⁵⁵ dʑiaʔ⁵⁵ iʔ⁵⁵ uon⁴² fan³⁵，hai³³ dʑiaʔ⁵⁵ iʔ⁵⁵ uon⁴² pa⁰。/n̩⁴² tsɻʔ⁵⁵ dʑiaʔ⁵⁵ iʔ⁵⁵ uon⁴² fan³⁵，tsai²¹⁴ dʑiaʔ⁵⁵ iʔ⁵⁵ uon⁴² de³⁵。
崇阳	尔只喫了一碗饭，还喫一碗吵。 n̩⁵³ tə⁵⁵ ʑia⁵⁵ næ⁰ i⁵⁵ uə⁵³ fæ⁴⁴，hæ²¹ ʑia⁵⁵ i⁵⁵ uə⁵³ sa⁰。

续表

	0030 你才吃了一碗米饭，再吃一碗吧。
嘉鱼	你才吃了一碗饭，再吃一碗。 ni³¹ tsʰai²⁴ tɕʰie⁵⁵ nie³¹ i⁵⁵ un³¹ fan²², tsai²¹³ tɕʰie⁵⁵ i⁵⁵ un³¹。
赤壁	尔只喫了一碗饭，还喫一碗吧。 n̩³¹ tsʅ⁴⁵ dʑia⁴⁵ diɑu⁰ i⁴⁵ uei³¹ fan²², xai¹³ dʑia⁴⁵ i⁴⁵ uei³¹ pa⁰。
监利	你只吃了一碗饭[的呃]，还吃一碗呐。 ni²¹ tsʅ⁵⁵ tɕʰi⁵⁵ mɤ⁰ i⁵⁵ uɛn²¹ fan³³ tɤ²¹, xai¹³ tɕʰi⁵⁵ i⁵⁵ uɛn²¹ na⁴⁴。

	0031 让孩子们先走， 你再把展览仔仔细细地看一遍。
武汉	尽伢们先走，尔[您家]再把展览自己多看一下。 tɕin³³ ŋa²¹³ men⁰ ɕian⁵⁵ tsou⁴², n̩³³ lia²¹ tsai²⁵ pa³³ tsan³³ lan⁴² tsʅ²⁵ tɕi⁰ to⁵⁵ kʰan²⁵ i²¹³ xa²⁵。
蔡甸	伢们走了后，你再把展览过过细细地看一遍。 ŋa²¹³ men⁰ tsou³³⁴ n̩iao⁰ xou⁵⁵, n̩i³³⁴ tsai⁵⁵ pa³³⁴ tsan³³⁴ lan³³⁴ ko⁵⁵ ko⁰ ɕi⁵⁵ ɕi⁵⁵ ti⁰ kʰan⁵⁵ i³²⁴ pien⁵⁵。
江夏	尽伢们先走，你再把展览过过细细地看一遍。 tɕin⁴¹ ŋa¹³ mən⁰ ɕien³⁵ tsou⁴¹, ni⁴¹ tsai³³ pa⁴¹ tsan⁴⁴ nan⁴¹ ko³³ ko³³ ɕi³²⁴ ɕi³²⁴ ti⁰ kʰan³²⁴ i³⁴ pien³³。
汉川	让伢们的先走，你把展览再仔仔细细地看一下。 naŋ³³ ŋa¹³ mən⁰ ti⁰ ɕian⁵⁵ tsou⁴², ni⁴² pɑ⁴² tsan⁴² nɑn⁴² tsai³³ tsʅ⁴² tsʅ⁰ ɕi³³ ɕi³³ ti⁰ kʰan³³ i¹³ xɑ⁰。
荆州	尽伢们先走，你再把展览过细地看一下。 tɕin⁴² a¹³ mən⁰ ɕien⁵⁵ tsəu⁴², li⁴² tsai³⁵ pa⁴² tsan⁴² lan⁴² kuo³⁵ ɕi³⁵ ti⁰ kʰan³⁵ i¹³ xa⁰。
仙桃	尽伢们傻⁼先走，你再把展览过细地看一遍。 tɕin³¹ a¹³ mən⁰ səu⁰ ɕien⁴⁵ tsəu³¹, li³¹ tsai⁵³ pa³¹ tsan³¹ lan³¹ kuo⁵³ ɕi⁵³ ti⁰ kʰan⁵³ i²⁴ piɛn⁵³。
天门	尽伢们傻⁼先走，你把展览过过细细地再看下。 tɕin³¹ a²¹³ mən⁰ səu⁰ ɕien⁴⁵ tsəu³¹, li³¹ pa³¹ tsan³¹ lan³¹ ko⁵³ ko⁰ ɕi⁵³ ɕi⁰ ti⁰ tsai⁵³ kʰan⁵³ xa⁰。
荆门	让伢子们先走，你再把展览过细地看一下。 zaŋ³³ a²⁴ r̩⁰ mən⁰ ɕian⁴⁵ tsou⁵⁵, ni⁵⁵ tʂai³³ pa³³ tʂan⁵⁵ nan⁵⁵ kuo³³ ɕi³³ ti⁰ kʰan³³ i²⁴ xa⁰。
钟祥	让伢子们先走，你再把展览过哒过细地看一遍。 zaŋ²⁴ a³¹ r̩⁰ mən⁰ ɕien²¹ tsəu⁵³, ni⁵³ tʂai²¹⁴ pa⁵³ tʂan⁵³ nan⁵³ kuo²¹ ta⁰ kuo²¹ ɕi²⁴ ti⁰ kʰan²¹ i³¹ pien²¹⁴。

续表

	0031 让孩子们先走，你再把展览仔仔细细地看一遍。
宜昌	让儿们先走，你再把展览过细地看一遍。 zaŋ³⁵ ɚ¹³ mən⁰ ɕiɛn⁵⁵ tsəu³³，li³³ tsai³⁵ pa³³ tsan¹³ lan³³ kuo³⁵ ɕi³⁵ ti⁰ kʰan³⁵ i¹³ piɛn³⁵。
兴山	让娃子们先走，你再把展览过细看一遍。 zaŋ²⁴ ua³¹ tsɿ⁰ mən⁰ ɕiɛn⁴⁵ tsəu⁵⁵，ni⁵⁵ tsai²⁴ pa⁵⁵ tṣan⁵⁵ nan⁵⁵ kuo²⁴ ɕi²⁴ kʰan²⁴ i⁰ piɛn²⁴。
长阳	让儿们先走，你再把展览过细地看一遍。 zaŋ²⁴ ɚ²² mən⁰ ɕiɛn⁴⁵ tsəu³¹，ni³¹ tsai²⁴ pa³¹ tsan²² nan³¹ ko²⁴ ɕi²⁴ ti⁰ kʰan²⁴ i²² piɛn²⁴。
五峰	让伢子们先走，你再把展览过细地看一遍。 aŋ³³ a³³ tsɿ⁰ mən⁰ ɕiɛn⁵⁵ tsəu³¹，li³³ tsai³⁵ pa³³ tsan²² lan³¹ kuo³³ ɕi³⁵ ti⁰ kʰan³⁵ i⁰ piɛn³⁵。
宜都	让伢儿们先走，你再把展览过细地看一遍。 zaŋ³⁵ ar³³ mən⁰ ɕiɛn⁵⁵ tsəu³³，ni³³ tsai³⁵ pa³³ tsan³³ nan³³ ko³⁵ ɕi³⁵ ti⁰ kʰan³⁵ i¹³ piɛn³⁵。
恩施	尽细娃儿先走，你再把展览过细细看一遍。 tɕin⁵¹ ɕi³⁵ uɚ⁰ ɕiɛn⁵⁵ tsəu⁵¹，ni⁵¹ tsai³⁵ pa⁵¹ tṣan⁵¹ nan⁵¹ kuo³⁵ kuo⁰ ɕi³⁵ ɕi⁰ kʰan³⁵ i⁰ piɛn³⁵。
咸丰	让细娃儿伙先走，你呢再把展览过过细细看一遍。 zaŋ²¹³ ɕi²⁴ uɚ²² xo⁰ ɕiɛn⁵⁵ tsəu⁴²，ni⁴² nɛ⁰ tsai²⁴ pa⁴² tsan⁴² nan⁴² ko²⁴ ko²¹³ ɕi²⁴ ɕi²¹³ kʰan²⁴ i²² piɛn²¹³。
建始	尽娃娃儿先走，你再把展览过过细细看一遍。 tɕin⁵¹ ua²² uɚ⁰ ɕin⁴⁵ tsəu⁵¹，ni⁵¹ tsai³⁵ pa⁵¹ tṣan⁵¹ nan⁵¹ ko³⁵ ko⁰ ɕi³⁵ ɕi⁰ kʰan³⁵ i²² pin³⁵。
巴东	尽娃娃先走，你再把展览好什点儿看一下。 tɕin⁵¹ ua²² ua²² ɕiɛn⁴⁵ tsəu⁵¹，ni⁵¹ tsai²⁴ pa⁵¹ tsan⁵¹ nan⁵¹ xau⁵¹ sən⁰ tiɚ⁰ kʰan²⁴ i²² xa⁰。
宜城	尽娃子儿们先走，你再把展览过细地看一遍。 tɕin⁵⁵ ua⁵³ r̩⁰ mən⁰ ɕian²² tsəu⁵⁵，ni⁵⁵ tsɛ⁴¹ pa⁰ tsan⁵⁵ nan⁵⁵ kuo²⁴ ɕi⁴¹ ti⁰ kʰan⁴¹ i⁰ pian⁴¹。

续表

	0031 让孩子们先走，你再把展览仔仔细细地看一遍。
保康	尽娃子们先走，你把展览再好好瞄一瞄。 tɕin⁵⁵ ua⁵³ tsʅ⁰ mən⁰ ɕiɛn²² tsəu⁵⁵, ni⁵⁵ pa⁵⁵ tʂan⁵⁵ nan⁵⁵ tsai³¹ xau²² xau⁰ miau²² i⁰ miau²⁴。
神农架	叫娃子们先走，你把展览再过过细细地看一遍。 tɕiau³¹ ua⁵³ tsʅ⁰ mən⁰ ɕyan²² tsəu³³, ni³³ pa³³ tʂan³³ nan³³ tsai³¹ kuo³¹ kuo³¹ ɕi³¹ ɕi³¹ ti⁰ kʰan³¹ i⁰ pian³¹³。
襄阳	叫娃子儿们先走，你再把展览好好再看一遍。 tɕiau³¹ ua⁵³ r̩⁰ mən⁰ ɕian²⁴ tsəu³⁵, ni³⁵ tsai³¹ pa³⁵ tsan³⁵ nan³⁵ xau³⁵ xau⁰ tsai²⁴ kʰan³¹ i⁰ pian³¹。
随州	尽娃子们先走，你再把展览好好儿地看一遍儿。 tɕin³⁵³ uɔ⁴² tsʅ⁰ mən⁰ ɕian⁴⁴ tsəu³⁵³, ni³⁵³ tsai⁴² pɔ³⁵³ tʂan³⁵ nan³⁵³ xau³⁵ xaur⁰ ti⁰ kʰan²⁴ i⁴⁴ piɚ²¹³。
郧阳	等娃子们先走，你叫展览再好好儿看一遍。 tən⁴³ ua⁵¹ tsʅ⁰ mən⁰ tɕʰian⁴⁵ tsəu⁴³, li⁴³ tɕiau³¹ tsan⁴³ lan⁴³ tsɛi³¹ xau⁴³ xaur⁴³ kʰan³¹ i⁰ pian³¹。
丹江口	尽娃子们先走，你叫展览再好好儿看一遍。 tɕin³³ ua⁵¹ tsʅ⁰ mən⁰ ɕian³⁵ tsəu³³, ni³³ tɕiɔ³¹ tsan³³ lan³³ tsɛ³¹ xɔ³³ xɔr⁰ kʰan³¹ i⁵¹ pian³¹。
房县	叫娃子们先走，你把展览再过细瞄一下儿。／叫娃子们先走，你叫展览再过细瞄一下儿。 tɕiɔu³¹ ua⁵³ r̩⁰ mən⁰ ɕian³¹ tʂəu³³, ni³³ pa³³ tʂan³³ nan³³ tsai³¹ kuo²⁴ ɕi³¹ miɔu²⁴ i⁰ xər³¹。／tɕiɔu³¹ ua⁵³ r̩⁰ mən⁰ ɕian³¹ tʂəu³³, ni³³ tɕiɔu³¹ tʂan³³ nan³³ tsai³¹ kuo²⁴ ɕi³¹ miɔu²⁴ i⁰ xər³¹。
竹溪	尽娃子们先走，你再给展览过过细细地看一下子。 tɕin³⁵ ua⁵³ tsʅ⁰ mən⁰ ɕian²² tsəu³⁵, n̩i³⁵ tsai³¹ kɛ³⁵ tʂan³⁵ lan³⁵ ko³¹ ko⁰ ɕi³¹ ɕi³¹ ti⁰ kʰan³¹ i⁰ xa³¹ tsʅ⁰。

续表

	0031 让孩子们先走，你再把展览仔仔细细地看一遍。
公安	整〝伢子尕先走，你再把展览过细些看一遍。 tsən²¹ a²⁴ tsʅ⁰ ka⁰ ɕian⁵⁵ tsəu²¹，ni²¹ tsai³³ pa²¹ tsan²¹ nan²¹ kuo³³ ɕi³³ ɕiɛ⁵⁵ kʰan³³ i³⁵ pian³³。
鹤峰	让娃儿们先走，你再把展览过细的看一遍。 zan³⁵ uɚ¹² mən⁰ ɕian⁵⁵ tsəu⁵³，ni⁵³ tsai³⁵ pa⁵³ tʂan⁵³ nan⁵³ kuo⁵³ ɕi⁰ ti⁰ kʰan³⁵ i¹² pian³⁵。
黄冈	让细伢儿先走，你把展览再过细看一遍。 zʮaŋ⁴⁴ ɕi³⁵ ŋar³¹ ɕien²² tsəu⁵⁵，li⁵⁵ pa⁵⁵ tsan⁵⁵ lan⁵⁵ tsai³⁵ ko³⁵ ɕi³⁵ kʰan³⁵ i²¹³ pien³⁵。
红安	让伢儿先走，尔再把展览过细地看一遍。 zʮaŋ³³ ŋar³¹ ɕian¹¹ tsəu⁵⁵，n̩⁵⁵ tsai³⁵ pa⁵⁵ tʂan³⁴ lan³⁵ ko³⁵ ɕi³⁵ ti⁰ kʰan³⁵ i⁰ pian³⁵。
英山	让伢儿得先走，尔展览再过细地看遍。 zʮaŋ³³ ŋar⁵⁵ te⁰ ɕian³¹ tsəu²⁴，n̩²⁴ pa²⁴ tʂan²⁴ lan²⁴ tsai³⁵ ko³⁵ ɕi³⁵ ti⁰ kʰan³⁵ pian³⁵。
蕲春	让伢儿先走，尔把展览再过细地看下儿。 ɥaŋ²¹² ŋɒr³¹ ɕian⁴² tsou³⁴，n̩³⁴ pɒ³⁴ tʂan³⁴ lan³⁴ tsai²⁵ ko²⁵ ɕi²⁵ ti⁰ kʰan²⁵ xɒr⁰。
武穴	让伢儿先走，尔把展览过过细细地再看一遍。 iaŋ²² ŋar³¹ ɕien⁵⁵ tseu³³，n̩³³ pa³³ tsan³³ lan³³ ko³⁵ ko³⁵ si³⁵ si³⁵ ti⁰ tsai³⁵ kʰan³⁵ i²² piɛn³⁵。
黄梅	让伢啰厮先走，尔再把展览过细地再看一下噻。 ɥaŋ³³ ŋa⁵⁵ lo⁰ sʅ⁰ ɕien²¹ tseu¹³，n̩¹³ tsai³⁵ ma¹³ tsan¹¹ lan¹³ ko³⁵ ɕi³⁵ ti⁰ kʰan³⁵ i⁴² xa³³ sæ⁰。
黄陂	尽伢们先走，尔再把展览过细地看一遍。 tɕin⁴¹ ŋa²¹² men⁰ ɕian³³⁴ tsou⁴¹，n̩⁴¹ tsai³⁵ pa⁴¹ tsan⁴¹ lan⁴¹ ko³⁵ ɕi³⁵ ti⁰ kʰan³⁵ i²¹² pian³⁵。
新洲	让细伢们先走，你再把展览过细地看一道。 zʮaŋ³³ ɕi³²⁴ ŋa²² men⁰ ɕien³¹ tsou⁵⁵，ni⁵⁵ tsai³²⁴ pa⁵⁵ tsan⁵⁵ nan⁵⁵ ko³³ ɕi³²⁴ ti⁰ kʰan³²⁴ i²¹³ tao⁰。

语法例句对照　　165

续表

	0031 让孩子们先走，你再把展览仔仔细细地看一遍。
孝感	叫伢们的先走，你把展览再仔仔细细地看一遍。 tɕiau³⁵ ŋa³¹ mən⁰ ti⁰ ɕin³³ tsəu⁵², ni⁵² pa⁵² tʂan⁵² nan⁵² tsai³⁵ tsʅ⁵² tsʅ⁰ ɕi³⁵ ɕi⁰ ti⁰ kʰan³⁵ i³¹ pin³⁵。
安陆	尽伢们儿的先走，尔再把展览过细地看一遍。 tɕin⁵⁵ ŋa³¹ mər³¹ ti⁰ ɕiɛn⁴⁴ tsəu⁵¹, n̩⁵¹ tsai³⁵ pa⁵¹ tʂan⁵¹ nan⁵¹ ko³⁵ ɕi³⁵ ti⁰ kʰan³⁵ i²⁴ piɛn³⁵。
广水	尽伢们先走，尔再把展览再过细看一遍。 tɕin¹³ ŋa⁵³ mən⁵³ ɕiɛn³¹ tsəu³⁴, n̩³⁴ tsai¹³ pa³⁴ tʂan³⁴ lan³⁴ tsai¹³ ko¹³ ɕi¹³ kʰan¹³ i⁵³ piɛn¹³。
黄石	尽伢们先走，你把展览过细地再看下子。 tɕin⁵⁵ ŋa³¹ men⁰ ɕian³³ tsou⁵⁵, li⁵⁵ pɒ⁵⁵ tsan⁵⁵ lan⁵⁵ ko²⁵ ɕi²⁵ ti⁰ tsæ²⁵ kʰan²⁵ xɒ³²⁴ tsʅ⁰。
大冶	尽细伢伈先走，尔再把展览过细看下。 tɕin⁴⁴ sɐi²⁵ ŋɐu³¹ lɤ²⁵ ɕin²² tse⁴⁴, n̩⁴⁴ tsɐ²⁵ pɒ⁴⁴ tsɐ⁴⁴ lɤ⁴⁴ ku²⁵ sɐi²⁵ kʰɛ̃²⁵ xɒ²²。
阳新	叫伢崽先走，尔再把展览过细箇看一到。 tɕiɛ⁴⁴ ŋã²⁵ tsa³¹ sĩ⁴⁴ tse³¹, n̩³¹ tsa⁴⁴ pɒ³¹ tsɛ̃³¹ lã³¹ ko⁴⁴ sai⁴⁴ ko⁰ kʰõ³⁴ i²⁵ tɔ⁴⁴。
咸宁	让伢崽先走，尔再把展览好好生生箇看一遍。 zõ³³ ŋa³¹ tsa⁴² ɕiẽ⁴⁴ tse⁴², n̩⁴² tsa²¹³ pɒ²¹³ tsẽ⁴² nɒ̃⁴² xo⁴² xo⁴² sɒ̃⁴⁴ sɒ̃⁴⁴ kə⁴⁴ kʰõ²¹³ i⁵⁵ pʰiẽ²¹³。
通山	等伢崽先走，尔再把展览好好生生看一遍。 tẽ⁴⁵ ŋa²¹ tsa⁴² sĩ²³ tsɐu⁴², n̩⁴² tsa⁴⁵ pɔ⁴² tsã⁴² lã⁴² xau⁴² xau⁴² sɑŋ²³ sɑŋ²³ kʰœ⁴⁵ i⁵⁵ pĩ⁴⁵。
通城	让崽伈么伈先走，尔再把个展览过过细细看遍嘞。 ȵiɔŋ³⁵ tsai⁴² de⁰ mo⁴² de⁰ ɕiɛn²¹ tɕiau⁴², n̩⁴² tsai²¹⁴ pa⁴² ko⁰ tsɛn⁴² nan⁴² kuo²⁴ kuo⁰ ɕi²⁴ ɕi⁰ han²⁴ piɛn²¹⁴ ne³⁵。

续表

	0031 让孩子们先走，你再把展览仔仔细细地看一遍。
崇阳	尽细伢崽走了当，尔再把展览过过细细看一遍。 tɕin⁵³ ɕi²⁴ ŋæ²¹ tsæ⁰ tɕio⁵³ næ⁰ taŋ²², n̩⁵³ tsæ²⁴ pɑ⁵³ tə⁵³ næ⁵³ ko²⁴ ko²⁴ ɕi²⁴ ɕi²¹⁴ hə²¹⁴ i⁵⁵ piɛ²¹⁴。
嘉鱼	让伢先走，你再把展览好生看一下。 zoŋ²² ŋɒ²⁴ ɕin⁴⁴ tsei³¹, ni³¹ tsai²¹³ pɒ³¹ tʂɛn³¹ nan³¹ xau³¹ sən⁴⁴ kʰɛn²¹³ i⁵⁵ xɒ²²。
赤壁	叫伢儿啰⁼事⁼先走，尔再过细箇把展览看一遍。 tɕiɑu²¹³ ŋar¹³ no⁴⁴ sɻ̩⁰ ɕiei⁴⁴ tɕiɑu³¹, n̩³¹ tsai²¹³ ko²¹³ ɕi²¹³ ko⁰ pa³¹ tʂei³¹ nan³¹ gei²¹³ i⁴⁵ piei²¹³。
监利	等伢们傻⁼先走，你再仔细地把那个展览好生地看一下。 tən²¹ a¹³ mən⁰ sou⁰ ɕien⁴⁴ tsou²¹, ni²¹ tsai³³ tsɻ²¹ ɕi³³ ti⁰ pa²¹ nɤ³³ kɤ⁰ tsan²¹ nan²¹ xau²¹ sən⁴⁴ ti⁰ kʰan²⁵ i⁵⁵ xa⁰。

	0032 他在电视机前看着看着睡着了。
武汉	他在电视机前看倒看倒睡着了。 tʰa⁵⁵ tai²⁵ tian²⁵ sʅ²⁵ tɕi⁵⁵ tɕʰian²¹ kʰan²⁵ tao⁰ kʰan²⁵ tao⁰ suei²⁵ tso²¹³ liao⁰。
蔡甸	他电视看了一半就睡着了。/他电视[没有]看完就睡着了。 tʰa¹⁵ tien⁵⁵ sʅ⁵⁵ kʰan⁵⁵ ɲiao⁰ i³²⁴ pan⁵⁵ tɕiou⁵⁵ ɕyei⁵⁵ tso²¹³ ɲiao⁰。/tʰa¹⁵ tien⁵⁵ sʅ⁵⁵ miou³³⁴ kʰan⁵⁵ uan²¹³ tɕiou⁵⁵ ɕyei⁵⁵ tso²¹³ ɲiao⁰。
江夏	他看电视看一下睡着了。 tʰa³⁵ kʰan³²⁴ tien³⁴ sʅ³²⁴ kʰan³²⁴ i³²⁴ xa⁰ suei³²⁴ tso¹³ ɲiao⁰。
汉川	他在电视机严=下看倒看倒就睡着了。 tʰa⁵⁵ tai³³ tian³³ sʅ³³ tɕi⁵⁵ ŋa¹³ xa⁰ kʰan³³ tau⁰ kʰan³³ tau⁰ tɕiəu³³ ɕyei³³ tso²⁴ niɑu⁰。
荆州	他看电视看倒看倒睡着哒。 tʰa⁵⁵ kʰan³⁵ tien³⁵ sʅ³⁵ kʰan³⁵ tau⁰ kʰan³⁵ tau⁰ suei³⁵ tsuo¹³ ta⁰。
仙桃	他看电视看倒看倒睡着哒。 tʰa⁴⁵ kʰan⁵³ tiɛn⁵³ sʅ⁵³ kʰan⁵³ tau⁰ kʰan⁵³ tau⁰ suei⁵³ tsʰuo¹³ ta⁰。
天门	他在电视机跟前看倒看倒睡着哒。 tʰa⁴⁵ tsai⁵³ tien⁵³ sʅ⁵³ tɕi⁴⁵ kən⁴⁵ tɕʰin⁰ kʰan⁵³ tau⁰ kʰan⁵³ tau⁰ ɕyei⁵³ tsʰo²¹³ ta⁰。
荆门	他在电视机前看着看着睡着哒。 tʰa⁴⁵ tʂai³³ tian³³ sʅ³³ tɕi⁴⁵ tɕʰian²⁴ kʰan³³ tʂuo⁰ kʰan³³ tʂuo⁰ ʂuei³³ tʂuo²⁴ ta⁰。
钟祥	他在电视机前头看逗看逗就睡着哒。 tʰa²⁴ tʂai²¹ tien²¹ sʅ²¹ tɕi²⁴ tɕʰien³¹ tʰəu⁰ kʰan²¹ təu⁰ kʰan²¹ təu⁰ tɕiəu²⁴ ʂuəi²⁴ tʂuo³¹ ta⁰。
宜昌	他在电视机前看倒看倒就睡着哒。 tʰa⁵⁵ tsai³⁵ tiɛn³⁵ sʅ³⁵ tɕi⁵⁵ tɕʰiɛn¹³ kʰan³⁵ tau⁰ kʰan³⁵ tau⁰ tɕiəu³⁵ suei³⁵ tsuo¹³ ta⁰。
兴山	他在电视机前看倒看倒就睡着哒。 tʰa⁴⁵ tsai²⁴ tiɛn⁵⁵ sʅ²⁴ tɕi⁴⁵ tɕʰiɛn³¹ kʰan²⁴ tau⁰ kʰan²⁴ tau⁰ tɕiəu²⁴ ʂuei²⁴ tʂuo⁰ ta⁰。
长阳	他在电视机前看倒看倒就睡着哒。 tʰa⁴⁵ tsai²⁴ tiɛn³³ sʅ²⁴ tɕi⁴⁵ tɕʰiɛn²² kʰan²⁴ tau⁰ kʰan²⁴ tau⁰ tɕiəu²⁴ suei²⁴ tso²² ta⁰。

	0032 他在电视机前看着看着睡着了。
五峰	他在电视机前头，看倒看倒就睡着哒。 tʰa⁵⁵ tsai³⁵ tiɛn³³ sʅ³⁵ tɕi⁵⁵ tɕʰiɛn²¹³ tʰəu⁰，kʰan³⁵ tau⁰ kʰan³⁵ tau⁰ tɕiəu³³ suei³⁵ tsuo²¹³ ta⁰。
宜都	他在电视机跟前看倒看倒就睡着哒。 tʰa⁵⁵ tsai³⁵ tiɛn³⁵ sʅ³⁵ tɕi⁵⁵ kən⁵⁵ tɕʰiɛn⁰ kʰan³⁵ tau⁰ kʰan³⁵ tau⁰ tɕiəu³⁵ suei³⁵ tso⁰ ta⁰。
恩施	他边看边看就个人睡着哒。 tʰa⁵⁵ piɛn⁵⁵ kʰan³⁵ piɛn⁵⁵ kʰan³⁵ tɕiəu³⁵ kuo³³ zən⁰ ʂuei³⁵ tʂuo³³ ta⁰。
咸丰	他在电视机前看倒起看倒起就睡着哒。 tʰa⁵⁵ tsai²¹³ tiɛn²⁴ sʅ²¹³ tɕi⁵⁵ tɕʰiɛn²² kʰan²⁴ tau⁴² tɕʰi⁰ kʰan²⁴ tau⁴² tɕʰi⁰ tɕiəu²¹³ suei²⁴ tsuo²² ta⁰。
建始	他看电视看倒看倒就个睡着哒。 tʰa⁴⁵ kʰan³⁵ tin³⁵ sʅ³⁵ kʰan³⁵ tau⁰ kan³⁵ tau⁰ tɕiəu³⁵ ko⁰ ʂuei³⁵ tʂo²² ta⁰。
巴东	他看电视看倒看倒就睡着哒。 tʰa⁴⁵ kʰan²⁴ tiɛn²⁴ sʅ⁰ kʰan²⁴ tau⁵¹ kʰan²⁴ tau⁰ tɕiəu²⁴ suei²⁴ tsuo²² ta⁰。
宜城	他在电视机前看倒看倒就睡着了。 tʰa²⁴ tsɛ⁴¹ tian⁴¹ sʅ⁴¹ tɕi²⁴ tɕʰian⁵³ kʰan⁴¹ tɔ⁰ kʰan⁴¹ tɔ⁰ təu⁰ fei²⁴ tsuo⁵³ nɔ⁰。
保康	他看电视看倒看倒睡着了。 tʰa²⁴ kʰan³¹ tiɛn³¹ sʅ³¹² kʰan³¹ tau⁰ kʰan³¹ tau⁰ ʂuei³¹ tʂuo⁵³ nau⁰。
神农架	他在电视跟前看倒看倒睡着了。 tʰa²⁴ tsai³¹ tian³¹ sʅ³¹ kən²² tɕʰian⁵³ kʰan³¹ tau⁰ kʰan³¹ tau⁰ ʂuei³¹ tʂuo⁵³ na⁰。
襄阳	他看电视看倒看倒睡着了。 tʰa²⁴ kʰan³¹ tian²⁴ sʅ³¹ kʰan³¹ tau⁰ kʰan³¹ tau⁰ suei³¹ tsuo⁵³ nau⁰。
随州	他在电视机跟头看倒看倒睡着了。 tʰɔ⁴⁴ tai²¹³ tian²⁴ sʅ²¹³ tɕi⁴⁴ kən⁴⁴ tʰəu⁰ kʰan²¹³ tau⁰ kʰan²¹³ tau⁰ ʂuei²⁴ tʂo⁴² niau⁰。

续表

	0032 他在电视机前看着看着睡着了。
郧阳	他在电视跟前看在看在睡着了。 t^ha^{45} tsei^{31} tian^{45} ʂɿ^{31} kən^{45} tɕʰian^{51} kʰan^{31} tsɛi^{0} kʰan^{31} tsɛi^{0} sei^{45} tsuo^{51} lau^{0}。
丹江口	他在电视头的看的看的睡着了。 t^ha^{33} tsɛ^{31} tian^{35} ʂɿ^{31} tʰəu^{51} ti^{0} kʰan^{31} ti^{0} kʰan^{31} ti^{0} sei^{31} tsuo^{51} la^{0}。
房县	他在电视跟前看倒看倒睡着了。 t^ha^{24} tʂai^{31} tian^{24} ʂɿ^{31} kən^{24} tɕʰian^{53} kʰan^{31} tɔu^{0} kʰan^{31} tɔu^{0} ʂuei^{31} tʂuo^{53} nɔu^{0}。
竹溪	他在电视前头看倒看倒睡着了。 t^ha^{24} tsai^{0} tian^{31} ʂɿ^{31} tɕʰian^{53} tʰəu^{0} kʰan^{31} tau^{0} kʰan^{31} tau^{0} ʂuei^{31} tʂo^{53} lia^{0}。
公安	他在电视机跟前看倒看倒睡着哒。 t^ha^{55} tai^{33} tian^{33} ʂɿ^{33} tɕi^{55} kən^{55} tɕʰin^{21} kʰan^{33} təu^{21} kʰan^{33} təu^{21} suei^{33} tsʰuo^{24} ta^{21}。
鹤峰	他在电视机前看去看来就睡着哒。 t^ha^{55} tsai^{35} tian^{35} ʂɿ^{0} tɕi^{55} tɕʰian^{12} kʰan^{35} tʰi^{35} kʰan^{35} nai^{12} tɕiəu^{35} ʂuei^{35} tʂo^{12} ta^{0}。
黄冈	他在电视机跟前看倒看倒瞓着了。 t^ha^{22} tai^{44} tien^{44} ʂɿ^{44} tɕi^{22} kən^{22} tɕʰien^{31} kʰan^{35} tau^{0} kʰan^{35} tau^{0} kʰuən^{35} tso^{31} liau^{0}。
红安	他在电视机前头看倒看倒瞓着了。 t^ha^{11} tsai^{33} tian^{33} ʂɿ^{33} tɕi^{11} tɕʰian^{31} tʰəu^{0} kʰan^{35} tau^{0} kʰan^{35} tau^{0} kʰuən^{35} tʂʰo^{33} liau^{0}。
英山	他在电视机跟前看看看地看瞓着了。 t^ha^{31} tsai^{33} tian^{33} ʂɿ^{33} tɕi^{31} kən^{31} tɕʰian^{55} kʰan^{35} kʰan^{35} kʰan^{35} ti^{0} kʰan^{35} kʰuən^{35} tʂo^{33} liau^{0}。
蕲春	他在电视机跟前看看看，看瞓着了。 t^ha^{42} tsai^{212} tian^{22} ʂɿ^{22} tɕi^{42} kən^{42} tɕʰian^{31} kʰan^{25} kʰan^{25} kʰan^{25}，kʰan^{25} kʰuən^{25} tʂo^{212} liɑu^{0}。
武穴	渠在电视机跟前看看儿，瞓着啰。 xe^{55} te^{33} tiɛn^{22} ʂɿ^{22} tɕi^{55} kɛn^{55} tɕʰiɛn^{31} kʰan^{35} kʰan^{35} ɚ^{0}，kʰun^{35} tso^{22} lo^{0}。

	0032 他在电视机前看着看着睡着了。
黄梅	渠在电视机前头，看看嘞，看倒瞓着了。 kʰæ⁵⁵ tsai³³ tiɛn³³ sʅ³⁵ tɕi²¹ tɕʰiɛn⁵⁵ tʰeu⁰，kʰan³⁵ kʰan³⁵ ne⁰，kʰan³⁵ tau⁰ kʰuən³⁵ tsʰo³³ liau⁰。
黄陂	他在电视机前头，看倒看倒就睡着了。 tʰa³³⁴ tai⁴⁵⁵ tian⁴⁵⁵ sʅ⁴⁴ tɕi³³⁴ tɕʰian²¹² tʰou⁰，kʰan³⁵ tao⁰ kʰan³⁵ tao⁰ tsou⁴⁵⁵ ʂuei³⁵ tso²¹² liao⁰。
新洲	他看电视看得睡着了。 tʰa³¹ kʰan³²⁴ tiɛn³³ sʅ³³ kʰan³²⁴ te⁰ ʂuei³²⁴ tsʰo²¹³ ɲiao⁰。
孝感	他在电视机前头看倒看倒就睡着了。 tʰa³³ tai⁵⁵ tin⁵⁵ sʅ³⁵ tɕi³³ tɕʰin³³ tʰəu⁰ kʰan³⁵ tau⁰ kʰan³⁵ tau⁰ tɕiəu⁵⁵ ʂuei³⁵ tso⁰ niau⁰。
安陆	他在电视机案头看倒看倒就睡着了。 tʰa⁴⁴ tai⁵⁵ tiɛn⁵⁵ sʅ³⁵ tɕi⁴⁴ ŋan³¹ tʰəu⁰ kʰan³⁵ tau⁵¹ kʰan³⁵ tau⁵¹ tsəu⁵⁵ ʂuei³⁵ tso³¹ niau⁰。
广水	他在电视机跟头看倒看倒睡着了。 tʰa³¹ tai¹³ tiɛn¹³ sʅ¹³ tɕi³¹ kən³¹ tʰəu⁰ kʰan¹³ tau³⁴ kʰan¹³ tau³⁴ ʂuei¹³ tso⁵³ liau⁰。
黄石	他在电视前看倒看倒就瞓着了。 tʰɒ³³ tsæ³²⁴ tian²⁵ sʅ²⁵ tɕʰian³¹ kʰan²⁵ tau⁰ kʰan²⁵ tau⁰ tɕiou³²⁴ kʰuen²⁵ tso²¹³ liau⁰。
大冶	渠看电视看倒瞓着了。 kʰe³¹ kʰɛ̃²⁵ tin²⁵ sʅ²⁵ kʰɛ̃²⁵ tɔ⁰ kʰuɐn²⁵ tsʰo²¹³ le⁰。
阳新	渠在电视机前看倒看倒就瞓着欤。 kʰɛ²¹³ tsʰa⁴⁴ tiĩ⁴⁴ sʅ⁴⁴ tɕi⁴⁴ tsʰiĩ²¹³ kʰɔ̃⁴⁴ tɔ³¹ kʰɔ̃⁴⁴ tɔ³¹ tsʰiu⁴⁴ kʰuan⁴⁴ tsʰo²¹³ ɛ⁰。
咸宁	伊在电视机前头看看，看瞓着了。 e³¹ tsʰa³³ tʰiẽ³³ sʅ³³ tɕi⁴⁴ tɕʰiẽ³¹ tʰe³¹ kʰɔ̃²¹³ kʰɔ̃²¹³，kʰɔ̃²¹³ kʰuən²¹³ tsʰə³³ nɒ⁴²。
通山	渠在电视机前看啊看啊，就瞓着了。 ki²¹ tsa³³ tĩ³³ sʅ⁴⁵ tɕi²³ tsĩ²¹ kʰœ⁴⁵ a²¹ kʰœ⁴⁵ a²¹，tɕiou³³ kʰuɐn⁴⁵ tsou⁵⁵ liɛu⁰。

续表

	0032 他在电视机前看着看着睡着了。
通城	伊在看电视，看仂看仂眮着仂。 ie^{42} dzai^{35} han^{214} diɛn^{35} sɿ^{35}，han^{24} ne^{0} han^{24} ne^{0} un^{214} dzoʔ^{55} de^{0}。
崇阳	伊在电视机前看倒看倒就眮着了。 i^{53} zæ^{44} diɛ^{44} sɿ^{44} tɕi^{22} ʑiɛ^{21} hə^{24} tau^{0} hə^{24} tau^{0} ʑiəu^{44} uən^{24} tso^{55} næ^{0}。
嘉鱼	他在电视机跟前看倒看倒眮着了。 xɒ^{44} ts^{h}ai^{22} t^{h}in^{22} sɿ^{22} tɕi^{44} kɛn^{44} tɕ^{h}in^{24} k^{h}ɛn^{213} tau^{31} k^{h}ɛn^{213} tau^{31} k^{h}uən^{213} tʂ^{h}o^{22} nie^{31}。
赤壁	他看电视，看倒看倒就眮着了。 nɑ^{44} gei^{213} diei^{22} ʂɿ^{22}，gei^{213} tau^{0} gei^{213} tau^{0} dʑiu^{22} guən^{213} dzo̞^{13} diɑu^{0}。
监利	他在电视机前呢看去看来一下眮着哒。 t^{h}a^{44} tsai^{33} xiɛn^{33} sɿ^{33} tɕi^{44} tɕ^{h}ian^{13} nɤ^{0} k^{h}an^{25} k^{h}ɯ^{33} k^{h}an^{33} nai^{13} i^{55} xa^{0} k^{h}uən^{33} tʂ^{h}o^{55} ta^{0}。

	0033 你算算看，这点钱够不够花？
武汉	你算下子看，这钱你够不够花咧？ li³³ san²⁵ xa⁰ tsʅ⁰ kʰan²⁵，le²⁵ tɕian²¹³ li³³ kou²⁵ pu⁰ kou²⁵ xua⁵⁵ le⁰？
蔡甸	算下子看，你这点钱够够用哨？ san⁵⁵ xa⁵⁵ tsʅ⁰ kʰan⁵⁵，ni³³⁴ tse⁵⁵ tie³³⁴ tɕʰian²¹³ kou⁵⁵ kou⁰ yŋ⁵⁵ sa⁰？
江夏	你算一下看，这点钱够不够用？ ni³³⁴ san³⁵ i³²⁴ xa⁰ kʰan³²⁴，tsɤ³⁴ tie⁴¹ tɕʰien¹³ kou³²⁴ pu⁰ kou³²⁴ ioŋ⁴⁴⁵？
汉川	你算下子，这点钱看够不够花？ ni⁴² san³³ xa⁰ tsʅ⁰，tɕie³³ tian⁴² tɕʰian¹³ kʰan³³ kəu³³ pu⁰ kəu³³ xuɑ⁵⁵？
荆州	你算下看，迣滴尕钱够不够用？ li⁴² suan³⁵ xa⁰ kʰan³⁵，lie³⁵ ti⁵⁵ kʰa⁵⁵ tɕʰien¹³ kəu³⁵ pu¹³ kəu³⁵ ioŋ³⁵？
仙桃	你算一下，这滴尕钱够不够你用？ li³¹ san⁵³ i²⁴ xa⁰，tsɤ⁵⁵ ti⁴⁵ kʰa⁰ tɕʰien¹³ kəu⁵³ pu⁰ kəu⁵³ li³¹ yoŋ⁵³？
天门	你算下看，这尕钱够不够用？ li³¹ san⁵³ xa⁰ kʰan⁵³，tsɤ²⁴ kʰa⁰ tɕʰien²¹³ kəu⁵³ pu⁰ kəu⁵³ yoŋ⁵³？
荆门	你算算看，这点钱够用吗？ ni⁵⁵ ʂuan³³ ʂuan⁰ kʰan³³，tʂɛ⁴⁵ tian⁵⁵ tɕʰian²⁴ kou³³ ioŋ³³ ma⁰？
钟祥	你算一下看，这点儿钱够不够？ ni⁵³ ʂuan²¹ i³¹ xa²⁴ kʰan²¹⁴，tʂə²¹ tier²⁴ tɕʰien³¹ kəu²¹ pu⁵⁵ kəu²¹⁴？
宜昌	你算下儿看啦，迣点儿钱够不够花啊？ li³³ suan³⁵ xar⁵⁵ kʰan³⁵ la⁰，lie³⁵ tiər³³ tɕʰiɛn¹³ kəu³⁵ pu⁰ kəu³⁵ xua⁵⁵ a⁰？
兴山	你算下儿看，这点儿钱够不够用？ ni⁵⁵ suan²⁴ xar⁴⁵ kʰan²⁴，tʂɤ²⁴ tiər⁵⁵ tɕʰien³¹ kəu²⁴ pu⁰ kəu²⁴ ioŋ²⁴？
长阳	你算下儿看，迣点儿钱够不够用？ ni³¹ suan²⁴ xar⁴⁵ kʰan²⁴，nie²⁴ tiər³¹ tɕʰiɛn²² kəu²⁴ pu⁰ kəu²⁴ ioŋ²⁴？

续表

	0033 你算算看，这点钱够不够花？
五峰	你算下看，这点钱看够不够用？ li³³ suan³³ xa⁵⁵ kʰan³⁵，tsɤ³⁵ tiɛn³³ tɕʰiɛn²¹ kʰan³⁵ kəu³⁵ pu⁰ kəu³⁵ yoŋ⁵⁵？
宜都	你算下儿看，迾点儿钱够不够花？ ni³³ suan³⁵ xar⁵⁵ kʰan³⁵，niɛ³³ tiər³³ tɕʰiɛn¹³ kəu³⁵ pu⁰ kəu³⁵ xua⁵⁵？
恩施	你算下子，迾点儿钱够不够用？ ni⁵¹ suan³⁵ xa⁰ tsʅ⁰，nei³⁵ tiə⁵¹ tɕʰiɛn³³ kəu³⁵ pu⁰ kəu³⁵ ioŋ³⁵？
咸丰	你算一下儿看，迾点儿钱够不够用？ ni⁴² suan²⁴ i²² xə⁰ kʰan²¹³，niɛ²⁴ tiə⁴² tɕʰiɛn²² kəu²⁴ pu²² kəu²⁴ yoŋ²¹³？
建始	你算下子看，迾点儿钱用不用得倒？ ni⁵¹ suan³⁵ xa⁰ tsʅ⁰ kʰan³⁵，nɛ³⁵ tiə⁰ tɕʰin²² ioŋ³⁵ pu²² ioŋ³⁵ tɛ²² tau⁰？
巴东	你算下，这点儿钱够不够用？ ni⁵¹ suan²⁴ xa⁰，tse²⁴ tiə⁰ tɕʰiɛn²² kəu²⁴ pu²² kəu²⁴ ioŋ²⁴？
宜城	你算算看，这点儿钱够不够用？ ni⁵⁵ san⁴¹ san⁰ kʰan⁴¹，tse⁴¹ tiɐr⁵⁵ tɕʰian⁵³ kəu⁴¹ pu⁰ kəu²⁴ yəŋ⁴¹？
保康	你算下儿看，这点儿钱够不够花？ ni⁵⁵ san³¹ xar⁰ kʰan⁰，tʂe³¹ tiɐr⁵⁵ tɕʰiɛn⁵³ kəu³¹ pu⁰ kəu³¹ xua²⁴？
神农架	你算下儿看，这点儿钱够不够花？ ni³³ ʂan³¹ xər⁰ kʰan³¹³，tʂɛ³¹ tian³³ tɕʰian⁵³ kəu³¹ pu⁰ kəu³¹ xua²⁴？
襄阳	你算下儿看，这点儿钱够用吧？ ni³⁵ san³¹ xar⁰ kʰan⁰，tsə³¹ tiar²⁴ tɕʰian⁵³ kəu²⁴ yŋ³¹ pa⁰？
随州	你算下儿看，这点儿钱够不够用？ ni³⁵³ san²⁴ xɔr²¹³ kʰan²¹³，tsə²⁴ tiɐr²¹³ tɕʰian⁴² kəu²¹³ pu⁰ kəu²¹³ ioŋ²¹³？
郧阳	你算一下儿这点儿钱够用啵？ li⁴³ san³¹ i⁰ xar³¹ tsɤ³¹ tiar⁰ tɕʰian⁵¹ kəu⁴⁵ yn³¹ po⁰？

续表

	0033 你算算看，这点钱够不够花？
丹江口	你算下儿看，这钱够用吧？ ni³³ san³¹ xar³¹ kʰan³¹，tsɤ³¹ tɕʰian⁵¹ kəu³⁵ yŋ³¹ pa⁰？
房县	你算下儿看，这些钱够用吧？ ni³³ ʂan³¹ xər³¹ kʰan³¹，tʂe³¹ ɕie²⁴ tɕʰian⁵³ kəu²⁴ yəŋ³¹ pa⁰？
竹溪	你算下子，这点儿钱够不够花？ n̩i³⁵ san³¹ xa³¹ tsɨ⁰，tʂɛ³¹ tiar³⁵ tɕʰian⁵³ kəu³¹ pu⁰ kəu³¹ xua²⁴？
公安	你算下子看哆⁼，冽滴尕钱够不够用？ ni²¹ suan³³ xa²¹ tsɨ⁰ kʰan³³ tuo⁰，nie³⁵ ti⁵⁵ ka⁰ tɕʰian²⁴ kəu³³ pu³⁵ kəu³³ ioŋ³³？
鹤峰	你闷会儿，这点儿钱经不经用？ ni⁵³ mən⁵⁵ xɚ⁵³，tʂɛ³⁵ tiɚ⁵³ tɕʰian¹² tɕin⁵⁵ pu⁰ tɕin⁵⁵ ioŋ³⁵？
黄冈	你默下儿，这点儿钱够不够用？ li⁵⁵ me²¹³ xar⁰，tɕie³⁵ tier⁵⁵ tɕʰien³¹ kəu³⁵ pu⁰ kəu³⁵ ioŋ⁴⁴？
红安	尔算下儿看，冽多钱够用不？/尔算下儿看，冽多钱够不够用？ n̩³³ san³⁵ xar⁰ kʰan³⁵，le³⁵ to¹¹ tɕʰian³¹ kəu³⁵ zoŋ³³ pu⁰？/n̩⁵⁵ san³⁵ xar⁰ kʰan³⁵，le³⁵ to¹¹ tɕʰian³¹ kəu³⁵ pu⁰ kəu³⁵ zoŋ³³？
英山	尔默下儿，这点钱够用不？ n̩²⁴ me²¹³ xar⁰，te³⁵ tian²⁴ tɕʰian⁵⁵ kəu³⁵ ioŋ³³ pu⁰？
蕲春	尔默一下儿，这点儿钱够不够？/尔默一下儿，这点儿钱够不？ n̩³⁴ ma²¹ i²¹ xɒr⁰，tʂɛ²⁵ tiar³⁴ tɕʰian³¹ kou²⁵ pu⁰ kou²⁵？/n̩³⁴ ma²¹ i²¹ xɒr⁰，tʂɛ²⁵ tiar³⁴ tɕʰian³¹ kou²⁵ pu⁰？
武穴	尔算倒看下儿，这点儿钱够用啵？/尔算倒看下儿，这点儿钱够不够用？ n̩³³ son³⁵ tau⁰ kʰan³⁵ xa²² ɚ⁰，te³⁵ tiɛn³³ ɚ⁰ tɕʰiɛn³¹ keu³⁵ iəŋ²² po⁰？/n̩³³ son³⁵ tau⁰ kʰan³⁵ xa²² ɚ⁰，te³⁵ tiɛn³³ ɚ⁰ tɕʰiɛn³¹ keu³⁵ pu⁰ keu³⁵ iəŋ²²？

续表

	0033 你算算看，这点钱够不够花？
黄梅	尔算下嘞，这点钱够不够用？ ŋ̍¹³ son³⁵ xa³³ ne⁰，tai³⁵ tiɛn¹³ tɕʰiɛn⁵⁵ keu³⁵ pu⁰ keu³⁵ ioŋ³³？
黄陂	尔算一下看，迾点钱够不够用？/尔算下子看，迾点钱够用不？ ŋ̍⁴¹ san³⁵ i²¹² xa⁰ kʰæ³⁵，lie³⁵ tie⁴¹ tɕʰian²¹² kou³⁵ pu⁰ kou³⁵ ioŋ⁴⁵⁵？/ŋ̍⁴¹ san³⁵ xa⁰ tsɿ⁰ kʰan³⁵，lie³⁵ tian⁴¹ tɕʰian²¹² kou³⁵ ioŋ⁴⁵⁵ pu⁰？
新洲	你算下儿，这钱够不够用？ ȵi⁵⁵ san³²⁴ xar⁰，tse³³ tɕʰien²²⁴ kou³²⁴ pu⁰ kou³²⁴ ioŋ³³？
孝感	你算下儿，迾点儿钱够不够用？ ni⁵² sɑn³⁵ xɑr⁵⁵，niɛ³⁵ tiɚ⁵² tɕʰin³¹ kəu³⁵ pu⁰ kəu³⁵ ioŋ⁵⁵？
安陆	你算下，迾点钱够不够花？ ŋ̍⁵¹ san³⁵ xa⁵⁵，niɛ³⁵ tiɛn⁵¹ tɕʰiɛn³¹ kəu³⁵ pu²⁴ kəu³⁵ xua⁴⁴？
广水	尔算下呄，迾点钱够不够？ ŋ̍³⁴ san¹³ xa¹³ ʂɛ⁰，lie¹³ tiɛn³⁴ tɕʰiɛn⁵³ kəu¹³ pu⁵³ kəu¹³？
黄石	你划算一下，这点钱够用不？ li⁵⁵ xuɒ³¹ san²⁵ i²¹³ xɒ³²⁴，tse²⁵ tier⁵⁵ tɕʰian³¹ kou²⁵ ioŋ³²⁴ pu⁰？
大冶	尔算下，箇点钱做不做得倒？ ŋ̍⁴⁴ sẽ²⁵ xɒ²²，ko⁴⁴ ȵiẽ⁵² tɕʰin³¹ tsɐu²⁵ pu⁰ tsɐu²⁵ tɐ²¹³ to⁴⁴？
阳新	尔算下啦，看这点钱用不用得倒？ ŋ̍³¹ sõ⁴⁴ xa²⁵ la⁰，kʰõ⁴⁴ tɛ²⁵ tin²⁵ tsʰĩ²¹³ iaŋ⁴⁴ pu²⁵ iaŋ⁴⁴ tɛ²⁵ to³¹？
咸宁	尔算一下看，个点崽钱够不够用？ ŋ̍⁴² sõ²¹³ i⁵⁵ xɒ³³ kʰõ²¹³，kə³¹ tiɛ⁴² tsa⁴² tɕʰiẽ³¹ ke²¹³ pu⁵⁵ ke²¹³ iəŋ³³？
通山	你算下，个点钱用不用得倒？ ŋ̍⁴² sœ⁴⁵ xɔ³³，ka²¹ tĩ⁴² tsĩ²¹ iaŋ³³ pa⁵⁵ iaŋ³³ tɛ⁵⁵ tɑu⁴²？

	0033 你算算看，这点钱够不够花？
通城	尔算下者，个点钱有不有仍？ n̩^{42} son^{214} ha^{35} tse^0，ke^{24} tiɛn^{42} dʑiɛn^{33} iou^{42} pən?^{55} iou^{42} de^0？
崇阳	尔算下子，个点子钱够不够用？ n̩^{53} sə^{24} hɑ^{44} tsæ^0，ko^{24} tiɛ^{53} tsæ^0 ʑiɛ^{21} kəu^{24} pæ^{55} kəu^{214} in^{44}？
嘉鱼	你算一下看，这个钱够不够用？ ni^{31} sɛn^{213} i^{55} xɒ^{22} kʰɛn^{213}，tɒ^{24} ko^{213} tɕʰin^{24} kei^{213} pu^{55} kei^{213} iən^{22}？
赤壁	尔算下儿看得，这点儿钱用得倒吧？ n̩^{31} sei^{31} xɑr^{45} gə^{13} tə^0，tɑ^{13} tir^{45} dʑiei^{13} in^{22} tə^0 tɑu^{31} pɑ^0？
监利	你算一下看，这滴钱够不够用？ ni^{21} sɛn^{25} i^{55} xa^0 kʰan^{33}，tsɤ^{25} ti^{55} tɕʰian^{13} kou^{25} pu^{55} kou^{33} ioŋ^{33}？

	0034 老师给了你一本很厚的书吧？
武汉	老师把了一本蛮厚的书你吧？ lao⁴⁴ sɿ⁵⁵ pa³³ liao⁰ i²¹³ pen⁴² man²¹³ xou²⁵ ti⁰ ɕy⁵⁵ li³³ pa⁰？
蔡甸	老师是不是把蛮厚一本书你去了啊？ lao³³⁴ sɿ¹⁵ sɿ⁵⁵ pu⁰ sɿ⁵⁵ pa³³⁴ man²¹³ xou⁵⁵ i³²⁴ pen³³⁴ ɕy¹⁵ n̠i³³⁴ kʰu⁵⁵ n̠iao⁰ a⁰？
江夏	老师把了本蛮厚的书你了吧？ nao⁴⁴ sɿ³⁵ pa⁴¹ niao⁰ pən⁴¹ man³³ xou⁴⁵ ti⁰ ɕy³⁵ ni⁴¹ niao⁰ pa⁰？
汉川	老师是不是把了一本蛮厚的书你去了？ nau⁴² sɿ⁰ sɿ³³ pu⁰ sɿ³³ pa⁴² niɑu⁰ i²⁴ pən⁴² man¹³ xəu³³ ti⁰ ɕy⁵⁵ ni⁴² tɕʰi⁰ niɑu⁰？
荆州	老师是不给啊你一本蛮厚的书啊？ lau⁴² sɿ⁵⁵ sɿ³⁵ pu¹³ kɤ⁴² a⁰ li⁴² i¹³ pən⁴² man¹³ xəu³⁵ ti⁰ su⁵⁵ a⁰？
仙桃	老师是不是给哒你一本蛮厚的书啊？ lau³¹ sɿ⁴⁵ sɿ⁵³ pu⁰ sɿ⁵³ kɤ³¹ ta⁰ li³¹ i²⁴ pən³¹ man¹³ xəu⁵³ ti⁰ su⁴⁵ a⁰？
天门	老师是不是给了你太厚的本书啊？ lau³¹ sɿ⁴⁵ sɿ⁵³ pu⁰ sɿ⁵³ kɤ³¹ liau⁰ li³¹ tʰai³¹ xəu⁵³ ti⁰ pən³¹ ɕy⁴⁵ a⁰？
荆门	老师给哒你一本蛮厚的书吧？ nau⁵⁵ ʂɿ⁴⁵ kɛ⁵⁵ ta⁰ ni⁵⁵ i²⁴ pən⁵⁵ man²⁴ xou³³ ti⁰ ʂu⁴⁵ pa⁰？
钟祥	老师是不是给哒一本很厚的书给你哒？ nau⁵³ ʂɿ²⁴ sɿ²¹ pu³¹ sɿ²⁴ kə⁵³ ta⁰ i³¹ pən³¹ xən⁵³ xəu²¹⁴ ti⁰ ʂu²¹ kə⁵³ ni⁵³ ta⁰？
宜昌	老师给哒你一本蛮厚的书吧？ lau³³ sɿ⁵⁵ kɤ³³ ta⁰ li³³ i¹³ pən³³ man¹³ xəu³⁵ ti⁰ su⁵⁵ pa⁰？
兴山	老师给你把哒一本蛮厚的书吧？ nau⁵⁵ sɿ⁴⁵ kɤ⁵⁵ ni⁵⁵ pa⁵⁵ ta⁰ i³¹ pən¹¹ man³¹ xəu²⁴ ti⁰ ʂu⁴⁵ pa⁰？
长阳	老师给啊你一本蛮厚的书吧？ nau³¹ sɿ⁴⁵ kɤ³¹ a⁰ ni³¹ i²² pən³¹ man²² xəu²⁴ ti⁰ su⁴⁵ pa⁰？
五峰	老师给哒你一本蛮厚的书吧？ lau³³ sɿ⁵⁵ kɤ³³ ta⁰ li³³ i²² pən³¹ man²² xəu³⁵ ti⁰ su⁵⁵ pa⁰？

	0034 老师给了你一本很厚的书吧？
宜都	老师给哒你一本蛮厚的书吧？ nau³³ sʅ⁵⁵ kɤ³³ ta⁰ ni³³ i¹³ pən³³ man¹³ xəu³⁵ ti⁰ su⁵⁵ pa⁰？
恩施	老师跟你把哒一本儿厚书是不是欸？ nau⁵¹ sʅ⁵⁵ kən⁵⁵ ni⁵¹ pa⁵¹ ta⁰ i³³ pɚ⁵¹ xəu³⁵ ʂu⁵⁵ sʅ³⁵ pu⁰ sʅ³⁵ ei⁰？
咸丰	老师把给你一本好厚的书是不是？ nau³³ sʅ⁵⁵ pa⁴² kɛ³³ ni⁴² i²² pən⁴² xau³³ xəu²¹³ ti⁰ su⁵⁵ sʅ²⁴ pu²² sʅ²¹³？
建始	老师跟你把啊一本蛮厚的书啊？ nau⁵¹ sʅ⁴⁵ kən⁴⁵ ni⁵¹ pa⁵¹ a⁰ i²² pən⁵¹ man²² xəu³⁵ ti⁰ su⁴⁵ a⁰？
巴东	老师把哒你一本蛮厚的书啊？ nau⁵¹ sʅ⁴⁵ pa⁵¹ ta⁰ ni⁵¹ i²² pən⁵¹ man²² xəu²⁴ ti⁰ su⁴⁵ a⁰？
宜城	老师给你了一本很厚的书[是吧]？ nɔ⁵⁵ sʅ²⁴ ki²² ni⁰ nɔ⁰ i⁵³ pən⁵⁵ xən⁵⁵ xəu⁴¹ ti⁰ fu²⁴ sua²⁴？
保康	老师是不是给了你一本儿多厚的书？ nau⁵⁵ sʅ²⁴ ʂʅ³¹ pu⁰ sʅ³¹ ki²⁴ nau⁰ ni⁵⁵ i⁵³ pɚ⁵⁵ tuo⁵³ xəu³¹ ni⁰ ʂu²⁴？
神农架	老师给你了一本好厚的书吧？ nau³³ sʅ²⁴ kɯ²⁴ ni³³ na⁰ i⁵³ pən³³ xau³³ xəu³¹ ti⁰ ʂu²² pa⁰？
襄阳	老师是不是给了你一本儿多厚的书？ nau³⁵ sʅ²⁴ sʅ³¹ pu⁰ sʅ³¹ kɯ³⁵ nau⁰ ni³⁵ i⁵³ pɚ³⁵ tuo⁵³ xəu³¹ ti⁰ su²⁴？
随州	老师把了你一本好厚的书哟？ nau³⁵ sʅ⁴⁴ pɔ³⁵³ niau⁰ ni³⁵³ i⁴⁴ pən³⁵³ xau³⁵ xəu²¹³ ti⁰ ʂʅ⁴⁴ io⁰？
郧阳	老师是不是给了你一本儿好厚的书？ lau⁴³ sʅ⁴⁵ sʅ³¹ pu⁰ sʅ³¹ kɯ⁴⁵ lau⁰ li⁴³ i⁴⁵ pɚ⁴³ xau⁴³ xəu³¹ ti⁰ su⁴⁵？
丹江口	老师给你了好厚一本儿书吧？ lɔ³³ sʅ³⁵ kɯ³⁵ ni³³ la⁰ xɔ³³ xəu³¹ i⁵¹ pɚ³³ su³⁵ pa⁰？

语法例句对照　　179

续表

	0034 老师给了你一本很厚的书吧？
房县	老师给你了一本儿好厚的书吧？ nɔu³³ sʅ⁰ kɯ²⁴ ni³³ nɔu⁰ i²⁴ pər⁵⁵ xɔu³³ xəu³¹ ti⁰ ʂu²⁴ pa⁰?
竹溪	老师给你一本多么厚的书啵？ lau³⁵ sʅ⁰ kɛ³⁵ ni³⁵ i⁵³ pən³⁵ to²² mən⁰ xəu³¹ ti⁰ ʂʅ²² po⁰?
公安	老师给哒你一本蛮厚的书啵？ nau²¹ sʅ⁵⁵ kɤ²¹ ta²¹ ni²¹ ³⁵ i⁵³ pən²¹ man²⁴ xəu³³ ni⁰ su⁵⁵ po⁰?
鹤峰	老师是不是跟你给了一本很厚的书？ nau⁵³ sʅ⁵⁵ sʅ¹² pu³⁵ sʅ¹² kən⁵⁵ ni⁵³ kɛ⁵³ niau⁰ i¹² pən⁵³ xən⁵³ xəu³⁵ ti⁰ ʂu⁵⁵?
黄冈	老师把了一本乜˭厚的书你呗？ lau⁵⁵ sʅ²² pa⁵⁵ liau⁰ i²¹³ pən⁵⁵ me⁴⁴ xəu⁴⁴ ti⁰ ʂʅ²² li⁵⁵ pe⁰?
红安	老师把了尔好厚一本书吧？ lau³⁴ sʅ¹¹ pa⁵⁵ liau⁰ n̩⁵⁵ xau³⁴ xəu³³ i²² pən⁵⁵ ʂʅ¹¹ pa⁰?
英山	老师把了本好厚的书尔吧？ lau²⁴ sʅ³¹ pa⁵⁵ liau⁰ pən²⁴ xau²⁴ xəu³³ ti⁰ ʂʅ³¹ n̩²⁴ pa⁰?
蕲春	老师把了本好厚的书尔吧？ lɑu³⁴ sʅ⁴² pɒ³⁴ liɑu⁰ pən³⁴ xɑu³⁴ xou²¹² ti⁰ ʂʅ⁴² n̩³⁴ pɒ⁰?
武穴	老师把了本好厚的书尔啵？／老师把了尔一本好厚的书啵？ lau³³ sʅ⁵⁵ pa³³ liau⁰ pən³³ xau³³ xeu²² ti⁰ fʅ⁵⁵ n̩³³ po⁰?／lau³³ sʅ⁵⁵ pa³³ liau⁰ n̩³³ i²² pən³³ xau³³ xeu²² ti⁰ fʅ⁵⁵ po⁰?
黄梅	老师把了尔一本好厚的书吧？／老师把了一本好厚的书尔吧？ lau¹³ sʅ²¹ ma¹³ liau⁰ n̩¹³ i⁴² pən¹³ xau¹³ xeu³³ ti⁰ ɕʅ²¹ pa⁰?／lau¹³ sʅ²¹ ma¹³ liau⁰ i⁴² pən¹³ xau¹³ xeu³³ ti⁰ ɕʅ²¹ n̩¹³ pa⁰?
黄陂	老师把了尔一本蛮厚的书是不？ lao⁴¹ sʅ³³⁴ pa⁴¹ liao⁰ n̩⁴¹ i²¹⁴ pen⁴¹ man²¹² xou⁴⁵⁵ ti⁰ ʂʅ³³⁴ sʅ⁴⁵⁵ pu⁰?

	0034 老师给了你一本很厚的书吧？
新洲	老师给得你好厚一本书吧？ nao⁵⁵ sʅ³¹ tɕi³²⁴ te⁰ ȵi⁵⁵ xao⁵⁵ xou³³ i²¹³ pen⁵⁵ ʂʅ³¹ pa⁰？
孝感	老师是不是给你了一本蛮厚的书？ nau⁵² sʅ³³ sʅ⁵⁵ pu⁰ sʅ⁵⁵ ke⁵² ni⁵² iau⁰ i²¹³ pən⁵² man³¹ xəu⁵⁵ ti⁰ ʂʅ³³？
安陆	老师把了尔一本很厚的书吧？ nau⁵¹ sʅ⁴⁴ pa⁵¹ niau⁰ n̩⁵¹ i²⁴ pən⁵¹ xɛ⁵¹ xəu⁵⁵ ti⁰ ʂʅ⁴⁴ pa⁰？
广水	老师是把了一本蛮厚的书尔嘞？ lau³⁴ sʅ³¹ sʅ¹³ pa³⁴ liau⁰ i⁵³ pən³⁴ man⁵³ xəu¹³ ti⁰ ʂʅ³¹ n̩³⁴ lɛ⁰？
黄石	老师把了一本蛮厚的书你吧？ lau⁵⁵ sʅ³³ pɒ⁵⁵ liau⁰ i²¹³ pen⁵⁵ man³¹ xou³²⁴ ti⁰ ɕʅ³³ li⁵⁵ pa⁰？
大冶	老师把了本总个厚箇书尔个？ lɔ⁴⁴ sʅ²² pɒ⁴⁴ le⁰ pɐn⁴⁴ tsɐŋ⁴⁴ ko⁰ xe²² ko⁰ ɕy²² n̩⁴⁴ ko⁰？
阳新	老师把一本厚书得尔了吧？ lɔ³¹ sʅ⁴⁴ pɒ³¹ i²⁵ pan³¹ xɛ⁴⁴ ɕy⁴⁴ tɛ²⁵ n̩³¹ lɛ⁰ pɒ⁰？
咸宁	老师把了一本蛮厚箇书得尔吧？ no⁴² sʅ⁴⁴ pɒ⁴² nɒ⁴² i⁵⁵ pən⁴² mɒ̃³¹ xe³³ kə⁴⁴ ɕy⁴⁴ te⁵⁵ n̩⁴² pɒ⁴²？
通山	老师把得尔一本蛮厚箇书吧？ lɑu⁴² sʅ²¹³ pɒ⁴² tɛ⁵⁵ n̩⁴² i⁵⁵ pɐn⁴² mã²¹ xɛu³³ ka³³ ɕy²¹³ pa³³？
通城	老师把伱一本闷˭厚箇书得尔伱吧？ nau⁴² sʅ²¹ pa⁴² de⁰ iʔ⁵⁵ pən⁴² mən²⁴ hiau³⁵ ko⁰ fy²¹ te³⁵ n̩⁴² ne⁰ pa⁰？
崇阳	老师把得尔一本蛮厚箇书吧？ nau⁵³ sʅ²² pa⁵³ tə⁵⁵ n̩⁵³ i⁵⁵ pən⁵³ mæ²¹ zio⁴⁴ ka⁰ səu²² pa⁰？

续表

	0034 老师给了你一本很厚的书吧？
嘉鱼	老师把了一本蛮厚箇书你吧？ nau^{31} s̩^{44} pɒ^{31} nie^{31} i^{55} pən^{31} man^{24} xei^{22} ko^{44} ɕy^{44} ni^{31} pɒ^{31}?
赤壁	老师把了一本甩=厚箇书得尔吧？ nɑu^{31} s̩^{44} pa^{31} diɑu^{0} i^{45} pən^{31} ʂuai^{31} xɑu^{22} ko^{0} ʂʅ^{44} tə^{0} n̩^{31} pa^{0}?
监利	老师给了你一本蛮厚的书吧？ nau^{21} s̩^{44} kɤ^{21} mɤ^{0} ni^{21} i^{55} pən^{21} man^{13} xou^{33} ti^{0} ʂʅ^{44} pa^{0}?

	0035 那个卖药的骗了他一千块钱呢。
武汉	那个卖药的骗了他一千块钱去了。 la^{13} ke^0 mai^{25} yo^{21} ti^0 pʰian^{25} liao^0 tʰa^{55} i^{21} tɕʰian^{55} kʰuai^{42} tɕian^{21} kʰɯ^{25} liao^0。
蔡甸	那个卖药的骗了他一千块钱啰！／他的一千块钱被那个卖药的骗去了。 la^{55} ke^0 mai^{55} yo^{324} ti^0 pʰien^{55} ɲiao^0 tʰa^{15} i^{324} tɕʰien^{15} kʰuai^{334} tɕʰien^{213} lo^0！／tʰa^{15} ti^0 i^{324} tɕʰien^{15} kʰuai^{334} tɕʰien^{213} pei^{55} la^{55} ke^0 mai^{55} yo^{324} ti^0 pʰien^{55} kʰɯ^0 ɲiao^0。
江夏	那个卖药的哄了他一千块钱呐！ na^{324} ko^0 mai^{35} yo^{324} ti^0 xoŋ^{41} ɲiao^0 tʰa^{35} i^{34} tɕʰien^{35} kʰuai^{44} tɕʰien^{31} na^0！
汉川	那个卖药的糊了他一千块钱。 na^{33} ko^0 mai^{33} io^{24} ti^0 xu^{55} niau^0 tʰa^{55} i^{13} tɕʰian^{55} kʰuai^{42} tɕʰian^{13}。
荆州	那个卖药的糊啊他一千块钱咧。 luo^{35} kuo^0 mai^{35} io^{13} ti^0 xu^{55} a^0 tʰa^{55} i^{13} tɕʰien^{55} kʰuai^{42} tɕʰien^{13} lie^0。
仙桃	那个卖药的糊啊他一千块钱咧。 luo^{55} kuo^0 mai^{53} yo^{24} ti^0 xu^{45} a^0 tʰa^{45} i^{24} tɕʰiɛn^{45} kʰuai^{31} tɕʰiɛn^{13} lie^0。
天门	那个卖药的糊啊他一千块钱啰。 lo^{24} ko^{53} mai^{53} yo^{24} ti^0 xu^{45} a^0 tʰa^{45} i^{24} tɕʰien^{45} kʰuai^{31} tɕʰien^{213} lo^0。
荆门	那个卖药的骗哒他一千块钱去哒。 na^{45} kuo^0 mai^{33} io^{24} ti^0 pʰian^{33} ta^0 tʰa^{45} i^{24} tɕʰian^{45} kʰuai^{33} tɕʰian^{24} kʰɯ^{33} ta^0。
钟祥	那个卖药的骗子骗啊他一千块钱。 nə^{21} kuo^{21} mai^{24} io^{31} ti^0 pʰien^{21} ɿ^0 pʰien^{21} a^0 tʰa^{24} i^{31} tɕʰien^{21} kʰuai^{55} tɕʰien^{31}。
宜昌	那个卖药的骗哒他一千块钱咧。 la^{35} kɤ^0 mai^{35} io^{13} ti^0 pʰiɛn^{35} ta^0 tʰa^{55} i^{13} tɕʰiɛn^{55} kʰuai^{33} tɕʰiɛn^{13} lie^0。
兴山	那个卖药的糊啊他一千块钱呢。 na^{24} kɤ^0 mai^{24} yo^{31} ti^0 xu^{45} a^0 tʰa^{45} i^{31} tɕʰien^{45} kʰuai^{55} tɕʰien^{31} n̩^{0}。
长阳	那个卖药的糊啊他一千块钱咧。 na^{24} kɤ^0 mai^{24} yo^{22} ti^0 xu^{22} a^0 tʰa^{45} i^{22} tɕʰiɛn^{45} kʰuai^{31} tɕʰiɛn^{22} nie^0。

续表

	0035 那个卖药的骗了他一千块钱呢。
五峰	那个卖药的骗哒他一千块钱咧。 lai³⁵ kɤ⁰ mai³⁵ yo²¹³ ti⁰ pʰiɛn³⁵ ta⁰ tʰa⁵⁵ i²¹ tɕʰiɛn⁵⁵ kʰuai³³ tɕʰiɛn²¹ lie⁰。
宜都	那个卖药的骗哒他一千块钱咧。 nei³⁵ kɤ⁰ mai³⁵ io¹³ ti⁰ pʰiɛn³⁵ ta⁰ tʰa⁵⁵ i¹³ tɕʰiɛn⁵⁵ kʰuai³³ tɕʰiɛn¹³ nie⁰。
恩施	那个卖药的骗哒他一千块钱。 na³⁵ kɤ⁰ mai³⁵ io³³ ti⁰ pʰiɛn³⁵ ta⁰ tʰa⁵⁵ i³³ tɕʰiɛn⁵⁵ kʰuai⁵¹ tɕʰiɛn³³。
咸丰	那个卖药的骗哒他一千块钱啰。 na²⁴ ko²¹³ mai²⁴ yo²² ti⁰ pʰiɛn²⁴ ta⁰ tʰa⁵⁵ i²² tɕʰiɛn⁵⁵ kʰuai²¹³ tɕʰiɛn²² nuo⁰。
建始	迡个卖药的骗啊他一千块钱。 nɛ³⁵ kɤ⁰ mai³⁵ yo²² ti⁰ pʰin³⁵ a⁰ tʰa⁴⁵ i²² tɕʰin⁴⁵ kʰuai⁵¹ tɕʰin²²。
巴东	那个卖药的骗哒他一千块钱。 nai²⁴ kə⁰ mai²⁴ io²² ti⁰ pʰiɛn²⁴ ta⁰ tʰa⁴⁵ i²² tɕʰiɛn⁴⁵ kʰuai⁵¹ tɕʰiɛn²²。
宜城	那个卖药的骗了他一千块钱啦。 na⁴¹ ko⁰ mɛ²⁴ yo⁵³ ti⁰ pʰian⁴¹ nɔ⁰ tʰa²⁴ i⁵³ tɕʰian²⁴ kʰuɛ⁵⁵ tɕʰian⁵³ na⁰。
保康	那个卖药的标⁼走了他一千块钱啦。 na³¹ kə⁰ mai³¹ yo⁵³ ni⁰ piau²² tsəu⁵⁵ nau⁰ tʰa²⁴ i⁵³ tɕʰiɛn²² kʰuai⁵⁵ tɕʰiɛn⁵³ na⁰。
神农架	那个卖药的标⁼了他一千块钱。 na³¹ kɤ⁰ mai³¹ yo⁵³ ti⁰ piau²² na⁰ tʰa²⁴ i⁵³ tɕʰian²⁴ kʰuai³³ tɕʰian⁵³。
襄阳	那个卖药的标⁼了他一千块钱啦。 na³¹ kə⁰ mai³¹ yo⁵³ ni⁰ piau²⁴ nau⁰ tʰa²⁴ i⁵³ tɕʰian²⁴ kʰuai³⁵ tɕʰian⁵³ na⁰。
随州	那个卖药的骗了他一千块钱。 na²¹³ ko⁰ mai²⁴ io⁴² ti⁰ pʰian²¹³ niau⁰ tʰa⁴⁴ i⁴⁴ tɕʰian⁴⁴ kʰuai³⁵³ tɕʰian⁴²。
郧阳	那个卖药的标⁼了他一千块钱。 la³¹ kɤ⁰ mɛi³¹ yo⁴⁵ ti⁰ piau⁴⁵ lau⁰ tʰa⁴⁵ i⁴⁵ tɕʰian⁴⁵ kʰuɛi⁴³ tɕʰian⁵¹。

续表

	0035 那个卖药的骗了他一千块钱呢。
丹江口	那个卖药的标=了他一千块钱唻。 la³¹ kɤ⁰ mɛ³¹ yo³⁵ ti⁰ piɔ³⁵ la⁰ tʰa³⁵ i⁵¹ tɕʰian³⁵ kʰuɛ³³ tɕʰian⁵¹ lɛ⁰。
房县	那个卖药的标=了他一千块钱。 na³¹ kɤ⁰ mai³¹ yo⁵³ ti⁰ piou²⁴ nou⁰ tʰa²⁴ i⁵³ tɕʰian²⁴ kʰuai³³ tɕʰian⁵³。
竹溪	那个卖药的哄了他一千块钱啰。 la³¹ kɤ⁰ mai³¹ io²² ti⁰ fəŋ³⁵ lia⁰ tʰa²² i⁵³ tɕʰian²² kʰuai³⁵ tɕʰian⁵³ lo⁰。
公安	那个卖药的骗哒他一千块钱咧。 nuo³⁵ kuo³³ mai³³ yo³⁵ ni⁰ pʰian³³ ta²¹ tʰa⁵⁵ i³⁵ tɕʰian⁵⁵ kʰuai²¹ tɕʰian²⁴ niɛ²¹。
鹤峰	那个卖药的骗了他一千块钱呢。 nai³⁵ kuo⁰ mai³⁵ io¹² ti⁰ pʰian³⁵ na⁰ tʰa⁵⁵ i¹² tɕʰian⁵⁵ kʰuai⁵³ tɕʰian¹² nɛ⁰。
黄冈	那个卖药的糊了他一千块钱哪。 la⁴⁴ ko⁰ mai⁴⁴ io²¹³ ti⁰ xu³⁵ liau⁰ tʰa²² i²¹³ tɕʰien²² kʰuai³⁵ tɕʰien³¹ la⁰。
红安	那个卖药的骗了他一千块钱哪。 la³³ ko⁰ mai³³ io²¹³ ti⁰ pʰian³⁵ liau⁰ tʰa¹¹ i²² tɕʰian¹¹ kʰuai³⁵ tɕʰian³¹ la⁰。
英山	那个卖药的糊了他一千块钱哪。 n̩³⁵ ko⁰ mai³³ io²¹³ ti⁰ xu³⁵ liau⁰ tʰa³¹ i²² tɕʰian³¹ kʰuai³⁵ tɕʰian⁵⁵ la⁰。
蕲春	那个卖药的糊了他一千块钱哪。/那个卖药的把他一千块钱糊去哪。 lɒ²¹² ko⁰ mai²² io²¹ ti⁰ xu²⁵ liau⁰ tʰɒ⁴² i²¹ tɕʰian⁴² kʰuai²⁵ tɕʰian³¹ lɒ⁰。/lɒ²¹² ko⁰ mai²² io²¹ ti⁰ pɒ³⁴ tʰɒ⁴² i²¹ tɕʰian⁴² kʰuai²⁵ tɕʰian³¹ xu²⁵ tɕʰi²⁵ lɒ⁰。
武穴	那个卖药的骗了渠一千块钱啰。/那个卖药的把渠一千块钱骗啰。 ne³⁵ ko⁰ mai²² io¹³ ti⁰ pʰiɛn³⁵ le⁰ xe⁵⁵ i²² tɕʰiɛn⁵⁵ kʰuai³⁵ tɕʰiɛn³¹ lo⁰。/ne³⁵ ko⁰ mai²² io¹³ ti⁰ pa³³ xe⁵⁵ i²² tɕʰiɛn⁵⁵ kʰuai³⁵ tɕʰiɛn³¹ pʰiɛn³⁵ lo⁰。
黄梅	意=个卖药的骗了渠一千块钱。 i³⁵ ko⁰ mai³³ io⁴² ti⁰ pʰiɛn³⁵ liau⁰ kʰæ⁵⁵ i⁴² tɕʰiɛn²¹ kʰuai³⁵ tɕʰiɛn⁵⁵。

续表

	0035 那个卖药的骗了他一千块钱呢。
黄陂	迩个卖药的哄了他一千块钱哩。 lie⁴⁵⁵ kɤ⁰ mai³⁵ io²¹⁴ ti⁰ xoŋ⁴¹ liao⁰ tʰa⁰ i²¹⁴ tɕʰian³³⁴ kʰuai⁴¹ tɕʰian²¹² li⁰。
新洲	那个卖药的骗了他一千块钱嘞。 na³³ ke⁰ mai³³ io²¹³ ti⁰ pʰien³²⁴ n̠iao⁰ tʰa³¹ i²¹³ tɕʰien³¹ kʰuai⁵⁵ tɕʰien²²⁴ ne⁰。
孝感	那个卖药的骗了他一千块钱呢。 nɑ⁵⁵ ko⁰ mai⁵⁵ io²¹³ ti⁰ pʰin³⁵ niau⁰ tʰɑ³³ i²¹³ tɕʰin³³ kʰuɑi³¹ tɕʰin³¹ ne⁰。
安陆	迩个卖药的货⁼了他一千块钱啰。 niɛ⁵⁵ ko⁴⁴ mai⁵⁵ io²⁴ ti⁰ xo³⁵ niau⁰ tʰa⁴⁴ i²⁴ tɕʰiɛn⁴⁴ kʰuai⁵¹ tɕʰiɛn³¹ no⁰。
广水	那个卖药的货⁼了他一千块钱。 la¹³ ko¹³ mai¹³ io⁵³ ti⁰ xo¹³ liau⁰ tʰa³¹ i⁵³ tɕʰiɛn³¹ kʰuai³⁴ tɕʰiɛn⁵³。
黄石	那个卖药的货⁼了他一千块钱。 lɒ²⁵ ko⁰ mæ³²⁴ io²¹³ ti⁰ xo²⁵ liau⁰ tʰɒ³³ i²¹³ tɕʰian³³ kʰuæ⁵⁵ tɕʰian³¹。
大冶	那个卖药箇货⁼了渠一千块钱。 lɤ²⁵ ko⁰ mɐ²² io²¹³ ko⁰ xo²⁵ lɛ⁰ kʰɛ³¹ i²¹³ tɕʰin²² kuɤ⁴⁴ tɕʰin³¹。
阳新	那个卖药箇哄了渠一千块钱呢。 lɛ²⁵ ko⁰ ma⁴⁴ io²⁵ ko⁰ xaŋ²⁵ lɛ⁰ kʰɛ²¹³ i²⁵ tsʰĩ⁴⁴ kʰua³¹ tsʰĩ²¹³ lɛ⁰。
咸宁	那个卖药箇策了伊一千块钱。 ne⁵⁵ kə²¹³ ma³³ iə⁵⁵ kə⁴⁴ tsʰe⁵⁵ nɒ⁴² e³¹ i⁵⁵ tɕʰiẽ⁴⁴ kʰua⁴² tɕʰiẽ³¹。
通山	彼个卖药箇骗了渠一千块钱哪。 pi⁵⁵ kou⁴⁵ ma³³ ioʊ³³ ka³³ pʰiᴇ̃⁴⁵ liɛu⁰ ki²¹ i⁵⁵ tsʰen²³ kʰua²¹ tsen²¹ na²¹。
通城	伊个卖药箇策仂伊一千块钱呢。/伊一千块钱把得个卖药箇策去仂。 ie²⁴ ko³⁵ mai³⁵ ioʔ⁵⁵ ko⁰ dʑɛn ʔ⁵⁵ de⁰ ie⁴² iʔ⁵⁵ dʑiɛn²¹ uai⁴² dʑiɛn³³ ne⁰。/ie²⁴ iʔ⁵⁵ dʑiɛn²¹ uai²⁴ dʑiɛn³³ pa⁴² te³⁵ ko⁰ mai³⁵ ioʔ⁵⁵ ko⁰ dʑɛn ʔ⁵⁵ dʑie³⁵ de⁰。

续表

	0035 那个卖药的骗了他一千块钱呢。
崇阳	伊个卖药箇骗了伊一千块钱。 i²⁴ ko⁴⁴ mæ⁴⁴ io⁵⁵ kɑ⁰ biɛ²⁴ næ⁰ i⁵³ i⁵⁵ ʑiɛ²² uæ⁵³ ʑiɛ²¹。
嘉鱼	那个卖药箇糊了他一千块钱。 nɒ²⁴ ko²¹³ mai²² io⁵⁵ ko⁴⁴ xu⁵⁵ nie³¹ xɒ⁴⁴ i⁵⁵ tɕʰin⁴⁴ kʰuai³¹ tɕʰin²⁴。
赤壁	那个卖药箇策了他一千块钱咧。 nə¹³ ko⁰ mai²² io⁴⁵ ko⁰ dzə⁴⁵ diɑu⁰ nɑ⁴⁴ i⁴⁵ dʑiei⁴⁴ guai³¹ dʑiei¹³ diᴇ⁰。
监利	那个卖药的糊哒他一千块钱去哒唧。 no⁴⁴ ko⁰ mai³³ io⁵⁵ ti⁰ xu⁴⁴ tɑ⁰ tʰa⁴⁴ i¹³ tɕʰiɛn⁴⁴ kʰuai⁰ tɕʰiɛn¹³ kʰɯ⁵⁵ tɑ⁰ tɤ⁰。

	0036a. 我上个月借了他三百块钱。 b. 我上个月借了他三百块钱。 a. 借入。 b. 借出。 如与a句相同，注"同a"即可。
武汉	a. 我上个月找他借了三百块钱。b. 我上个月借了他三百块钱去了。 a. o^{33} saŋ^{25} ke^0 ye^{213} tsao^{33} tʰa^{55} tɕie^{25} liao^0 san^{55} pe^{21} kʰuai^{42} tɕʰian^{21}。b. o^{33} saŋ^{25} ke^0 ye^{213} tɕie^{25} liao^0 tʰa^{55} san^{55} pe^{21} kʰuai^{42} tɕʰian^{21} kʰɯ^{25} liao^0。
蔡甸	a. 我上个月找他借了三百块钱。b. 他上个月找我借了三百块钱。 a. o^{334} saŋ^{55} ke^0 ye^{324} tsao^{334} tʰa^{15} tɕie^{55} ȵiao^0 san^{15} piæ^{324} kʰuai^{334} tɕʰien^{213}。b. tʰa^{15} saŋ^{55} ke^0 ye^{324} tsao^{334} o^{334} tɕie^{55} ȵiao^0 san^{15} piæ^{324} kʰuai^{334} tɕʰien^{213}。
江夏	a. 上个月我找他借了三百块钱。b. 上个月我借了三百块钱他。 a. saŋ^{44} ko^0 ye^{324} ŋo^{41} tsao^{41} tʰa^{35} tɕie^{324} niao^0 san^{35} pɤ^{31} kʰuai^{41} tɕʰien^{31}。b. saŋ^{44} ko^0 ye^{324} ŋo^{41} tɕie^{324} niao^0 san^{35} pɤ^{31} kʰuai^{41} tɕʰien^{31} tʰa^{35}。
汉川	a. 我上个月左了他三百块钱。b. 同 a。 a. uo^{42} saŋ^{33} ko^0 yæ^{24} tso^{42} niɑu^0 tʰɑ^{55} san^{55} pæ^{24} kʰuai^{42} tɕʰian^{13}。b. 同 a。
荆州	a. 我上个月借啊他三百块钱。b. 我上个月借啊他三百块钱。 a. uo^{42} saŋ^{35} kuo^{35} ye^{13} tɕie^{35} a^0 tʰa^{55} san^{55} po^{13} kʰuai^{42} tɕʰien^{13}。b. uo^{42} saŋ^{35} kuo^{35} ye^{13} tɕie^{35} a^0 tʰa^{55} san^{55} po^{13} kʰuai^{42} tɕʰien^{13}。
仙桃	a. 我上个月找他借啊三百块钱。b. 我上个月借给他三百块钱。 a. uo^{31} saŋ^{53} kuo^{53} ye^{24} tsau^{31} tʰa^{45} tɕie^{53} a^0 san^{45} po^{24} kʰuai^{31} tɕʰiɛn^{13}。b. uo^{31} saŋ^{53} kuo^{53} ye^{24} tɕie^{53} kɤ^{31} tʰa^{45} san^{45} po^{24} kʰuai^{31} tɕʰiɛn^{13}。
天门	a. 我上个月借啊他三百块钱。b. 我上个月借啊他三百块钱。 a. o^{31} saŋ^{53} ko^{53} ye^{24} tɕie^{53} a^0 tʰa^{45} san^{45} pɤ^{24} kʰuai^{31} tɕʰien^{213}。b. o^{31} saŋ^{53} ko^{53} ye^{24} tɕie^{53} a^0 tʰa^{45} san^{45} pɤ^{24} kʰuai^{31} tɕʰien^{213}。
荆门	a. 我上个月向他借哒三百块钱。b. 我上个月借给他哒三百块钱。 a. uo^{55} ʂaŋ^{33} kuo^0 ye^{24} ɕiaŋ^{33} tʰa^{45} tɕie^{33} ta^0 ʂan^{45} po^{24} kʰuai^{33} tɕʰian^{24}。b. uo^{55} ʂaŋ^{33} kuo^0 ye^{24} tɕie^{33} kɛ^{33} tʰa^{45} ta^0 ʂan^{45} po^{24} kʰuai^{33} tɕʰian^{24}。
钟祥	a. 我上个月找他借啊三百块钱。b. 我上个月借给他三百块钱。 a. uo^{53} ʂaŋ^{21} kuo^{21} ye^{31} tʂau^{53} tʰa^{24} tɕie^{21} a^0 ʂan^{24} pə^{31} kʰuai^{53} tɕʰien^{31}。b. uo^{53} ʂaŋ^{21} kuo^{21} ye^{31} tɕie^{21} kə^{53} tʰa^{24} ʂan^{24} pə^{31} kʰuai^{53} tɕʰien^{31}。

续表

	0036a. 我上个月借了他三百块钱。 b. 我上个月借了他三百块钱。 a. 借入。 b. 借出。 如与a句相同，注 "同a" 即可。
宜昌	a. 我上个月找他借啊三百块钱。b. 我上个月借啊三百块钱给他。 a. uo³³ saŋ³⁵ kuo³⁵ ye¹³ tsau³³ tʰa⁵⁵ tɕie³⁵ a⁰ san⁵⁵ pɤ¹³ kʰuai³³ tɕʰiɛn¹³。 b. uo³³ saŋ³⁵ kuo³⁵ ye¹³ tɕie³⁵ a⁰ san⁵⁵ pɤ¹³ kʰuai³³ tɕʰiɛn¹³ kɤ³³ tʰa⁵⁵。
兴山	a. 上个月我借他三百块钱。b. 上个月我借他三百块钱给他。 a. ʂaŋ²⁴ kuo²⁴ ye³¹ uo⁵⁵ tɕie²⁴ tʰa⁴⁵ san⁴⁵ pɤ³¹ kʰuai⁵⁵ tɕʰiɛn³¹。 b. ʂaŋ²⁴ kuo²⁴ ye³¹ uo⁵⁵ tɕie²⁴ tʰa⁴⁵ san⁴⁵ pɤ³¹ kʰuai⁵⁵ tɕʰiɛn³¹ kɤ⁵⁵ tʰa⁴⁵。
长阳	a. 我上个月借啊他三百块钱。b. 我上个月借啊他三百块钱。 a. o³¹ saŋ²⁴ ko⁰ ye²² tɕie²⁴ a⁰ tʰa⁴⁵ san⁴⁵ pɤ²² kʰuai³¹ tɕʰiɛn²²。 b. o³¹ saŋ²⁴ ko⁰ ye²² tɕie²⁴ a⁰ tʰa⁴⁵ san⁴⁵ pɤ²² kʰuai³¹ tɕʰiɛn²²。
五峰	a. 上个月我找他借哒三百块钱。b. 上个月我借给他三百块钱。 a. saŋ⁵⁵ kɤ⁰ ye²¹ uo³³ tsau³³ tʰa⁵⁵ tɕie³⁵ ta⁰ san⁵⁵ pɤ²¹³ kʰuai³³ tɕʰiɛn²¹。 b. saŋ⁵⁵ kɤ⁰ ye²¹ uo³³ tɕie³³ kɤ⁵⁵ tʰa⁵⁵ san⁵⁵ pɤ²¹³ kʰuai³³ tɕʰiɛn²¹。
宜都	a. 我上个月找他借啊三百块钱。b. 我上个月借给他三百块钱。 a. o³³ saŋ³⁵ ko³⁵ ye¹³ tsau³³ tʰa⁵⁵ tɕie³⁵ a⁰ san⁵⁵ pɤ¹³ kʰuai³³ tɕʰiɛn²¹。 b. o³³ saŋ³⁵ ko³⁵ ye¹³ tɕie³⁵ kɤ⁰ tʰa³⁵ san³⁵ pɤ¹³ kʰuai³³ tɕʰiɛn²¹。
恩施	a. 上个月他帮我借哒三百块钱。b. 上个月我帮他借哒三百块钱。 a. ʂaŋ³⁵ kuo³⁵ ye³³ tʰa⁵⁵ paŋ⁵⁵ uo⁵¹ tɕie³⁵ ta⁰ san⁵⁵ pɛ³³ kʰuai⁵¹ tɕʰiɛn³³。 b. ʂaŋ³⁵ kuo³⁵ ye³³ uo⁵¹ paŋ⁵⁵ tʰa⁵⁵ tɕie³⁵ ta⁰ san⁵⁵ pɛ³³ kʰuai⁵¹ tɕʰiɛn³³。
咸丰	a. 我头个月借哒他三百块钱。b. 同 a。 a. ŋo⁴² tʰəu²² ko²¹³ ye²² tɕie²⁴ ta⁰ tʰa⁵⁵ san⁵⁵ pɛ²² kʰuai²¹³ tɕʰiɛn²²。 b. 同 a。
建始	a. 我上个月找他借啊三百块钱。b. 我上个月给他借啊三百块钱。 a. o⁵¹ ʂan³⁵ ko⁰ ye²² tsau⁵¹ tʰa⁴⁵ tɕie³⁵ a⁰ san⁴⁵ pɛ²² kʰuai⁵¹ tɕʰin²²。 b. o⁵¹ ʂan³⁵ ko⁰ ye²² kɛ⁴⁵ tʰa⁴⁵ tɕie³⁵ a⁰ san⁴⁵ pɛ²² kʰuai⁵¹ tɕʰin²²。

续表

	0036a. 我上个月借了他三百块钱。 b. 我上个月借了他三百块钱。 a. 借入。 b. 借出。 如与a句相同，注"同a"即可。
巴东	a. 我上个月找他借啊三百块钱。b. 我上个月给他借啊三百块钱。 a. uo⁵¹ saŋ²⁴ kuo⁰ ye²² tsau⁵¹ tʰa⁴⁵ tɕie²⁴ a⁰ san⁴⁵ pe²² kʰuai⁵¹ tɕʰiɛn²²。b. uo⁵¹ saŋ²⁴ kuo⁰ ye²² ke⁴⁵ tʰa⁴⁵ tɕie²⁴ a⁰ san⁴⁵ pe²² kʰuai⁵¹ tɕʰiɛn²²。
宜城	a. 我上个月找他借了三百块钱。b. 我上个月借给他了三百块钱。 a. uo⁵⁵ saŋ⁴¹ ko⁰ ie⁵³ tsɔ⁵⁵ tʰa²⁴ tɕie⁴¹ nɔ⁰ san²⁴ pe⁵³ kʰuɛ⁵⁵ tɕʰian⁵³。b. uo⁵⁵ saŋ⁴¹ ko⁰ ie⁵³ tɕie⁴¹ ki⁵⁵ tʰa²² nɔ⁰ san²⁴ pe⁵³ kʰuɛ⁵⁵ tɕʰian⁵³。
保康	a. 上个月我借了他三百块钱。b. 上个月我借给了他三百块钱。 a. ʂaŋ³¹ kə⁰ ye⁵³ uo⁵⁵ tɕie³¹ nau⁰ tʰa²⁴ san²² pe⁵³ kʰuai⁵⁵ tɕʰiɛn⁵³。b. ʂaŋ³¹ kə⁰ ye⁵³ uo⁵⁵ tɕie³¹ ki²⁴ nau⁰ tʰa²⁴ san²² pe⁵³ kʰuai⁵⁵ tɕʰiɛn⁵³。
神农架	a. 我上个月借了他三百块钱。b. 我上个月借给他了三百块钱。 a. uo³³ ʂaŋ³¹ kuo⁰ ye²⁴ tɕiɛ³¹ na⁰ tʰa²⁴ ʂan²² pɛ⁵³ kʰuai³³ tɕʰian⁵³。b. uo³³ ʂaŋ³¹ kɤ⁰ ye²⁴ tɕiɛ³¹ kɯ²⁴ tʰa²² na⁰ ʂan²² pɛ⁵³ kʰuai³³ tɕʰian⁵³。
襄阳	a. 我上个月借了他三百块钱。b. 我上个月借了他三百块钱。 a. uo³⁵ saŋ³¹ kə⁰ ye⁵³ tɕie³¹ nau⁰ tʰa²⁴ san²⁴ pə⁵³ kʰuai³⁵ tɕʰian⁵³。b. uo³⁵ saŋ³¹ kə⁰ ye⁵³ tɕie³¹ nau⁰ tʰa²⁴ san²⁴ pə⁵³ kʰuai³⁵ tɕʰian⁵³。
随州	a. 我上个月问他借了三百块钱。/我上个月找他借了三百块钱。b. 我上个月借了三百块钱他。 a. uo³⁵³ ʂaŋ²¹³ ko⁰ ye⁴² uən²¹³ tʰa⁴⁴ tɕi²¹³ niau⁰ san⁴⁴ pa⁴² kʰuai³⁵³ tɕʰian⁴²。/uo³⁵³ ʂaŋ²¹³ ko⁰ ye⁴² tsau³⁵³ tʰa⁴⁴ tɕi²¹³ niau⁰ san⁴⁴ pa⁴² kʰuai³⁵³ tɕʰian⁴²。b. uo³⁵³ ʂaŋ²¹³ ko⁰ ye⁴² tɕi²¹³ niau⁰ san⁴⁴ pa⁴² kʰuai³⁵³ tɕʰian⁴² tʰɔ⁴⁴。
郧阳	a. 我上个月找他借了三百块钱。b. 我上个月借给他了三百块钱。 a. uo⁴³ saŋ³¹ kɤ⁰ yɛ⁴⁵ tsau⁴³ tʰa⁴⁵ tɕiɛ³¹ lau⁰ san⁴⁵ pɛi⁴⁵ kʰuɛi⁴³ tɕʰian⁵¹。b. uo⁴³ saŋ³¹ kɤ⁰ yɛ⁴⁵ tɕiɛ³¹ kɯ⁴⁵ tʰa⁴⁵ lau⁰ san⁴⁵ pɛi⁴⁵ kʰuɛi⁴³ tɕʰian⁵¹。

续表

	0036a. 我上个月借了他三百块钱。 b. 我上个月借了他三百块钱。 a. 借入。 b. 借出。 如与a句相同，注"同a"即可。
丹江口	a. 我上个月问他借了三百块钱。b. 我上个月借给他了三百块钱。 a. uo³³ saŋ³¹ kɤ⁰ ye³⁵ uən³¹ tʰa³³ tɕie³¹ la⁰ san³⁵ pe³⁵ kʰuɛ³³ tɕʰian⁵¹。b. uo³³ saŋ³¹ kɤ⁰ ye³⁵ tɕie³¹ kuɯ³³ tʰa³⁵ la⁰ san³⁵ pe³⁵ kʰuɛ³³ tɕʰian⁵¹。
房县	a. 我上个月找他借了三百块钱。b. 我上个月借给他了三百块钱。 a. uo³³ ʂaŋ³¹ kɤ⁰ ye²⁴ tʂou³³ tʰa²⁴ tɕie³¹ nou⁰ ʂan³¹ pe²⁴ kʰuai³³ tɕʰian⁵³。b. uo³³ ʂaŋ³¹ kɤ⁰ ye²⁴ tɕie³¹ kei³³ tʰa²⁴ nou⁰ ʂan³¹ pe²⁴ kʰuai³³ tɕʰian⁵³。
竹溪	a. 我上个月借给他了三百块钱。b. 我上个月借了他三百块钱。 a. ŋo³⁵ ʂaŋ³¹ kɤ⁰ ye²⁴ tɕie³¹ kɛ³⁵ tʰa²² lia⁰ san²² pe²⁴ kʰuai³⁵ tɕʰian⁵³。b. ŋo³⁵ ʂaŋ³¹ kɤ³¹ ye²⁴ tɕie³¹ lia⁰ tʰa²⁴ san²² pe²⁴ kʰuai³⁵ tɕʰian⁵³。
公安	a. 我上个月借哒他三百块钱。b. 同 a。 a. o²¹ saŋ³³ kuo³³ yɛ³⁵ tɕie³³ ta²¹ tʰa⁵⁵ san⁵⁵ pɤ³⁵ kʰuai²¹ tɕʰian²⁴。b. 同 a。
鹤峰	a. 上个月我借了他三百块钱。b. 上个月他找我借了三百块钱。 a. ʂaŋ³⁵ kuo⁰ ye¹² uo⁵³ tɕiɛ³⁵ niau⁰ tʰa⁵⁵ san³⁵ pɛ¹² kʰuai⁵³ tɕʰian¹²。b. ʂaŋ³⁵ kuo⁰ ye¹² tʰa⁵⁵ tʂau⁵³ uo⁵³ tɕiɛ³⁵ niau⁰ san⁵⁵ pɛ¹² kʰuai⁵³ tɕʰian¹²。
黄冈	a. 我上个月寻他借了三百块钱。b. 我上个月借了三百块钱给他。 a. ŋo⁵⁵ saŋ⁴⁴ ko⁰ ʐu̯ɛ²¹³ tɕʰin³¹ tʰa²² tɕie³⁵ liau⁰ san²² pe²¹³ kʰuai³⁵ tɕʰien³¹。b. ŋo⁵⁵ saŋ⁴⁴ ko⁰ ʐu̯ɛ²¹³ tɕie³⁵ liau⁰ san²² pe²¹³ kʰuai³⁵ tɕʰien³¹ kei⁵⁵ tʰa²²。
红安	a. 我上个月借了他三百块钱。b. 我上个月跟他借了三百块钱。 a. ŋo⁵⁵ ʂaŋ³³ ko⁰ ʐu̯ɛ²¹³ tɕie³⁵ liau⁰ tʰa¹¹ san¹¹ pe²¹³ kʰuai³⁵ tɕʰian³¹。b. ŋo⁵⁵ ʂaŋ³³ ko⁰ ʐu̯ɛ²¹³ kən¹¹ tʰa¹¹ tɕie³⁵ liau⁰ san¹¹ pe²¹³ kʰuai³⁵ tɕʰian³¹。
英山	a. 我上个月跟他借了三百块钱。b. 我上个月借了三百块钱他。 a. ŋo²⁴ ʂaŋ³³ ko⁰ ʐu̯ɛ²¹³ kən³¹ tʰa³¹ tɕie³⁵ liau⁰ san³¹ pe²¹³ kʰuai³⁵ tɕʰian⁵⁵。b. ŋo²⁴ ʂaŋ³³ ko⁰ ʐu̯ɛ²¹³ tɕie³⁵ liau⁰ san³¹ pe²¹³ kʰuai³⁵ tɕʰian⁵⁵ tʰa³¹。

语法例句对照

续表

	0036a. 我上个月借了他三百块钱。 b. 我上个月借了他三百块钱。 a. 借入。 b. 借出。 如与a句相同，注"同a"即可。
蕲春	a. 我上个月掇了他三百块钱。/我上个月跟他掇了三百块钱。b. 我上个月借什他三百块钱。/我上个月借了三百块钱他。 a. ŋo³⁴ ʂaŋ²¹² ko⁰ ʮa²¹ to²¹ liau⁰ tʰɒ⁴² san⁴² pa²¹ kʰuai²⁵ tɕian³¹。/ŋo³⁴ ʂaŋ²¹² ko⁰ ʮa²¹ kən⁴² tʰɒ⁴² to²¹ liau⁰ san⁴² pa²¹ kʰuai²⁵ tɕian³¹。 b. ŋo³⁴ ʂaŋ²¹² ko⁰ ʮa²¹ tɕiɛ²⁵ ʂʅ⁰ tʰɒ⁴² san⁴² pa²¹ kʰuai²⁵ tɕian³¹。/ŋo³⁴ ʂaŋ²¹² ko⁰ ʮa²¹ tɕiɛ²⁵ liau⁰ san⁴² pa²¹ kʰuai²⁵ tɕʰian³¹ tʰɒ⁴²。
武穴	a. 我上个月借了渠三百块钱。b. 我上个月把三百块钱借了渠啰。 a. ŋo³³ saŋ²² ko⁰ ʮe¹³ tɕia³⁵ le⁰ xe⁵⁵ san⁵⁵ pe¹³ kʰuai³⁵ tɕʰiɛn³¹。 b. ŋo³³ saŋ²² ko⁰ ʮe¹³ pa³³ san⁵⁵ pe¹³ kʰuai³⁵ tɕʰiɛn³¹ tɕia³⁵ le⁰ xe⁵⁵ lo⁰。
黄梅	a. 我上个月借了渠三百块钱。b. 上个月渠借了我的三百块钱。 a. ŋo¹³ saŋ³³ ko⁰ ʮæ⁴² tɕia³⁵ liau⁰ kʰæ⁵⁵ san²¹ pæ⁴² kʰuai³⁵ tɕʰiɛn⁵⁵。 b. saŋ³³ ko⁰ ʮæ⁴² kʰæ⁵⁵ tɕia³⁵ liau⁰ ŋo¹³ ti⁰ san²¹ pæ⁴² kʰuai³⁵ tɕʰiɛn⁵⁵。
黄陂	a. 我上个月跟他借了三百块钱。/我上个月找他借了三百块钱。b. 我上个月借得他三百块钱。/我上个月借三百块钱得他。 a. ŋo⁴¹ saŋ⁴⁵⁵ ko⁰ zʮæ²¹⁴ ken³³⁴ tʰa³³⁴ tɕie³⁵ liao⁰ san³³⁴ pæ⁰ kʰuai⁴¹ tɕʰian²¹²。/ŋo⁴¹ saŋ⁴⁵⁵ ko⁰ zʮæ²¹⁴ tsao⁴¹ tʰa³³⁴ tɕie³⁵ liao⁰ san³³⁴ pæ⁰ kʰuai⁴¹ tɕʰian²¹²。 b. ŋo⁴¹ saŋ⁴⁵⁵ ko⁰ zʮæ²¹⁴ tɕie³⁵ te⁰ tʰa³³⁴ san³³⁴ pæ⁰ kʰuai⁴¹ tɕʰian²¹²。/ŋo⁴¹ saŋ⁴⁵⁵ ko⁰ zʮæ²¹⁴ tɕie³⁵ san³³⁴ pæ⁰ kʰuai⁴¹ tɕʰian²¹² te⁰ tʰa³¹。
新洲	a. 我上个月借了他三百块钱。b. 我上个月借他三百块钱。 a. ŋo⁵⁵ saŋ³³ ke⁰ zʮe²¹³ tɕie³²⁴ niao⁰ tʰa³¹ san³¹ pe²¹³ kʰuai⁵⁵ tɕʰien²²⁴。 b. ŋo⁵⁵ saŋ³³ ke⁰ zʮe²¹³ tɕie³²⁴ tʰa³¹ san³¹ pe²¹³ kʰuai⁵⁵ tɕʰien²²⁴。
孝感	a. 我上个月借了他三百块钱。 b. 同a。 a. ŋo⁵² ʂaŋ⁵⁵ ko⁰ ʮɛ²¹³ tɕiɛ³⁵ niau⁰ tʰa³³ san³³ pai²¹³ kʰuai⁵² tɕʰin³¹。 b. 同a。

续表

	0036a. 我上个月借了他三百块钱。 b. 我上个月借了他三百块钱。 a. 借入。b. 借出。如与a句相同，注"同a"即可。
安陆	a. 我上个月在他喏ʳ儿借了三百块钱。b. 我上个月借了三百块钱给他[去了]。 a. ŋo⁵¹ ʂaŋ⁵⁵ ko⁴⁴ ʮɛ²⁴ tai⁵⁵ tʰa⁴⁴ nor⁵⁵ tɕie³⁵ niau⁰ san⁴⁴ pɛ²⁴ kʰuai⁵¹ tɕʰiɛn³¹。b. ŋo⁵¹ ʂaŋ⁵⁵ ko⁴⁴ ʮɛ²⁴ tɕie³⁵ niau⁰ san⁴⁴ pɛ²⁴ kʰuai⁵¹ tɕʰiɛn³¹ kɛ⁵¹ tʰa⁴⁴ tɕʰiau⁵¹。
广水	a. 我上个月在他那儿借了三百块钱。b. 我上个月借了三百块钱他。 a. ŋo³⁴ ʂaŋ¹³ ko¹³ ʮɛ⁵³ tai¹³ tʰa³¹ lar¹³ tɕie¹³ liau⁰ san³¹ pɛ⁵³ kʰuai³⁴ tɕʰiɛn⁵³。b. ŋo³⁴ ʂaŋ¹³ ko¹³ ʮɛ⁵³ tɕie¹³ liau⁰ san³¹ pɛ⁵³ kʰuai³⁴ tɕʰiɛn⁵³ tʰa³¹。
黄石	a. 上个月我找他借了三百块钱。b. 上个月他找我借了三百块钱。 a. saŋ³²⁴ ko⁰ ʮæ²¹³ ŋo⁵⁵ tsau⁵⁵ tʰɒ³³ tɕie²⁵ liau⁰ san³³ pæ²¹³ kʰuæ⁵⁵ tɕʰian³¹。b. saŋ³²⁴ ko⁰ ʮæ²¹³ tʰɒ³³ tsau⁵⁵ ŋo⁵⁵ tɕie²⁵ liau⁰ san³³ pæ²¹³ kʰuæ⁵⁵ tɕʰian³¹。
大冶	a. 我上个月找渠借了三百块钱。b. 上个月渠找我借了三百块钱。 a. ŋo⁴⁴ sɔŋ²² ko⁰ yɐ²¹³ tsɔ⁴⁴ kʰe³¹ tɕiɒ²⁵ le⁰ sɛ̃²² pɐ²¹³ kʰuɐ⁴⁴ tɕʰin³¹。b. sɔŋ²² ko⁰ yɐ²¹³ kʰe³¹ tsɔ⁴⁴ ŋo⁴⁴ tɕiɒ²⁵ le⁰ sɛ̃²² pɐ²¹³ kʰuɐ⁴⁴ tɕʰin³¹。
阳新	a. 我上个月在渠那借了三百块钱。b. 我上个月借得渠三百块钱。 a. ŋo³¹ sɔ̃⁴⁴ ko⁰ yɛ²⁵ tsʰa⁴⁴ kʰɛ²¹³ lɛ²⁵ tsiɒ⁴⁴ lɛ⁰ sã⁴⁴ pɛ²⁵ kʰua³¹ tsʰiĩ²¹³。b. ŋo³¹ sɔ̃⁴⁴ ko⁰ yɛ²⁵ tsiɒ⁴⁴ tɛ²⁵ kʰɛ²¹³ sã⁴⁴ pɛ²⁵ kʰua³¹ tsʰiĩ²¹³。
咸宁	a. 我上个月找伊借了三百块钱。b. 伊上个月找我借了三百块钱。/a. 伊上个月借我三百块钱。b. 我上个月借伊三百块钱。 a. ŋə⁴² sõ³³ kə²¹³ ye⁵⁵ tso⁴² e³¹ tɕiɒ²¹³ nɒ⁴² sõ̃⁴⁴ pe⁵⁵ kʰua⁴² tɕʰiẽ³¹。b. e³¹ sõ³³ kə²¹³ ye⁵⁵ tso⁴² ŋə⁴² tɕiɒ²¹³ nɒ⁴² sõ̃⁴⁴ pe⁵⁵ kʰua⁴² tɕʰiẽ³¹。/a. e³¹ sõ³³ kə²¹³ ye⁵⁵ tɕiɒ²¹³ ŋə⁴² sõ̃⁴⁴ pe⁵⁵ kʰua⁴² tɕʰiẽ³¹。b. ŋə⁴² sõ³³ kə²¹³ ye⁵⁵ tɕiɒ²¹³ e³¹ sõ̃⁴⁴ pe⁵⁵ kʰua⁴² tɕʰiẽ³¹。
通山	a. 我上个月借了渠三百块钱。b. 同 a。 a. ŋou⁴² soŋ³³ kou³³ yᴇ³³ tɕiɔ⁴⁵ lieu⁰ ki²¹ sᴀ̃²³ pᴇ⁵⁵ kʰua²¹ tsĩ²¹。b. 同 a。

续表

	0036a. 我上个月借了他三百块钱。 b. 我上个月借了他三百块钱。 a. 借入。 b. 借出。 如与a句相同，注"同a"即可。
通城	a. 我上个月借仂伊三百块钱。b. 我上个月借仂伊三百块钱。 a. ŋo⁴² soŋ³⁵ ko⁰ nɛnʔ⁵⁵ tɕia²¹⁴ de⁰ ie⁴² san²¹ paʔ⁵⁵ uai⁴² dʑiɛn³³。b. ŋo⁴² soŋ³⁵ ko⁰ nɛnʔ⁵⁵ tɕia²⁴ de⁰ ie⁴² san²¹ paʔ⁵⁵ uai⁴² dʑiɛn³³。
崇阳	a. 我上个月借了伊三百块钱。b. 同 a。 a. ŋo⁵³ san⁴⁴ ko⁴⁴ ŋiɛ⁵⁵ tɕia²⁴ næ⁰ i⁵³ sæ²² pa⁵⁵ uæ⁵³ ziɛ²¹。b. 同 a。
嘉鱼	a. 我上个月找他借了三百块钱。b. 我上个月借了他三百块钱。 a. ŋo³¹ ʂoŋ²² ko²¹³ ye⁵⁵ tsau³¹ xɒ⁴⁴ tɕia²¹³ nie³¹ san⁴⁴ pə⁵⁵ kʰuai³¹ tɕʰin²⁴。b. ŋo³¹ ʂoŋ²² ko²¹³ ye⁵⁵ tɕiɒ²¹³ nie³¹ xɒ⁴⁴ san⁴⁴ pə⁵⁵ kʰuai³¹ tɕʰin²⁴。
赤壁	a. 我上个月借了他三百块钱。b. 我上个月借了他三百块钱。/a. 我上个月找他借了三百块钱。b. 我上个月把三百块钱借倒他去了。 a. ŋo³¹ ʂou²² ko⁰ ȵɥə⁴⁵ tɕia²¹³ diau⁰ na⁴⁴ san⁴⁴ pə⁴⁵ guai³¹ dʑiei⁴⁴。b. ŋo³¹ ʂou²² ko⁰ ȵɥə⁴⁵ tɕia²¹³ diau⁰ na⁴⁴ san⁴⁴ pə⁴⁵ guai³¹ dʑiei⁴⁴。/a. ŋo³¹ ʂou²² ko⁰ ȵɥə⁴⁵ tsau³¹ na⁴⁴ tɕia²¹³ diau⁰ san⁴⁴ pə⁴⁵ guai³¹ dʑiei⁴⁴。b. ŋo³¹ ʂou²² ko⁰ ȵɥə⁴⁵ pa³¹ san⁴⁴ pə⁴⁵ guai³¹ dʑiei⁴⁴ tɕia²¹³ tau⁰ na⁴⁴ dʑi⁰ diau⁰。
监利	a. 我上个月找他借哒三百块钱。b. 上个月我借给他三百块钱的。 a. ŋo²¹ saŋ³³ ko⁰ ɥɛ⁵⁵ tsau²¹ tʰa⁴⁴ tɕiɛ³³ na⁰ san⁴⁴ po¹³ kʰuai⁰ tɕʰiɛn¹³。b. saŋ³³ ko⁰ ɥɛ⁵⁵ ŋo²¹ tɕiɛ³³ kɤ²¹ tʰa⁴⁴ san⁴⁴ po¹³ kʰuai⁰ tɕʰiɛn¹³ ti⁰。

	0037a. 王先生的刀开得很好。 b. 王先生的刀开得很好。 a. 王先生是医生（施事）。 b. 王先生是病人（受事）。 如与a句相同，注"同a"即可。
武汉	a. 王先生开刀开得蛮好。 b. 王先生的刀开得蛮好。 a. uaŋ¹³ ɕian⁴⁴ sen⁵⁵ kʰai⁴⁴ tao⁵⁵ kʰai⁵⁵ te⁰ man²¹³ xao⁴²。 b. uaŋ¹³ ɕian⁴⁴ sen⁵⁵ ti⁰ tao⁵⁵ kʰai⁵⁵ te⁰ man²¹³ xao⁴²。
蔡甸	a. 王先生的手术做得蛮好。 b. 王先生的手术非常成功。 a. uaŋ²¹³ ɕien¹⁵ sen¹⁵ ti⁰ sou³³⁴ ɕy⁵⁵ tsou⁵⁵ te⁰ man²¹³ xao³³⁴。 b. uaŋ²¹³ ɕien¹⁵ sen¹⁵ ti⁰ sou³³⁴ ɕy⁵⁵ fei¹⁵ tsʰaŋ²¹³ tsʰen²¹³ kuŋ¹⁵。
江夏	a. 王先生的刀开得很准。 b. 王先生的手术做得很好。 a. uaŋ¹³ ɕien³⁵ sən³⁵ ti⁰ tao⁴⁵ kʰai³⁵ ti⁰ xɤ³⁵ tɕyn⁴¹。 b. uaŋ¹³ ɕien³⁵ sən³⁵ ti⁰ sou⁴⁴ ɕy³¹ tso³⁵ tɤ⁰ xɤ³⁵ xao⁴¹。
汉川	a. 王先生的刀开得蛮好。 b. 同 a。 a. uɑŋ¹³ ɕiɑn⁵⁵ sən⁰ ti⁰ tau⁵⁵ kʰai⁵⁵ tæ⁰ man¹³ xɑu⁴²。 b. 同 a。
荆州	a. 王先生的刀开得蛮好。 b. 同 a。 a. uan¹³ ɕien⁵⁵ sən⁵⁵ ti⁰ tau⁵⁵ kʰai⁵⁵ tɤ⁰ man¹³ xau⁴²。 b. 同 a。
仙桃	a. 王先生开刀开得蛮好。 b. 王先生的刀开得蛮好。 a. uaŋ¹³ ɕiɛn⁴⁵ sən⁴⁵ kʰai⁴⁵ tau⁴⁵ kʰai⁴⁵ ti⁰ man¹³ xau³¹。 b. uaŋ¹³ ɕiɛn⁴⁵ sən⁴⁵ ti⁰ tau⁴⁵ kʰai⁴⁵ ti⁰ man¹³ xau³¹。
天门	a. 王先生的刀开得蛮好。 b. 同 a。 a. uaŋ²¹³ ɕien⁴⁵ sən⁴⁵ ti⁰ tau⁴⁵ kʰai⁴⁵ ti⁰ man²¹³ xau³¹。 b. 同 a。
荆门	a. 王先生的刀开的很好。 b. 王先生的手术做的很好。 a. uaŋ²⁴ ɕian⁴⁵ ʂən⁰ ti⁰ tau⁴⁵ kʰai⁴⁵ ti⁰ xən⁵⁵ xau⁵⁵。 b. uaŋ²⁴ ɕian⁴⁵ ʂən⁰ ti⁰ sou⁵⁵ ʂu³³ tʂuo³³ ti⁰ xən⁵⁵ xau⁵⁵。
钟祥	a. 王先生的刀开得蛮好啊。 b. 同 a。 a. uaŋ³¹ ɕien²¹ ʂən⁵⁵ ti⁰ tau²⁴ kʰai²¹ tə⁰ man³¹ xau⁵³ a⁰。 b. 同 a。
宜昌	a. 王先生的刀开得蛮好。 b. 王先生的刀开得蛮好哦。 a. uaŋ¹³ ɕiɛn⁵⁵ sən⁰ ti⁰ tau⁵⁵ kʰai⁵⁵ ti⁰ man¹³ xau³³。 b. uaŋ¹³ ɕiɛn⁵⁵ sən⁰ ti⁰ tau⁵⁵ kʰai⁵⁵ ti⁰ man¹³ xau³³ o⁰。

续表

	0037a. 王先生的刀开得很好。 b. 王先生的刀开得很好。 a. 王先生是医生（施事）。 b. 王先生是病人（受事）。如与a句相同，注"同a"即可。
兴山	a. 王医生的刀开得蛮好。b. 同a。 a. uaŋ³¹ i⁴⁵ sən⁰ tɤ⁰ tau⁴⁵ kʰai⁴⁵ tɤ⁰ man³¹ xau⁵⁵。b. 同a。
长阳	a. 王先生的刀开得蛮好。b. 同a。 a. uaŋ²² ɕiɛn⁴⁵ sən⁰ ti⁰ tau⁴⁵ kʰai⁴⁵ ti⁰ man²² xau³¹。b. 同a。
五峰	a. 王先生的刀开得蛮好。b. 同a。 a. uaŋ²¹³ ɕiɛn⁵⁵ sən⁰ ti⁰ tau⁵⁵ kʰai⁵⁵ ti⁰ man²² xau³¹。b. 同a。
宜都	a. 王先生的刀开得蛮好。b. 同a。 a. uaŋ¹³ ɕiɛn⁵⁵ sən⁵⁵ ti⁰ tau⁵⁵ kʰai⁵⁵ ti⁰ man¹³ xau³³。b. 同a。
恩施	a. 王先生的刀开得很好。b. 同a。 a. uaŋ³³ ɕiɛn⁵⁵ sən⁰ ti⁰ tau⁵⁵ kʰai⁵⁵ tɛ⁰ xən⁵¹ xau⁵¹。b. 同a。
咸丰	a. 王先生刀开得好得好。b. 同a。 a. uaŋ²² ɕiɛn⁵⁵ sən⁵⁵ tau⁵⁵ kʰai⁵⁵ tɛ⁰ xau⁴² tɛ⁰ xau⁴²。b. 同a。
建始	a. 王先生的刀开得蛮好。b. 同a。 a. uan²² ɕin⁴⁵ sən⁴⁵ ti⁰ tau⁴⁵ kʰai⁴⁵ tɛ⁰ man²² xau⁵¹。b. 同a。
巴东	a. 王医生的刀开得蛮好。b. 王先生你这个刀开得蛮好。 a. uaŋ²² i⁴⁵ sən⁰ ti⁰ tau⁴⁵ kʰai⁴⁵ tɛ⁰ man²² xau⁵¹。b. uaŋ²² ɕiɛn⁴⁵ sən⁰ ni⁵¹ tse²⁴ kə⁰ tau⁴⁵ kʰai⁴⁵ tɛ⁰ man²² xau⁵¹。
宜城	a. 王先生的刀开得很好。b. 同a。 a. uaŋ⁵³ ɕian²² sən⁰ ti⁰ tɔ²⁴ kʰɛ²² ti⁰ xən⁵⁵ xɔ⁵⁵。b. 同a。
保康	a. 王先生开刀开得好。b. 别人给王先生开刀开得好。 a. uaŋ⁵³ ɕyɛn²² sən⁰ kʰai²² tau²⁴ kʰai²² ni⁰ xau⁵⁵。b. pie⁵³ zən⁰ ki²⁴ uaŋ⁵³ ɕyɛn²² sən⁰ kʰai²² tau²⁴ kʰai²² ni⁰ xau⁵⁵。

续表

	0037a. 王先生的刀开得很好。 b. 王先生的刀开得很好。 a. 王先生是医生（施事）。 b. 王先生是病人（受事）。 如与a句相同，注"同a"即可。
神农架	a. 王医生的刀开得好。b. 王先生的手术做得还好。 a. uaŋ⁵³ i²⁴ ʂən⁰ ti⁰ tau²⁴ kʰai²⁴ tɛ⁰ xau³³。b. uaŋ⁵³ ɕyan²⁴ ʂən⁰ ti⁰ ʂəu³³ su³¹ tʂəu³¹ tɛ⁰ xai⁵³ xau³³。
襄阳	a. 王先生刀开得好得很。b. 同a。 a. uaŋ⁵³ ɕian²⁴ sən⁰ tau²⁴ kʰai²⁴ ti⁰ xau³⁵ ti⁰ xən³⁵。b. 同a。
随州	a. 王先生开刀开得骚好。b. 王先生的刀开得骚好。 a. uaŋ⁴² ɕian⁴⁴ sən⁰ kʰai⁴⁴ tau⁴⁴ kʰai⁴⁴ ta⁰ sau⁴⁴ xau³⁵³。b. uaŋ⁴² ɕian⁴⁴ sən⁰ ti⁰ tau⁴⁴ kʰai⁴⁴ ta⁰ sau⁴⁴ xau³⁵³。
郧阳	a. 王医生的刀开得怪好。b. 王先生的手术做得怪好。 a. uaŋ⁵¹ i⁴⁵ sən⁴⁵ ti⁰ tau⁴⁵ kʰɛi⁴⁵ ti⁰ kuɛi³¹ xau⁴³。b. uaŋ⁵¹ ɕyan⁴⁵ sən⁴⁵ ti⁰ səu⁴³ su³¹ tsəu³¹ ti⁰ kuɛi³¹ xau⁴³。
丹江口	a. 王先生开刀开得很好。b. 王先生的手术做得怪好。 a. uaŋ⁵¹ ɕian³⁵ sən⁰ kʰɛ³⁵ tɔ³⁵ kʰɛ³⁵ ti⁰ xən³³ xɔ³³。b. uaŋ⁵¹ ian³⁵ sən⁰ ti⁰ səu³³ su³¹ tsəu³¹ ti⁰ kuɛ³¹ xɔ³³。
房县	a. 王医生的刀开得好。b. 王先生的手术做得还好。 a. uaŋ⁵³ i²⁴ ʂən⁰ ti⁰ tɔu²⁴ kʰai²⁴ ti⁰ xɔu³³。b. uaŋ⁵³ ɕyan²⁴ ʂən⁰ ti⁰ ʂəu³³ su³¹ tʂəu³¹ ti⁰ xai²⁴ xɔu³³。
竹溪	a. 王医生的刀开得还好。b. 王先生的手术做得还好。 a. uaŋ⁵³ i²⁴ sən²⁴ ti⁰ tau²⁴ kʰai²² ti⁰ xai⁵³ xau³⁵。b. uaŋ⁵³ ɕian²⁴ sən²⁴ ti⁰ ʂəu³⁵ ʂʅ³¹ tsəu³¹ ti⁰ xai⁵³ xau³⁵。
公安	a. 王先生的刀开得蛮好。b. 同a。 a. uaŋ²⁴ ɕian⁵⁵ sən⁵⁵ ni⁰ tau⁵⁵ kʰai⁵⁵ tɤ⁰ man²⁴ xau²¹。b. 同a。
鹤峰	a. 王大夫的刀开得很好。b. 老王的刀开得很好。 a. uaŋ¹² tai³⁵ fu⁰ ti⁰ tau⁵⁵ kʰai⁵⁵ tɛ⁰ xən⁵³ xau⁵³。b. nau⁵³ uaŋ¹² ti⁰ tau⁵⁵ kʰai⁵⁵ tɛ⁰ xən⁵³ xau⁵³。

续表

	0037a. 王先生的刀开得很好。 b. 王先生的刀开得很好。 a. 王先生是医生（施事）。 b. 王先生是病人（受事）。如与a句相同，注"同a"即可。
黄冈	a. 王先生的刀开得乜˭好。b. 同 a。 a. uaŋ³¹ ɕien²² sən²² ti⁰ tau²² kʰai²² te⁰ me⁴⁴ xau⁵⁵。b. 同 a。
红安	a. 王先生的刀开得好好。b. 同 a。 a. uaŋ³¹ ɕian¹¹ sən¹¹ ti⁰ tau¹¹ kʰai¹¹ te⁰ xau³⁴ xau⁵⁵。b. 同 a。
英山	a. 王先生的刀开得[不晓得]几好。b. 同 a。 a. uaŋ⁵⁵ ɕian³¹ sən³¹ ti⁰ tau³¹ kʰai³¹ te⁰ pʰie²¹³ tɕi²⁴ xau⁵⁵。b. 同 a。
蕲春	a. 王先生刀开得好。b. 王先生的刀开得好。 a. uɑŋ³¹ ɕian⁴² sən⁴² tɑu⁴² kʰai⁴² ta⁰ xɑu³⁴。b. uɑŋ³¹ ɕian⁴² sən⁴² ti⁰ tɑu⁴² kʰai⁴² ta⁰ xɑu³⁴。
武穴	a. 王先生的刀开得蛮好的。b. 同 a。 a. uaŋ³¹ ɕiɛn⁵⁵ sən⁵⁵ ti⁰ tau⁵⁵ kʰai⁵⁵ te⁰ man³² xau³³ ti⁰。b. 同 a。
黄梅	a. 王先生会开刀，刀开得好。b. 王先生的刀，开得很好。 a. uaŋ⁵⁵ ɕiɛn²¹ sən²¹ xuei³³ kʰai²¹ tau²¹，tau²¹ kʰai²¹ tæ⁰ xau¹³。b. uaŋ⁵⁵ ɕiɛn²¹ sən²¹ ti⁰ tau²¹，kʰai²¹ tæ⁰ xən¹¹ xau¹³。
黄陂	a. 王先生开刀开得蛮好。/王先生的刀开得蛮好。b. 王先生的刀开得蛮好。 a. uaŋ²¹² ɕian³³⁴ sen⁰ kʰai³³⁴ tao³³⁴ kʰai³³⁴ te⁰ man²¹² xao⁴¹。/uaŋ²¹² ɕian³³⁴ sen⁰ ti⁰ tao³³⁴ kʰai³³⁴ te⁰ man²¹² xao⁴¹。b. uaŋ²¹² ɕian³³⁴ sen⁰ ti⁰ tao³³⁴ kʰai³³⁴ te⁰ man²¹² xao⁴¹。
新洲	a. 王先生的刀，开得好好。b. 王先生开刀开得好好。 a. uaŋ²²⁴ ɕien³¹ sen⁰ ti⁰ tao³¹，kʰai³¹ te⁰ xao⁵⁵ xao⁵⁵。b. uaŋ²²⁴ ɕien³¹ sen⁰ kʰai³¹ tao³¹ kʰai³¹ te⁰ xao⁵⁵ xao⁵⁵。

续表

	0037a. 王先生的刀开得很好。 b. 王先生的刀开得很好。 a. 王先生是医生（施事）。 b. 王先生是病人（受事）。如与a句相同，注"同a"即可。
孝感	a. 王先生的刀开得蛮好。b. 同 a。 a. uaŋ³¹ ɕin³³ sən⁰ ti⁰ tau³³ kʰai³³ tɛ⁰ man³¹ xau⁵²。b. 同 a。
安陆	a. 王先生开刀开得很好。b. 王先生的刀尽医生开得很好。 a. uaŋ³¹ ɕiɛn⁴⁴ sən⁰ kʰai⁴⁴ tau⁴⁴ kʰai⁴⁴ tɛ⁰ xɛ⁵¹ xau⁵¹。b. uaŋ³¹ ɕiɛn⁴⁴ sən⁰ ti⁰ tau⁴⁴ tɕin⁵⁵ i⁴⁴ sən⁰ kʰai⁴⁴ tɛ⁰ xɛ⁵¹ xau⁵¹。
广水	a. 王先生的刀开得很好。b. 王先生的刀尽医生开得很好。 a. uaŋ⁵³ ɕiɛn³¹ sən⁰ ti⁰ tau³¹ kʰai³¹ tɛ⁰ xən³⁴ xau³⁴。b. uaŋ³¹ ɕiɛn³¹ sən⁰ ti⁰ tau³¹ tɕin¹³ i³¹ sən⁰ kʰai³¹ tɛ⁰ xən³⁴ xau³⁴。
黄石	a. 王先生的刀开得蛮好。b. 同 a。 a. uaŋ³¹ ɕian³³ sen³³ ti⁰ tau³³ kʰæ³³ tæ⁰ man³¹ xau⁵⁵。b. 同 a。
大冶	a. 王先生开刀开得真个好。b. 王先生箇刀开得真个好。 a. uɔŋ³¹ ɕin²² sɛ̃²² kʰɐ²² tɔ²² kʰɐ²² tɐ⁰ tsɐŋ²² ko⁰ xɔ⁴⁴。b. uɔŋ³¹ ɕin²² sɛ̃²² ko⁰ tɔ²² kʰɐ²² tɐ⁰ tsɐŋ²² ko⁰ xɔ⁴⁴。
阳新	a. 王先生箇刀开得蛮好。b. 同 a。 a. uɔ̃²¹³ sĩ⁴⁴ san⁴⁴ ko⁰ tɔ⁴⁴ kʰa⁴⁴ tɛ²⁵ mã²¹³ xɔ³¹。b. 同 a。
咸宁	a. 王先生箇刀开得蛮好。b. 王先生开刀开得蛮好。 a. uõ³¹ ɕiẽ⁴⁴ sõ⁴⁴ kɐ⁴⁴ to⁴⁴ kʰa⁴⁴ tɛ⁵⁵ mõ³¹ xo⁴²。b. uõ³¹ ɕiẽ⁴⁴ sõ⁴⁴ kʰa⁴⁴ to⁴⁴ kʰa⁴⁴ tɛ⁵⁵ mõ³¹ xo⁴²。
通山	a. 王先生箇刀开得蛮好。b. 同 a。 a. uoŋ²¹ sĩ²³ sɑŋ²³ ka²¹ tau²¹³ kʰœ²³ tE⁵⁵ mÃ²¹ xɑu⁴²。b. 同 a。
通城	a. 王先生箇刀开得蛮好。b. 同 a。 a. uoŋ³³ ɕiɛn²¹ sɛn²¹ ko⁰ tau²¹ hai²¹ tɛ³⁵ man³³ hau⁴²。b. 同 a。

续表

	0037a. 王先生的刀开得很好。 b. 王先生的刀开得很好。 a. 王先生是医生（施事）。 b. 王先生是病人（受事）。如与a句相同，注"同a"即可。
崇阳	a. 王先生箇刀开得点把好。b. 同 a。 a. uaŋ²¹ ɕiɛ²² saŋ²² ka⁰ tau²² hæ²² tə⁵⁵ tiɛ⁵³ pa⁵³ hau⁵³。b. 同 a。
嘉鱼	a. 王先生开刀开得蛮好。b. 王先生箇刀开得蛮好。 a. uoŋ²⁴ ɕin⁴⁴ sən⁴⁴ kʰai⁴⁴ tau⁴⁴ kʰai⁴⁴ tə⁵⁵ man²⁴ xau³¹。b. uoŋ²⁴ ɕin⁴⁴ sən⁴⁴ ko⁴⁴ tau⁴⁴ kʰai⁴⁴ tə⁵⁵ man²⁴ xau³¹。
赤壁	a. 王先生箇刀开得蛮好。b. 同 a。/a. 王先生开刀开得蛮好。b. 王先生箇刀开得蛮好。 a. uou¹³ ɕiei⁴⁴ sei⁴⁴ ko⁰ tau²² gai⁴⁴ tə⁰ man¹³ xɑu³¹。b. 同 a。/a. uou¹³ ɕiei⁴⁴ sei⁴⁴ gai⁴⁴ tau⁴⁴ gai⁴⁴ tə⁰ man¹³ xɑu³¹。b. uou¹³ ɕiei⁴⁴ sei⁴⁴ ko⁰ tau²² gai⁴⁴ tə⁰ man¹³ xɑu³¹。
监利	a. 王先生的刀呃开得蛮好的。b. 王先生的手术呃做的很好。 a. uaŋ¹³ ɕiɛn⁴⁴ sən⁰ ti⁰ tau⁴⁴ ɤ⁰ kʰai⁴⁴ ti⁰ man¹³ xau²¹ ti⁰。b. uaŋ¹³ ɕiɛn⁴⁴ sən⁰ ti⁰ sou²¹ sʅ³³ ɤ⁰ tsou³³ ti⁰ xən²¹ xau²¹。

	0038 我不能怪人家， 只能怪自己。
武汉	我不能怪别个，只能怪自家。 o³³ pu²⁵ len²¹ kuai²⁵ pie²¹³ ke⁰ , tsʅ¹³ len²¹ kuai²⁵ tsʅ²⁵ ka⁰。
蔡甸	我不能怪别家，要怪怪自家。 o³³⁴ pu³²⁴ len²¹³ kuai⁵⁵ pie²¹³ ka⁰ , iao¹⁵ kuai⁵⁵ kuai⁵⁵ tsʅ⁵⁵ ka⁰。
江夏	我不能怪别个，只能怪自家。 ŋo⁴¹ pu³³ nən³¹ kuai³²⁴ pie¹³ ko⁰ , tsʅ⁴⁴⁵ nən³¹ kuai³²⁴ tsʅ⁴⁴⁵ ka⁰。
汉川	我不能怪人家，只能怪自家。 uo⁴² pu²⁴ nən¹³ kuai³³ nən¹³ kɑ⁰ , tsʅ²⁴ nən¹³ kuai³³ tsʅ³³ kɑ⁰。
荆州	不能怪别个，只怪我自己。 pu¹³ lən¹³ kuai³⁵ pie¹³ kuo⁰ , tsʅ⁵⁵ kuai³⁵ uo⁴² tsʅ³⁵ tɕi⁴²。
仙桃	不能怪别个，只能怪我自己。 pu²⁴ lən¹³ kuai⁵³ pie¹³ kuo⁰ , tsʅ²⁴ lən¹³ kuai⁵³ uo³¹ tsʅ⁵³ tɕi³¹。
天门	我不能怪人家，我只能怪我自家。 o³¹ pu²⁴ lən²¹³ kuai⁵³ ən²¹³ ka⁰ , o³¹ tsʅ²⁴ lən²¹³ kuai⁵³ o³¹ tsʅ⁵³ ka⁰。
荆门	我不能怪人家，只能怪自己。 uo⁵⁵ pu²⁴ nən²⁴ kuai³³ zən²⁴ ka⁰ , tsʅ²⁴ nən²⁴ kuai³³ tsʅ³³ tɕi⁰。
钟祥	我不能怪人家，只能怪自家。 uo⁵³ pu³¹ nən³¹ kuai²⁴ zən³¹ ka⁰ , tsʅ³¹ nən³¹ kuai²⁴ tsʅ³¹ ka⁰。
宜昌	我不能怪别个，只怪自己。 uo³³ pu¹³ lən¹³ kuai³⁵ pie¹³ kɤ⁰ , tsʅ³³ kuai³⁵ tsʅ³⁵ tɕi⁰。
兴山	我不能怪人家，只能怪自己。 uo⁵⁵ pu²⁴ nən³¹ kuai²⁴ zən³¹ tɕia⁴⁵ , tsʅ⁵⁵ nən³¹ kuai²⁴ tsʅ²⁴ tɕi⁵⁵。
长阳	我不能怪人家，只能怪个人。 o³¹ pu²² nən²² kuai²⁴ zən²² ka⁰ , tsʅ³¹ nən²² kuai²⁴ kɤ²⁴ zən²²。
五峰	我不能怪人家，只能怪个人。 uo³³ pu²¹³ lən⁰ kuai³⁵ ən²¹³ ka⁰ , tsʅ³³ lən⁰ kuai³⁵ kuo²¹³ ən⁰。

续表

	0038 我不能怪人家，只能怪自己。
宜都	我不能怪人家，只能怪个人。 o^{33} pu^{13} nən^{21} kuai^{35} zən^{13} ka^0 , tsʅ^{33} nən^{13} kuai^{35} ko^{35} zən^{21} 。
恩施	我不怪别人，只怪我个人。 uo^{51} pu^{33} kuai^{35} pie^{33} zən^0 , tsʅ^{33} kuai^{35} uo^{51} kuo^{33} zən^0 。
咸丰	我不能怪别个，只能怪个人。 ŋo^{42} pu^{22} nən^{22} kuai^{24} piɛ^{22} ko^0 , tsʅ^{33} nən^{22} kuai^{24} ko^{24} zən^{22} 。
建始	我怪不倒别个，只能怪我个人。 o^{51} kuai^{35} pu^{22} tau^{51} piɛ^{22} kɤ^0 , tsʅ^{22} nən^{22} kuai^{35} o^{51} ko^{22} zən^0 。
巴东	我怪不倒别个，只怪我个人。 uo^{51} kuai^{24} pu^{22} tau^{51} piɛ^{22} kuo^0 , tsʅ^{22} kuai^{24} uo^{51} kɤ^{22} zən^{22} 。
宜城	我不能怪人家，只能怪自己。 uo^{55} pu^{53} nən^{53} kuɛ^{24} zən^{53} tɕia^0 , tsʅ^{53} nən^{53} kuɛ^{24} tsʅ^{41} tɕi^0 。
保康	我不能怨人家，只能怨自个儿。 uo^{55} pu^{53} nən^{53} yɛn^{31} zən^{53} tɕia^{24} , tsʅ^{53} nən^0 yɛn^{31} tsʅ^{31} kər^0 。
神农架	我不怨人家，只怨我个人。 uo^{33} pu^{53} yan^{31} zən^{53} tɕia^0 , tsʅ^{53} yan^{31} uo^{33} kuo^{31} zən^0 。
襄阳	我怪不得人家，只能怪自个儿。 uo^{35} kuai^{31} pu^0 tə^0 zən^{53} tɕia^0 , tsʅ^{53} nən^{53} kuai^{31} tsʅ^{31} kər^0 。
随州	我不能怪人家，只能怪自家。 uo^{353} pu^{24} nən^{42} kuai^{213} zən^{42} kɔ^0 , tsʅ^{42} nən^{42} kuai^{213} tsʅ^{213} kɔ^0 。
郧阳	我不能怪[人家]，只怪我自己。 uo^{43} pu^{45} lən^{51} kuɛi^{45} lia^{31} , tsʅ^{45} kuɛi^{31} uo^{43} tsʅ^{31} tɕi^0 。
丹江口	我不能怨[人家]，只怨自己。 uo^{33} pu^{35} lən^{51} yan^{31} nia^{31} , tsʅ^{51} yan^{31} tsʅ^{31} tɕi^0 。

	0038 我不能怪人家，只能怪自己。
房县	我不能怨人家，只能怨自己。 uo³³ pu⁵³ nən⁵³ yan³¹ zən⁵³ tɕia⁰，tʂʅ³³ nən⁵³ yan²⁴ tʂʅ³¹ tɕi⁰。
竹溪	我不能怪人家，只怪个人。 ŋo³⁵ pu⁵³ lən⁵³ kuai³¹ zən⁵³ tɕia⁰，tʂʅ⁵³ kuai³¹ ko³¹ zən⁰。
公安	我不能怪人家，只能怪个人。 o²¹ pu³⁵ nən²⁴ kuai³³ ən²⁴ ka³³，tsʅ³⁵ nən²⁴ kuai³³ kuo³⁵ ən²⁴。
鹤峰	我不能怪别人，只能怪个人。 uo⁵³ pu¹² nən¹² kuai³⁵ piɛ¹² zən¹²，tʂʅ¹² nən¹² kuai³⁵ kuo¹² zən¹²。
黄冈	我不能怪人家，只能怪自家。 ŋo⁵⁵ pu²¹³ lən³¹ kuai³⁵ zən³¹ ka⁰，tsʅ⁵⁵ lən³¹ kuai³⁵ tsʅ⁴⁴ ka⁰。
红安	我不能怪人家，只能怪自家。 ŋo⁵⁵ pu²² lən³¹ kuai³⁵ zʅən³¹ ka⁰，tsʅ²² lən³¹ kuai³⁵ tsʅ³³ ka⁰。
英山	我不能怪人家，只能怪自家。 ŋo²⁴ pu²² lən⁵⁵ kuai³⁵ zən⁵⁵ ka⁰，tsʅ²² lən⁵⁵ kuai³⁵ tsʅ³³ ka⁰。
蕲春	我不能怪人家，只能怪自家。 ŋo³⁴ pu²¹ lən³¹ kuai²⁵ zən³¹ kɒ⁰，tsʅ²¹ lən³¹ kuai²⁵ tsʅ²² kɒ⁴²。
武穴	我不能怪别人，只能怪我自家。 ŋo³³ pu²² nɛn³¹ kuai³⁵ pʰiɛ²² in³¹，tsʅ²² nɛn³¹ kuai³⁵ ŋo³³ tsʅ²² ka⁵⁵。
黄梅	我不能怪人家，只能怪自家。 ŋo¹³ pu⁴² nən⁵⁵ kuai³⁵ ən⁵⁵ ka⁰，tsʅ⁴² nən⁵⁵ kuai³⁵ tsʅ³³ ka⁰。
黄陂	我怪不得人家，只能怪我自家。/我不能怪别个，只能怪我自家。 ŋo⁴¹ kuai³⁵ pu⁰ tɤ⁰ zen²¹² ka⁰，tsʅ²¹⁴ len²¹² kuai³⁵ ŋo⁴¹ tsʅ⁴⁵⁵ ka⁰。/ŋo⁴¹ pu²¹⁴ len⁰ kuai³⁵ piɛ²¹² kɤ⁰，tsʅ²¹⁴ len²¹² kuai³⁵ ŋo⁴¹ tsʅ⁴⁵⁵ ka⁰。

语法例句对照　　203

续表

	0038 我不能怪人家，只能怪自己。
新洲	只怪自家，不怪人家。 tsɿ⁵⁵ kuai³³ tsɿ³³ ka⁰，pu²¹³ kuai³³ ŋən²²⁴ ka⁰。
孝感	我不能怪人家，只能怪自家。 ŋo⁵² pu²¹³ nən³¹ kuai³⁵ zən³¹ ka⁰，tsʅ²¹³ nən³¹ kuai³⁵ tsɿ⁵⁵ ka⁰。
安陆	我不能怪别个，只能怪自家。 ŋo⁵¹ pu²⁴ nən³¹ kuai³⁵ piɛ²⁴ ko⁴⁴，tsʅ⁵¹ nən³¹ kuai³⁵ tsɿ⁵⁵ ka⁰。
广水	我不能怪人家，只能怪自家。 ŋo³⁴ pu⁵³ lən⁵³ kuai¹³ zən⁵³ ka⁰，tsʅ³⁴ lən⁵³ kuai¹³ tsɿ¹³ ka⁰。
黄石	我不能怪别个，只怪自家。 ŋo⁵⁵ pu²¹³ len³¹ kuæ²⁵ pie²¹³ ko⁰，tsɿ²¹³ kuæ²⁵ tsɿ³²⁴ kɒ³³。
大冶	我不怪别个，只怪自家。 ŋo⁴⁴ pu²¹³ kuɐ²⁵ pʰi²¹³ ko⁰，tsɿ²¹³ kuɐ²⁵ tsɿ²² kɒ²²。
阳新	我不怪别人，只怪自家。 ŋo³¹ pu²⁵ lan²¹³ kua⁴⁴ pʰi²⁵ zan²¹³，tsɿ²⁵ lan²¹³ kua⁴⁴ tsɿ³¹ kɒ⁴⁴。
咸宁	我不怪偏人屋，只怪自家。 ŋə⁴² pu⁵⁵ kua²¹³ pʰiẽ³³ zən³¹ u⁵⁵，tsɿ⁵⁵ kua²¹³ tsɿ⁴⁴ kɒ⁴⁴。
通山	我不能怪别人，只能怪自家。 ŋou⁴² pa⁵⁵ nẽ²¹ kua⁴⁵ pi⁵⁵ zɐn²¹，tsɿ⁵⁵ nẽ²¹ kua⁴⁵ tsɿ³³ kɔ²¹³。
通城	我不能怪人家，只能怪自己。/我不能怪样个，只能怪自己。 ŋo⁴² pənʔ⁵⁵ nɛn³³ kuai²¹⁴ n̠in³³ ka²¹，tsɿʔ⁵⁵ nɛn³³ kuai²¹⁴ dzɿ³⁵ tɕi⁴²。/ŋo⁴² pənʔ⁵⁵ nɛn³³ kuai²⁴ iaŋ³⁵ ko³⁵，tsɿʔ⁵⁵ nɛn³³ kuai²¹⁴ dzɿ³⁵ tɕi⁴²。
崇阳	我不能怪别个，只能怪自家。 ŋo⁵³ pæ⁵⁵ n̠iɛ²¹ kuæ²⁴ biɛ⁵⁵ ko²¹⁴，tə⁵⁵ n̠iɛ²¹ kuæ²⁴ zɿ⁴⁴ ka²²。

续表

	0038 我不能怪人家，只能怪自己。
嘉鱼	我不能怪人家，只能怪自家。 ŋo³¹ pu⁵⁵ nən²⁴ kuai²¹³ zən²⁴ kɒ⁴⁴，tʂʅ⁵⁵ nən²⁴ kuai²¹³ tsʰʅ²² kɒ⁴⁴。
赤壁	我不怪别个，只怪自己。 ŋo³¹ pu⁴⁵ kuai²¹³ biɛ¹³ ko⁰，tʂʅ⁴⁵ kuai²¹³ dzʅ²² tɕi⁰。
监利	我不能怪别个，只能怪自己。 ŋo²¹ pu⁵⁵ nən¹³ kuai³³ pʰiɛ⁵⁵ ko⁰，tsʅ⁵⁵ nən¹³ kuai³³ tsʅ³³ tɕi²¹。

	0039a. 明天王经理会来公司吗？ b. 我看他不会来。
武汉	a. 王经理明天他来公司吗？ b. 我看他可能不会来。 a. uaŋ²¹tɕin⁵⁵li⁰min²¹tʰian⁵⁵tʰa⁵⁵lai²¹koŋ⁴⁴sɿ⁵⁵ma⁰？ b. o³³kʰan²⁵tʰa⁵⁵kʰo¹³len²¹pu²¹³xuei²⁵lai²¹。
蔡甸	a. 王经理明日来不来公司啊？ b. 他可能不来吧。 a. uaŋ²¹³tɕin¹⁵n̠i³³⁴mia²¹³ɯ⁰lai²¹³pu⁰lai²¹³kuŋ¹⁵sɿ¹⁵a⁰？ b. tʰa¹⁵kʰo³³⁴len²¹³pu³²⁴lai²¹³pa⁰。
江夏	a. 王经理明朝来不来公司啊？ b. 我看他不会来。 a. uaŋ¹³tɕin³⁵ni⁴¹min³³tso³⁵nai¹³pu⁰nai¹³koŋ³⁵sɿ³⁵a⁰？ b. ŋo⁴⁴kʰan³²⁴tʰa³⁵pu¹³xuei⁴⁴⁵nai³²⁴。
汉川	a. 明天王经理会不会来公司？ b. 我看他不得来。 a. min¹³tʰian⁵⁵uaŋ¹³tɕin⁵⁵ni⁴²xuei³³pu⁰xuei³³nɑi¹³koŋ⁵⁵sɿ⁵⁵？ b. uo⁴²kʰan³³tʰa⁵⁵pu⁰tæ⁰nɑi¹³。
荆州	a. 明日王经理得不得来公司的呀？ b. 我看他不得来。 a. mɤ¹³ɯ⁰uan¹³tɕin⁵⁵li⁴²tɤ¹³pu¹³tɤ¹³lai¹³koŋ⁵⁵sɿ⁵⁵ti⁰ia⁰？ b. uo⁴²kʰan³⁵tʰa⁵⁵pu¹³tɤ⁰lai¹³。
仙桃	a. 明日王经理会不会来公司啊？ b. 我看他不会来。 a. mo¹³ɯ⁰uaŋ¹³tɕin⁴⁵li³¹xuei⁵³pu⁰xuei⁵³lai¹³koŋ⁴⁵sɿ⁴⁵a⁰？ b. uo³¹kʰan⁵³tʰa⁴⁵pu²⁴xuei⁵³lai¹³。
天门	a. 明昝王经理会不会来公司？ b. 我看他不会来。 a. mən²¹³tsa²¹³uaŋ²¹³tɕin⁴⁵li³¹xuei⁵³pu⁰xuei⁵³lai¹³koŋ⁴⁵sɿ⁴⁵？ b. o³¹kʰan⁵³tʰa⁴⁵pu²⁴xuei⁵³lai¹³。
荆门	a. ［明日］王经理得不得来公司呀？ b. 我想他不得来。 a. mo²⁴uaŋ²⁴tɕin⁴⁵ni⁵⁵tɛ²⁴pu⁰tɛ²⁴nai²⁴koŋ⁴⁵sɿ⁴⁵a⁰？ b. uo⁵⁵ɕiaŋ⁵⁵tʰa⁴⁵pu²⁴tɛ⁰nai²⁴。
钟祥	a. 明儿王经理来公司啵？ b. 我看他不得来。 a. mər³¹uaŋ³¹tɕin²¹ni⁵⁵nai³¹koŋ²⁴sɿ²⁴pɔ⁰？ b. uo⁵³kʰan²¹tʰa²¹pu³¹tə⁰nai³¹。

续表

	0039a. 明天王经理会来公司吗？ b. 我看他不会来。
宜昌	a. 明儿天王经理会不会来公司啊？ b. 我看他不会来哒。 a. mər¹³ tʰiɛn⁵⁵ uaŋ¹³ tɕin⁵⁵ li⁰ xuei³⁵ pu⁰ xuei³⁵ lai¹³ koŋ⁵⁵ sʅ⁵⁵ a⁰? b. uo³³ kʰan³⁵ tʰa⁵⁵ pu¹³ xuei³⁵ lai¹³ ta⁰。
兴山	a. 明儿天王经理得不得到公司来？ b. 我看他不得来。 a. mər³¹ tʰiɛn⁴⁵ uaŋ³¹ tɕin⁴⁵ ni⁰ tɤ²⁴ pu⁰ tɤ⁰ tau²⁴ koŋ⁴⁵ sʅ⁴⁵ nai³¹? b. uo⁵⁵ kʰan²⁴ tʰa⁴⁵ pu²⁴ tɤ⁰ nai³¹。
长阳	a. 明儿天王经理得不得来公司啊？ b. 我看他不得来。 a. mər²² tʰiɛn⁴⁵ uaŋ²² tɕin⁴⁵ ni⁰ tɤ²² pu⁰ tɤ²² nai²² koŋ⁴⁵ sʅ⁴⁵ a⁰? b. o³¹ kʰan²⁴ tʰa⁴⁵ pu²² tɤ²² nai²²。
五峰	a. 明天王经理带⁼不带⁼公司里来？ b. 我看他不得来。 a. mɤ²¹ tʰiɛn⁵⁵ uaŋ²¹³ tɕin⁵⁵ li⁰ tai³⁵ pu⁰ tai³⁵ koŋ⁵⁵ sʅ⁵⁵ li⁰ lai²¹? b. uo³³ kʰan³⁵ tʰa⁵⁵ pu³⁵ tɤ⁰ lai²¹。
宜都	a. 明儿王经理得不得到公司里来？ b. 我看他不得来。 a. mər¹³ uaŋ¹³ tɕin⁵⁵ ni⁰ tɤ³⁵ pu⁰ tɤ³⁵ tau³⁵ koŋ⁵⁵ sʅ⁵⁵ ni⁰ nai³⁵? b. o³³ kʰan³⁵ tʰa⁵⁵ pu¹³ tɤ¹³ nai²¹。
恩施	a. 明天王经理得不得到公司来？ b. 我怕他不得来。 a. min³³ tʰiɛn⁵⁵ uaŋ³³ tɕin⁵⁵ ni⁰ tɛ³³ pu⁰ tɛ³³ tau³⁵ koŋ⁵⁵ sʅ⁵⁵ nai³³? b. uo⁵¹ pʰa³⁵ tʰa⁵⁵ pu³⁵ tɛ³³ nai³³。
咸丰	a. 明儿天王经理来公司不？ b. 我看他不得来。 a. mə²² tʰiɛn⁵⁵ uaŋ²² tɕin⁵⁵ ni⁴² nai²² koŋ⁵⁵ sʅ⁵⁵ pu²²? b. ŋo⁴² kʰan²¹³ tʰa⁵⁵ pu²² tɛ⁰ nai²²。
建始	a. 王经理明天得不得到公司里来？ b. 我怕他不得来。 a. uan²² tɕin⁴⁵ ni⁰ min²² tʰin⁴⁵ tɛ²² pu²² tɛ²² tau³⁵ kuŋ⁴⁵ sʅ⁴⁵ ni⁵¹ nai²²? b. o⁵¹ pʰa³⁵ tʰa⁴⁵ pu²² tɛ²² nai²²。
巴东	a. 明儿天王经理得不得来公司？ b. 我怕他不得来。 a. mə²² tʰiɛn⁴⁵ uaŋ²² tɕin⁴⁵ ni⁰ tɛ²² pu²² tɛ²² nai²² koŋ⁴⁵ sʅ⁴⁵? b. uo⁵¹ pʰa²⁴ tʰa⁴⁵ pu²² tɛ²² nai²²。

续表

	0039a. 明天王经理会来公司吗？ b. 我看他不会来。
宜城	a. 明儿的王经理得来公司吧？b. 我看他不得来。 a. mər⁵³ni⁰uaŋ⁵³tɕin²²ni⁵⁵te⁵³nɛ⁵³kuəŋ²⁴sʅ²⁴pa⁰？b. uo⁵⁵kʰan⁴¹tʰa²⁴pu⁵³te⁵³nɛ⁵³。
保康	a. 明儿的王经理得不得来公司？b. 我看他不得来。 a. mər⁵³ni⁰uaŋ⁵³tɕin²²ni⁵⁵te⁵³pu⁰te⁵³nai⁵³kuəŋ²²sʅ²⁴？b. uo⁵⁵kʰan³¹tʰa²⁴pu⁵³te⁰nai⁵³。
神农架	a. 明儿王经理得来公司吧？b. 我看他不得来。 a. mər⁵³uaŋ⁵³tɕin²⁴ni³³tɛ⁵³nai⁵³kuəŋ²⁴ʂʅ²⁴pa⁰？b. uo³³kʰan³¹tʰa²⁴pu⁵³tɛ⁰nai⁵³。
襄阳	a. 明儿的王经理得来公司吧？b. 我看他不得会来。 a. mər⁵³ni⁰uaŋ⁵³tɕin²⁴ni³⁵tə⁵³nai⁵³kuŋ²⁴sʅ²⁴pa⁰？b. uo³⁵kʰan³¹tʰa²⁴pu⁵³tə⁰xuei³¹nai⁵³。
随州	a. 明昼王经理会到公司来？b. 我看他不得来。/a. 明昼王经理得不得到公司来？b. 我估计他不得来。 a. mən⁴²tʂəu⁰uaŋ⁴²tɕin⁴⁴ni³⁵³xuei²¹³tau²¹³koŋ⁴⁴sʅ⁴⁴nai⁴²？b. uo³⁵³kʰan²¹³tʰɔ⁴⁴pu⁴²ta⁰nai⁴²。/a. mən⁴²tʂəu⁰uaŋ⁴²tɕin⁴⁴ni³⁵³ta⁴²pu⁰ta⁴²tau²¹³koŋ⁴⁴sʅ⁴⁴nai⁴²？b. uo³⁵³ku⁴⁴tɕi⁰tʰɔ⁴⁴pu⁴²ta⁰nai⁴²。
郧阳	a. 王经理明儿来公司啵？b. 我想他来不了。 a. uaŋ⁵¹tɕin⁴⁵li⁴³mər⁵¹lɛi⁵¹kuən⁴⁵sʅ⁴⁵po⁰？b. uo⁴³ɕiaŋ⁴³tʰa⁴⁵lɛi⁵¹pu⁰liau⁴³。
丹江口	a. 明儿的王经理来公司吧？b. 我怕他不来。 a. mər⁵¹ti⁰uaŋ⁵¹tɕin³⁵li³³lɛ⁵¹kuŋ³⁵sʅ³⁵pa⁰？b. uo³³pʰa³¹tʰa³⁵pu³⁵lɛ⁵¹。
房县	a. 明儿的王经理得来公司吧？b. 我觉得不得来。 a. mər⁵³ti⁰uaŋ⁵³tɕin²⁴ni³³te²⁴nai⁵³kuəŋ²⁴ʂʅ²⁴pa⁰？b. uo³³tɕyo⁵³te⁰pu⁵³te⁰nai⁵³。
竹溪	a. 明天王经理得来公司吧？b. 我看他不得来。 a. min⁵³tʰian²⁴uaŋ⁵³tɕin²²li⁰te⁵³lai⁵³kuəŋ²⁴sʅ²²pa⁰？b. ŋo³⁵kʰan³¹tʰa²²pu⁵³te⁰lai⁵³。

续表

	0039a. 明天王经理会来公司吗？ b. 我看他不会来。
公安	a. 明儿王经理会不会来公司咧？ b. 我看他不得来。 a. mɤ²⁴ ɯ²⁴ uaŋ²⁴ tɕin⁵⁵ ni²¹ xuei³³ pu³⁵ xuei³³ nai²⁴ koŋ⁵⁵ sʅ⁵⁵ niɛ⁰？ b. o²¹ kʰan³³ tʰa⁵⁵ pu³⁵ tɤ³⁵ nai²⁴。
鹤峰	a. 明朝王经理得不得到公司来？ b. 我估计他不得来。 a. mən¹² tʂau⁵⁵ uaŋ¹² tɕin⁵⁵ ni⁵³ tɛ¹² pu¹² tɛ¹² tau³⁵ koŋ⁵⁵ sʅ⁵⁵ nai¹²？ b. uo⁵³ ku⁵³ tɕi⁰ tʰa⁵⁵ pu³⁵ tɛ⁰ nai¹²。
黄冈	a. 明昼儿王经理来不来公司啊？ b. 我估倒他不得来。 a. mən³¹ tsar²² uaŋ³¹ tɕin²² li⁵⁵ lai³¹ pu⁰ lai³¹ koŋ²² sʅ²² a⁰？ b. ŋo⁵⁵ ku⁵⁵ tau⁰ tʰa²² pu²¹³ te²¹³ lai³¹。
红安	a. 明昼儿王经理会来公司不？ b. 我估计他不会来。/a. 明昼儿王经理会不会来公司？ b. 我估计他不会来。 a. mən³¹ tʂɚ³³ uaŋ³¹ tɕin¹¹ li⁵⁵ fei³³ lai³¹ koŋ¹¹ sʅ¹¹ pu⁰？ b. ŋo⁵⁵ ku⁵⁵ tɕi⁰ tʰa¹¹ pu²² fei³³ lai³¹。/a. mən³¹ tʂɚ³³ uaŋ³¹ tɕin¹¹ li⁵⁵ fei³³ pu⁰ fei³³ lai³¹ koŋ¹¹ sʅ¹¹？ b. ŋo⁵⁵ ku⁵⁵ tɕi⁰ tʰa¹¹ pu²² fei³³ lai³¹。
英山	a. 明昼王经理来公司不？ b. 我估得他不得来。 a. mən⁵⁵ təu⁰ uaŋ⁵⁵ tɕin³¹ li²⁴ lai⁵⁵ koŋ³¹ sʅ³¹ pu⁰？ b. ŋo²⁴ ku²⁴ te⁰ tʰa³¹ pu²² te²¹³ lai⁵⁵。
蕲春	a. 明昼儿王经理到不到公司来吵？/明昼儿王经理到公司来不？ b. 我估倒他不得来。 a. mən³¹ tər²⁵ uaŋ³¹ tɕin⁴² li³⁴ tau²⁵ pu⁰ tau²⁵ koŋ⁴² sʅ⁴² lai³¹ ʂɛ⁰？/mən³¹ tər²⁵ uaŋ³¹ tɕin⁴² li³⁴ tau²⁵ koŋ⁴² sʅ⁴² lai³¹ pu⁰？ b. ŋo³⁴ ku³⁴ tau⁰ tʰɒ⁴² pu²¹ ta²¹ lai³¹。
武穴	a. 明昼王经理来公司啵？/明昼王经理来不来公司？ b. 我估计渠不会来。 a. mən³¹ te⁰ uaŋ³¹ tɕin⁵⁵ li³³ lai³¹ kəŋ⁵⁵ sʅ⁵⁵ po⁰？/mən³¹ te⁰ uaŋ³¹ tɕin⁵⁵ li³³ lai³¹ pu⁰ lai³¹ kəŋ⁵⁵ sʅ⁵⁵？ b. ŋo³³ ku³³ tɕi³⁵ xe⁵⁵ pu²² xui²² lai³¹。

续表

	0039a. 明天王经理会来公司吗？ b. 我看他不会来。
黄梅	a. 明昼王经理到公司来呗？ b. 我估附=嘞渠不会来。 a. mən⁵⁵ tseu³⁵ uaŋ⁵⁵ tɕin²¹ li¹³ tau³⁵ koŋ²¹ sɿ²¹ lai⁵⁵ pe⁰？ b. ŋo¹³ ku²¹ fu³⁵ ne⁰ kʰæ⁵⁵ pu⁴² xuei³³ lai⁵⁵。
黄陂	a. 明朝王经理来公司不？ b. 我看他不得来。 a. men²¹² tsao⁰ uaŋ²¹² tɕin³³⁴ li⁴¹ lai²¹² koŋ³³⁴ sɿ³³⁴ pu⁰？ b. ŋo⁴¹ kʰan³⁵ tʰa³¹ pu²¹⁴ te⁰ lai²¹²。
新洲	a. 明天王经理来不来公司啊？ b. 怕不来吧。 a. min²²⁴ tʰien³¹ uaŋ²²⁴ tɕin³¹ ni⁰ nai²²⁴ pu⁰ nai²²⁴ koŋ³¹ sɿ³¹ a⁰？ b. pʰa³²⁴ pu²¹³ nai²²⁴ pa⁰。
孝感	a. 明天王经理来不来公司？ b. 我看他不得来。 a. mən³¹ tʰin³³ uaŋ³¹ tɕin³³ ni⁵² nɑi³¹ pu⁰ nɑi³¹ koŋ³³ sɿ³³？ b. ŋo⁵² kʰan³⁵ tʰa³³ pu¹³ tɛ⁰ nɑi³¹。
安陆	a. 明朝王经理会不会来公司欤？ b. 我看他不会来。 a. mən³¹ tʂo³¹ uaŋ³¹ tɕin⁴⁴ ni⁵¹ xuei⁵⁵ pu²⁴ xuei⁵⁵ nai³¹ kuŋ⁴⁴ sɿ⁴⁴ ɛ⁰？ b. ŋo⁵¹ kʰan³⁵ tʰa⁴⁴ pu²⁴ xuei⁵⁵ nai³¹。
广水	a. 明朝王经理会不会来公司？ b. 我看他不会来。 a. mən⁵³ tʂo⁵³ uaŋ⁵³ tɕin³¹ li³⁴ xuei¹³ pu⁵³ xuei¹³ lai⁵³ kuŋ³¹ sɿ³¹？ b. ŋo³⁴ kʰan¹³ tʰa³¹ pu⁵³ xuei¹³ lai⁵³。
黄石	a. 明儿王经理来不来公司？ b. 我看他不得来。 a. men³¹ ər³¹ uaŋ³¹ tɕin³³ li⁵⁵ læ³¹ pu⁰ læ³¹ koŋ³³ sɿ³³？ b. ŋo⁵⁵ kʰan²⁵ tʰɒ³³ pu²¹³ tæ²¹³ læ³¹。
大冶	a. 明日王经理来公司不唻？ b. 我看渠不得来。 a. min³¹ zɿ²¹³ uɔŋ³¹ tɕiɐn²² lɐi⁴⁴ lɛ³¹ kɐŋ²² sɿ²² pu²¹³ lɛ⁰？ b. ŋo⁴⁴ kʰan²⁵ kʰe³¹ pu²¹ tɛ²¹³ lɛ³¹。
阳新	a. 明日王经理会不会到公司来哎？ b. 我看渠不得来了。 a. min²¹³ zɿ²⁵ uɔ̃²¹³ tɕian⁴⁴ lai³¹ xuai⁴⁴ pu²⁵ xuai⁴⁴ tɔ⁴⁴ kaŋ⁴⁴ sɿ⁴⁴ la²¹³ a⁰？ b. ŋo³¹ kʰõ⁴⁴ kʰɛ²¹³ pu²⁵ tɛ²⁵ la²¹³ lɛ⁰。

续表

	0039a. 明天王经理会来公司吗？ b. 我看他不会来。
咸宁	a. 明日王经理会不会来公司？ b. 我看伊不会来。 a. miõ³¹ zʅ⁵⁵ uõ³¹ tɕiən⁴⁴ næ⁴² fæ³³ pu⁵⁵ fæ³³ na³¹ kuəŋ⁴⁴ sʅ⁴⁴? b. ŋə⁴² kʰõ²¹³ e³¹ pu⁵⁵ fæ³³ na³¹。
通山	a. 明日王经理会来公司吧？ b. 我看渠不会来。 a. miã²¹ zʅ³³ uoŋ²¹ tɕien²³ læ⁴² xuæ³³ la²¹ kuɑŋ²³ sʅ²¹³ pa³³? b. ŋou⁴² kʰœ⁴⁵ ki²¹ pa⁵⁵ xuæ³³ la²¹。
通城	a. 明日王经理会来公司啵？ b. 我看伊不会来。／a. 明日王经理会来公司不嘞？ b. 我估计伊不会来。 a. miaŋ³³ ȵin˧⁵⁵ uoŋ³³ tɕin²¹ di⁴² fi³⁵ nai³³ koŋ²¹ sʅ²¹ poʔ³⁵? b. ŋo⁴² han²⁴ ie⁴² pənʔ⁵⁵ fi³⁵ nai³³。／a. miaŋ³³ ȵin˧⁵⁵ uoŋ³³ tɕin²¹ di⁴² fi³⁵ nai³³ koŋ²¹ sʅ²¹ pənʔ⁵⁵ de³⁵? b. ŋo⁴² ku²¹ tɕi²¹⁴ ie⁴² pənʔ⁵⁵ fi³⁵ nai³³。
崇阳	a. 明日王经理来公司不？ b. 我想伊不得来。 a. miaŋ²¹ ȵin⁵⁵ uaŋ²¹ tɕin²² di⁵³ næ²¹ kən²² sʅ²² pæ⁰? b. ŋo⁵³ ɕiaŋ⁵³ i⁵³ pæ⁵⁵ tiɛ⁵⁵ næ²¹。
嘉鱼	a. 明日王经理会不会来公司？ b. 我看他不会来。 a. mia²⁴ zʅ⁵⁵ uoŋ²⁴ tɕiən⁴⁴ ni³¹ xuei²² pu⁵⁵ xuei²² nai²⁴ kuən⁴⁴ sʅ⁴⁴? b. ŋo³¹ kʰɛn²¹³ xɒ⁴⁴ pu⁵⁵ xuei²² nai²⁴。
赤壁	a. 王经理明儿来不来公司啊？ b. 我看他不得来。 a. uou¹³ tɕin⁴⁴ di³¹ miɑn¹³ ŋɑr⁴⁴ nai¹³ pu⁰ nai¹³ kuən⁴⁴ sʅ⁴⁴ ɑ⁰? b. ŋo³¹ gei²¹³ nɑ⁴⁴ pu⁴⁵ tə⁰ nai¹³。
监利	a. 明儿呃王经理会不会来公司啊？ b. 我看他不会来哒。 a. mei¹³ ɯ⁰ ɤ⁰ uaŋ¹³ tɕin⁴⁴ ni²¹ xuei³³ pu⁰ xuei³³ nai¹³ koŋ⁴⁴ sʅ⁴⁴ ɑ⁰? b. ŋo²¹ kʰan³³ tʰa⁴⁴ pu⁵⁵ xuei³³ nai¹³ ta⁰。

语法例句对照　　211

	0040 我们用什么车从南京往这里运家具呢？
武汉	我们用个么车子从南京把家具往这里运咧？ o³³men⁰ioŋ²⁵ kɤ⁰mo³³ tsʰe⁵⁵tsɿ⁰ tsʰoŋ²¹ lan²¹³tɕin⁵⁵ pa⁴² tɕia⁴⁴tɕy²⁵ uaŋ⁴² tse²⁵li⁰yn²⁵ le⁰？
蔡甸	我们用么车子到南京去拖家具啊？ o³³⁴men⁰yŋ⁵⁵ mo³³⁴tsʰe¹⁵tsɿ⁰ tao⁵⁵ lan²¹³tɕin¹⁵ kʰu⁵⁵ tʰo¹⁵ tɕia¹⁵tɕy⁵⁵ a⁰？
江夏	我们用么车从南京把家具运到这里来呀？ ŋo⁴⁴mən⁰ioŋ³²⁴ mo⁴¹tsʰɤ³⁵ tsʰoŋ¹³ nan³³tɕin³⁵ pa³²⁴ tɕia³⁵tɕy³²⁴ yn⁴⁴⁵ tao⁰tsɿ³²⁴ti⁰ nai¹³ia⁰？
汉川	我们用么车从南京往这里运家具？ uo⁴²mən⁰ioŋ³³ mo⁴²tsʰe⁵⁵ tsʰoŋ¹³ nan¹³tɕin⁵⁵ uaŋ⁴² tɕie³³ti⁰yn³³ tɕia⁵⁵tɕy³³？
荆州	我们用个么子车从南京把家具运到这里来？ uo⁴²mən⁰ioŋ³⁵ kuo⁰mo⁴²tsɿ⁵⁵ tsʰɤ⁵⁵ tsʰoŋ¹³ lan¹³tɕin⁵⁵ pa⁴² tɕia⁵⁵tɕy³⁵ ioŋ³⁵ tau³⁵ tsɿ³⁵ti⁰lai¹³？
仙桃	我们架个么家车从南京往这里运家具啊？ uo³¹mən⁰ka⁵³ kɤ⁰mo³¹tɕia⁴⁵ tsʰɤ⁴⁵ tsʰoŋ¹³ lan¹³tɕin⁴⁵ uaŋ³¹ tsɿ⁵³ti⁰ yən⁵³ tɕia⁴⁵tɕy⁵³ a⁰？
天门	我们用[什么]车从南京往这里拖家具？ o³¹mən⁰yoŋ⁵³ soŋ³¹ tsʰɤ⁴⁵ tsʰoŋ¹³ lan²¹³tɕin⁴⁵ uaŋ³¹ tsɿ⁵³ti⁰ tʰo⁴⁵ tɕia⁴⁵tɕy⁵³？
荆门	我们用么子车从南京往这里运家具哩？ uo⁵⁵mən⁰ioŋ³³ mo⁵⁵tsɿ³³ tsʰɛ⁴⁵ tsʰoŋ²⁴ nan²⁴tɕin⁴⁵ uaŋ⁵⁵ tsɛ³³ni⁰ yən³³ tɕia⁴⁵tɕy³³ti⁰？
钟祥	我们用么子车从南京往这儿运家具咧？ uo⁵³mən⁰ioŋ²¹⁴ mə⁵³ʅ⁰ tsʰə²⁴ tsʰɔŋ³¹ nan³¹tɕin²⁴ uaŋ⁵³ tsɚ²¹⁴ yn²⁴ tɕia²¹tɕy⁵⁵ nie⁰？
宜昌	我们用什么儿车子从南京往迩边运家具咧？ uo³³mən⁰ioŋ³⁵ sən³⁵ mɤɹ⁰ tsʰɤ³⁵ tsɿ⁰ tsʰoŋ¹³ lan¹³tɕin⁵⁵ uaŋ³³ lie³⁵ piɛn⁵⁵ yn³⁵ tɕia⁵⁵ tɕy⁰lie⁰？

续表

	0040 我们用什么车从南京往这里运家具呢？
兴山	我们用什么车子从南京往这儿运家具呢？ uo⁵⁵ mən⁰ ioŋ²⁴ ʂən²⁴ mɤ⁰ tʂʰɤ⁴⁵ tsɿ⁰ tsʰoŋ³¹ nan³¹ tɕin⁴⁵ uaŋ⁵⁵ tʂɤr²⁴ yn²⁴ tɕia⁴⁵ tɕy⁰ mɤ⁰？
长阳	我们用什么儿车从南京往这儿拖家具咧？ o³¹ mən⁰ ioŋ²⁴ sən²⁴ mɤr⁰ tsʰɤ⁴⁵ tsʰoŋ²² nan²² tɕin⁴⁵ uaŋ³¹ tsʰɤr⁴⁵ tʰo⁴⁵ tɕia⁴⁵ tɕy⁰ nie⁰？
五峰	我们用什么车从南京往这里运家具咧？ uo³³ mən⁰ yoŋ³³ soŋ³⁵ mən⁰ tsʰɤ⁵⁵ tsʰoŋ²¹³ lan²¹ tɕin⁵⁵ uaŋ³³ tsɤ³⁵ li⁰ yn³⁵ tɕia⁵⁵ tɕy⁰ lie⁰？
宜都	我们用蒻˭么车从南京往迲里运家具呢？ o³³ mən⁰ ioŋ³⁵ xoŋ³⁵ mɤ⁰ tsʰɤ⁵⁵ tsʰoŋ⁵⁵ nan¹³ tɕin⁵⁵ uaŋ³³ nie³⁵ ni⁰ yn³⁵ tɕia⁵⁵ tɕi⁵⁵ mɤ⁰？
恩施	我们用么子车把家具从南京拖到这里来？ uo⁵¹ mən⁰ ioŋ³⁵ mo⁵¹ tsɿ⁰ tsʰɛ⁵⁵ pa⁵¹ tɕia⁵⁵ tɕy⁰ tʂʰoŋ³³ nan³³ tɕin⁵⁵ tʰuo⁵⁵ tau⁰ tʂɛ³⁵ ni⁵¹ nai⁰？
咸丰	我们用么子车子从南京往那哈儿盘家具呢？ ŋo⁴² mən⁰ yoŋ²⁴ mo⁵⁵ tsɿ⁰ tsʰɛ⁵⁵ tsɿ⁰ tsʰoŋ²² nan²² tɕin⁵⁵ uaŋ³³ na²⁴ xɚ⁵⁵ pʰan²² tɕia⁵⁵ tɕy²¹³ nɛ⁰？
建始	我们找么子车把家具从南京拖啊迲儿里来？ o⁵¹ mən⁰ tsau⁵¹ mo⁵¹ tsɿ⁰ tʂʰɛ⁴⁵ pa⁵¹ tɕia⁴⁵ tɕy³⁵ tʂʰuŋ²² nan²² tɕin⁴⁵ tʰo⁴⁵ a⁰ nɚ³⁵ ni⁰ nai²²？
巴东	我们用什么子车从南京运家具到这儿来？ uo⁵¹ mən⁰ ioŋ²⁴ sən²⁴ mo⁰ tsɿ⁰ tsʰe⁴⁵ tsʰoŋ²² nan²² tɕin⁴⁵ yn²⁴ tɕia⁴⁵ tɕy⁰ tau²⁴ tsɚ²⁴ nai²²？
宜城	我们用啥车从南京往这儿里运家具来？ uo⁵⁵ mən⁰ yəŋ²⁴ sa⁴¹ tsʰe²⁴ tsʰuəŋ⁵³ nan⁵³ tɕin²⁴ uaŋ²⁴ tser⁴¹ ni⁰ in⁴¹ tɕia²⁴ tɕi⁴¹ nɛ⁰？

续表

	0040 我们用什么车从南京往这里运家具呢？
保康	我们用啥车把家业从南京拉到这儿来？ uo⁵⁵ mən⁰ yəŋ³¹ ṣa³¹ tṣʰe²⁴ pa⁵⁵ tɕia²² iɛ⁰ tsʰuəŋ⁵³ nan⁵³ tɕin²⁴ na²² tau⁰ tṣər³¹ nai⁰？
神农架	从南京往这儿运家业，我们用啥车？ tsʰuəŋ⁵³ nan⁵³ tɕin²⁴ uaŋ³³ tṣər³¹ yn³¹ tɕia²² iɛ⁵³，uo³³ mən⁰ yəŋ³¹³ ṣa³¹ tṣɛ²⁴？
襄阳	我们弄啥车从南京往这儿运家具呢？ uo³⁵ mən⁰ nəŋ²⁴ sa³¹ tsʰə²⁴ tsʰuŋ⁵³ nan⁵³ tɕin²⁴ uaŋ²⁴ tsər³¹ yn³¹ tɕia²⁴ tɕy³¹ nai⁰？
随州	我们用么车从南京往这下儿驮家具呢？ uo³⁵³ mən⁰ ioŋ²¹³ mo³⁵ tṣʰa⁴⁴ tsʰoŋ⁴² nan⁴² tɕin⁴⁴ uaŋ³⁵³ tṣə²⁴ xar²¹³ tʰo⁴² tɕiɔ⁴⁴ tɕy²¹³ nei⁰？
郧阳	从南京往这儿拉家具，我们用啥车？ tsʰən⁴⁵ lan⁵¹ tɕin⁴⁵ uaŋ⁴³ tsər³¹ la⁴⁵ tɕia⁴⁵ tɕy³¹，uo⁴³ mən⁰ yn⁴⁵ sa³¹ tsʰɤ⁴⁵？
丹江口	从南京往这儿拉家具，我们用啥车？ tsʰuŋ⁵¹ lan⁵¹ tɕin³⁵ uaŋ³³ tsər³¹ la³⁵ tɕia³⁵ tɕy⁵¹，uo³³ mən⁰ yŋ³⁵ sa³¹ tsʰɤ³⁵？
房县	把家具从南京运这儿来，我们用啥车？／我们用啥车把家具从南京运这儿来？ pa³³ tɕia²⁴ tɕy⁵³ tṣʰuəŋ⁵³ nan⁵³ tɕin²⁴ yn²⁴ tṣər³¹ nai⁵³，uo³³ mən⁰ yəŋ²⁴ ṣa³¹ tṣʰe²⁴？／uo³³ mən⁰ yəŋ²⁴ ṣa³¹ tṣʰe²⁴ pa³³ tɕia²⁴ tɕy⁵³ tṣʰuəŋ⁵³ nan⁵³ tɕin²⁴ yn²⁴ tṣər³¹ nai⁰？
竹溪	从南京往这儿运家具，我们拿啥车子来？ tsʰuəŋ⁵³ lan⁵³ tɕin⁰ uaŋ³⁵ tṣər⁰ yn³¹ tɕia²² tɕy⁰，ŋo³⁵ mən⁰ la⁵³ ṣa³¹ tsʰɛ²² tsɿ⁰ lai⁵³？
公安	我们用[什么]个车从南京往迥位子运家具咧？ o²¹ mən⁰ ioŋ³³ soŋ²¹ kuo³³ tsʰɤ⁵⁵ tsʰoŋ²⁴ nan²⁴ tɕin⁵⁵ uaŋ²¹ niɛ³⁵ uei³³ tsɿ²¹ yn³³ tɕia⁵⁵ tɕy³³ niɛ⁰？
鹤峰	我们用么得车从南京往这里运家具呢？ uo⁵³ mən⁰ ioŋ³⁵ mo⁵³ tɛ⁰ tsʰɛ⁵⁵ tsʰoŋ¹² nan¹² tɕin⁵⁵ uaŋ⁵³ tṣɛ¹² ni⁵³ yn³⁵ tɕia⁵⁵ tɕy⁰ ne⁰？

续表

	0040 我们用什么车从南京往这里运家具呢？
黄冈	我们用么什车从南京往这下儿运家具哟？ ŋo⁵⁵ mən⁰ ioŋ⁴⁴ mo⁵⁵ sʅ⁴⁴ tsʰe²² tsʰoŋ³¹ lan³¹ tɕin²² uaŋ⁵⁵ tɕie³⁵ xar⁰ ʐʅən⁴⁴ tɕia²² tʂʅ⁴⁴ sa⁰？
红安	我皆ⁿ用么什车把家业从南京往迥地运哟？ ŋo⁵⁵ tɕie⁰ zoŋ³³ mo³⁴ sʅ³³ tsʰe¹¹ pa⁵⁵ tɕia¹¹ ie⁰ tsʰoŋ³¹ nan³¹ tɕin¹¹ uaŋ⁵⁵ le³⁵ te⁰ ʐʅən³³ ʂe⁰？
英山	我得用么什车从南京往这里运家具哟？ ŋo²⁴ te⁰ ioŋ³³ mo²⁴ sʅ³³ tsʰe³¹ tsʰoŋ⁵⁵ lan⁵⁵ tɕin³¹ uan²⁴ te³⁵ li⁰ ʐʅən³³ tɕia³¹ tʂʅ³³ ʂe⁰？
蕲春	我们用么什车从南京朝这儿运家具哟？ ŋo³⁴ mən⁰ ioŋ²¹² mo³⁴ sʅ²¹² tsʰɛ⁴² tsʰoŋ³¹ lan³² tɕin⁴² tsʰau³¹ tsɛ²⁵ ɚ⁰ ʯən²¹² tɕin⁴² tʂʅ²¹² ʂɛ⁰？
武穴	俺这些人用么什车把家业从南京往这里运呢？ ŋan³³ te³¹ sie⁵⁵ in³¹ iən²² mo³³ sʅ²² tsʰe⁵⁵ pa³³ ka⁵⁵ n̟ie¹³ tsʰəŋ³¹ nan³² tɕin⁵⁵ uaŋ³³ te³⁵ li⁰ ʯɛn²² ne⁰？
黄梅	我带ⁿ的用么什车从南京往这的拉家具哩？ ŋo¹³ tai³⁵ ti⁰ ioŋ³³ mo¹³ sʅ³³ tsʰe²¹ tsʰoŋ⁵⁵ nan⁵⁵ tɕin²¹ uaŋ¹³ te³⁵ ti⁰ la²¹ tɕia²¹ tɕʯ³³ li⁰？
黄陂	我者用么车子从南京往迥里运家具？ ŋo⁴¹ tsɤ⁰ ioŋ⁴⁵⁵ mo⁴¹ tsʰe³³⁴ tsʅ⁰ tsʰoŋ²¹² lan²¹² tɕin³³⁴ uaŋ⁴¹ lie³⁵ ti⁰ ʐʅən⁴⁵⁵ tɕia³³⁴ tʂʅ⁰？
新洲	我们用么什车从南京往这下儿运家具呢？ ŋo⁵⁵ men⁰ ioŋ³³ mo⁵⁵ sʅ³³ tsʰe³¹ tsʰoŋ²²⁴ nan²²⁴ tɕin³¹ uaŋ⁵⁵ tse³²⁴ xar⁰ ʐʅən³³ tɕia³¹ tʂʅ³³ n̟i⁰？
孝感	我们用么车从南京往迥里运家具呢？ ŋo⁵² mən⁰ ioŋ⁵⁵ mo⁵² tsʰe³³ tsʰoŋ³¹ nan³¹ tɕin³³ uaŋ³¹ nie³⁵ ni⁰ ʯən⁵⁵ tɕia³³ tʂʯ³⁵ ne⁰？

续表

	0040 我们用什么车从南京往这里运家具呢？
安陆	我们用么什车从南京往迩里运家具欸？ ŋo⁵¹ mən³¹ yŋ⁵⁵ mo⁵¹ sʅ³¹ tsʰɛ⁴⁴ tsʰuŋ³¹ nan³¹ tɕin⁴⁴ uaŋ⁵¹ niɛ³⁵ ni⁵⁵ ʮən⁵⁵ tɕia⁴⁴ tʂʅ⁴⁴ ɛ⁰？
广水	我着⁼用么家车从南京往迩儿拖家具过来？ ŋo³⁴ tɕio⁵³ zuŋ¹³ mo³⁴ tɕia³¹ tsʰɛ³¹ tsʰuŋ⁵³ lan⁵³ tɕin³¹ uaŋ³⁴ liɛr¹³ tʰo³¹ tɕia³¹ tʂʅ¹³ ko¹³ lai⁵³？
黄石	我们用么什车从南京往这里拖家业？ ŋo⁵⁵ men⁰ ioŋ³²⁴ mo⁵⁵ sʅ³³ tsʰe³³ tsʰoŋ³¹ lan³¹ tɕin³³ uaŋ⁵⁵ tse²⁵ li⁵⁵ tʰo³³ kɒ³³ ȵie²¹³？
大冶	很⁼仍用迩个车子从南京往底拖家业唻？ xɛn⁴⁴ lɐ²⁵ iəŋ²² mɐi²² ko⁰ tsʰe²² tsʅ⁰ tsʰɐŋ³¹ lẽ³¹ tɕiɛn²² uɔŋ⁴⁴ tɐi⁴⁴ tʰo²² kɒ²² ȵie²¹³ lɐ⁰？
阳新	涵尔用昧⁼车从哎南京往这块运家业呢？ xã²⁵ n̩³¹ iaŋ⁴⁴ mai⁴⁴ tsʰɛ⁴⁴ tsʰaŋ²¹³ a²⁵ lõ²¹³ tɕian⁴⁴ uõ³¹ tɛ²⁵ kʰua²⁵ yan⁴⁴ kɔ⁴⁴ ȵiɛ²⁵ lɛ⁰？
咸宁	我都用么呢车从南京往个嘞运家业呢？ ŋə²¹³ tɒu⁴⁴ iəŋ³³ mo⁴² næ⁴⁴ tsʰɒ⁴⁴ tsʰəŋ³¹ nõ³¹ tɕiən⁴⁴ uõ⁴² kə³¹ ne⁴⁴ yən³³ kɒ⁴⁴ ni⁵⁵ ne⁴⁴？
通山	伢⁼仍用哩车从南京往个里运家业啊？ uɐn⁴² lɛ³³ iaŋ³³ mou⁴² li⁵⁵ tsʰɛ²³ tsaŋ²¹ nœ²¹ tɕiɛn²³ uoŋ⁴² ka²¹ lɛ³³ yən³³ tɕiɔ²³ ȵi³³ a³³？
通城	我仍用么仍车走南京舞个仍运家具嘞？ ŋo⁴² de⁰ iŋ³⁵ mo⁴² de⁰ dza²¹ tɕiau⁴² non³³ tɕin²¹ u⁴² ke⁴² de⁰ yn³⁵ tɕia²¹ dzʅ³⁵ de³⁵？
崇阳	我家哒用么哒车从南京运家具到个子来？ ŋo⁵³ ka²² dæ⁰ in⁴⁴ mo⁵³ dæ⁰ dɑ²² zən²¹ næ²¹ tɕin²² vin⁴⁴ tɕiɑ²² vi⁴⁴ tau⁴⁴ ko²⁴ tsʅ⁰ næ²¹？
嘉鱼	我呆⁼用么车从南京往这里运家具？ ŋo³¹ ta⁴⁴ iən²² mo³¹ tʂʰə⁴⁴ tsʰən²⁴ nan²⁴ tɕiən⁴⁴ uoŋ³¹ tɒ²¹³ ni³¹ yən²² kɒ⁴⁴ tɕʰy²²？

续表

	0040 我们用什么车从南京往这里运家具呢？
赤壁	我之˭用么车把家具从南京拖到这儿来咧？ ŋo³¹ tʂʅ⁰ in²² mo³¹ dʐa⁴⁴ pa³¹ tɕia⁴⁴ dʐʮ²² dzən¹³ nɑn¹³ tɕin⁴⁴ do⁴⁴ tau⁰ tɚ²¹³ nai¹³ diɛ⁰？
监利	我们用么子车从南京往迥边拉家具呢？ ŋo²¹ mən⁰ ioŋ³³ mo²¹ tsʅ⁰ tsʰɤ⁴⁴ tsʰoŋ¹³ nan¹³ tɕin⁴⁴ uaŋ²¹ nɤ⁴⁴ piɛn⁴⁴ na⁴⁴ tɕia⁴⁴ tsʮ³³ nɤ⁰？

	0041 他像个病人似的靠在沙发上。
武汉	他靠倒沙发上像个病怏怏的个样子。 tʰa⁵⁵ kʰao²⁵ tao⁰ sa⁵⁵ fa⁰ saŋ²⁵ ɕiaŋ²⁵ ke⁰ pin²⁵ iaŋ⁵⁵ iaŋ⁵⁵ ti⁰ ke⁰ iaŋ²⁵ tsʅ⁰。
蔡甸	他靠倒沙发高头，像病了。 tʰa¹⁵ kʰao⁵⁵ tao⁰ sa¹⁵ fa⁰ kao¹⁵ tʰou⁰，tɕʰiaŋ⁵⁵ pin⁵⁵ ɲiao⁰。
江夏	他像一个病人一样，靠倒沙发高头。 tʰa³⁵ ɕiaŋ³⁵ i³²⁴ ko⁰ pin⁴⁴⁵ nən³¹ i³²⁴ iaŋ³³，kʰao³²⁴ tao⁰ sa³⁵ fa⁰ kao³⁵ tʰou⁰。
汉川	他像个病人靠在沙发高头在。 tʰa⁵⁵ tɕʰiaŋ³³ ko⁰ pin³³ nən¹³ kʰau³³ tæ⁰ sa³³ fɑ⁰ kɑu⁵⁵ tʰəu⁰ tæ⁰。
荆州	他像个病人靠啊沙发高头在。 tʰa⁵⁵ tɕʰiaŋ⁵⁵ kɤ⁰ pin³⁵ lən¹³ kʰau³⁵ a⁰ sa⁵⁵ fa¹³ kau⁵⁵ tʰəu⁰ tsai³⁵。
仙桃	他像得啊病的靠的沙发高啊的。 tʰa⁴⁵ tɕʰiaŋ⁴⁵ tɤ²⁴ a⁰ pin⁵³ ti⁰ kʰau⁵³ ti⁰ sa⁴⁵ fa²⁴ kau⁴⁵ a⁰ ti⁰。
天门	他像病哒的靠在沙发高头。 tʰa⁴⁵ tɕʰiaŋ⁴⁵ pin⁵³ ta⁰ ti⁰ kʰau⁵³ tsai⁵³ sa⁴⁵ fa²⁴ kau⁴⁵ tʰəu⁰。
荆门	他像个病人似的躺在沙发上。 tʰa⁴⁵ tɕʰiaŋ⁴⁵ kuo⁰ pin³³ zən²⁴ ʂʅ³³ ti⁰ tʰaŋ⁵⁵ tsai³³ ʂa⁴⁵ ɸua²⁴ ʂaŋ³³。
钟祥	他像个病秧子，靠啊沙发上。 tʰa²⁴ ɕiaŋ²¹ kuo²¹ pin²⁴ iaŋ²¹ ɻ̩²⁴，kʰau²¹ a⁰ ʂa²⁴ fa³¹ ʂaŋ²¹。
宜昌	他像个病人样的靠倒沙发上。 tʰa⁵⁵ ɕiaŋ³⁵ kɤ⁰ pin³⁵ zən¹³ iaŋ³⁵ ti⁰ kʰau³⁵ tau⁰ sa⁵⁵ fa⁰ saŋ³⁵。
兴山	他像个病人子靠在沙发上。 tʰa⁴⁵ ɕiaŋ²⁴ kɤ⁰ pin²⁴ zən⁵⁵ tsʅ⁰ kʰau²⁴ tsai²⁴ ʂa⁴⁵ fa⁰ ʂaŋ²⁴。
长阳	他像个病人靠在沙发上。 tʰa⁴⁵ ɕiaŋ²⁴ kɤ⁰ pin²⁴ zən²² kʰau²⁴ tsai²⁴ sa⁴⁵ fa⁰ saŋ²⁴。

	0041 他像个病人似的靠在沙发上。
五峰	他像个病人子靠倒沙发上得。 tʰa⁵⁵ tɕʰiaŋ³⁵ kɤ⁰ pin³⁵ ən⁰ tsʅ⁰ kʰau³⁵ tau⁰ sa⁵⁵ fa⁰ saŋ³⁵ tɤ⁰。
宜都	他像个病人子靠在沙发上。 tʰa⁵⁵ ɕiaŋ³⁵ kɤ⁰ pin³⁵ zən¹³ tsʅ⁰ kʰau¹³ tsai³⁵ sa³⁵ fa⁰ saŋ¹³。
恩施	他靠倒沙发上像个病人。 tʰa⁵⁵ kʰau³⁵ tau⁰ ʂa⁵⁵ xua⁰ ʂaŋ³⁵ tɕʰiaŋ³⁵ kɤ⁰ pin³⁵ zən⁰。
咸丰	他像个病人的样子靠在沙发上。 tʰa⁵⁵ tɕʰiaŋ²⁴ ko⁰ pin²⁴ zən²² ti⁰ iaŋ²⁴ tsʅ⁰ kʰau²⁴ tsai²¹³ sa⁵⁵ fa²² saŋ²¹³。
建始	他靠啊沙发上，像个病人子。 tʰa⁴⁵ kʰau³⁵ a⁰ ʂa⁴⁵ fa⁰ ʂaŋ⁰，tɕʰiaŋ³⁵ kɤ⁰ pin³⁵ zən²² tsʅ⁰。
巴东	他像个病家伙靠在沙发高头在。 tʰa⁴⁵ ɕiaŋ²⁴ kə⁰ pin²⁴ tɕia⁴⁵ xuo⁰ kʰau²⁴ tsai⁰ sa⁴⁵ fa⁰ kau⁴⁵ tʰəu⁰ tsai⁰。
宜城	他跟个病人一样靠在沙发上。 tʰa²⁴ kən²² ko⁰ pin⁴¹ zən⁰ i⁵³ iaŋ⁴¹ kʰɔ⁴¹ tsɛ⁰ sa²⁴ fa⁵³ saŋ⁰。
保康	他跟个病人样靠倒沙发上。 tʰa²⁴ kən²² kə⁰ pin³¹ zən⁵³ iaŋ⁰ kʰau³¹ tau⁰ ʂa²² fa⁵³ ʂaŋ⁰。
神农架	他像个病人样的靠在沙发上。 tʰa²⁴ ɕiaŋ³¹ kɤ⁰ pin³¹ zən⁰ iaŋ³¹ ti⁰ kʰau³¹ tʂai³¹ ʂa²² fa⁰ ʂaŋ⁰。
襄阳	他跟个病人样靠在沙发上。 tʰa²⁴ kən²⁴ kə⁰ pin³¹ zən⁵³ iaŋ⁰ kʰau³¹ tsai³¹ sa²⁴ fa⁰ saŋ⁰。
随州	他像个病人样的靠倒沙发上。/他跟个病人样的靠倒沙发上。 tʰɔ⁴⁴ ɕiaŋ²¹³ kə⁰ pin²⁴ zən⁴² iaŋ⁴² ti⁰ kʰau²¹³ tau⁰ ʂɔ⁴⁴ fɔ⁴⁴ ʂaŋ⁰。/tʰɔ⁴⁴ kən⁴⁴ ko⁰ pin²⁴ zən⁴² iaŋ⁴² ti⁰ kʰau²¹³ tau⁰ ʂɔ⁴⁴ fɔ⁴⁴ ʂaŋ⁰。

续表

	0041 他像个病人似的靠在沙发上。
郧阳	他跟病了样的歪倒沙发上。 tʰa⁴⁵ kən⁴⁵ pin³¹ lau⁰ iaŋ³¹ ti⁰ uɛi⁴⁵ tau³¹ sa⁴⁵ fa⁵¹ saŋ³¹。
丹江口	他跟病了样的歪倒沙发上。 tʰa³⁵ kən³⁵ pin³¹ la⁰ iaŋ³¹ ti⁰ uɛ³⁵ tɔ⁰ sa³⁵ fa⁵¹ saŋ⁰。
房县	他跟生病了样的歪在沙发上。 tʰa²⁴ kən²⁴ ʂən²⁴ pin³¹ nɔu⁰ iaŋ³¹ ti⁰ uai²⁴ tsai⁵³ ʂa²⁴ fa⁵³ ʂaŋ³¹。
竹溪	他跟病人样的靠倒沙发上。 tʰa²⁴ kən⁰ pin³¹ zən⁰ iaŋ³¹ ti⁰ kʰau²² tau⁰ ʂa²² xua⁰ ʂaŋ³¹。
公安	他像个病人子靠在沙发上。 tʰa⁵⁵ tɕʰiaŋ⁵⁵ kuo³³ pin³³ ən²⁴ tsɿ⁰ kʰau³³ tsai³³ sa⁵⁵ fa³⁵ saŋ⁰。
鹤峰	他像得了病一样的靠在沙发上。 tʰa⁵⁵ ɕiaŋ³⁵ tɛ¹² niau⁰ pin³⁵ i¹² iaŋ³⁵ ti⁰ kʰau³⁵ tsai⁰ ʂa⁵⁵ xua⁰ ʂaŋ⁰。
黄冈	他跟个病人样靠在沙发上。 tʰa²² kən²² ko⁰ pin⁴⁴ zən³¹ iaŋ⁴⁴ kʰau³⁵ tsai⁴⁴ sa²² fa²¹³ saŋ⁰。
红安	他像个病人一样靠倒沙发上。 tʰa¹¹ tɕiaŋ³³ ko⁰ pin³³ zʅən³¹ i²² iaŋ³³ kʰau³⁵ tau⁰ ʂa¹¹ fa²¹³ ʂaŋ⁰。
英山	他跟个病人样的靠倒沙发上。 tʰa³¹ kən³¹ ko⁰ pin³¹ zən⁵⁵ iaŋ³³ ti⁰ kʰau³⁵ tau⁰ sa³¹ fa²¹³ ʂaŋ⁰。
蕲春	他跟个病人样的靠在沙发上。/他像个病人样的靠在沙发上。 tʰɒ⁴² kən⁴² ko⁰ pin²² zən³¹ iɑŋ²¹² ti⁰ kʰɑu²⁵ tsai²¹² ʂɒ⁴² fɒ²¹ ʂaŋ⁰。/tʰɒ⁴² tɕiaŋ²¹² ko⁰ pin²¹² zən³¹ iɑŋ²¹² ti⁰ kʰɑu²¹² tsai²¹² ʂɒ⁴² fɒ²¹ ʂaŋ⁰。
武穴	渠像个病人样的靠在沙发上。 xe⁵⁵ tɕiaŋ²² ko⁰ pin²² in³¹ iaŋ²² ti⁰ kʰau³⁵ te⁰ sa⁵⁵ fa¹³ saŋ⁰。

续表

	0041 他像个病人似的靠在沙发上。
黄梅	渠和个病人样的靠在沙发高上。 kʰæ⁵⁵ xo⁵⁵ ko⁰ pin³³ ən⁵⁵ iaŋ³³ ti⁰ kʰau³⁵ tsai³³ sa²¹ fa⁰ kau²¹ saŋ⁰。
黄陂	他像个病人样的靠倒在沙发高头。 tʰa³³⁴ tɕiaŋ⁴⁵⁵ kɤ⁰ pin⁴⁵⁵ ʐən⁰ iaŋ⁴⁵⁵ ti⁰ kʰao³⁵ tao⁰ tai⁴⁵⁵ sa³³⁴ fa⁰ kao³³⁴ tʰou⁰。
新洲	他像个病人样的靠在沙发高头。 tʰa³¹ tɕiaŋ³³ ke⁰ pin³³ ʐɿn²²⁴ iaŋ³³ ti⁰ kʰao³²⁴ tsai⁰ sa³¹ fa⁰ kao³¹ tʰou⁰。
孝感	他像个病人一样靠在沙发高头。 tʰa³³ tɕiaŋ³³ ko⁰ pin⁵⁵ ʐən³¹ i²¹³ iaŋ⁵⁵ kʰau³⁵ tai⁵⁵ ʂa³³ fa⁰ kau³³ tʰəu⁰。
安陆	他像个病人样的靠在沙发高头。 tʰa⁴⁴ tɕiaŋ⁵⁵ ko³⁵ pin⁵⁵ ʐən³¹ iaŋ⁵⁵ ti⁰ kʰau³⁵ tai⁵⁵ ʂa⁴⁴ fa⁴⁴ kau⁴⁴ tʰəu⁰。
广水	他像个病人靠在沙发高头。 tʰa³¹ tɕiaŋ¹³ ko¹³ pin¹³ ʐən⁵³ kʰau¹³ tai¹³ ʂa³¹ xua³¹ kau³¹ tʰəu⁰。
黄石	他像个病人样的靠倒沙发上面。 tʰɒ³³ tɕʰiaŋ³²⁴ ko⁰ pin²⁵ ʐen³¹ iaŋ³²⁴ ti⁰ kʰau²⁵ tau⁰ sa³³ fɒ²¹³ saŋ³²⁴ mian³²⁴。
大冶	渠跟那病人简底靠倒沙发子。 kʰe³¹ kẽ²² lɐ²⁵ pʰin²² ʐen³¹ ko⁴⁴ tɐi⁰ kʰɔ²⁵ tɔ⁴⁴ sɒ²² fɒ²¹³ tsɿ⁰。
阳新	渠跟那病人一样靠倒那沙发上。 kʰɛ²¹³ kan⁴⁴ lɛ²⁵ pʰin⁴⁴ zan²¹³ i²⁵ iõ⁴⁴ kʰɔ⁴⁴ tɔ⁴⁴ lɛ²⁵ sɒ⁴⁴ fɒ²⁵ sõ⁴⁴。
咸宁	伊跟病人一样靠在沙发上。 e³¹ kẽ⁴⁴ pʰiɒ̃³³ zən³¹ i⁵⁵ iõ³³ kʰo²¹³ tsʰa³³ sɒ⁴⁴ fɒ⁵⁵ sõ³³。
通山	渠像个病人一样靠在沙发里。 ki²¹ tɕiaŋ³³ kou⁴⁵ piã³³ ʐen²¹ i⁵⁵ iaŋ³³ kʰau⁴⁵ tsa³³ sɔ²³ fa⁵⁵ læ²¹。
通城	伊学倒个病人仿样靠在个沙发上。 i⁴² hoʔ⁵⁵ tau⁴² ko³⁵ biaŋ³⁵ n̩in³³ ne⁰ ioŋ³⁵ hau²¹⁴ dzai³⁵ ko⁰ sa²¹ faiʔ⁵⁵ soŋ⁴²。

续表

	0041 他像个病人似的靠在沙发上。
崇阳	伊像个病人靠在沙发上。 i⁵³ ʑiaŋ⁴⁴ ko⁰ biaŋ⁴⁴ ȵin²¹ hau²⁴ zæ⁴⁴ sɑ²² fæ⁵⁵ saŋ⁴⁴。
嘉鱼	他像病人一样靠得沙发上。 xɒ⁴⁴ ɕioŋ²² pʰian²² zʅn²⁴ i⁵⁵ ioŋ²² kʰau²¹³ tə⁵⁵ sɒ⁴⁴ fa⁵⁵ ʂoŋ²²。
赤壁	他像个病人样箇靠在沙发高底。 nɑ⁴⁴ dʑiou²² ko⁰ biɑn²² zʅn⁰ iou⁰ ko⁰ gau²¹³ dzai⁰ sɑ⁰ fɑ⁰ kau⁴⁴ ti⁰。
监利	他像个害病的歪哒个沙发高下在。 tʰa⁴⁴ ɕiaŋ⁴⁴ ko⁰ xai³³ pʰin³³ ti⁰ uai⁴⁴ ta⁰ ko⁰ sa⁴⁴ fa⁵⁵ ka⁴⁴ xa⁰ tsʰai²¹。

	0042 这么干活连小伙子都会累坏的。
武汉	像这样干活，是个儿子伢都要累死了。 ɕiaŋ²⁵ le²⁵ iaŋ⁵⁵ kan²⁵ xo²¹，sʅ²⁵ ke⁰ ɯ²¹³ tsʅ⁰ ŋa²¹³ tou⁵⁵ iao³³ lei²⁵ sʅ⁴² liao⁰。
蔡甸	像这样干，是个大沙子伢都累死了。 tɕʰiaŋ⁵⁵ tse⁵⁵ iaŋ⁵⁵ kan⁵⁵，sʅ⁵⁵ ke⁰ ta⁵⁵ tsʰao⁵⁵ tsʅ⁰ ŋa²¹³ tʰou¹⁵ ɲi⁵⁵ sʅ³³⁴ ɲiao⁰。
江夏	像这样做事，连后生都要累坏的。 ɕiaŋ³⁵ tsɤ³⁴ iaŋ³²⁴ tso³⁴ sʅ³²⁴，nian¹³ xou³⁴ sən³⁵ tou³⁵ iao³²⁴ ni³⁵ xuai⁴⁴⁵ ti⁰。
汉川	这个样做事连年轻伢都要累坏的。 tɕie³³ ko⁰ iaŋ⁰ tsəu³³ sʅ³³ nian¹³ nian¹³ tɕʰin⁵⁵ ŋa¹³ təu⁵⁵ iau³³ nei³³ xuɑi³³ ti⁰。
荆州	迥么搞事法连个小伙子都要累垮的。 lie³⁵ mɤ⁰ kau⁴² sʅ³⁵ fa¹³ lien¹³ kɤ³⁵ ɕiau⁴² xuo⁴² tsʅ⁰ təu⁵⁵ iau³⁵ lei³⁵ kʰua⁴² ti⁰。
仙桃	这样搞事连个小伙子都要累垮的。 tsɤ⁵³ iaŋ⁵³ kau³¹ sʅ⁵³ liɛn¹³ kɤ⁵³ ɕiau³¹ xuo³¹ tsʅ⁰ təu⁴⁵ iau⁵³ lei⁵³ kʰua³¹ ti⁰。
天门	像这做事连小伙子都会累拐的。 tɕʰiaŋ⁴⁵ tsən³¹ tsəu⁵³ sʅ⁵³ lien¹³ ɕiau³¹ xo³¹ tsʅ⁰ təu⁴⁵ xuei⁵³ lei⁵³ kuai³¹ ti⁰。
荆门	这么干活连小伙子都会累垮的呢。 tʂɛ³³ mo⁰ kan³³ xuo²⁴ nian²⁴ ɕiau⁵⁵ xuo⁵⁵ tsʅ⁰ tou⁴⁵ xuei³³ nei³³ kʰua⁵⁵ ti⁰ nɛ⁰。
钟祥	这个样子搞事儿，连小伙子都要搞垮。 tʂə²¹ kuo²¹ iaŋ²¹ ɻ²⁴ kau⁵³ ʂɹ²¹⁴，niɛn³¹ ɕiau⁵³ xuo⁵³ ɻ⁰ təu²¹ iau²¹ kau²¹ kʰua⁵³。
宜昌	像迥样子地做事的话，连小伙子都会累死啊下。 ɕiaŋ³⁵ lie³⁵ iaŋ⁵⁵ tsʅ⁰ ti⁰ tsuo³³ sʅ³⁵ ti⁰ xua³⁵，liɛn¹³ ɕiau³³ xuo³³ tsʅ⁰ təu⁵⁵ xuei³⁵ lei³⁵ sʅ³³ a⁰ xa⁰。
兴山	恁么做，连小伙子都要累垮的。 nən²⁴ mɤ⁰ tsəu⁵⁵，niɛn³¹ ɕiau⁵⁵ xuo⁵⁵ tsʅ⁰ təu⁴⁵ iau⁰ nei²⁴ kʰua⁵⁵ ti⁰。
长阳	恁么做事，连小伙子都会累垮的。 nən²⁴ mən²² tsəu³³ sʅ²⁴，niɛn²² ɕiau³¹ xo³¹ tsʅ⁰ təu⁴⁵ xuei²⁴ nei²⁴ kʰua³¹ ti⁰。

续表

	0042 这么干活连小伙子都会累坏的。
五峰	怎么搞事连小伙子都累垮哒。 tsən³⁵ mən⁰ kau³³ sʅ³⁵ liɛn²¹³ ɕiau³³ xuo³³ tsʅ⁰ təu⁵⁵ lei³⁵ kʰua³³ ta⁰。
宜都	这么搞事连小伙子都要累死的。 tsɤ³⁵ mɤ⁰ kau³³ sʅ³⁵ niɛn³⁵ ɕiau³³ xo¹³ tsʅ⁰ təu⁵⁵ iau³⁵ nei³⁵ sʅ³³ ti⁰。
恩施	迺个活路连年轻娃儿都耐不活。 nei³⁵ kɤ⁰ xuo³⁵ nu³ niɛn³³ niɛn³³ tɕʰin⁵⁵ uə⁰ təu⁵⁵ nai³⁵ pu⁰ xuo³³。
咸丰	恁么做活路，连年轻人都要累趴的。 nən²⁴ mo⁰ tsuo²⁴ xo²² nəu²¹³，niɛn²² niɛn²² tɕʰin⁵⁵ zəu²² təu⁵⁵ iau²⁴ nuei²⁴ pʰa⁵⁵ ti⁰。
建始	恁门搞事连年轻娃儿都遭不住。 nən³⁵ mən⁰ kau⁵¹ sʅ³⁵ nin²² nin²² tɕʰin⁴⁵ uə²² təu⁴⁵ tsau²² pu⁰ tsu⁵¹。
巴东	[这么]个儿搞事连小伙子都遭不住。 tsoŋ²⁴ kə⁰ kau⁵¹ sʅ²⁴ niɛn²² ɕiau⁵¹ xuo⁵¹ tsʅ⁰ təu⁴⁵ tsau²² pu²² tsu⁵¹。
宜城	这样干活儿连小伙子儿都会累坏的。 tse⁴¹ iaŋ⁰ kan²⁴ xuor⁵³ nian⁵³ ɕiɔ⁵⁵ xuo⁵⁵ r̩⁰ təu²⁴ xuei⁴¹ nei²⁴ xuɛ⁴¹ ti⁰。
保康	这样做活儿小伙子都会累坏的。 tʂe³¹ iaŋ⁰ tsəu³¹ xuər⁵³ ɕiau³³ xuo⁵⁵ tsʅ⁰ təu²⁴ xuei³¹ nei²² xuai³¹ ni⁰。
神农架	这样做连儿娃子都累得坏。 tʂɛ³¹ iaŋ⁰ tsəu³¹ nian⁵³ ə˞⁵³ ua⁵³ tsʅ⁰ təu²⁴ nei³¹ tɛ⁰ xuai³¹³。
襄阳	要是这样干，小伙子儿都会累坏的。 iau³¹ sʅ²⁴ tsə³¹ iaŋ³¹ kan³¹，ɕiau³⁵ xuo³⁵ r̩⁰ təu²⁴ xuei³¹ nei²⁴ xuai³¹ ti⁰。
随州	这样干活连小年轻儿都会累坏的。 tʂə²⁴ iaŋ²¹³ kan²⁴ xo⁴² nian⁴² ɕiau³⁵ nian⁴² tɕʰiə˞²¹³ təu⁴⁴ xuei²¹³ nei²⁴ xuai²¹³ ti⁰。
郧阳	这样儿干活连儿娃子都会累死的。 tsən³¹ iãr⁰ kan⁴⁵ xuo⁵¹ lian⁴⁵ ə˞⁵¹ ua⁵¹ tsʅ⁰ təu⁴⁵ xuei⁴⁵ lei³¹ sʅ⁴³ ti⁰。

续表

	0042 这么干活连小伙子都会累坏的。
丹江口	要是这样做连小伙子都累得坏。 io^{31} sʅ^{31} tsɤ^{31} iaŋ^{35} tsəu^{31} lian^{51} ɕio^{33} xuo^{33} tsʅ^{0} təu^{35} lei^{31} tɛ^{0} xuɛ^{31}。
房县	这样做连儿娃子都累得哈。 tʂe^{31} iaŋ^{24} tʂəu^{31} nian^{24} ær^{53} ua^{53} r̩^{0} təu^{31} nei^{31} tɛ^{0} xa^{33}。
竹溪	这儿的做活路连小伙子都会累坏。 tʂər^{31} ti^{0} tsəu^{31} xo^{53} ləu^{31} lian^{53} ɕiau^{35} xo^{35} tsʅ^{0} təu^{24} xuei^{31} lei^{24} fai^{31}。
公安	恁个搞事连年轻人都要累死他的。 nin^{35} kuo^{33} kau^{21} sʅ^{33} nian^{24} nian^{24} tɕʰin^{55} ən^{24} təu^{55} iau^{33} nei^{33} sʅ^{21} tʰa^{55} ni^{0}。
鹤峰	这么做就连年轻人都罩不住。 tʂɛ^{35} mən^{0} tsəu^{35} tɕiəu^{35} nian^{12} nian^{12} tɕʰin^{55} zən^{12} təu^{55} tʂau^{35} pu^{12} tʂu^{35}。
黄冈	这样做活儿连儿伢都会累倒。 tɕie^{35} iaŋ^{44} tsəu^{35} xɔr^{31} lien^{31} ɔr^{31} ŋa^{31} təu^{22} xuei^{44} li^{44} tau^{0}。
红安	迾样做事连细伢儿下累死啊。 le^{35} iaŋ^{33} tsəu^{35} sʅ^{33} lian^{31} ɕi^{35} ŋar^{31} xa^{33} li^{33} sʅ^{55} a^{0}。
英山	这样做事连年轻的伢儿都会累倒。 te^{35} iaŋ^{33} tsəu^{35} sʅ^{33} lian^{55} ȵian^{55} tɕʰin^{31} ti^{0} ŋar^{55} təu^{312} xuei^{33} li^{33} tau^{0}。
蕲春	个样儿的做活儿连青年伢儿都会累倒。 ko^{34} iɑŋ^{212} ŋɚ^{0} ti^{0} tsou^{25} xo^{212} ɚ^{0} lian^{31} tɕʰin^{42} ȵian^{31} ŋɒr^{31} tou^{42} xuei^{212} li^{212} tɑu^{0}。
武穴	个的做事连细伢儿一下会累死。 ku^{33} ti^{0} tseu^{35} sʅ^{22} lian^{31} si^{35} ŋar^{31} i^{13} xa^{22} xui^{22} li^{22} sʅ^{33}。
黄梅	和这样做事，就是后生伢总吃不消的。 xo^{55} tai^{35} iaŋ^{33} tseu^{35} sʅ^{33}，tɕieu^{33} sʅ^{33} xeu^{33} sən^{21} ŋa^{55} tsoŋ^{13} tɕʰi^{42} pu^{42} ɕiau^{21} ti^{0}。
黄陂	像迾样做事，连小伙子都要累坏的。 tɕiaŋ^{455} lie^{35} iaŋ^{455} tsou^{35} sʅ^{455}，lian^{212} ɕiao^{41} xo^{41} tsʅ^{0} tou^{334} iao^{35} li^{455} xuai^{44} ti^{0}。

续表

	0042 这么干活连小伙子都会累坏的。
新洲	他这样做事年轻伢都会累倒的。 tʰa³¹ tse³²⁴ iaŋ³³ tsou³² sɿ²⁴ nien²²⁴ tɕʰin³¹ ŋa²²⁴ tou³¹ xuei³³ ȵi⁵⁵ tao⁰ ti⁰。
孝感	迩样干活儿连小伙子都得累坏了的。 niɛ³⁵ iaŋ⁵⁵ kan³⁵ xor³¹ nin³¹ ɕiau⁵² xo⁵² tsɿ⁰ təu³³ tɛ⁰ ni⁵⁵ xuai⁵⁵ iɑu⁰ ti⁰。
安陆	迩样儿做事连儿伢们的都会累垮的。 niɛ³⁵ iar⁵⁵ tsəu³⁵ sɿ⁵⁵ niɛn³¹ ər³¹ ŋa³¹ mən³¹ ti⁰ təu⁴⁴ xuei⁵⁵ ni⁵⁵ kʰua⁵¹ ti⁰。
广水	迩样儿做事是个小伙子都会累死。 liɛ¹³ iar¹³ tsəu¹³ sɿ¹³ sɿ¹³ ko¹³ ɕiau³⁴ xo³⁴ tsɿ⁰ təu³¹ xuei¹³ lei¹³ sɿ³⁴。
黄石	个样做后生家也会累死。 ko⁵⁵ iaŋ³²⁴ tsou²⁵ xou³²⁴ sen³³ kɒ³³ iɛ⁵⁵ xuei³²⁴ li³²⁴ sɿ⁵⁵。
大冶	个个做法子就是后生家也要累倒没得样。 ko⁴⁴ ko⁰ tsɐu²⁵ fɒ²¹³ tsɿ⁰ tɕʰiu²² sɿ²² xe²² sẽ²² kɒ²² iɒ²² iɛ²⁵ lɐi²² tɔ⁴⁴ mɐ²¹³ tɛ⁰ iɔŋ²²。
阳新	是个样箇做事就是后生家都要累煞箇。 sɿ⁴⁴ ko²⁵ iɔ̃⁴⁴ ko⁰ tsau⁴⁴ sɿ⁴⁴ tsʰiu⁴⁴ sɿ⁴⁴ xɛ⁴⁴ san⁴⁴ kɒ⁴⁴ tau⁴⁴ iɛ⁴⁴ lai⁴⁴ sɒ²⁵ ko⁰。
咸宁	个样做事就是年轻崽也会累煞。 kə³¹ iõ³³ tsɒu²¹³ sɿ³³ tɕʰiɒu³³ sɿ³³ niẽ³¹ tɕʰiɒ⁴⁴ tsa⁴² iɒ⁴² fæ³³ næ³³ sa⁵⁵。
通山	个形做事连年轻崽都会累煞。 ka²³ ɕien²¹ tsɑu⁴⁵ sɿ³³ lĩ²¹ n̻iẼ²¹ tɕʰien²³ tsa⁴² tɐu²³ xuæ³³ læ³³ sa⁵⁵。
通城	个样制么仍连个后生家都会累坏仍箇。 ke²⁴ ioŋ³⁵ tsɿ²¹⁴ mo⁴² de⁰ dien³³ ko³⁵ hiau³⁵ sən⁰ ka²¹ tou²¹ fi³⁵ neʔ⁵⁵ fai³⁵ de⁰ ko⁰。
崇阳	个样制事连后生哒都会累煞。 ko²⁴ n̻ian⁴⁴ tsɿ²⁴ sɿ⁴⁴ diɛ²¹ ʑio⁴⁴ saŋ²² dæ⁰ təu²² fi⁴⁴ diɛ⁴⁴ sæ⁵⁵。
嘉鱼	这么做事就是年轻伢也会累坏箇。 tɒ²¹³ mo³¹ tsəu²¹³ sɿ²² tɕʰiəu²² sɿ²² nin²⁴ tɕʰiɛn⁴⁴ ŋɒ²⁴ iɛ³¹ xuei²² ni²² xuai²¹³ ko⁴⁴。

续表

	0042 这么干活连小伙子都会累坏的。
赤壁	像这么搞事就是年轻箇也喫不住。 dziou²² tɑ²¹³ mɑ⁰ kɑu³¹ sʅ²² dziu²² ʂʅ⁰ ȵiei¹³ dziɑn⁴⁴ ko⁰ iɑ³¹ dziɑ⁴⁵ pu⁰ dzʅ²²。
监利	恁么搞事啊就是个亘劳力都要累坏的。 nin²⁵ mo⁰ kau²¹ sʅ³³ a⁰ tɕiou³³ sʅ³³ ko⁰ kən²¹ nau¹³ ni⁵⁵ tou⁴⁴ iau³³ nei³³ xuai³³ ti⁰。

	0043 他跳上末班车走了。 我迟到一步， 只能自己慢慢走回学校了。
武汉	他赶上末班车走了，我晚一步，只能自己慢慢地走回学校了。 tʰa⁵⁵ kan⁴² saŋ²⁵ mo²¹³ pan⁴⁴ tsʰe⁵⁵ tsou⁴² liao⁰, o³³ uan³³ i²¹ pu²⁵, tsʅ¹³ len²¹ tsʅ²⁵ tɕi⁰ man³³ man³³ ti⁰ tsou⁴² xuei²¹ ɕyo²¹ ɕiao²⁵ liao⁰。
蔡甸	他赶上末班车走了。我赶晏了一步，自家只能慢慢地走回学校。 tʰa¹⁵ kan³³⁴ saŋ⁵⁵ mo³²⁴ pan¹⁵ tsʰe¹⁵ tsou³³⁴ ȵiao⁰, o³³⁴ kan³³⁴ ŋan⁵⁵ ȵiao⁰ i³²⁴ pu⁵⁵, tsʅ⁵⁵ ka⁰ tsʅ³²⁴ len²¹³ mæ̃⁵⁵ mæ̃⁵⁵ ti⁰ tsou³³⁴ xuei²¹³ ɕyo³²⁴ ɕiao⁵⁵。
江夏	他赶上末班车走了。我冇赶倒，只能自家慢慢地走回学校了。 tʰa³⁵ kan⁴¹ saŋ⁴⁴ mo⁴⁵ pan³⁵ tsʰɤ³⁵ tsou⁴¹ niao⁰, ŋo⁴¹ mao³²⁴ kan⁴¹ tao⁰, tsʅ⁴⁴⁵ nən³¹ tsʅ⁴⁴⁵ ka⁰ man⁴⁴⁵ man⁴⁴ ti⁰ tsou⁴¹ xuei¹³ ɕyo³³ ɕiao³⁴ niao⁰。
汉川	他跳上了末班车走了，我迟到了，我只有自家慢慢地走得学校去了。 tʰa⁵⁵ tʰiau³³ saŋ⁰ niau⁰ mo¹³ pan⁵⁵ tsʰe⁵⁵ tsəu⁴² niau⁰, uo⁴² tsʅ¹³ tau³³ niau⁰, uo⁴² tsʅ²⁴ iəu⁴² tsʅ³³ ka⁰ man³³ man⁰ ti⁰ tsəu⁴² ti⁰ ɕio¹³ ɕiau³³ tɕʰi³³ niau⁰。
荆州	他跳啊末班车高头走哒。我迟到啊一下，只能自己慢滴尕走啊学校的去哒。 tʰa⁵⁵ tʰiau³⁵ a⁰ mo¹³ pan⁵⁵ tsʰɤ⁵⁵ kau⁵⁵ tʰəu⁵⁵ tsəu⁴² ta⁰, uo⁴² tsʅ¹³ tau³⁵ a⁰ i¹³ xa⁵⁵, tsʅ⁵⁵ lən¹³ tsʅ³⁵ tɕi⁴² man³⁵ ti⁵⁵ kʰa⁵⁵ tsəu⁴² a⁰ ɕio¹³ ɕiau³⁵ ti⁰ kʰɯ⁰ ta⁰。
仙桃	他跳上末班车走哒，我来迟哒，只有慢滴尕走回学校哒。 tʰa⁴⁵ tʰiau⁵³ saŋ⁰ mo²⁴ pan⁴⁵ tsʰɤ⁴⁵ tsəu³¹ ta⁰, uo³¹ lai¹³ tsʰʅ¹³ ta⁰, tsʅ³¹ iəu³¹ man⁵³ ti⁵⁵ kʰa⁰ tsəu³¹ xuei⁰ ɕyo¹³ ɕiau⁵³ ta⁰。
天门	他跳上末班车走哒。我晏哒一步，只能自家慢慢悻悻走回学校去哒。 tʰa⁴⁵ tʰiau⁵³ saŋ⁰ mo²⁴ pan⁴⁵ tsʰɤ⁴⁵ tsəu³¹ ta⁰。 o³¹ an⁵³ ta⁰ i²⁴ pu⁵³, tsʅ²⁴ lən²¹³ tsʅ⁵³ ka⁰ man⁵³ man⁰ ɕin⁵⁵ ɕin⁰ tsəu³¹ xuei¹³ ɕyo¹³ ɕiau⁵³ kʰɯ⁰ ta⁰。
荆门	他跳上末班车走哒。我迟到哒一点，只好自己慢慢地走回学校了。 tʰa⁴⁵ tʰiau³³ saŋ⁰ mo²⁴ pan⁴⁵ tʂʅ⁴⁵ tsou⁵⁵ ta⁰。 uo⁵⁵ tsʰʅ²⁴ tau³³ ta⁰ i²⁴ tian⁵⁵, tʂʅ²⁴ xau²⁴ tsʅ³³ tɕi⁵⁵ man³³ man⁴⁵ ti⁰ tʂou⁵⁵ xuei²⁴ ɕio²⁴ ɕiau³³ niau⁰。
钟祥	他赶上最后一趟车走哒，我迟哒一下，只好自家慢慢走回学校去哒。 tʰa²⁴ kan⁵³ ʂaŋ²¹ tʂuəi²⁴ xəu²¹⁴ i³¹ tʰaŋ²¹ tʂʰə²¹ tsəu⁵³ ta⁰, uo⁵³ tsʰʅ³¹ ta⁰ i³¹ xa²¹, tʂʅ³¹ xau²¹ tsʅ³¹ ka⁰ man²⁴ man²¹⁴ tsəu⁵³ xuəi³¹ ɕio³¹ ɕiau²¹⁴ kʰə³¹ ta⁰。

续表

	0043 他跳上末班车走了。 我迟到一步，只能自己慢慢走回学校了。
宜昌	他跳上最后一班车走哒，我迟到哒一下儿，只能自己慢慢儿地走到学校去哒。 tʰa⁵⁵ tʰiau³⁵ saŋ⁰ tsuei³³ xəu³⁵ i¹³ pan⁵⁵ tsʰɤ⁵⁵ tsəu³³ ta⁰, uo³³ tsʰŋ¹³ tau³⁵ ta⁰ i¹³ xar⁵⁵, tsŋ³³ lən¹³ tsŋ³⁵ tɕi⁰ man³⁵ mər⁰ ti⁰ tsəu³³ tau³⁵ ɕio¹³ ɕiau³⁵ kʰɤ³⁵ ta⁰。
兴山	他巴最后一班车走哒，我晏一下儿，只能自己慢慢儿走回学校。 tʰa⁴⁵ pa⁴⁵ tsuei⁵⁵ xəu²⁴ i³¹ pan⁴⁵ tsʰɤ⁴⁵ tsəu⁵⁵ ta⁰, uo⁵⁵ an⁴⁵ i⁰ xar⁴⁵, tsŋ⁵⁵ nən³¹ tsŋ²⁴ tɕi⁰ man²⁴ mər⁰ tsəu⁵⁵ xuei³¹ ɕyo³¹ ɕiau²⁴。
长阳	他赶上末尾儿的一班车走哒，我迟啊一步，只好个人慢慢的走回学校哒。 tʰa⁴⁵ kan³¹ saŋ⁰ mo²² uər⁰ ti⁰ i²² pan⁴⁵ tsʰɤ⁴⁵ tsəu³¹ ta⁰, o³¹ tsʰŋ²² a⁰ i²² pu²⁴, tsŋ³¹ xau³¹ ko⁴⁵ zən²² man²⁴ man⁰ ti⁰ tsəu³¹ xuei²² ɕyo²² ɕiau²⁴ ta⁰。
五峰	他跳上末班车走哒。我去迟哒一步，只能自己一个人慢点走回学校哒。 tʰa⁵⁵ tʰiau³⁵ saŋ⁰ mo²¹ pan⁵⁵ tsʰɤ⁵⁵ tsəu³³ ta⁰。uo³³ kʰɤ⁵⁵ tsʰŋ²¹³ ta⁰ i²¹ pu⁵⁵, tsŋ³³ lən⁰ tsŋ³⁵ tɕi²² i kɤ³⁵ ən⁰ man³⁵ tiɛn⁰ tsəu³³ xuei²¹³ ɕyo²² ɕiau³⁵ ta⁰。
宜都	他赶到末班车走哒，我迟到一下儿，只能个人慢点儿走回学校。 tʰa⁵⁵ kan³⁵ tau⁰ mo¹³ pan⁵⁵ tsʰɤ¹³ tsəu³³ ta⁰, o³³ tsʰŋ¹³ tau³⁵ i¹³ xar³³, tsŋ¹³ nən²¹ ko¹³ zən²¹ man³⁵ tiər⁰ tsəu³⁵ xuei¹³ ɕio¹³ ɕiau³⁵。
恩施	他赶最后一趟车走哒，我晏哒一步，只能个人慢慢儿走到学校里去。 tʰa⁵⁵ kan⁵¹ tsuei³⁵ xəu³⁵ i⁰ tʰaŋ³⁵ tʂɛ⁵⁵ tsəu⁵¹ ta⁰, uo⁵¹ an³⁵ ta⁰ i³³ pu³⁵, tsŋ⁵¹ nən³³ kuo³³ zən³³ man³⁵ mə⁰ tsəu⁵¹ tau⁰ ɕio³³ ɕiau³⁵ ni⁰ tɕʰi⁰。
咸丰	他跳上最后一班车走哒，我晏到一步，只得个人慢慢儿走到学校去。 tʰa⁵⁵ tʰiau²⁴ saŋ²¹³ tsuei²⁴ xəu²¹³ i²² pan⁵⁵ tsʰɛ⁵⁵ tsəu⁴² ta⁰, ŋo⁴² ŋan²⁴ tau²¹³ i²² pu²¹³, tsŋ⁴² tɛ⁰ ko²⁴ zən²² man²⁴ mə⁰ tsəu³³ tau²¹³ ɕyo²² ɕiau²¹³ tɕʰi⁰。
建始	他赶倒最后一班车个人走哒，我慢啊一步，只好慢些个人往学校里走。 tʰa⁴⁵ kan⁵¹ tau⁰ tsuei³⁵ xəu⁰ i²² pan⁴⁵ tʂʰɛ⁴⁵ ko²² zən⁰ tsəu⁵¹ ta⁰, o⁵¹ man³⁵ a⁰ i²² pu³⁵, tsŋ²² xau⁵¹ man⁴⁵ ɕie⁰ ko²² zən⁰ uan⁵¹ ɕyo²² ɕiau³⁵ ni⁰ tsəu⁵¹。

续表

	0043 他跳上末班车走了。 我迟到一步，只能自己慢慢走回学校了。
巴东	他赶倒最后一班车走哒。我搞晏啊一下，只能个人慢慢走到学校去。 tʰa⁴⁵ kan⁵¹ tau⁰ tsuei²⁴ xəu²⁴ i²² pan⁴⁵ tsʰe⁴⁵ tsəu⁵¹ ta⁰。uo⁵¹ kau⁵¹ an²⁴ a⁰ i²² xa⁵¹，tsʅ²² nən²² kuo²² zən²² man²⁴ man⁰ tsəu⁵¹ tau²⁴ ɕio²² ɕiau²⁴ kʰe⁰。
宜城	他跳上末班车走了。我晚了一步，只能自己慢慢儿走回学校了。 tʰa²⁴ tʰiɔ⁴¹ saŋ⁰ muo²⁴ pan²⁴ tsʰe²⁴ tsəu⁵⁵ nɔ⁰。uo⁵⁵ uan⁵⁵ nɔ⁰ i⁵³ pu⁴¹，tsʅ⁵³ nən⁵³ tsʅ⁴¹ tɕi⁰ man⁴¹ mɚ²⁴ tsəu⁵⁵ xuei⁵³ ɕyo⁵³ ɕio⁴¹ nɔ⁰。
保康	他搭上最后一班车走了。我耽误了一会儿，只有自个儿慢慢儿地走回学校。 tʰa²⁴ ta⁵³ ʂaŋ⁰ tsei³¹ xəu³¹ i⁵³ pan²² tʂʰe²⁴ tsəu⁵⁵ nau⁰。uo⁵⁵ tan²² u⁰ nau⁰ i⁵³ xuɚ³¹²，tʂʅ⁵³ iəu⁵⁵ tsʅ³¹ kɚ⁰ man³¹ mɚ⁰ ni⁰ tsəu⁵⁵ xuei⁵³ ɕyo⁵³ ɕiau³¹²。
神农架	他坐最后一班车走了，我晚了点儿，只好自己慢吞吞地走回学校去了。 tʰa²⁴ tsuo³¹ tsuei³¹³ xəu³¹ i⁵³ pan²⁴ tsʰɛ²⁴ tsəu³³ na⁰，uo³³ uan³³ na⁰ tiɚ³³，tsʅ⁵³ xau³³ tsʅ³¹ tɕi⁰ man³¹ tʰən²² tʰən⁰ ti⁰ tsəu³³ xuei⁵³ ɕyo⁵³ ɕiau⁰ kʰu³¹ na⁰。
襄阳	他跳上最后一班车走了。我晚了一下儿，只有自己慢慢儿走回学校了。 tʰa²⁴ tʰiau³¹ saŋ⁰ tsei²⁴ xəu³¹ i⁵³ pan²⁴ tsʰə²⁴ tsəu³⁵ nau⁰。uo³⁵ uan³⁵ nau⁰ i⁵³ xar⁰，tsʅ⁵³ iəu³⁵ tsʅ³¹ tɕi⁰ man³¹ mɚ⁰ tsəu³⁵ xuei⁵³ ɕyo⁵³ ɕiau³¹ nau⁰。
随州	他跳上末班车走了。我迟到了一步，只能自家慢慢儿走回学校去。 tʰɔ⁴⁴ tʰiau²¹³ ʂaŋ⁰ mo⁴² pan⁴⁴ tʂʰa⁴⁴ tsəu³⁵³ niau⁰。uo³⁵³ tʂʅ⁴² tau²¹³ niau⁰ i⁰ pu²¹³，tsʅ⁴² nən⁴² tsʅ³⁵³ ko⁰ man²¹³ mɚ⁰ tsəu³⁵ xuei⁴² ɕio⁴² ɕiau²¹³ tɕʰy⁰。
郧阳	他坐最后一趟车走啦，我差一点儿，只好一个儿慢慢儿回学的去了。 tʰa⁴⁵ tsuo³¹ tsei⁴⁵ xəu³¹ i⁴⁵ tʰaŋ³¹ tsʰɤ⁴⁵ tsəu⁴³ la⁰，uo⁴³ tsʰa⁴⁵ i⁴⁵ tiar⁴³，tsʅ⁴⁵ xau⁴³ i⁵¹ kɚ³¹ man⁴⁵ mar³¹ xuei⁴⁵ ɕyɛ⁵¹ ti⁰ kʰu³¹ lau⁰。
丹江口	他上最后一趟车走了，我晚来一步，只得自己慢慢儿走回学的。 tʰa³⁵ saŋ³¹ tsei³⁵ xəu³¹ i³⁵ tʰaŋ³¹ tsʰɤ³⁵ tsəu³³ la⁰，uo³³ uan³³ lɛ⁵¹ i⁵¹ pu³¹，tsʅ⁵¹ tɛ³⁵ tsʅ³¹ tɕi⁰ man³¹ mar⁰ tsəu³³ xuei⁵¹ ɕyo⁵¹ ti⁰。

续表

	0043 他跳上末班车走了。 我迟到一步，只能自己慢慢走回学校了。
房县	他跳上末班车走了，我来晚了，只有自己慢吞吞地走回学的去了。 tʰa²⁴ tʰiəu³¹ ʂaŋ³¹ mo²⁴ pan²⁴ tʂʰe²⁴ tʂəu³³ nɔu⁰, uo³³ nai⁵³ uan³³ nɔu⁰, tʂʅ⁵³ iəu³³ tʂʅ³¹ tɕi⁰ man³¹ tʰən²⁴ tʰən²⁴ ti⁰ tʂəu³³ xuei⁵³ ɕyo⁵³ ti⁰ kɯ³¹ nɔu⁰.
竹溪	他跳上了最后一趟车走了，我晚了一下下儿，只能一个人慢慢儿走到学校去。 tʰa²⁴ tʰiau³¹ ʂaŋ³¹ lia⁰ tsei²⁴ xəu³¹ i⁵³ tʰaŋ³¹ tʂʰɛ²⁴ tsəu³⁵ lia⁰, ŋo³⁵ uan³⁵ lia⁰ i⁵³ xa³¹ xar⁰, tʂʅ⁵³ lən⁵³ i⁵³ ko³¹ zən⁰ man²⁴ mar³¹ tsəu⁰ tau⁰ ɕio⁵³ ɕiau³¹ kʰɛ³¹.
公安	他上哒末班车走哒。我迟哒一步，只能个人慢点走到学校去哒。 tʰa⁵⁵ saŋ³³ ta²¹ mo³⁵ pan⁵⁵ tsʰɤ⁵⁵ tsəu²¹ ta²¹. o²¹ tsʰʅ²⁴ ta²¹ i³⁵ pu³³, tsʅ³⁵ nən²⁴ kuo³⁵ ən²⁴ man³³ tian²¹ tsəu²¹ tau³³ ɕyo²⁴ ɕiau³³ kʰɯ³⁵ ta²¹.
鹤峰	他赶上末班车走了，我迟了一会儿，只好个人慢慢地走回学校。 tʰa⁵⁵ kan⁵³ ʂaŋ⁰ mo¹² pan⁵⁵ tʂʰɛ⁵⁵ tsəu⁵³ niau⁰, uo⁵³ tʂʰʅ¹² niau⁰ i¹² xuə⁰, tʂʅ¹² xau⁵³ kuo³⁵ zən¹² man³⁵ man⁰ ti⁰ tsəu⁵³ xuei¹² ɕio¹² ɕiau³⁵.
黄冈	他跳上末班车走了。我迟了一脚，只好自家慢慢走到学校去了。 tʰa²² tʰiau³⁵ saŋ⁰ mo²¹³ pan²² tsʰe²² tsəu⁵⁵ liau⁰. ŋo⁵⁵ tsʰʅ³¹ liau⁰ i²¹³ tɕio²¹³, tsʅ⁵⁵ xau⁵⁵ tsʅ⁴⁴ ka²² man⁴⁴ man⁴⁴ tsəu⁵⁵ tau²² ɕio³¹ ɕiau⁴⁴ tɕʰi³⁵ liau⁰.
红安	他跳上末班车走了。我晏了一步，只好个人慢慢地走到学校。 tʰa¹¹ tʰiau³⁵ ʂaŋ⁰ mo²² pan¹¹ tʂʰe¹¹ tsəu⁵⁵ liau⁰. ŋo⁵⁵ ŋan³⁵ liau⁰ i²² pu³³, tsʅ²² xau⁵⁵ ko³⁵ zʅən³¹ man³³ man³³ ti⁰ tsəu³⁴ tau³⁵ ɕio²² ɕiau³³.
英山	他跳上末班车走了。我迟了一脚，只有自家慢慢儿地走到学校去了。 tʰa³¹ tʰiau³⁵ ʂaŋ⁰ mo²² pan³¹ tʂʰe³¹ tsəu²⁴ liau⁰. ŋo²² tʂʰʅ⁵⁵ liau⁰ i²² tɕio²¹³, tsʅ²² iəu²⁴ tsʅ³³ ka³¹ man³³ mər³³ ti⁰ tsəu²⁴ tau⁰ ɕio³³ ɕiau³³ tɕʰi⁰ liau⁰.
蕲春	他跳上末班车走了。我迟了一脚，只好自家慢慢地走到学校去了。 tʰɒ⁴² tʰiau²⁵ ʂaŋ⁰ mo²¹ pan⁴² tʂʰɛ⁴² tsou³⁴ liɑu⁰. ŋo³⁴ tʂʰʅ³⁴ liau⁰ i²¹ tɕio²¹, tsʅ²¹ xau³⁴ tsʅ²² kɒ⁴² man²² man²¹² ti⁰ tsou³⁴ tau⁰ ɕio²² ɕiau²¹² tʂʰʅ²⁵ liau⁰.

续表

	0043 他跳上末班车走了。 我迟到一步，只能自己慢慢走回学校了。
武穴	渠坐末班车走啰。我晏到了一下儿，只能自家慢慢儿走到学校去。 xe⁵⁵ tso²² mo²² pan⁵⁵ tsʰe⁵⁵ tseu³³ lo⁰。ŋo³³ ŋan³⁵ tau³⁵ le⁰ i˙²² xar²²，tsɿ³³ nɛn³¹ tsɿ²² ka⁵⁵ man²² mar²² tseu³³ tau³⁵ ɕio²² ɕiau²² tɕʰi⁰。
黄梅	渠跳上末班车走了。我晏了一下，只好自家慢慢嘞往学校走。 kʰæ⁵⁵ tʰiau³⁵ saŋ⁰ mo⁴² pan²¹ tsʰe²¹ tseu¹³ liau⁰。ŋo¹³ ŋan³⁵ liau⁰ i˙⁴² xæ⁰，tsɿ⁴² xau¹³ tsɿ³³ ka⁰ man³³ man³³ ne⁰ uaŋ¹³ ɕio³³ ɕiau³³ tseu¹³。
黄陂	他跳得末班车高头走了，我迟了一步，只好自家慢慢地走回去。/他上了末班车走了，我迟了一步，只好自家慢慢地走回去。 tʰa³³⁴ tʰiao³⁵ te⁰ mo²¹⁴ pan³³⁴ tsʰe³³⁴ kao³³⁴ tʰou⁰ tsou⁴¹ ao⁰，ŋo⁴¹ tsʰɿ²¹² a⁰ i˙²¹² pu⁴⁵⁵，tsɿ²¹⁴ xao⁴¹ tsɿ⁴⁵⁵ ka⁰ man⁴⁵⁵ man⁴⁴ ti⁰ tsou⁰ xuei²¹² tɕʰi³⁵。/tʰa³³⁴ saŋ⁴⁵⁵ a⁰ mo²¹⁴ pan³³⁴ tsʰe³³⁴ tsou⁴¹ a⁰，ŋo⁴¹ tsʰɿ²¹² a⁰ i˙²¹² pu⁴⁵⁵，tsɿ²¹⁴ xao⁴¹ tsɿ⁴⁵⁵ ka⁰ man⁴⁵⁵ man⁴⁴ ti⁰ tsou⁴¹ xuei²¹² tɕʰi³⁵。
新洲	他赶上了末班车走了。我迟了一下儿，只能自家慢慢走回学校。 tʰa³¹ kan⁵⁵ saŋ³³ ȵiao⁰ mo²¹³ pan³¹ tsʰe³¹ tsou⁵⁵ ȵiao⁰。ŋo⁵⁵ tsʰɿ²²⁴ ȵiao⁰ i˙²¹³ xar³³，tsɿ⁵⁵ nən²²⁴ tsɿ³²⁴ ka⁰ man³³ man³³ tsou⁵⁵ xuei²²⁴ ɕio²²⁴ ɕiao³³。
孝感	他跳上了末班车走了，我迟到了一步，只好自家慢慢地走回学校。 tʰa³³ tʰiau³⁵ ʂaŋ⁵⁵ ȵau⁰ mo²¹³ pan³³ tʂʰe³³ tsou⁵² uau⁰，ŋo⁵² tʂʰi³¹ tau⁰ uau⁰ i˙²¹³ pu⁵⁵，tʂɿ⁵² xau⁵² tsɿ⁵⁵ ka⁰ man⁰ man⁵⁵ tsou⁵² xuei³¹ niau⁰ ɕio³¹ ɕiau⁵⁵。
安陆	他跳到末班车高头就走了。我迟了一步，只能自己慢慢儿地走回学校。 tʰa⁴⁴ tʰiau³⁵ tau⁵⁵ mo²⁴ pan⁴⁴ tʂɛ⁴⁴ kau⁴⁴ tʰəu⁰ tsəu⁵⁵ tsəu⁵¹ uau⁰。ŋo⁵¹ tʂʰɿ³¹ zau⁰ i˙²⁴ pu⁵⁵，tsɿ⁵¹ nən³¹ tsɿ⁵⁵ tɕi⁵¹ man⁵⁵ mar⁵⁵ ti⁰ tsəu⁵¹ xuei³¹ ɕio³¹ ɕiau⁵⁵。
广水	他跳到末班车高头走了，我慢了一点，我只能自家走慢慢走到学校。 tʰa³¹ tʰiau¹³ tau¹³ mo¹³ pan³¹ tʂʰɛ³¹ kau³¹ tʰəu⁰ tsəu³⁴ uau⁰，ŋo³⁴ man¹³ liau⁰ i˙⁵³ tiɛn³⁴，ŋo³⁴ tsɿ³⁴ lən⁵³ tsɿ¹³ ka⁰ tsəu³⁴ man¹³ man⁰ tsəu³⁴ tau¹³ ɕio⁵³ ɕiau¹³。

续表

	0043 他跳上末班车走了。 我迟到一步，只能自己慢慢走回学校了。
黄石	他跳上末班车走了。我来晚了一点儿，只能自家走回学校。 tʰɒ³³ tʰiau²⁵ saŋ⁰ mo²¹³ pan³³ tsʰe³³ tsou⁵⁵ liau⁰。ŋo⁵⁵ læ³¹ uan⁵⁵ liau⁰ i²¹³ tier⁵⁵，tsʅ²¹³ len³¹ tsʅ³²⁴ kɒ³³ tsou⁵⁵ xuei³¹ ɕio²¹³ ɕiau²⁵。
大冶	渠赶上最后一班车走了。我晏了一脚，只有自家慢慢趟回学校去。 kʰe³¹ kɛ̃⁴⁴ soŋ²² tsɐi²⁵ xe²² i²² pẽ²² tsʰe²² tse⁴⁴ le⁰。ŋo⁴⁴ ŋẽ²⁵ le⁰ i²² tɕio²¹³，tsʅ²¹³ iɐu⁴⁴ tsʅ²² kɒ²² mẽ²² mẽ²² tʰɔŋ²² xuɐi³¹ ɕio²² ɕio²² tɕʰi²⁵。
阳新	渠跳到最后一班车走了。我晏了一脚，只能自家慢慢箇趟回学校了。 kʰɛ²¹³ tʰi⁴⁴ tɔ⁴⁴ tsai⁴⁴ xɛ⁴⁴ i⁵⁵ pã⁴⁴ tsʰɛ⁴⁴ tsɛ³¹ lɛ⁰。ŋo³¹ ŋã⁴⁴ lɛ⁰ i²⁵ tɕio²⁵，tsʅ²⁵ lan²¹³ tsʅ³¹ kɒ⁴⁴ mã⁴⁴ mã⁴⁴ ko⁰ tʰɔ̃²⁵ xuai²¹³ ɕio²⁵ ɕio⁴⁴ lɛ⁰。
咸宁	伊跳上末班车走了。我晏了一步，只有自家慢慢走得学校去。 e³¹ tʰie²¹³ sõ³³ me⁵⁵ pɒ⁴⁴ tsʰɒ⁴⁴ tse⁴² nɒ⁴²。ŋə⁴² ŋɒ̃²¹³ nɒ⁴² i⁵⁵ pʰu³³，tsʅ⁵⁵ iɒu⁴² tsʅ⁴⁴ kɒ⁴⁴ mɒ̃³³ mɒ̃³³ tse⁴² te⁵⁵ ɕiə³³ ɕio³³ tɕʰie²¹³。
通山	渠跳上最后一趟班车走了。我来晏一步，只能自家慢慢走到学校去。 ki²¹ tʰiɛu⁴⁵ saŋ³³ tsæ⁴⁵ xɛu³³ i⁵⁵ tʰaŋ⁴⁵ pÃ²³ tsʰE²³ tsɛu⁴² liɛu⁰。ŋou⁴² la²¹ ŋÃ⁴⁵ i⁵⁵ pu³³，tsʅ⁵⁵ nɛ̃²¹ tsɔ²³ kɔ²³ mÃ³³ mÃ³³ tsɛu⁴² tɑu⁴⁵ ɕiou³³ ɕiɛu³³ tɕʰiei⁴⁵。
通城	伊跳上末班车走仂。我晏仂一丁牙者，只能自己慢慢者走得学堂去仂。 ie⁴² diau²⁴ soŋ³⁵ moʔ⁵⁵ pan²¹ dza²¹ tɕiau⁴² deʔ⁰。ŋo⁴² ŋan²⁴ neʔ⁰ i⁵⁵ tinʔ⁵⁵ ŋa³⁵ tse⁰，tsʅ⁴² nɛn⁰ dzʅ³⁵ tɕi⁴² man³⁵ man³⁵ tse⁰ tɕiau⁰ te³⁵ hoʔ⁵⁵ nəŋ³³ dʑie²⁴ deʔ⁰。
崇阳	伊跳上最后一趟班车走了。我晏了一下子，只能自家慢慢子走回学堂。 i⁵³ dio²⁴ saŋ⁴⁴ tɕi⁴⁴ ʑio⁴⁴ i⁵⁵ daŋ²¹⁴ pæ²² dɑ²² tɕio⁵³ næ⁰。ŋo⁵³ ŋæ²⁴ næ⁰ i⁵⁵ hɑ⁴⁴ tsæ⁰，tə⁵⁵ ȵiɛ²¹ zʅ⁴⁴ kɑ²² mæ⁴⁴ mæ⁴⁴ tsæ⁰ tɕio⁵³ fi²¹ ho⁵⁵ daŋ²¹。
嘉鱼	他蹦上末班车走了。我晏了一步，只有自家慢慢走得学校去。 xɒ⁴⁴ pən²¹³ ʂoŋ²² mə⁵⁵ pan⁴⁴ tsʰə⁴⁴ tsei³¹ nie³¹。ŋo³¹ ŋan²¹³ nie³¹ i⁵⁵ pʰu²²，tsʅ⁵⁵ iəu³¹ tsʰʅ²² kɒ⁴⁴ man²² man²² tsei³¹ tə⁵⁵ ɕio²⁴ ɕiau²² tɕʰi²¹³。

续表

	0043 他跳上末班车走了。 我迟到一步， 只能自己慢慢走回学校了。
赤壁	他赶到最后一班车走了，我来晏了一步，只有自己慢慢儿走回学校里去。 na⁴⁴ kei³¹ tau⁰ tɕi²¹³ xau²² i⁴⁵ pan⁴⁴ dzᴀ⁴⁴ tɕiau³¹ diau⁰， ŋo³¹ nai¹³ ŋan²¹³ diau⁰ i⁴⁵ bu²²，tʂɿ⁴⁵ iu³¹ dzɿ²² tɕi⁰ man²² man⁴⁴ ŋar⁰ tɕiau³¹ xui¹³ ɕio¹³ ɕiau²² di⁰ dʐi⁰。
监利	他跳上末班车走哒。我迟到一步，只好慢慢地一个儿自己走回学校去哒。 tʰa⁴⁴ tʰiau³³ saŋ³³ mo⁵⁵ pan⁴⁴ tsʰɤ⁴⁴ tsou²¹ ta⁰。 ŋo²¹ tsʰɿ¹³ tau³³ i⁵⁵ pʰu³³， tsɿ²¹ xau²¹ man³³ man³³ ti⁰ i⁵⁵ ko²⁵ ɯ⁰ tsɿ³³ tɕi²¹ tsou²¹ xuei¹³ ɕio⁵⁵ ɕiau³³ kʰɯ⁵⁵ ta⁰。

	0044 这是谁写的诗？ 谁猜出来我就奖励谁十块钱。
武汉	这是哪个写的诗啊？哪个猜出来了，我就奖哪个十块钱。 tse²⁴ sʅ⁴⁵ la³³ ke⁰ ɕie³³ ti⁰ sʅ⁵⁵ a⁰？la³³ ke⁰ tsʰai⁵⁵ tɕʰy²¹ lai⁰ liao⁰，o³³ tɕiou²⁵ tɕiaŋ⁴² la³³ ke⁰ sʅ¹³ kʰuai⁴² tɕʰian²¹。
蔡甸	这是哪个写的诗？要是哪个猜出来了，我就奖哪个的十块钱。 tse⁵⁵ sʅ⁴⁴ la³³⁴ ke⁰ ɕie³³⁴ ti⁰ sʅ⁵⁵？iao⁵⁵ sʅ⁵⁵ la³³⁴ ko⁰ tsʰai¹⁵ tɕʰy³²⁴ lai²¹³ ɲiao⁰，o³³⁴ tɕiou⁵⁵ tɕiaŋ³³⁴ la³³⁴ ko⁰ ti⁰ sʅ²¹³ kʰuai³³⁴ tɕʰien²¹³。
江夏	这是哪个写的诗？哪个猜出来了，我就奖他十块钱。/这是哪个写的诗？哪个猜出来了，我就给他十块钱。 tsɤ³⁴ sʅ⁰ na³²⁴ ko⁰ ɕie⁴¹ ti⁰ sʅ³⁵？na³²⁴ ko⁰ tsʰai³⁵ tɕʰy³⁴ nai³¹ niao⁰，ŋo⁴¹ tɕiou³²⁴ tɕiaŋ⁴¹ tʰa³⁵ sʅ¹³ kʰuai⁴⁴ tɕʰien³¹。/tsɤ³⁴ sʅ⁰ na³²⁴ ko⁰ ɕie⁴¹ ti⁰ sʅ³⁵？na³²⁴ ko⁰ tsʰai³⁵ tɕʰy³²⁴ nai³¹ niao⁰，ŋo⁴¹ tɕiou³²⁴ kɤ³²⁴ tʰa³⁵ sʅ¹³ kʰuai⁴⁴ tɕʰien³¹。
汉川	这是哪个写的诗？哪个猜出来了，我就奖他十块钱。 tɕie³³ sʅ³³ na⁴² ko⁰ ɕie¹³ ti⁰ sʅ⁵⁵？na⁴² ko⁰ tsʰai⁵⁵ tɕʰy²⁴ nai¹³ niau⁰，uo⁴² tɕiəu³³ tɕiaŋ⁴² tʰa⁵⁵ sʅ¹³ kʰuai⁴² tɕʰiɑn¹³。
荆州	迾是哪个写的诗？猜出来哒我给十块钱。 lie³⁵ sʅ³⁵ la⁴² kuo³⁵ ɕie⁴² ti⁰ sʅ⁵⁵？tsʰai⁵⁵ tsʰu¹³ lai¹³ ta⁰ uo⁴² kɤ⁴² sʅ¹³ kʰuai⁴² tɕʰien¹³。
仙桃	这是哪个写的诗？猜出来哒我就给哪个十块钱。 tsɤ⁵³ sʅ⁵³ la²⁴ kuo⁵³ ɕie³¹ ti⁰ sʅ⁴⁵？tsʰuai⁴⁵ tsʰu²⁴ lai¹ ta⁰ uo³¹ tsəu⁵³ kɤ³¹ la²⁴ kuo⁵³ sʅ¹³ kʰuai³¹ tɕʰiɛn¹³。
天门	这是哪个写的诗啊？哪个猜出来我就奖哪个十块钱。 tsɤ⁵³ sʅ⁵³ la²⁴ ko⁰ ɕie³¹ ti⁰ sʅ⁴⁵ a⁰？la²⁴ ko⁰ tɕʰyai⁴⁵ tɕʰy²⁴ lai⁰ o¹ tɕiəu⁵³ tɕiaŋ³¹ la²⁴ ko⁵³ sʅ¹³ kʰuai³¹ tɕʰien¹³。
荆门	这是哪个写的诗啊？哪个能猜出来我就奖励哪个十块钱。 tʂɛ³³ sʅ³³ na⁵⁵ kuo³³ ɕiɛ⁵⁵ ti⁰ sʅ⁴⁵ a⁰？na⁵⁵ kuo³³ nən²⁴ tʂʰai⁴⁵ tʂʰu²⁴ nai²⁴ uo⁵⁵ tɕiou³³ tɕiaŋ⁵⁵ ni³³ na⁵⁵ kuo⁵⁵ sʅ²⁴ kʰuai⁵⁵ tɕʰian²⁴。
钟祥	这是哪个写的诗啊？哪个猜出来，我就奖哪个十块钱。 tʂə²¹ sʅ²¹ na⁵³ kuo²¹ ɕiɛ⁵³ ti⁰ sʅ²¹ a⁵⁵？na⁵³ kuo²¹ tʂʰuai²⁴ tʂʰu³¹ nai³¹，uo⁵³ tɕiəu²¹ tɕiaŋ⁵³ na⁵³ kuo²¹ sʅ³¹ kʰuai⁵³ tɕʰien³¹。

语法例句对照　　235

续表

	0044 这是谁写的诗？ 谁猜出来我就奖励谁十块钱。
宜昌	迥是哪个写的诗啊？哪个猜出来哒，我就奖他十块钱。 lie³⁵ sɿ³⁵ la³³ kɤ⁰ ɕie³³ ti⁰ sɿ⁵⁵ a⁰？ la³³ kɤ⁰ tsʰai⁵⁵ tsʰu¹³ lai¹³ ta⁰，uo³³ tɕiəu³⁵ tɕiaŋ³³ tʰa⁵⁵ sɿ¹³ kʰuai³³ tɕʰiɛn¹³。
兴山	这是晒⁼个写的诗啊？晒⁼个猜出来哒，我就奖晒⁼个十块钱。 tṣɤ²⁴ sɿ²⁴ ṣai⁵⁵ kuo⁰ ɕie⁵⁵ ti⁰ ṣɿ⁴⁵ a⁰？ ṣai⁵⁵ kuo⁰ tsʰai⁵⁵ tsʰu³¹ nai³¹ ta⁰，uo⁵⁵ tɕiəu²⁴ tɕiaŋ⁵⁵ ṣai⁵⁵ kuo⁰ sɿ³¹ kʰuai⁵⁵ tɕʰiɛn³¹。
长阳	迥是哪个写的诗啊？哪个猜出来哒，我就奖给哪个十块钱。 nie²⁴ sɿ²⁴ na³¹ kɤ⁰ ɕie³¹ ti⁰ sɿ⁴⁵ a⁰？ na³¹ ko⁰ tsʰuai⁴⁵ tsʰu²² nai²² ta⁰，o³¹ tɕiəu²⁴ tɕiaŋ³¹ kɤ³³ nai³¹ kɤ⁰ sɿ²² kʰuai³¹ tɕʰiɛn²²。
五峰	迥是哪个写的诗？哪个猜啊出来我就给哪个十块钱。 lie³³ sɿ³⁵ lai³³ kɤ⁰ ɕie³³ ti⁰ sɿ⁵⁵？ lai³³ kɤ⁰ tsʰuai⁵⁵ a⁰ tsʰu²¹³ lai⁰ uo³³ tɕiəu⁰ kɤ³³ lai³³ kɤ³⁵ sɿ²² kʰuai³¹ tɕʰiɛn²¹。
宜都	迥是哪个写的诗？哪个猜出来哒，我就奖哪个十块钱。 nie³⁵ sɿ³⁵ na³³ ko⁰ ɕie³³ ti⁰ sɿ⁵⁵？ na³³ ko³⁵ tsʰuai⁵⁵ tsʰu¹³ nai⁰ ta⁰，o⁵⁵ tɕiəu³⁵ tɕiaŋ³³ na³³ ko⁰ sɿ¹³ kʰuai³⁵ tɕʰiɛn²¹。
恩施	迥是哪个写的诗？哪个猜到哒我都跟哪个奖十块钱。 nɛ³⁵ sɿ⁰ na⁵¹ kɤ⁰ ɕie⁵¹ ti⁰ sɿ⁵⁵？ na⁵¹ kɤ⁰ tsʰai⁵⁵ tau⁵¹ ta⁰ uo⁵¹ təu⁰ kən⁵⁵ na⁵¹ kɤ⁰ tɕiaŋ⁵¹ sɿ³³ kʰuai⁵¹ tɕʰiɛn³³。
咸丰	迥是哪个写的诗？哪个猜出来我就奖哪个十块钱。 nie²² sɿ²⁴ na³³ ko²¹³ ɕiɛ³³ ti⁰ sɿ⁵⁵？ na³³ ko²¹³ tsʰai⁵⁵ tsʰu²² nai⁰ ŋo⁴² tɕiəu²¹³ tɕiaŋ⁴² na³³ ko²¹³ sɿ²² kʰuai²¹³ tɕʰiɛn²²。
建始	迥是哪个写的诗？哪个猜倒哒我就奖哪个十块钱。 nɛ³⁵ sɿ³⁵ nai⁵¹ kɤ⁰ ɕie⁵¹ ti⁰ sɿ⁴⁵？ nai⁵¹ kɤ⁰ tsʰai⁴⁵ tau⁵¹ ta⁰ o⁵¹ tɕiəu³⁵ tɕian⁵¹ nai⁵¹ kɤ⁰ sɿ²² kʰuai⁵¹ tɕʰin²²。
巴东	这是哪个写的诗？哪个猜倒哒我就给他给十块钱。 tse²⁴ sɿ²⁴ nai⁵¹ kə⁰ ɕie⁵¹ ti⁰ sɿ⁴⁵？ nai⁵¹ kə⁰ tsʰai⁴⁵ tau⁵¹ ta⁰ uo⁵¹ tɕiəu²⁴ ke⁴⁵ tʰa⁴⁵ ke⁴⁵ sɿ²² kʰuai⁵¹ tɕʰiɛn²²。

续表

	0044 这是谁写的诗？ 谁猜出来我就奖励谁十块钱。
宜城	这是哪个写的诗？哪个猜出来我就奖给哪个十块钱。 tse⁴¹ sɿ⁴¹ na⁵⁵ ko⁰ ɕie⁵⁵ ti⁰ sɿ²⁴? na⁵⁵ ko⁰ tsʰɛ²⁴ tsʰu⁵³ nɛ⁰ uo⁵⁵ təu⁰ tɕiaŋ⁵⁵ ki⁰ na⁵⁵ ko⁰ sɿ⁵³ kʰuɛ⁵⁵ tɕʰian⁵³。
保康	这是哪个写的诗？哪个猜到了我给哪个十块钱。 tsɛ³¹ sɿ³¹ na⁵⁵ kə⁰ ɕie⁵⁵ ni⁰ sɿ²⁴? na⁵⁵ kə⁰ tsʰai²² tau⁰ nau⁰ uo⁵⁵ ki²² na⁵⁵ kə⁰ sɿ⁵³ kʰuai⁵⁵ tɕʰiɛn⁵³。
神农架	这是哪个写的诗？哪个猜出来我就奖给哪个十块钱。 tsɛ³¹ sɿ³¹ na³³ kɤ⁰ ɕie³³ ti⁰ sɿ²⁴? na³³ kɤ⁰ tsʰai²² tsʰu⁵³ nai⁰ uo³³ təu³¹ tɕiaŋ³³ kuu³³ na³³ kɤ⁰ sɿ⁵³ kʰuai³³ tɕʰian⁵³。
襄阳	这是哪个写的诗？哪个猜出来我就奖给哪个十块钱。 tsə³¹ sɿ³¹ na³⁵ kə⁰ ɕie³⁵ ti⁰ sɿ²⁴? na³⁵ kə⁰ tsʰai²⁴ tsʰu⁵³ nai⁰ uo³⁵ təu³¹ tɕiaŋ³⁵ kuu⁰ na³⁵ kə⁰ sɿ⁵³ kʰuai³⁵ tɕʰian⁵³。
随州	这是哪家写的诗？哪家猜出来，我就奖他十块钱。 tɕi²⁴ sɿ²¹³ na³⁵³ kɔ⁰ ɕi³⁵³ ti⁰ sɿ⁴⁴? na³⁵³ kɔ⁰ tsʰai⁴⁴ tʂʰu̩⁴⁴ nai⁴²，uo³⁵³ tɕiəu²¹³ tɕiaŋ³⁵³ tʰɔ⁴⁴ sɿ⁴² kʰuai³⁵³ tɕʰian⁴²。
郧阳	这谁个儿写的诗？谁猜到我奖给他十块钱。 tsɤ⁴⁵ sei⁵¹ kər⁰ ɕie⁴³ ti⁰ sɿ⁴⁵? sei⁵¹ tsʰɛi⁴⁵ tau⁰ uo⁴³ tɕiaŋ⁴³ kuu⁰ tʰa⁴⁵ sɿ⁵¹ kʰuɛi⁴⁵ tɕʰian⁵¹。
丹江口	这是谁个儿写的诗？谁个儿猜出来我就奖给谁十块钱。 tsɤ³¹ sɿ³¹ sei⁵¹ kər⁰ ɕie⁴³ ti⁰ sɿ³⁵? sei⁵¹ kər⁰ tsʰɛ³⁵ tsʰu⁵¹ lɛ⁰ uo³³ təu³¹ tɕiaŋ³³ kei³³ sei⁵¹ sɿ⁵¹ kʰuɛ³³ tɕʰian⁵¹。
房县	这哪个写的诗啊？哪个要是猜得出来我奖给哪个十块钱。 tsɛ³¹ na³³ kɤ⁰ ɕie³³ ti⁰ sɿ²⁴ za⁰? na³³ kɤ⁰ iɔu³¹ sɿ³¹ tʂʰai²⁴ te⁰ tʂʰu²⁴ nai⁵³ uo³³ tɕiaŋ³³ kuu²⁴ na³³ kɤ⁰ sɿ⁵³ kʰuai³³ tɕʰian⁵³。
竹溪	这是哪个写的诗？哪个猜出来了我奖给哪个十块钱。 tsɛ³¹ sɿ³¹ la³⁵ kɤ⁰ ɕie³⁵ ti⁰ sɿ²⁴? la³⁵ kɤ⁰ tsʰai²² tsʰu̩⁵³ lai⁵³ lia⁰ ŋo³⁵ tɕiaŋ³⁵ kɛ⁰ la³⁵ kɤ⁰ sɿ⁵³ kʰuai³⁵ tɕʰian⁵³。

续表

	0044 这是谁写的诗？ 谁猜出来我就奖励谁十块钱。
公安	迺是哪个写的诗？哪个猜倒哒我就奖得哪个一炮块钱。 niɛ³⁵ sʅ³³ na³⁵ kuo³³ ɕiɛ²¹ ni⁰ sʅ⁵⁵？ na³⁵ kuo³³ tsʰai⁵⁵ təu²¹ ta²¹ o²¹ tɕiəu³³ tɕiaŋ²¹ tɤ⁰ na³⁵ kuo³³ i³⁵ pʰau³³ kʰuai²¹ tɕʰian²⁴。
鹤峰	这是哪个作的诗？哪个猜出来我就奖励哪个十块钱。 tʂɿ³⁵ sʅ¹² na⁵³ kuo⁰ tso³⁵ ti⁰ sʅ⁵⁵？ na⁵³ kuo⁰ tsʰai⁵⁵ tʂʰu¹² nai⁰ uo⁵³ tɕiəu³⁵ tɕiaŋ⁵³ ni⁰ na⁵³ kuo⁰ sʅ¹² kʰuai⁵³ tɕʰian¹²。
黄冈	这是哪个写的诗？哪个猜到了我就奖十块钱哪个。 tɕie³⁵ sʅ⁴⁴ la⁵⁵ ko³⁵ ɕie⁵⁵ ti⁰ sʅ²²？ la⁵⁵ ko³⁵ tsʰai²² tau²¹ liau⁰ ŋo⁵⁵ tsəu⁴⁴ tɕiaŋ⁵⁵ sʅ³¹ kʰuai³⁵ tɕʰien³¹ la⁵⁵ ko³⁵。
红安	迺是哪个写的诗？哪个猜出来我就奖他十块钱。 le³⁵ sʅ³³ la⁵⁵ ko⁰ ɕie⁵⁵ ti⁰ sʅ¹¹？ la⁵⁵ ko⁰ tsʰai¹¹ tʂʰʅ²² lai³¹ ŋo³⁴ tɕiəu³³ tɕiaŋ⁵⁵ tʰa⁰ sʅ³³ kʰuai³⁵ tɕʰian³¹。
英山	这是哪个写的诗？哪个猜到了我就奖十块钱哪个。 te³⁵ sʅ³³ la²⁴ ko³⁵ ɕie²⁴ ti⁰ sʅ³¹？ la²⁴ ko³⁵ tsʰai³¹ tau liau ŋo²⁴ tɕiəu³³ tɕiaŋ²⁴ sʅ³³ kʰuai³⁵ tɕʰian⁵⁵ la²⁴ ko⁰。
蕲春	这是哪个写的诗啊？哪个猜到了我就奖十块钱哪个。 tʂɛ²⁵ sʅ²¹² lɒ³⁴ ko²⁵ ɕie³⁴ ti⁰ sʅ⁴²ɒ⁰？ lɒ³⁴ ko⁰ tsʰai⁴² tau liɑu ŋo³⁴ tɕiou²¹² tɕiaŋ³⁴ sʅ²¹ kʰai²⁵ tɕʰian³¹ lɒ³⁴ ko⁰。
武穴	这是么人写的诗？么人猜到了我就奖么人十块钱。/这是么人写的诗？么人猜到了我就奖十块钱么人。 te³⁵ sʅ²² mo³³ in³¹ ɕie³³ ti⁰ sʅ⁵⁵？ mo³³ in³¹ tsʰai⁵⁵ tau³⁵ le⁰ ŋo³³ tɕiu²² tɕiaŋ³³ mo³³ in³¹ sʅ²² kʰuai³⁵ tɕʰiɛn³¹。/te³⁵ sʅ²² mo³³ in³¹ ɕie³³ ti⁰ sʅ⁵⁵？ mo³³ in³¹ tsʰai⁵⁵ tau³⁵ le⁰ ŋo³³ tɕiu²² tɕiaŋ³³ sʅ²² kʰuai³⁵ tɕʰiɛn³¹ mo³³ in³¹。
黄梅	这是哪个写的诗？哪个猜出来了，我就奖渠十块钱。 tai³⁵ sʅ³³ na¹³ ko⁰ ɕie¹³ ti⁰ sʅ²¹？ na¹³ ko⁰ tsʰai²¹ tɕʰʅ⁴² lai⁵⁵ liau⁰，ŋo¹³ tɕieu³³ tɕiaŋ¹³ kʰæ⁵⁵ sʅ³³ kʰuai³⁵ tɕʰiɛn⁵⁵。

续表

	0044 这是谁写的诗？ 谁猜出来我就奖励谁十块钱。
黄陂	迩个诗是哪个写的？哪个猜对了我就奖哪个十块钱。 lie³⁵ kɤ⁰ sŋ³³⁴ sŋ⁴⁵⁵ la⁴¹ kɤ⁰ ɕie⁴¹ ti⁰？la⁴¹ kɤ⁰ tsʰai³³⁴ tei³⁵ liao⁰ ŋo⁴¹ tɕiou⁴⁵⁵ tɕiaŋ⁴¹ la⁴¹ kɤ⁰ sŋ²¹² kʰuai⁴¹ tɕʰian²¹²。
新洲	这是哪个写的诗？哪个猜出来，我就奖哪个十块钱。 tse³²⁴ sŋ³³ na⁵⁵ ke⁰ ɕie⁵⁵ ti⁰ sŋ³¹？na⁵⁵ ke⁰ tsʰai³¹ tʂʰʅ²¹³ nai⁰，ŋo⁵⁵ tɕiou³³ tɕiaŋ⁵⁵ na⁵⁵ ke⁰ sŋ²¹ kʰuai⁵⁵ tɕʰien²²⁴。
孝感	迩是哪个写的诗？哪个猜出来我就奖哪个十块钱。 niɛ³⁵ sŋ⁵⁵ na⁵² ko⁰ ɕie⁵² ti⁰ sŋ³³？na⁵² ko⁰ tsʰai³³ tʂʰʅ²¹³ nai³³ ŋo⁵² tɕiəu⁵⁵ tɕiaŋ⁵² na⁵² ko⁰ sŋ³¹ kʰuai⁵² tɕʰin³¹。
安陆	迩是哪个写的诗欸？哪个猜得巧我就奖哪个的十块钱。 niɛ³⁵ sŋ⁵⁵ na⁵¹ ko⁴⁴ ɕi⁵¹ ti⁰ sŋ⁴⁴ ɛ⁰？na⁵¹ ko⁴⁴ tsʰai⁴⁴ tɛ⁰ tɕʰiau⁵¹ ŋo⁵¹ tsəu⁵⁵ tɕiaŋ⁵¹ na⁵¹ ko⁴⁴ ti⁰ sŋ³¹ kʰuai⁵¹ tɕʰiɛn³¹。
广水	迩是哪个写的诗？哪个猜出来奖哪个十块钱。 lie¹³ sŋ¹³ la³⁴ ko¹³ ɕiɛ³⁴ ti⁰ sŋ³¹？la³⁴ ko¹³ tsʰai³¹ tʂʰʅ⁵³ lai²¹ tɕiaŋ³⁴ la³⁴ ko¹³ sŋ⁵³ kʰuai³⁴ tɕʰiɛn⁵³。
黄石	这是哪个写的诗？哪个猜出来了我就奖励哪个十块钱。 tse²⁵ sŋ³²⁴ lɒ⁵⁵ ko²⁵ ɕie⁵⁵ ti⁰ sŋ³³？lɒ⁵⁵ ko²⁵ tsʰæ³³ tɕʰʅ²¹³ læ³¹ liau⁰ ŋo⁵⁵ tɕiou³²⁴ tɕiaŋ⁵⁵ li³²⁴ lɒ⁵⁵ ko²⁵ sŋ²¹³ kʰuæ⁵⁵ tɕʰian³¹。
大冶	嘚是哪个写箇诗？哪个猜出来，我就奖渠十块钱。 tɛ²⁵ sŋ²² lɒ⁴⁴ ko²⁵ ɕiɒ⁴⁴ ko⁰ sŋ²²？lɒ⁴⁴ ko⁰ tsʰɐ²² tɕʰy²¹³ lɛ³¹，ŋo⁴⁴ tɕʰiu²² tɕiɔŋ⁴⁴ kʰe³¹ sŋ²² kʰuæ⁴⁴ tɕʰin³¹。
阳新	这是们⁼写箇诗？是们⁼猜倒我就奖们⁼十块钱。 tɛ²⁵ sŋ⁴⁴ man²¹³ siɒ³¹ ko⁰ sŋ⁴⁴？sŋ⁴⁴ man²¹³ tsʰa⁴⁴ tɔ³¹ ŋo³¹ tsʰiu⁴⁴ tɕiɔ̃³¹ man²¹³ sŋ²¹³ kʰua³¹ tsʰĩĩ²¹³。

续表

	0044 这是谁写的诗？谁猜出来我就奖励谁十块钱。
咸宁	个是哪个写箇诗？哪个猜出来我就奖伊十块钱。／个是哪个写箇诗？哪个猜出来我就奖哪个十块钱。 kə³¹ sɿ³³ nɒ²¹³ kə²¹³ ɕiɒ⁴² kə⁴⁴ sɿ⁴⁴？ nɒ²¹³ kə²¹³ tsʰa⁴⁴ tɕʰy⁵⁵ na³¹ ŋɒ⁴² tɕʰiɒu³³ tɕiõ⁴² e³¹ sɿ³³ kʰua⁴² tɕʰiẽ³¹。／kə³¹ sɿ³³ nɒ²¹³ kə²¹³ ɕiɒ⁴² kə⁴⁴ sɿ⁴⁴？ nɒ²¹³ kə²¹³ tsʰa⁴⁴ tɕʰy⁵⁵ na³¹ ŋɒ⁴² tɕʰiɒu³³ tɕiõ⁴² nɒ²¹³ kə²¹³ sɿ³³ kʰua⁴² tɕʰiẽ³¹。
通山	个是哪个写箇诗？哪个猜出来，我就奖励渠十块钱。 ka²³ sɿ³³ nɔ²¹ kou⁴⁵ ɕiɔ⁴² ka³³ sɿ²¹³？ nɔ²¹ kou⁴⁵ tsʰa²³ tɕʰy⁵⁵ la²¹，ŋou⁴² tɕiou³³ tɕioŋ⁴² læ³³ ki²¹ sɿ³³ kʰua⁴² tsĩ²¹。
通城	个是哪个写箇诗？哪个猜得出来我就奖励哪个十块钱。 ke²⁴ sɿ⁰ na⁴² ko⁰ ɕia⁴² ko⁰ sɿ²¹？ na²⁴ ko⁰ dzai²¹ te³⁵ dzənʔ⁵⁵ nai³³ ŋo⁴² dʑiou³⁵ tɕioŋ⁴² di³⁵ na²⁴ ko⁰ sən⁵⁵ uai⁴² dʑiɛn³³。
崇阳	个是哪个写箇诗？哪个猜出来了我就奖励哪个十块钱。 ko²⁴ sɿ⁴⁴ na²⁴ ko⁰ ɕia⁵³ kɑ⁰ sɿ²²？ na²⁴ ko⁰ zæ²² də⁵⁵ næ²¹ næ⁰ ŋo⁵³ ziəu⁴⁴ tɕiaŋ⁵³ di⁵⁵ na²⁴ ko⁰ sə⁵⁵ uæ⁵³ ʑiɛ²¹。
嘉鱼	这是哪个写箇诗？哪个猜出来我就奖哪个十块钱。 tɒ²¹³ sɿ²² nɒ³¹ ko²¹³ ɕiɒ³¹ ko⁰ sɿ⁴⁴？ nɒ³¹ ko²¹³ tsʰai⁴⁴ tɕʰy⁵⁵ nai²⁴ ŋo³¹ tɕʰiəu²² tɕioŋ³¹ nɒ³¹ ko²¹³ sɿ²⁴ kʰuai³¹ tɕʰin²⁴。
赤壁	这一首诗是哪个写箇？哪个猜到了我奖他十块钱。 tɑ²¹³ i⁴⁵ ʂou³¹ sɿ⁴⁴ sɿ²² nɑ¹³ ko⁰ ɕiɑ¹ ko⁰？ na¹³ ko⁰ dzai⁴⁴ tau⁰ diau⁰ ŋo³¹ tɕiou³¹ nɑ⁴⁴ sɿ¹³ guai³¹ dʑiei¹³。
监利	迩是哪个写的诗啊？哪个猜出来哒我奖励哪个十块钱。 niɛ³³ sɿ³³ na²¹ ko⁰ ɕiɛ²¹ ti⁰ sɿ⁴⁴ a⁰？ na²¹ ko⁰ tsʰai⁴⁴ tsʰʅ⁵⁵ nai¹³ ta⁰ ŋo²¹ tɕiaŋ²¹ ni³³ na²¹ ko⁰ sɿ⁵⁵ kʰuai³³ tɕʰiɛn¹³。

	0045 我给你的书是我教中学的舅舅写的。
武汉	我把你的那个书是我教中学的那个舅舅写的。 o³³ pa³³ li³³ ti⁰ la¹³ ke⁰ çy⁵⁵ sʅ²⁵ o³³ tçiao⁵⁵ tsoŋ⁵⁵ çyo²¹ ti⁰ la¹³ ke⁰ tçiou¹³ tçiou⁰ çie⁴² ti⁰。
蔡甸	我把到你的书是我教中学的舅舅写的。 o³³⁴ pa³³⁴ tao⁰ ɲi³³⁴ ti⁰ çy¹⁵ sʅ⁵⁵ o³³⁴ tçiao⁵⁵ tsuŋ¹⁵ çyo²¹³ ti⁰ tçiou⁵⁵ tçiou⁰ çie³³⁴ ti⁰。
江夏	我把你的书是我那个教中学的舅舅写的。 ŋo⁴¹ pa⁴¹ ni⁴¹ ti⁰ çy³⁵ sʅ³⁵ ŋo⁴¹ na³²⁴ ko⁰ tçiao³⁴ tsoŋ³⁵ çyo³¹ ti⁰ tçiou⁴⁴⁵ tçiou⁰ çie⁴⁴ ti⁰。
汉川	我把得你的书是我教中学舅舅写的。 uo⁴² pa⁴² ti⁰ ni⁴² ti⁰ çy⁵⁵ sʅ³³ uo⁴² tçiau⁵⁵ tsoŋ⁵⁵ çio¹³ ti⁰ tçiəu³³ tçiəu⁰ çie¹³ ti⁰。
荆州	我给你的书是我教中学的舅舅写的。 uo⁴² kɤ⁴² li⁴² tɤ⁰ su⁵⁵ sʅ³⁵ uo⁴² tçiau⁵⁵ tsoŋ⁵⁵ çio¹³ ti⁰ tçiəu³⁵ tçiəu⁵⁵ çie⁴² ti⁰。
仙桃	我给你的书是我屋的教中学的舅舅写的。 uo³¹ kɤ³¹ li³¹ ti⁰ su⁴⁵ sʅ⁵³ uo³¹ u²⁴ ti⁰ tçiau⁴⁵ tsoŋ⁴⁵ çyo¹³ ti⁰ tçiəu⁵³ tçiəu⁰ çie³¹ ti⁰。
天门	我给你的书是我的教中学的舅舅写的。 o³¹ kɤ³¹ li³¹ ti⁰ çy⁴⁵ sʅ⁵³ o³¹ ti⁰ tçiau⁴⁵ tsoŋ⁴⁵ çyo²¹³ ti⁰ tçiəu⁵³ tçiəu⁰ çie³¹ ti⁰。
荆门	我给你的书是我教中学的舅舅写的。 uo⁵⁵ kɛ⁵⁵ ni⁵⁵ ti⁰ sʅ⁴⁵ sʅ³³ uo⁵⁵ tçiau³³ tsɔŋ⁴⁵ çio²⁴ ti⁰ tçiou³³ tçiou³³ çiɛ⁵⁵ ti⁰。
钟祥	我给你的那个书，是我教中学的那个舅舅写的。 uo⁵³ kə⁵³ ni⁵³ ti⁰ na²¹ kuo²¹ ʂu²⁴，ʂʅ²¹ uo⁵³ tçiau²⁴ tsɔŋ²⁴ çio³¹ ti⁰ nə²¹ kuo²⁴ tçiəu²¹ tçiəu²⁴ çie⁵³ ti⁰。
宜昌	我给你的书是我教中学的舅舅写的。 uo³³ kɤ³³ li³³ ti⁰ su⁵⁵ sʅ³⁵ uo³³ tçiau⁵⁵ tsoŋ⁵⁵ çio¹³ ti⁰ tçiəu³⁵ tçiəu⁰ çie³³ ti⁰。
兴山	我给你的书是我教中学的舅舅写的。 uo⁵⁵ kɤ⁵⁵ ni⁵⁵ ti⁰ sʅ⁴⁵ sʅ²⁴ uo⁵⁵ tçiau⁴⁵ tsɔŋ⁴⁵ çyo³¹ ti⁰ tçiəu²⁴ tçiəu⁰ çie⁵⁵ ti⁰。
长阳	我给你的书是我教初中的舅爷写的。 o³¹ kɤ³¹ ni³¹ ti⁰ su⁴⁵ sʅ²⁴ o³¹ tçiau⁴⁵ tsʰu⁴⁵ tsoŋ⁴⁵ ti⁰ tçiəu²⁴ ie⁰ çie³¹ ti⁰。

续表

	0045 我给你的书是我教中学的舅舅写的。
五峰	我给你的书是我教中学的舅舅写的。 uo³³ kɤ³³ li³³ ti⁰ su⁵⁵ sʅ³⁵ uo³³ tɕiau⁵⁵ tsoŋ⁵⁵ ɕyo²¹³ ti⁰ tɕiəu³⁵ tɕiəu⁰ ɕie³³ ti⁰。
宜都	我把你的书是我教中学的舅舅儿写的。 o³³ pa³³ ni¹³ ti⁰ su⁵⁵ sʅ³⁵ o³³ tɕiau³⁵ tsoŋ⁵⁵ ɕio¹³ ti⁰ tɕiəu³⁵ tɕiər⁰ ɕie³³ ti⁰。
恩施	我跟你把的书是我教中学的舅舅写的。 uo⁵¹ kən⁵⁵ ni⁰ pa⁵¹ ti⁰ ʂu⁵⁵ sʅ³⁵ uo⁵¹ tɕiau⁵⁵ tsoŋ⁵⁵ ɕio³³ ti⁰ tɕiəu³⁵ tɕiəu⁰ ɕie⁵¹ ti⁰。
咸丰	我把你那本儿书是我教中学的舅舅写的。 ŋo⁴² pa⁴² ni⁴² na²⁴ pə⁴² su⁵⁵ sʅ²⁴ ŋo⁴² tɕiau⁵⁵ tsoŋ⁵⁵ ɕyo²² ti⁰ tɕiəu²⁴ tɕiəu⁰ ɕiɛ³³ ti⁰。
建始	我把给你的书是我教中学的舅舅写的。 o⁵¹ pa⁵¹ kɛ⁰ ni⁵¹ ti⁰ ʂu⁴⁵ sʅ³⁵ o⁵¹ tɕiau⁴⁵ tʂuŋ⁴⁵ ɕyo²² ti⁰ tɕiəu³⁵ tɕiəu⁰ ɕie⁵¹ ti⁰。
巴东	我给你把的书是我教中学的舅舅写的。 uo⁵¹ kɤ⁴⁵ ni⁵¹ pa⁵¹ ti⁰ su⁴⁵ sʅ²⁴ uo⁵¹ tɕiau⁴⁵ tsoŋ⁴⁵ ɕio²² ti⁰ tɕiəu²⁴ tɕiəu⁰ ɕie⁵¹ ti⁰。
宜城	我给你的书是我教中学的舅舅写的。 uo⁵⁵ ki²² ni⁵⁵ ti⁰ fu²⁴ sʅ⁴¹ uo⁵⁵ tɕiɔ²⁴ tsuəŋ²⁴ ɕyo⁵³ ti⁰ tɕiəu⁴¹ tɕiəu⁰ ɕie⁵⁵ ti⁰。
保康	我把给你的书是我教中学的那个舅舅写的。 uo⁵⁵ pa⁵⁵ ki²⁴ ni⁵⁵ ni⁰ ʂu²⁴ sʅ³¹ uo⁵⁵ tɕiau²² tʂuəŋ²² ɕyo⁵³ ni⁰ na³¹ kə⁰ tɕiəu³¹ tɕiəu⁰ ɕie⁵⁵ ni⁰。
神农架	我给你的书是我舅舅写的，他在中学教书。 uo³³ kɯ²⁴ ni³³ ti⁰ ʂu²⁴ sʅ³¹ uo³³ tɕiəu³¹ tɕiəu⁰ ɕiɛ³³ ti⁰，tʰa²⁴ tsai³¹ tʂuəŋ²² ɕyo⁵³ tɕiau²⁴ ʂu²⁴。
襄阳	我给你的书是我舅舅写的，我舅舅在教中学。 uo³⁵ kɯ⁵³ ni³⁵ ti⁰ su²⁴ sʅ³¹ uo³⁵ tɕiəu³¹ tɕiəu⁰ ɕie³⁵ ti⁰，uo³⁵ tɕiəu³¹ tɕiəu⁰ tsai³¹ tɕiau²⁴ tsuŋ²⁴ ɕyo⁵³。
随州	我给你的书是我教中学的舅舅写的。/我把你的书是我教中学的舅舅写的。 uo³⁵³ kei³⁵³ ni³⁵³ ti⁰ ʂʅ⁴⁴ sʅ²¹³ uo³⁵³ tɕiau⁴⁴ tsoŋ⁴⁴ ɕio⁴² ti⁰ tɕiəu²¹³ tɕiəu⁰ ɕi³⁵³ ti⁰。/uo³⁵³ pɔ³⁵³ ni³⁵³ ti⁰ ʂʅ⁴⁴ sʅ²¹³ uo³⁵³ tɕiau⁴⁴ tsoŋ⁴⁴ ɕio⁴² ti⁰ tɕiəu²¹³ tɕiəu⁰ ɕi³⁵³ ti⁰。

续表

	0045 我给你的书是我教中学的舅舅写的。
郧阳	我给你的书是我舅舅写的，他是教中学的。 uo⁴³ kuɯ⁴⁵ li⁴³ ti⁰ su⁴⁵ sʅ³¹ uo⁴³ tɕiəu³¹ tɕiəu³¹ ɕie⁴³ ti⁰，tʰa⁴⁵ sʅ³¹ tɕiau⁴⁵ tsuən⁴⁵ ɕyɛ⁵¹ ti⁰。
丹江口	我给你的书是我教中学的舅舅写的。 uo³³ kuɯ³⁵ ni³³ ti⁰ su³⁵ sʅ³¹ uo³³ tɕiɔ³⁵ tsuŋ³⁵ ɕyɛ⁵¹ ti⁰ tɕiəu³¹ tɕiəu⁰ ɕie³³ ti⁰。
房县	我给你的书是我舅舅写的，他在中学教书。 uo³³ kuɯ²⁴ ni³³ ti⁰ ʂu²⁴ sʅ³¹ uo³³ tɕiəu³¹ tɕiəu⁰ ɕie³³ ti⁰，tʰa²⁴ tsai⁵³ tʂuən²⁴ ɕyo⁵³ tɕiɔu²⁴ ʂu²⁴。
竹溪	我给你的书是我舅舅写的，他教中学的。 ŋo³⁵ kɛ³⁵ n̠i³⁵ ti⁰ ʂʯ²⁴ sʅ³¹ ŋo³⁵ tɕiəu³¹ tɕiəu⁰ ɕiɛ³⁵ ti⁰，tʰa²⁴ tɕiau²² tʂuən²² ɕio⁵³ ti⁰。
公安	我给你的书是我在中学教书的舅舅写的。 o²¹ kɤ²¹ ni²¹ ni⁰ su⁵⁵ sʅ³³ o²¹ tai³³ tsoŋ⁵⁵ ɕyo²⁴ tɕiau³³ su⁵⁵ ni⁰ tɕiəu³³ tɕiəu⁰ ɕie²¹ ni⁰。
鹤峰	我把肯你的书是我教中学的舅舅写的。 uo⁵³ pa⁵³ kʰən⁰ ni⁵³ ti⁰ su⁵⁵ sʅ¹² uo⁵³ tɕiau⁵⁵ tʂoŋ⁵⁵ ɕio¹² ti⁰ tɕiəu³⁵ tɕiəu⁰ ɕiɛ⁵³ ti⁰。
黄冈	我把你的书是我舅写的，他教中学。 ŋo⁵⁵ pa⁵⁵ li⁵⁵ ti⁰ ʂʯ²² sʅ⁴⁴ ŋo⁵⁵ tɕiau⁴⁴ ɕie⁵⁵ ti⁰，tʰa²² tɕiau²² tsoŋ²² ɕio³¹。
红安	我把尔的书是我教中学的舅舅写的。 ŋo³⁴ pa⁵⁵ n̩⁵⁵ ti⁰ ʂʯ¹¹ sʅ³³ ŋo⁵⁵ tɕiau¹¹ tʂoŋ¹¹ ɕio²¹³ ti⁰ tɕiəu³³ tɕiəu⁰ ɕie⁵⁵ ti⁰。
英山	我把尔的书是我舅写的，他教中学。 ŋo²⁴ pa²⁴ n̩²⁴ ti⁰ ʂʯ³¹ sʅ³³ ŋo²⁴ tɕiəu³³ ɕie²⁴ ti⁰，tʰa³¹ tɕiau³¹ tʂoŋ³¹ ɕio³³。
蕲春	我把什尔的书是我舅舅写的，他是教中学的。/我舅舅写的书把什尔，他是教中学的。 ŋo³⁴ pɒ³⁴ sʅ³⁴ n̩³⁴ ti⁰ ʂʯ⁴² sʅ²¹² ŋo³⁴ tɕiou²¹² tɕiou⁰ ɕiɛ³⁴ ti⁰，tɒ⁴² sʅ²¹² tɕiau⁴² tʂoŋ⁴² ɕio²¹² ti⁰。/ŋo²¹ tɕiou²¹² tɕiou⁰ ɕiɛ³⁴ ti⁰ ʂʯ⁴² pɒ³⁴ sʅ³⁴ n̩³⁴，tɒ⁴² sʅ²¹² tɕiau⁴² tʂoŋ⁴² ɕio²¹² ti⁰。

续表

	0045 我给你的书是我教中学的舅舅写的。
武穴	我把尔的书是我教中学舅爷写的。/我把尔的书是我舅爷写的，渠教中学的。 ŋo³³ pa³³ n̩³³ ti⁰ ʂʅ⁵⁵ sʅ²² ŋo³³ kau³⁵ tsəŋ⁵⁵ ɕio²² ti⁰ tɕiu²² ie³¹ ɕie³³ ti⁰。/ŋo³³ pa³³ n̩³³ ti⁰ ʂʅ⁵⁵ sʅ²² ŋo³³ tɕiu²² ie³¹ ɕie³³ ti⁰，xe⁵⁵ kau⁵⁵ tsəŋ⁵⁵ ɕio²² ti⁰。
黄梅	我把你的书是我教中学的母写的。 ŋo¹³ ma¹³ n̩i¹³ ti⁰ ɕʅ²¹ sʅ³³ ŋo¹³ kau³³ tsoŋ²¹ ɕio³³ ti⁰ mo¹³ ɕie¹³ ti⁰。
黄陂	我把得尔的书是我教中学的舅舅写的。 ŋo⁴¹ pa⁴¹ te⁰ n̩⁴¹ ti⁰ ʂʅ³³⁴ sʅ⁴⁵⁵ ŋo⁴¹ tɕiao⁴⁵⁵ tsoŋ³³⁴ ɕio²¹² ti⁰ tɕiou⁴⁵⁵ tɕiou⁰ ɕie⁴¹ ti⁰。
新洲	我把你的书是我教中学的舅舅写的。 ŋo⁵⁵ pa⁵⁵ n̩i⁵⁵ ti⁰ ʂʅ³¹ sʅ³³ ŋo⁵⁵ tɕiao³¹ tsoŋ³¹ ɕio²²⁴ ti⁰ tɕiou³³ tɕiou⁰ ɕie⁵⁵ ti⁰。
孝感	我把得你的书是我教中学的舅舅写的。 ŋo⁵² pɑ⁵² te⁰ ni⁵² ti⁰ ʂʅ³³ sʅ⁵⁵ ŋo⁵² tɕiɑu³³ tsoŋ³³ ɕio³¹ ti⁰ tɕiəu⁵⁵ tɕiəu⁰ ɕie⁵² ti⁰。
安陆	我把得尔的书是我教中学的舅爷写的。 ŋo⁵¹ pa⁵¹ te²⁴ n̩⁵¹ ti⁰ ʂʅ⁴⁴ sʅ⁵⁵ ŋo⁵¹ tɕiau⁴⁴ tsuŋ⁴⁴ ɕio³¹ ti⁰ tɕiəu⁵⁵ ie³¹ ɕi⁵¹ ti⁰。
广水	我把你的那本书是我教中学的舅舅写的。 ŋo³⁴ pa³⁴ li³⁴ ti⁰ la¹³ pən³⁴ ʂʅ³¹ sʅ¹³ ŋo³⁴ tɕiau³¹ tsuŋ³¹ ɕio⁵³ ti⁰ tɕiəu¹³ tɕiəu⁰ ɕiɛ³⁴ ti⁰。
黄石	我把你的书是我教中学的舅爷写的。 ŋo⁵⁵ pɒ⁵⁵ li⁵⁵ ti⁰ ɕʅ³³ sʅ³²⁴ ŋo⁵⁵ tɕiau³³ tsoŋ³³ ɕio²¹³ ti⁰ tɕiou³²⁴ ie³¹ ɕie⁵⁵ ti⁰。
大冶	我把尔箇书是我教书个[舅爷]写箇。 ŋo⁴⁴ pɒ⁴⁴ n̩⁴⁴ ko⁰ ɕy²² sʅ²² ŋo⁴⁴ kɔ²⁵ ɕy²² ko⁰ tɕʰie⁵² ɕin⁴⁴ ko⁰。
阳新	我把得尔箇书是我教中学箇舅爷写箇。 ŋo³¹ pɒ³¹ te²⁵ n̩³¹ ko⁰ ɕy⁴⁴ sʅ⁴⁴ ŋo³¹ kɔ⁴⁴ tsaŋ⁴⁴ ɕio²⁵ ko⁰ tɕʰiau⁴⁴ i²¹³ sin³¹ ko⁰。
咸宁	我把尔箇书是我教中学箇舅爷写箇。 ŋə⁴² pɒ⁴² n̩⁴² kə⁴⁴ ɕy⁴⁴ sʅ³³ ŋə²¹³ ko²¹³ tsəŋ⁴⁴ ɕiə³³ kə⁴⁴ tɕʰiɒu³³ iɒ³¹ ɕin⁴² kə⁴⁴。

续表

	0045 我给你的书是我教中学的舅舅写的。
通山	我把得尔箇书是我教中学箇舅爷写箇。 ŋouʊ⁴² pɔ⁴² tɛ⁵⁵ n̩⁴² ka²¹ ɕy²¹³ sɿ³³ ŋouʊ⁴² kɑu⁴⁵ tsɑŋ²³ ɕiouʊ³³ ka³³ tɕiouʊ³³ iɔ²¹ ɕiɔ⁴² ka³³。
通城	我把得尔箇书是我在教中学箇舅爷写箇。 ŋo⁴² pa⁴² te³⁵ n̩⁴² ko⁰ sɿ²¹ sɿ³⁵ ŋo⁴² dzai³⁵ kau²¹⁴ tsəŋ²¹ ɕioʔ⁵⁵ ko⁰ dʑiou³⁵ ia³³ ɕia⁴² ko⁰。
崇阳	我把得尔箇书是我教中学箇舅爷写箇。 ŋo⁵³ pa⁵³ tə⁵⁵ n̩⁵³ kɑ⁰ səu²² sɿ⁴⁴ ŋo⁵³ kau²⁴ tən²² ɕio⁵⁵ kɑ⁰ ziəu⁴⁴ ia²¹ ɕia⁵³ kɑ⁰。
嘉鱼	我把你箇书是我教中学箇舅写箇。 ŋo³¹ pɔ³¹ ni³¹ ko⁴⁴ ɕy⁴⁴ sɿ²² ŋo³¹ tɕiau⁴⁴ tʂən⁴⁴ ɕio²⁴ ko⁴⁴ tɕʰiəu²² ɕio³¹ ko⁴⁴。
赤壁	我把得尔箇书是我梯⁼教中学箇舅爷写箇。 ŋo³¹ pa³¹ tɑ⁰ n̩³¹ ko⁰ sɿ⁴⁴ sɿ²² ŋo²¹³ di⁰ tɕiɑu⁴⁴ tʂən⁴⁴ ɕio⁰ ko⁰ dʑiu²² ia⁰ ɕia³¹ ko⁰。
监利	我给你的书还是我教中学的舅舅写的呢。 ŋo²¹ kɤ²¹ ni²¹ ti⁰ sɿ⁴⁴ xai¹³ sɿ³³ ŋo²¹ tɕiau³³ tsoŋ⁴⁴ ɕio¹³ ti⁰ tɕʰiou³³ tɕʰiou³³ ɕiɛ²¹ ti⁰ m̩⁰。

	0046 你比我高， 他比你还要高。
武汉	你比我高些，他比你还高些。 li^{33} pi^{33} o^{33} kao^{55} ɕie^{0}, tʰa^{55} pi^{33} li^{42} xai^{213} kao^{55} ɕie^{0}。
蔡甸	你比我长，他比你还长些。 n̩i^{334} pi^{334} o^{334} tsʰaŋ^{213}, tʰa^{15} pi^{334} n̩i^{334} xai^{213} tsʰaŋ^{213} ɕie^{15}。
江夏	你比我高一点，他比你还高一点。 ni^{41} pi^{44} ŋo^{41} kao^{35} i^{34} tie^{41}, tʰa^{35} pi^{44} ni^{41} xai^{13} kao^{35} i^{34} tie^{41}。
汉川	你比我长，他比你还要长。 ni^{42} pi^{42} uo^{42} tsʰaŋ^{13}, tʰa^{55} pi^{42} ni^{42} xai^{13} iɑu^{33} tsʰɑŋ^{13}。
荆州	你比我高，他比你还要高。 li^{42} pi^{42} uo^{42} kau^{55}, tʰa^{55} pi^{42} li^{42} xai^{13} iau^{35} kau^{55}。
仙桃	你比我长，他比你还要长。 li^{31} pi^{31} uo^{31} tsʰaŋ^{13}, tʰa^{45} pi^{31} li^{31} xai^{13} iau^{53} tsʰaŋ^{13}。
天门	你比我长，他比你还要长。 li^{31} pi^{31} o^{31} tsʰaŋ^{213}, tʰa^{45} pi^{31} li^{31} xai^{213} iau^{53} tsʰaŋ^{213}。
荆门	你比我高，他比你还要高。 ni^{55} pi^{55} uo^{55} kau^{45}, tʰa^{45} pi^{55} ni^{55} xai^{24} iau^{33} kau^{45}。
钟祥	你比我高，他比你还高。 ni^{53} pi^{53} uo^{53} kau^{24}, tʰa^{21} pi^{53} ni^{53} xai^{31} kau^{24}。
宜昌	你比我高些，他比你还要高些。 li^{33} pi^{33} uo^{33} kau^{55} ɕie^{55}, tʰa^{55} pi^{33} li^{13} xai^{13} iau^{35} kau^{55} ɕie^{0}。
兴山	你比我高些，他比你还高些。 ni^{55} pi^{55} uo^{55} kau^{45} ɕie^{0}, tʰa^{45} pi^{55} ni^{55} xai^{31} kau^{45} ɕie^{0}。
长阳	你比我高些，他比你还高些。 ni^{31} pi^{31} o^{45} kau^{45} ɕie^{45}, tʰa^{45} pi^{31} ni^{22} xai^{22} kau^{45} ɕie^{0}。
五峰	你比我高些，他比你还要高些。 li^{33} pi^{33} uo^{33} kau^{55} ɕie^{0}, tʰa^{55} pi^{33} li^{33} xai^{22} iau^{35} kau^{55} ɕie^{0}。

续表

	0046 你比我高， 他比你还要高。
宜都	你比我高些，他比你还高些。 ni^{13} pi^{33} o^{33} kau^{55} ɕie^{55}，tʰa^{55} pi^{33} ni^{13} xai^{13} kau^{55} ɕie^{0}。
恩施	你比我高些，他比你还要高些。 ni^{51} pi^{51} uo^{51} kau^{55} ɕie^{0}，tʰa^{55} pi^{51} ni^{51} xai^{33} iau^{35} kau^{55} ɕie^{0}。
咸丰	你比我高，他比你还要高些。 ni^{42} pi^{42} ŋo^{42} kau^{55}，tʰa^{55} pi^{42} ni^{42} xai^{22} iau^{213} kau^{55} ɕiɛ^{0}。
建始	你比我高，他比你还要高。 ni^{51} pi^{51} o^{51} kau^{45}，tʰa^{45} pi^{51} ni^{51} xai^{22} iau^{35} kau^{45}。
巴东	你比我高些，他比你还高些。 ni^{51} pi^{51} uo^{51} kau^{45} ɕie^{0}，tʰa^{45} pi^{51} ni^{51} xai^{22} kau^{45} ɕie^{0}。
宜城	你比我高，他比你还要高。 ni^{55} pi^{55} uo^{55} kɔ^{24}，tʰa^{24} pi^{55} ni^{55} xɛ^{53} iɔ^{41} kɔ^{24}。
保康	你比我高，他比你还高。 ni^{55} pi^{55} uo^{55} kau^{24}，tʰa^{24} pi^{55} ni^{55} xai^{53} kau^{24}。
神农架	你比我高，他比你还高。 ni^{33} pi^{33} uo^{33} kau^{24}，tʰa^{22} pi^{33} ni^{33} xai^{53} kau^{24}。
襄阳	你比我高，他比你还高。 ni^{35} pi^{35} uo^{35} kau^{24}，tʰa^{24} pi^{35} ni^{0} xai^{53} kau^{24}。
随州	你比我高些，他比你还高些。/你更我高些，他更你还高些。 ni^{353} pi^{353} uo^{353} kau^{44} ɕi^{0}，tʰɔ^{44} pi^{353} ni^{353} xai^{42} kau^{44} ɕi^{0}。/ni^{353} kən^{44} uo^{353} kau^{44} ɕi^{0}，tʰɔ^{44} kən^{44} ni^{353} xai^{42} kau^{44} ɕi^{0}。
郧阳	你赶我高些，他赶你还高些。 li^{43} kan^{43} uo^{43} kau^{45} ɕiɛ^{45}，tʰa^{45} kan^{43} li^{43} xan^{51} kau^{45} ɕiɛ^{45}。
丹江口	你赶我高，他赶你还高。 ni^{33} kan^{33} uo^{33} kɔ^{35}，tʰa^{35} kan^{33} ni^{33} xɛ^{51} kɔ^{35}。

续表

	0046 你比我高，他比你还要高。
房县	你赶我高，他赶你还高。 ni³³ kan³³ uo³³ kɔu²⁴，tʰa²⁴ kan³³ ni³³ xai⁵³ kɔu²⁴。
竹溪	你赶我高，他赶你还高。 ȵi³⁵ kan³⁵ ŋo³⁵ kau²⁴，tʰa²² kan³⁵ ȵi³⁵ xai⁵³ kau²²。
公安	你比我高，他比你还高些。 ni²¹ pi²¹ o²¹ kau⁵⁵，tʰa⁵⁵ pi²¹ ni²¹ xai²⁴ kau⁵⁵ ɕiɛ⁰。
鹤峰	你比我高些，他比你还高些。 ni⁵³ pi⁵³ uo⁵³ kau⁵⁵ ɕi⁵⁵，tʰa⁵⁵ pi⁵³ ni⁵³ xai¹² kau⁵⁵ ɕi⁵⁵。
黄冈	你比我长，他比你还要长些。 li⁵⁵ pi⁵⁵ ŋo⁵⁵ tsʰaŋ³¹，tʰa²² pi⁵⁵ li⁵⁵ xai³¹ iau³⁵ tsʰaŋ³¹ ɕiɛ⁰。
红安	尔比我长，他比尔还长些。 n̩⁵⁵ pi³⁴ ŋo⁵⁵ tʂʰaŋ³¹，tʰa¹¹ pi³⁴ n̩⁵⁵ xai³¹ tʂʰaŋ³¹ ɕiɛ¹¹。
英山	尔比我长，他比你还长些。 n̩²⁴ pi²⁴ ŋo²⁴ tʂʰaŋ⁵⁵，tʰa³¹ pi²⁴ n̩²⁴ xai⁵⁵ tʂʰaŋ⁵⁵ ɕiɛ⁰。
蕲春	你比我长，他比你还要长些。 li³⁴ pi³⁴ ŋo³⁴ tsʰaŋ³¹，tɒ⁴² pi³⁴ li³⁴ xai³¹ iau²⁵ tsʰɑŋ³¹ ɕiɛ⁰。
武穴	尔比我长，渠比尔还要长些。 n̩³³ pi³³ ŋo³³ tsʰaŋ³¹，xe⁵⁵ pi³³ n̩³³ xai³² iau³⁵ tsʰaŋ³¹ siɛ⁰。
黄梅	你比我长，渠比尔还要长些。 ȵi¹³ pi¹¹ ŋo¹³ tsʰaŋ⁵⁵，kʰæ⁵⁵ pi¹¹ n̩¹³ xai⁵⁵ iau³⁵ tsʰaŋ⁵⁵ ɕiɛ²¹。
黄陂	尔比我高些，他比尔还高些。/尔高我一些，他还高尔一些。 n̩⁴¹ pi⁴¹ ŋo⁰ kao³³⁴ ɕiɛ⁰，tʰa³³⁴ pi⁴¹ n̩⁴¹ xai²¹² kao³³⁴ ɕiɛ⁰。/n̩⁴¹ kao³³⁴ ŋo⁰ i²¹⁴ ɕiɛ⁰，tʰa³³⁴ xai²¹² kao²¹² n̩⁴¹ i²¹⁴ ɕiɛ⁰。
新洲	你与我高，他跟你还要高些。 ȵi⁵⁵ ʮ⁵⁵ ŋo⁵⁵ kao³¹，tʰa³¹ ken³¹ ȵi⁵⁵ xai²²⁴ iao³²⁴ kao³¹ ɕiɛ⁰。

	0046 你比我高，他比你还要高。
孝感	你比我高，他比你还要高。 ni⁵² pi⁵² ŋo⁵² kɑu³³，tʰɑ³³ pi⁵² ni⁵² xai³¹ iɑu³⁵ kɑu³³。
安陆	尔比我高，他比尔还要高。 n̩⁵¹ piɛ⁵¹ ŋo⁵¹ kau⁴⁴，tʰa⁴⁴ piɛ⁵¹ n̩⁵¹ xai³¹ iau³⁵ kau⁴⁴。
广水	尔跟我高，他跟尔还要高。 n̩³⁴ kən³¹ ŋo³⁴ kau³¹，tʰa³¹ kən³¹ n̩³⁴ xai⁵³ iau¹³ kau³¹。
黄石	你比我高，他比你还高些。 li⁵⁵ pi⁵⁵ ŋo⁵⁵ kau³³，tʰɒ³³ pi⁵⁵ li⁵⁵ xæ³¹ kau³³ ɕie⁰。
大冶	尔比我长，渠比尔还长。 n̩⁴⁴ pɐi⁴⁴ ŋo⁴⁴ tsʰɔŋ³¹，kʰe³¹ pɐi⁴⁴ n̩⁴⁴ xɐ³¹ tsʰɔŋ³¹。
阳新	尔比我长，渠比尔还要长。 n̩³¹ pai³¹ ŋo³¹ tsʰɔ̃²¹³，kʰɛ²¹³ pai³¹ n̩³¹ xa²¹³ iɛ⁴⁴ tsʰɔ̃²¹³。
咸宁	尔比我高，伊比尔还要高。 n̩⁴² pæ⁴² ŋə⁴² ko⁴⁴，e³¹ pæ⁴² n̩⁴² xa³¹ ie²¹³ ko⁴⁴。
通山	尔比我高，渠比尔来要高。 n̩⁴² pæ⁴² ŋoʊ⁴² kɑu²¹³，ki²¹ pæ⁴² n̩⁴² la²¹ iɛu⁴⁵ kɑu²¹³。
通城	尔比我高，伊比尔还要高。/尔比我高，伊比尔更觉高。 n̩⁴² pi⁴² ŋo⁴² kau²¹，ie⁴² pi⁴² n̩⁴² hai³³ iau²¹⁴ kau²¹。/n̩⁴² pi⁴² ŋo⁴² kau²¹，ie⁴² pi⁴² n̩⁴² kiɛn²⁴ tɕioʔ⁵⁵ kau²¹。
崇阳	尔比我高，伊比尔还要高。 n̩⁵³ pi⁵³ ŋo⁵³ kau²²，i⁵³ pi⁵³ n̩⁵³ hæ²¹ io²⁴ kau²²。
嘉鱼	你比我高，他比你还要高。 ni³¹ pi³¹ ŋo³¹ kau⁴⁴，xɒ⁴⁴ pi³¹ ni³¹ xai²⁴ ie²¹³ kau⁴⁴。

续表

	0046 你比我高，他比你还要高。
赤壁	尔比我长，他比尔还长些。 n̩³¹ pi³¹ ŋo³¹ dʐou¹³，nɑ⁴⁴ pi³¹ n̩³¹ xai¹³ dʐou¹³ ɕiɑ⁰。
监利	你比我高，他比你还要高些呢。 ni²¹ pi²¹ ŋo²¹ kau⁴⁴，tʰa⁴⁴ pi²¹ ni²¹ xai¹³ iau³³ kau⁴⁴ ɕiɛ³³ n̩⁰。

	0047 老王跟老张一样高。
武汉	老王跟老张一般高。 lao^{33} uaŋ^{213} ken^{55} lao^{33} tsaŋ^{55} i^{21} pan^{55} kao^{55}。
蔡甸	老王和老张一样长。 lao^{334} uaŋ^{213} xo^{21} lao^{334} tsaŋ^{15} i^{324} iaŋ^{55} tsʰaŋ^{213}。
江夏	老王和老张一样高。 nao^{44} uaŋ^{31} xo^{33} nao^{41} tsaŋ^{35} i^{34} iaŋ^{33} kao^{35}。
汉川	老王跟老张一样长。 nau^{42} uaŋ^{13} kən^{55} nau^{42} tsaŋ^{55} i^{13} iaŋ^{33} tsʰaŋ^{13}。
荆州	老王跟老张一样的高。 lau^{42} uan^{13} kən^{55} lau^{42} tsaŋ^{55} i^{13} iaŋ^{35} ti^{0} kau^{55}。
仙桃	老王和老张一样长。 lau^{31} uaŋ^{13} xuo^{13} lau^{31} tsaŋ^{45} i^{24} iaŋ^{53} tsʰaŋ^{13}。
天门	老王跟老张一样长。 lau^{31} uaŋ^{213} kən^{45} lau^{31} tsaŋ^{45} i^{24} iaŋ^{53} tsʰaŋ^{213}。
荆门	老王跟老张一样高。 nau^{55} uaŋ^{24} kən^{45} nau^{55} tʂaŋ^{45} i^{24} iaŋ^{33} kau^{45}。
钟祥	老王和老张一样高。 nau^{53} uaŋ^{31} xuo^{31} nau^{53} tʂaŋ^{24} i^{31} iaŋ^{214} kau^{24}。
宜昌	老王跟老张一样的高。 lau^{33} uaŋ^{13} kən^{55} lau^{33} tsaŋ^{55} i^{13} iaŋ^{35} ti^{0} kau^{55}。
兴山	老王跟老张一般高。 nau^{55} uaŋ^{31} kən^{45} nau^{55} tsaŋ^{45} i^{31} pan^{45} kau^{45}。

续表

	0047 老王跟老张一样高。
长阳	老王跟老张一般高。 nau³¹ uaŋ²² kən⁴⁵ nau³¹ tsaŋ⁴⁵ i²² pan⁴⁵ kau⁴⁵。
五峰	老王跟老张一般高。 lau³³ uaŋ²¹ kən⁵⁵ lau³³ tsaŋ⁵⁵ i²¹³ pan⁵⁵ kau⁵⁵。
宜都	老王跟老张一般高。 nau³³ uaŋ²¹ kən⁵⁵ nau³³ tsaŋ⁵⁵ i¹³ pan⁵⁵ kau⁵⁵。
恩施	老王和老张般般儿高。 nau⁵¹ uaŋ³³ xuo³³ nau⁵¹ tʂaŋ⁵⁵ pan⁵⁵ pə⁰ kau⁵⁵。
咸丰	老王跟老张样样儿高。 nau³³ uaŋ²² kən⁵⁵ nau³³ tsaŋ⁵⁵ iaŋ²⁴ iə⁰ kau⁵⁵。
建始	老王和老张般般儿高。 nau⁵¹ uan²² xo²² nau⁵¹ tʂan⁴⁵ pan⁴⁵ pə⁰ kau⁴⁵。
巴东	老王和老张般般儿高。 nau⁵¹ uaŋ²² xuo²² nau⁵¹ tʂaŋ⁴⁵ pan⁴⁵ pə⁰ kau⁴⁵。
宜城	老王跟老张一般儿高。 nɔ⁵⁵ uaŋ⁵³ kən²² nɔ⁵⁵ tsaŋ²⁴ i⁵³ pɐr²⁴ kɔ²⁴。
保康	老王跟老张一般儿高。 nau⁵⁵ uaŋ⁵³ kən²⁴ nau⁵⁵ tʂaŋ²⁴ i⁵³ pɐr²⁴ kau²⁴。
神农架	老王跟老张一般高。 nau³³ uaŋ⁵³ kən²⁴ nau³³ tʂaŋ²⁴ i⁵³ pan²⁴ kau²⁴。

续表

	0047 老王跟老张一样高。
襄阳	老王跟老张一般儿高。 nau³⁵ uaŋ⁵³ kən²⁴ nau³⁵ tsaŋ²⁴ i⁵³ pɐr²⁴ kau²⁴。
随州	老王跟老张一样高。/老王跟老张般般儿高。 nau³⁵ uaŋ⁴² kən⁴⁴ nau³⁵ tʂaŋ⁴⁴ i⁴² iaŋ²¹³ kau⁴⁴。/nau³⁵ uaŋ⁴² kən⁴⁴ nau³⁵ tʂaŋ⁴⁴ pan⁴⁴ pɐr⁰ kau⁴⁴。
郧阳	老王跟老张一般高。 lau⁴⁵ uaŋ⁵¹ kən⁴⁵ lau⁴³ tsaŋ⁴⁵ i⁴⁵ pan⁵¹ kau⁴⁵。
丹江口	老王和老张一般高。 lɔ³³ uaŋ⁵¹ xɔ³¹ lɔ³³ tsaŋ³⁵ i³⁵ pan⁵¹ kɔ³⁵。
房县	老王跟老张一般高。 nɔu³³ uaŋ⁵³ kən²⁴ nɔu³³ tsaŋ²⁴ i⁵³ pan²⁴ kɔu²⁴。
竹溪	老王跟老张一般高。 lau³⁵ uaŋ⁵³ kən²² lau³⁵ tʂaŋ²⁴ i⁵³ pan²⁴ kau²⁴。
公安	老王跟老张一样的高。 nau²¹ uaŋ²⁴ kən⁵⁵ nau²¹ tsaŋ⁵⁵ i³⁵ iaŋ³³ ni⁰ kau⁵⁵。
鹤峰	老王和老张一般高。 nau⁵³ uaŋ¹² xuo¹² nau⁵³ tʂaŋ⁵⁵ i¹² pan⁵⁵ kau⁵⁵。
黄冈	老王跟老张一样长。 lau⁵⁵ uaŋ³¹ kən²² lau⁵⁵ tsaŋ²² i³¹ iaŋ⁴⁴ tsʰaŋ³¹。
红安	老王和老张一样长。 lau³⁴ uaŋ³¹ xo³¹ lau³⁴ tʂaŋ¹¹ i²² iaŋ³³ tʂʰaŋ³¹。

语法例句对照 253

续表

	0047 老王跟老张一样高。
英山	老王跟老张一样个长。 lau^{24} uaŋ^{55} kən^{31} lau^{24} tʂaŋ^{31} i^{22} iaŋ^{33} ko^{24} tʂʰaŋ^{55}。
蕲春	老王跟老张一样个长。 lau^{34} uaŋ^{31} kən^{42} lau^{34} tʂaŋ^{42} i^{21} iaŋ^{212} ko^{34} tʂʰaŋ^{31}。
武穴	老王和老张一样长。 lau^{33} uaŋ^{31} xo^{31} lau^{33} tsaŋ^{55} i^{22} iaŋ^{22} tsʰaŋ^{31}。
黄梅	老王跟倒老张一样长。 lau^{13} uaŋ^{55} kən^{21} tau^{0} lau^{13} tsaŋ^{21} i^{33} iaŋ^{33} tsʰaŋ^{55}。
黄陂	老王跟老张一般高。 lao^{41} uaŋ^{212} ken^{334} lao^{41} tsaŋ^{334} i^{214} pan^{334} kao^{334}。
新洲	老王跟老张一样长。 nao^{55} uaŋ^{224} ken^{31} nao^{55} tsaŋ^{31} i^{213} iaŋ^{33} tsʰaŋ^{224}。
孝感	老王跟老张一般高。 nau^{53} uaŋ^{31} kən^{33} nau^{52} tʂaŋ^{33} i^{213} pan^{33} kau^{33}。
安陆	老王跟老张一样高。 nau^{51} uaŋ^{31} kən^{44} nau^{51} tʂaŋ^{44} i^{24} iaŋ^{55} kau^{44}。
广水	老王跟老张一般高。 lau^{34} uaŋ^{53} kən^{31} lau^{34} tʂaŋ^{31} i^{53} pan^{31} kau^{31}。
黄石	老王跟老张一样高。 lau^{55} uaŋ^{31} ken^{33} lau^{55} tsaŋ^{33} i^{213} iaŋ^{324} kau^{33}。

续表

	0047 老王跟老张一样高。
大冶	老王跟老张一样长。 lɔ⁴⁴ uɔŋ³¹ kɛ̃²² lɔ⁴⁴ tsɔŋ²² i²¹³ iɔŋ²² tsʰɔŋ³¹。
阳新	老王跟哎老张一样长。 lɔ³¹ uɔ̃²¹³ kan⁴⁴ a²⁵ lɔ³¹ tsɔ̃⁴⁴ i²⁵ iɔ̃⁴⁴ tsʰɔ̃²¹³。
咸宁	老王跟老张一样高。 no⁴² uõ³¹ kɛ̃⁴⁴ no⁴² tsõ⁴⁴ i⁵⁵ iõ³³ ko⁴⁴。
通山	老王跟老张一样高。 lɑu⁴² uoŋ²¹ kE²¹³ lɑu⁴² tsoŋ²¹³ i⁵⁵ ioŋ³³ kɑu²¹³。
通城	老王跟老张一样者高。 nau⁴² uoŋ³³ kiɛn²¹ nau⁴² tsoŋ²¹ iʔ⁵⁵ ioŋ³⁵ tsɛ⁰ kau²¹。
崇阳	老王跟老张一样高。 nau⁵³ uaŋ²¹ kɛ²² nau⁵³ taŋ²² i⁵⁵ iaŋ⁴⁴ kau²²。
嘉鱼	老王跟老张一样高。 nau³¹ uoŋ²⁴ kɛn⁴⁴ nau³¹ tʂoŋ⁴⁴ i⁵⁵ ioŋ²² kau⁴⁴。
赤壁	老王跟老张一样长箇。 nɑu³¹ uou¹³ kən⁴⁴ nɑu³¹ tʂou⁴⁴ i⁴⁵ iou²² dzou¹³ ko⁰。
监利	老王跟老张一样高。 nau²¹ uaŋ¹³ kən⁴⁴ nau²¹ tsaŋ⁴⁴ i¹³ iaŋ³³ kau⁴⁴。

语法例句对照　　255

	0048 我走了，你们俩再多坐一会儿。
武汉	我走了，你们两个人再多坐一下。 o³³ tsou³³ liao⁰，li³³ men⁰ liaŋ³³ ke⁰ len²¹ tsai²⁵ to⁵⁵ tso²⁵ i²¹ xa⁰。
蔡甸	我走的，你们两个还多坐下。 o³³⁴ tsou³³⁴ ti⁰，n̩i³³⁴ men⁰ n̩iaŋ³³⁴ ke⁰ xai²¹³ to¹⁵ tso⁵⁵ xa⁰。
江夏	我要回去了，你们两个多坐下子。 ŋo⁴¹ iao³²⁴ xuei³³ kʰe³²⁴ niao⁰，ni⁴⁴¹ mən⁰ niaŋ⁴⁴ ke⁰ to³⁵ tso³⁵ xa⁰ tsɿ⁰。
汉川	我走的，你们两个人再多坐下。 uo⁴² tsəu⁴² ti⁰，ni⁴² mən⁰ niaŋ⁴² ko⁰ nən¹³ tsɑi³³ to⁵⁵ tso³³ xɑ⁰。
荆州	我走哒，你们俩还多坐一下儿。 uo⁴² tsəu⁴² ta⁰，li⁴² mən⁰ lian⁴² xai¹³ tuo⁵⁵ tsuo³⁵ i¹³ xa⁵⁵ ɯ⁰。
仙桃	我走哒，你们多坐一下。 uo³¹ tsəu³¹ ta⁰，li³¹ mən⁰ tuo⁴⁵ tsuo⁵³ i²⁴ xa⁰。
天门	我走了，你们两个再坐一下。 o³¹ tsəu³¹ liau⁰，li³¹ mən⁰ liaŋ³¹ ko⁵³ tsai⁵³ tso⁵³ i²⁴ xa⁰。
荆门	我走哒，你们两个再多坐一下。 uo⁵⁵ tʂou⁵⁵ ta⁰，ni⁵⁵ mən⁰ niaŋ⁵⁵ kuo³³ tʂai³³ tuo⁴⁵ tsuo³³ i²⁴ xa⁰。
钟祥	我走哒，你们两个人再多坐一下。 uo⁵³ tʂəu⁵³ ta⁰，ni⁵³ mən⁰ niaŋ⁵³ kuo²⁴ zən³¹ tʂai²¹ tuo²⁴ tsuo²¹ i³¹ xa⁵⁵。
宜昌	我走哒，你们两个人多坐一下儿。 uo³³ tsəu³³ ta⁰，li³³ mən⁰ liaŋ³³ kɤ³⁵ zən¹³ tuo⁵⁵ tsuo³⁵ i¹³ xar⁵⁵。
兴山	我走哒，你们俩多坐下儿。 uo⁵⁵ tsəu⁵⁵ ta⁰，ni⁵⁵ mən⁰ niaŋ⁵⁵ tuo⁴⁵ tsuo²⁴ xar⁰。
长阳	我走哒，你们两个儿再多坐下儿。 o³¹ tsəu³¹ ta⁰，ni³¹ mən⁰ niaŋ³¹ kɤr²⁴ tsai²⁴ to⁴⁵ tso²⁴ xar⁴⁵。
五峰	我走哒，你们两个再多坐下。 uo³³ tsəu³³ ta⁰，li³³ mən⁰ liaŋ³³ kɤ³⁵ tsai³⁵ tuo⁵⁵ tsuo³⁵ xa⁰。

	0048 我走了，你们俩再多坐一会儿。
宜都	我走哒，你们俩儿再多坐下儿。 o³³ tsəu³³ ta⁰，ni³³ mən⁰ niãr³³ tsai³⁵ to⁵⁵ tso³⁵ xar⁵⁵。
恩施	我走哒，你两个还坐下儿。 uo⁵¹ tsəu⁵¹ ta⁰，ni⁵¹ niaŋ⁵¹ kɤ⁰ xai³³ tsuo³⁵ xə⁰。
咸丰	我走哆，你们两个还坐刚刚儿哕。 ŋo⁴² tsəu³³ tuo⁰，ni⁴² mən⁰ niaŋ³³ ko²¹³ xai²² tsuo²⁴ kaŋ⁵⁵ kə⁰ sa⁰。
建始	我走哒，你俩再坐一会儿。 o⁵¹ tsəu⁵¹ ta⁰，ni⁵¹ mən⁰ nian⁵¹ tsai³⁵ tso³⁵ i²² xə⁰。
巴东	我走哒，你们两个再多坐会儿。 uo⁵¹ tsəu⁵¹ ta⁰，ni⁵¹ mən⁰ niaŋ⁵¹ kuo⁰ tsai²⁴ tuo⁴⁵ tsuo²⁴ xə⁰。
宜城	我走了，你们俩儿再坐一会儿。 uo⁵⁵ tsəu⁵⁵ nɔ⁰，ni⁵⁵ mən⁰ niɐr⁵⁵ tsɛ²⁴ tsuo⁴¹ i⁰ xuər⁴¹。
保康	我走了，你们俩儿再坐一会儿。 uo⁵⁵ tsəu⁵⁵ nau⁰，ni⁵⁵ mən⁰ niar⁵⁵ tsai³¹ tsuo³¹ i⁰ xuər³¹²。
神农架	我走的，你俩再多坐下儿。 uo³³ tʂəu³³ ti⁰，ni³³ nia³³ tʂai³¹ tuo²⁴ tʂuo³¹ xər³¹³。
襄阳	我走了，你们两个再多坐一会儿。 uo³⁵ tsəu³⁵ nau⁰，ni³⁵ mən⁰ niaŋ³⁵ kə⁰ tsai³¹ tuo²⁴ tsuo³¹ i⁰ xuər³¹。
随州	我走了，你们俩儿再多坐下儿。/我走的，你们俩儿再多坐下儿。 uo³⁵³ tsəu³⁵³ niau⁰，ni³⁵³ mən⁰ niãr³⁵³ tsai²¹³ to⁴⁴ tso⁴² xər²¹³。/uo³⁵³ tsəu³⁵³ ti⁰，ni³⁵³ mən⁰ niãr³⁵³ tsai²¹³ to⁴⁴ tso⁴² xər²¹³。
郧阳	我先走了，你俩再坐下儿。 uo⁴³ tɕʰian⁴⁵ tsəu⁴³ lau⁰，li⁴³ lia⁴³ tsei⁴⁵ tsuo³¹ xar³¹。

续表

	0048 我走了，你们俩再多坐一会儿。
丹江口	我走了，你俩再坐会儿。 uo³³ tsəu³³ la⁰，ni³³ lia³³ tsɛ³¹ tsuo³¹ xuər³¹。
房县	我走了，你俩多坐下儿。 uo³³ tʂəu³³ nɔu⁰，ni³³ nia³³ tuo²⁴ tʂuo³¹ xər³¹。
竹溪	我走了，你俩再多坐下儿。 ŋo³⁵ tsəu³⁵ lia⁰，n̩i³⁵ liaŋ³⁵ tsai³¹ to²⁴ tso³¹ xar⁰。
公安	我走哒，你们俩个再多坐下子。 o²¹ tsəu²¹ ta²¹，ni²¹ mən⁰ niaŋ²¹ kuo³³ tsai³³ tuo⁵⁵ tsuo³³ xa²¹ tsʅ⁰。
鹤峰	我先走哒，你们俩再多坐一会儿。 uo⁵³ ɕian⁵⁵ tsəu⁵³ ta⁰，ni⁵³ mən⁰ niaŋ⁵³ tsai³⁵ to⁵⁵ tso³⁵ i¹² xuəʴ。
黄冈	我走了，你两个多坐下儿。 ŋo⁵⁵ tsəu⁵⁵ liau⁰，li⁵⁵ liaŋ⁵⁵ ko⁰ to²² tso⁴⁴ xar⁰。
红安	我走哇，尔皆˭两个还多坐下儿吧。 ŋo⁵⁵ tsəu⁵⁵ ua⁰，n̩⁵⁵ tɕie⁰ liaŋ⁵⁵ ko⁰ xai³¹ to¹¹ tso³³ xar³³ pa⁰。
英山	我走了，尔两个再多坐下儿。 ŋo²⁴ tsəu²⁴ liau⁰，n̩²⁴ liaŋ²⁴ ko⁰ tsai³⁵ to³¹ tso³³ xar⁰。
蕲春	我走了，尔两个再多坐一下儿。 ŋo³⁴ tsou³⁴ liɑu⁰，n̩³⁴ liɑŋ³⁴ ko⁰ tsai²⁵ to⁴² tso²² xɒr²¹²。
武穴	我走啰，尔两个再坐一时儿。 ŋo³³ tseu³³ lo⁰，n̩³³ liaŋ³³ ko⁰ tsai³⁵ tso²² i²² sʅ³¹ əʴ⁰。
黄梅	我走了，尔两个再多坐下嘞。 ŋo¹³ tseu¹³ liau⁰，n̩¹³ liaŋ¹³ ko⁰ tsai³⁵ to²¹ tso³³ xæ³³ ne⁰。
黄陂	我走的，尔者两个再坐一下。/我走了，尔者两个再坐一下。 ŋo⁴¹ tsou⁴¹ ti⁰，n̩⁴⁴ tsɤ⁰ liaŋ⁴¹ ko³⁵ tsai³⁵ tso⁴⁵⁵ i²¹² xa⁰。/ŋo⁴¹ tsou⁴¹ a⁰，n̩⁴⁴ tsɤ⁰ liaŋ⁴¹ ko³⁵ tsai³⁵ tso⁴⁵⁵ i²¹² xa⁰。

续表

	0048 我走了， 你们俩再多坐一会儿。
新洲	我走了，你们两个多坐下儿。 ŋo⁵⁵ tsou⁵⁵ ȵiao⁰， ȵi⁵⁵ men⁰ ȵiaŋ⁵⁵ ke⁰ to³¹ tso³³ xar⁰。
孝感	我先走了，你者两个多坐一下儿。 ŋo⁵² ɕin³³ tsəu⁵² uɑu⁰， ni⁵² tʂo⁰ ȵiaŋ⁵² ko⁰ to³³ tso⁵⁵ i·²¹³ xɑr⁰。
安陆	我走了，你们两个再多坐下。 ŋo⁵¹ tsəu⁵¹ uɑu⁰。 n̩⁵¹ mən³¹ ȵiaŋ⁵¹ ko⁴⁴ tsai³⁵ to⁴⁴ tso⁵⁵ xa⁴⁴。
广水	我走了，尔着⁼再多坐一下儿。 ŋo³⁴ tsəu³⁴ uɑu⁰， n̩³⁴ tɕio⁵³ tsai¹³ to³¹ tso¹³ i·⁵³ xar¹³。
黄石	我走了，你们两个多坐下子。 ŋo⁵⁵ tsou⁵⁵ liau⁰， li⁵⁵ men⁰ liaŋ⁵⁵ ko⁰ to³³ tso³²⁴ xɒ³²⁴ tsɿ⁰。
大冶	我走了，尔仂两个人多坐一下。 ŋo⁴⁴ tse⁴⁴ le⁰， n̩⁴⁴ lɐ²⁵ lioŋ⁴⁴ ko²⁵ zɐn³¹ to²² tsʰo²² i²² xɒ⁰。
阳新	我走了，尔嘚两个人再多坐一下。 ŋo³¹ tsɛ³¹ lɛ⁰， n̩³¹ tɛ²⁵ liõ³¹ ko⁰ zan²¹³ tsa⁴⁴ to⁴⁴ tsʰo⁴⁴ i²⁵ xa²⁵。
咸宁	我走了，尔都两个再多坐一下崽。 ŋə⁴² tse⁴² nɒ⁴²， n̩²¹³ tɒu⁴⁴ niõ⁴² kə²¹³ tsa²¹³ tə⁴⁴ tsʰə³³ i⁵⁵ xɒ³³ tsa⁴²。
通山	我走了，尔仂再多坐一下。 ŋou⁴² tsɛu⁴² liɛu⁰， n̩⁴² lɛ³³ tsa⁴⁵ tou²³ tsou³³ i⁵⁵ xɔ³³。
通城	我先走仂，尔仂俩个人多坐伙者。/我先走仂，尔仂俩个人多坐伙者咜。 ŋo⁴² ɕiɛn²¹ tɕiau⁴² de⁰， n̩⁴² ne⁰ ioŋ⁴² ko⁰ n̩in³³ to²¹ dzo³⁵ fo⁴² tse⁰。/ŋo⁴² ɕiɛn²¹ tɕiau⁴² de⁰， n̩⁴² ne⁰ ioŋ⁴² ko⁰ n̩in³³ to²¹ dzo³⁵ fo⁴² tse⁰ da⁰。
崇阳	我走了，尔家哒两个再多坐下子。 ŋo⁵³ tɕio⁵³ nɐ⁰， n̩⁵³ kɑ²² dæ⁰ diaŋ⁰ ko²¹⁴ tsæ²¹⁴ to²² zo⁴⁴ hɑ⁴⁴ tsæ⁰。

续表

	0048 我走了，你们俩再多坐一会儿。
嘉鱼	我走了，你呆⁼还坐一下。 ŋo³¹ tsei³¹ nie³¹，ni³¹ ta⁴⁴ xai²⁴ tsʰo²² i⁵⁵ xɒ²²。
赤壁	我先走，尔之⁼两个还多坐下儿。 ŋo³¹ ɕiei⁴⁴ tɕiɑu³¹，n̩³¹ tʂʅ⁰ diou³¹ ko⁰ xai²¹³ to⁴⁴ dzo²² xɑr⁴⁵。
监利	我走哒，你俩再多坐一下儿啊。 ŋo²¹ tsou²¹ ta⁰，ni²¹ niaŋ²¹ tsai³³ to⁴⁴ tso³³ i⁵⁵ xa⁴⁴ ɯ¹³ a⁰。

	0049 我说不过他，谁都说不过这个家伙。
武汉	我说不赢他，哪个都说不赢他。 o³³ so²¹ pu⁰ in²¹³ tʰa⁵⁵，la³³ ke⁰ tou⁵⁵ so²¹ pu⁰ in²¹³ tʰa⁵⁵。
蔡甸	我说不赢他，你们随哪个都说不赢这个家伙的。 o³³⁴ ɕyæ³²⁴ pu⁰ in²¹³ tʰa¹⁵，n̩i³³⁴ men⁰ sei²¹³ la³³⁴ ke⁰ tou¹⁵ ɕyæ³²⁴ pu⁰ in²¹³ tse⁵⁵ ke⁰ tɕia¹⁵ xo³³⁴ ti⁰。
江夏	我说不赢他，哪个都说不赢他。 ŋo⁴¹ so¹³ pu⁰ in³³ tʰa³⁵，na³²⁴ ko⁰ tou³⁵ so¹³ pu⁰ in³³ tʰa³⁵。
汉川	我说不赢他，哪个都说不赢这个家伙。 uo⁴² ɕyæ²⁴ pu⁰ in¹³ tʰa⁵⁵，nɑ⁴² ko⁰ təu⁵⁵ ɕyæ²⁴ pu⁰ in¹³ tɕie³³ ko⁰ tɕia⁵⁵ xo⁰。
荆州	我说不赢他，哪个都说不赢迵个家伙。 uo⁴² suo¹³ pu¹³ in¹³ tʰa⁵⁵，la⁴² kuo³⁵ təu⁵⁵ suo¹³ in¹³ lie³⁵ kɤ³⁵ tɕia⁵⁵ xuo⁰。
仙桃	我说不赢他，哪个都说不赢这个家伙。 uo³¹ suo²⁴ pu⁰ in¹³ tʰa⁴⁵，la²⁴ kuo⁵³ təu⁴⁵ suo pu⁰ in¹³ tsɤ⁵³ kɤ⁵³ tɕia⁴⁵ xuo⁰。
天门	我说不赢他，哪个都说不赢这家伙。 o³¹ ɕye²⁴ pu⁰ in²¹³ tʰa⁴⁵，la²⁴ ko⁵³ təu⁴⁵ ɕye²⁴ pu⁰ in²¹³ tsɤ⁵³ tɕia⁴⁵ xo⁰。
荆门	我说不过他，哪个都说不过这个家伙。 uo⁵⁵ ʂuo²⁴ pu⁰ kuo³³ tʰa⁴⁵，na⁵⁵ kuo³³ tou⁴⁵ ʂuo²⁴ pu⁰ kuo³³ tʂɛ⁴⁵ kuo⁰ tɕia⁴⁵ xuo⁰。
钟祥	我说不赢他，哪个都说不赢那个家伙。 uo⁵³ ʂuo³¹ pu³¹ in³¹ tʰa²¹，na⁵³ kuo²¹ təu²⁴ ʂuo³¹ pu³¹ in³¹ nə²¹ kuo²¹ tɕia²¹ xuo⁵⁵。
宜昌	我说不过他，哪个都说不过迵个家伙。 uo³³ suo¹³ pu⁰ kuo³⁵ tʰa⁴⁵，la³³ kɤ⁰ təu⁵⁵ suo¹³ pu¹³ kuo³⁵ lie³⁵ kɤ⁰ tɕia⁵⁵ xuo⁰。
兴山	我说不过他，晒⁼个都说不赢这个家伙。 uo⁵⁵ ʂuo³¹ pu⁰ kuo²⁴ tʰa⁴⁵，ʂai⁵⁵ kɤ⁰ təu⁴⁵ ʂuo³¹ pu³¹ in³¹ tʂɤ²⁴ kɤ⁰ tɕia⁴⁵ xuo⁰。
长阳	我说不赢他，哪个都说不赢迵个家伙。 o³¹ so²² pu⁰ in²² tʰa⁴⁵，na³¹ kɤ⁰ təu⁴⁵ so²² pu²² in²² nie²⁴ kɤ⁰ tɕia⁴⁵ xo⁰。

语法例句对照 261

续表

	0049 我说不过他，谁都说不过这个家伙。
五峰	我说不过他，哪个都说不过这个家伙。 uo³³ suo²¹³ pu⁰ kuo³⁵ tʰa⁵⁵，lai³³ kɤ⁰ təu⁵⁵ suo²¹³ pu⁰ kuo³⁵ tsɤ⁵⁵ kɤ⁰ tɕia⁵⁵ xuo⁰。
宜都	我说不彻他，哪个都说不彻迩个伙计。 o³³ so¹³ pu⁰ tsʰɤ³⁵ tʰa⁵⁵，nai³⁵ ko⁰ təu⁵⁵ so¹³ pu¹³ tsʰɤ³⁵ nie¹³ ko⁰ xo³³ tɕie⁰。
恩施	我讲不赢他，哪个都讲不赢这个家伙。 uo⁵¹ tɕiaŋ⁵¹ pu⁰ in³⁵ tʰa⁵⁵，na⁵¹ kɤ⁰ təu⁵⁵ tɕiaŋ⁵¹ pu³³ in³³ tʂe³⁵ kɤ⁰ tɕia⁵⁵ xuo⁰。
咸丰	我说不赢他，哪个都说不赢那个砍脑壳的。 ŋo⁴² suo²² pu²² i²² tʰa⁵⁵，na³³ ko²¹³ təu⁵⁵ suo²² pu²² in²² na²⁴ ko²¹³ kʰan⁴² nau³³ kʰo²² ti⁰。
建始	我说不赢他，哪个都说不赢迩个家伙。 o⁵¹ ʂo²² pu²² in²² tʰa⁴⁵，nai⁵¹ kɤ⁰ təu⁴⁵ ʂo²² pu²² in²² nɛ³⁵ kɤ⁰ tɕia⁴⁵ xo⁰。
巴东	我说不彻他，哪个都说不彻他。 uo⁵¹ suo²² pu²² tsʰe²² tʰa⁴⁵，nai⁵¹ kə⁰ təu⁴⁵ suo²² pu²² tsʰe²² tʰa⁴⁵。
宜城	我说不过他，哪个都说不过这个家伙。 uo⁵⁵ suo⁵³ pu⁰ kuo⁴¹ tʰa²⁴，na⁵⁵ ko⁰ təu²⁴ suo⁵³ pu⁰ kuo⁴¹ tse⁴¹ ko⁰ tɕia²² xuo⁰。
保康	我说不赢他，哪个都说不赢那个家伙。 uo⁵⁵ ʂuo⁵³ pu⁰ in⁵³ tʰa²⁴，na⁵⁵ kə⁰ təu²⁴ ʂuo⁵³ pu⁰ in⁵³ na³¹ kə⁰ tɕia²² xuo⁰。
神农架	我说不赢他，哪个都说不赢他。 uo³³ ʂuo⁵³ pu⁰ in⁵³ tʰa²⁴，na³³ kɤ³¹ təu²⁴ ʂuo⁵³ pu⁰ in⁵³ tʰa²²。
襄阳	我说不过他，哪个都说不过这个家伙。 uo³⁵ suo⁵³ pu⁰ kuo³¹ tʰa²⁴，na³⁵ kə⁰ təu²⁴ suo⁵³ pu⁰ kuo⁰ tsə³¹ kə⁰ tɕia²⁴ xuo⁰。
随州	我说不过他，哪个都说不过这个伙计。/我说不赢他，哪个都说不赢这个伙计。 uo³⁵³ ʂu̯a⁴² pu⁰ ko⁴² tʰɔ⁴⁴，na³⁵³ kɔ⁰ təu⁴⁴ ʂu̯a⁴² pu⁰ ko⁴² tɕi²¹³ kɔ⁰ xo³⁵³ tɕi⁰。/uo³⁵³ ʂu̯a⁴² pu⁰ in⁴² tʰɔ⁴⁴，na³⁵³ kɔ⁰ təu⁴⁴ ʂu̯a⁴² pu⁰ in⁴² tɕi²⁴ kɔ⁰ xo³⁵³ tɕi⁰。

续表

	0049 我说不过他，谁都说不过这个家伙。
郧阳	我说不过他，谁都说不过他。 uo⁴³ suo⁴⁵ pu⁰ kuo³¹ tʰa⁴⁵，sei⁵¹ təu⁴⁵ suo⁴⁵ pu⁰ kuo³¹ tʰa⁴⁵。
丹江口	我说不赢他，谁都莫想说赢这货。 uo³³ suo³⁵ pu⁰ in⁵¹ tʰa³⁵，sei⁵¹ təu³⁵ mɛ⁵¹ ɕiaŋ³³ suo³⁵ in⁵¹ tsʅ³¹ xuo³¹。
房县	我说不赢他，哪个都说不赢他。 uo³³ ʂuo²⁴ pu⁰ in⁵³ tʰa³¹，na³³ kɤ³¹ təu²⁴ ʂuo²⁴ pu⁰ in⁵³ tʰa²⁴。
竹溪	我说不赢他，哪个都说不赢他。 ŋ³⁵ so²² pu⁰ in⁵³ tʰa²²，la³⁵ kɤ⁰ təu⁰ so²² pu⁰ in⁵³ tʰa²⁴。
公安	我说不赢他，哪个都说不赢迌个家伙子。 o²¹ suo³⁵ pu⁰ in²⁴ tʰa⁵⁵，na³⁵ kuo³³ təu⁵⁵ suo³⁵ pu⁰ in²⁴ niɛ³⁵ kuo³³ tɕia⁵⁵ xuo⁰ tsʅ⁰。
鹤峰	我讲不过他，哪个都讲不过这家伙。 uo⁵³ tɕiaŋ⁵³ pu¹² kuo³⁵ tʰa⁵⁵，na⁵³ kuo⁰ təu⁵⁵ tɕiaŋ⁵³ pu¹² kuo³⁵ tʂɛ¹² tɕia⁵⁵ xuo⁰。
黄冈	我说不赢他，哪个都说不赢这个人。 ŋ⁵⁵ ʂɥɛ²¹³ pu⁰ in³¹ tʰa²²，la⁵⁵ ko⁰ təu²² ʂɥɛ²¹³ pu²¹³ in³¹ tse³⁵ ko⁰ zən³¹。
红安	我说不赢他，哪个都说不赢他。 ŋ⁵⁵ ʂɥɛ²¹³ pu⁰ in³¹ tʰa¹¹，la⁵⁵ ko⁰ təu¹¹ ʂɥɛ²¹³ pu⁰ in³¹ tʰa¹¹。
英山	我说不赢他，哪个都说不赢这个人。 ŋo²⁴ ʂɥɛ²¹³ pu⁰ in⁵⁵ tʰa³¹，la²⁴ ko⁰ təu¹³¹ ʂɥɛ²¹³ pu⁰ in⁵⁵ te³⁵ ko⁰ zən⁵⁵。
蕲春	我说不赢他，哪个都说不赢这个人。/我说他不赢，哪个都说不赢这个人。 ŋo³⁴ ʂɥa²¹ pu²¹ in³¹ tʰɐ⁴²，lɐ³⁴ ko²⁵ tou⁴² ʂɥa²¹ pu²¹ in³¹ tsɛ²⁵ ko⁰ zən³¹。/ŋo³⁴ ʂɥa²¹ tʰɐ⁴² pu²¹ in³¹，lɐ³⁴ ko²⁵ tou⁴² ʂɥa²¹ pu²¹ in³¹ tsɛ²⁵ ko⁰ zən³¹。
武穴	我说不赢渠，管么人都说不赢渠。 ŋo³³ fe¹³ pu⁰ in³¹ xe⁵⁵，kuɛn³³ mo³³ in³¹ teu⁵⁵ fe¹³ pu⁰ in³¹ xe⁵⁵。

续表

	0049 我说不过他，谁都说不过这个家伙。
黄梅	我说不过渠，哪个都说不赢这个家伙。 ŋo¹³ ɕɥæ⁴² pu⁴² ko³⁵ kʰæ⁵⁵, na¹³ ko³⁵ tɛu²¹ ɕɥæ⁴² pu⁴² in⁵⁵ tai³⁵ ko⁰ tɕia²¹ xo⁰。
黄陂	我说不过他，哪个都说不过迥个家伙。/我说他不赢，哪个都说不赢迥个家伙。 ŋo⁴¹ ʂɥæ²¹⁴ pu⁰ ko³⁵ tʰa³³⁴, la⁴¹ kɤ⁰ tou³³⁴ ʂɥæ²¹⁴ pu⁰ ko³⁵ lie³⁵ kɤ⁰ tɕia³³⁴ xo⁰。/ŋo⁴¹ ʂɥæ²¹⁴ tʰa³³⁴ pu²¹⁴ in²¹², la⁴¹ kɤ⁰ tou³³⁴ ʂɥæ²¹⁴ pu⁰ in²¹² lie³⁵ kɤ⁰ tɕia³³⁴ xo⁰。
新洲	我说他不过，你们哪个都说不过这个家伙。 ŋo⁵⁵ ʂɥɛ²¹³ tʰa³¹ pu²¹³ ko³²⁴, ȵi⁵⁵ men⁰ na⁵⁵ ke⁰ tou³¹ ʂɥɛ²¹³ pu²¹³ ko³²⁴ tse³²⁴ ke⁰ tɕia³¹ xo⁰。
孝感	我说他不过，哪个都说不过迥个家伙。 ŋo⁵² ʂɥɛ²¹³ tʰɑ³³ pu⁰ ko³⁵, na⁵² ko⁰ təu³³ ʂɥɛ²¹³ pu⁰ ko³⁵ niɛ³⁵ ko⁰ tɕiɑ³³ xo⁰。
安陆	我说不过他，哪个都说不过迥个家伙。 ŋo⁵¹ ʂɥɛ²⁴ pu²⁴ ko³⁵ tʰa⁴⁴。 na⁵¹ ko⁴⁴ təu⁴⁴ ʂɥɛ²⁴ pu²⁴ ko³⁵ niɛ³⁵ ko⁵⁵ tɕia⁴⁴ xo³¹。
广水	我说不赢他，哪个都说不赢迥个家伙。 ŋo³⁴ ʂɥɛ⁵³ pu⁵³ in⁵³ tʰa³¹, la³⁴ ko¹³ təu³¹ ʂɥɛ⁵³ pu⁵³ in⁵³ lie¹³ ko¹³ tɕia³¹ xo⁵³。
黄石	我说他不赢，哪个也说这个人不赢。 ŋo⁵⁵ ɕɥæ²¹³ tʰɒ³³ pu²¹³ in³¹, lɔ⁵⁵ ko⁰ ie⁵⁵ ɕɥæ²¹³ tse²⁵ ko⁰ zen³¹ pu²¹³ in³¹。
大冶	我说不赢渠，管哪个下说不赢渠。 ŋo⁴⁴ ɕyɐ²¹³ pu⁰ iɐn³¹ kʰe³¹, kuɛ̃⁴⁴ lɒ⁴⁴ ko²⁵ xɒ²² ɕyɐ²¹³ pu⁰ iɐn³¹ kʰe³¹。
阳新	我说不赢渠，们⁼都说不赢这个老几。 ŋo³¹ ɕyɛ²⁵ pu²⁵ ian²¹³ kʰɛ²¹³, man²¹³ tau⁴⁴ ɕyɛ²⁵ pu²⁵ ian²¹³ tɛ²⁵ ko⁰ lɔ³¹ tɕi³¹。
咸宁	我说不赢伊，哪个都说不赢个老几。 ŋə⁴² ɕyɛ⁵⁵ pu⁵⁵ iɔ̃³¹ e³¹, nɒ²¹³ kə²¹³ tɒu⁴⁴ ɕyɛ⁵⁵ pu⁵⁵ iɔ̃³¹ kə³¹ no⁴² tɕi⁴²。
通山	我说不赢渠，哪个都说不赢个个家伙。 ŋou⁴² ɕyE⁵⁵ pa⁵⁵ iÃ²¹ ki²¹, nɔ²¹ kou⁴⁵ tɛu²³ ɕyE⁵⁵ pa⁵⁵ iÃ²¹ ka²¹ kou⁴⁵ tɕia²³ xou²¹。

续表

	0049 我说不过他，谁都说不过这个家伙。
通城	我话不得伊赢，哪个都话不赢个个家伙生。/我话伊不赢，哪个都话不得个家伙生赢。 ŋo⁴² ua³⁵ pən?⁵⁵ te³⁵ ie⁴² iaŋ³³，na²⁴ ko⁰ tou⁰ ua³⁵ pən?⁵⁵ iaŋ³³ ke²⁴ ko⁰ tɕia²¹ fo⁴² san²¹。/ŋo²⁴ ua³⁵ ie⁴² pən?⁵⁵ iaŋ³³，na²⁴ ko⁰ tou⁰ ua³⁵ pən?⁵⁵ te³⁵ ko⁰ tɕia²¹ fo⁴² san²¹ iaŋ³³。
崇阳	我话不赢伊，哪个都话不赢个崽。 ŋo⁵³ uɑ⁴⁴ pæ⁵⁵ iaŋ²¹ i⁵³，na²⁴ ko⁰ təu²² uɑ⁴⁴ pæ⁵⁵ iaŋ²¹ ko²⁴ tsæ⁵³。
嘉鱼	我说不赢他，哪个都说不赢这个家伙。 ŋo³¹ ɕye⁵⁵ pu⁵⁵ ian²⁴ xɒ⁴⁴，nɒ³¹ ko²¹³ təu⁴⁴ ɕye⁵⁵ pu⁵⁵ ian²⁴ tɒ²¹³ ko²¹³ tɕiɒ⁴⁴ xo³¹。
赤壁	我说不赢他，随哪个都说不赢这个伙计。 ŋo³¹ ʂʯə⁴⁵ pu⁰ ian¹³ nɑ⁴⁴，ɕi¹³ na³¹ ko⁰ tu⁴⁴ ʂʯə⁴⁵ pu⁰ ian¹³ tɑ²¹³ ko⁰ xo³¹ tɕi⁰。
监利	我说不过他，谁都说不过恁个家伙。 ŋo²¹ suɤ⁵⁵ pu⁴⁴ ko³³ tʰa⁴⁴，sei¹³ tou⁴⁴ suɤ⁵⁵ pu⁰ ko³³ n̩⁴⁴ ko⁰ tɕia⁴⁴ xo²¹。

语法例句对照

	0050 上次只买了一本书，今天要多买几本。
武汉	上回只买了一本书，今天得要多买几本书。 saŋ²⁵ xuei²¹ tsʅ²¹³ mai³³ liao⁰·²¹ pen³³ ɕy⁵⁵，tɕin⁴⁴ tʰian⁵⁵ te²¹ iao²⁵ to⁵⁵ mai⁴² tɕi³³ pen³³ ɕy⁵⁵。
蔡甸	头回只买了一本书，今日再多买几本。 tʰou²¹³ xuei²¹³ tsʅ³³⁴ mai³³⁴ ȵiao⁰·³²⁴ pen³³⁴ ɕy¹⁵，tɕin⁵⁵ ɯ⁰ tsai⁵⁵ to¹⁵ mai³³⁴ tɕi³³⁴ pen³³⁴。
江夏	上回只买了一本书，今朝多买几本。 saŋ⁴⁴⁵ xuei¹³ tsʅ⁴¹ mai⁴⁴ ȵiao⁰·³⁴ pən⁴¹ ɕy³⁵，tɕin³⁵ tso³⁵ to³⁵ mai⁴¹ tɕi⁴⁴ pən⁴¹。
汉川	上回只买了一本书，今天要多买几本。 saŋ³³ xuei⁰ tsʅ²⁴ mai⁴² ȵiɑu⁰·¹·²⁴ pən⁴² ɕy⁵⁵，tɕin⁵⁵ tʰian⁵⁵ iɑu⁵⁵ to³³ mai⁴² tɕi⁴² pən⁴²。
荆州	上回只买啊一本书，今日要多买几本。 saŋ³⁵ xuei¹³ tsʅ⁵⁵ mai⁴² a⁰·¹³ pən⁴² su⁵⁵，tɕi⁵⁵ ɯ⁰ iau³⁵ tuo⁵⁵ mai⁴² tɕi⁴² pən⁴²。
仙桃	上次只买哒一本书，今日要多买几本。 saŋ⁵³ tsʰʅ⁵³ tsʅ²⁴ mai³¹ ta⁰·²⁴ pən³¹ su⁴⁵，tɕi⁴⁵ ɯ⁰ iau⁵³ tuo⁴⁵ mai³¹ tɕi³¹ pən³¹。
天门	上次只买哒一本书，今昝要多买几本书。 saŋ⁵³ tsʰʅ⁵³ tsʅ²⁴ mai³¹ ta⁰·²⁴ pən³¹ ɕy⁴⁵，tsən⁴⁵ tsa²¹³ iau⁵³ to⁴⁵ mai³¹ tɕi³¹ pən³¹ ɕy⁴⁵。
荆门	上次只买哒一本书，今日要多买几本。 ʂaŋ³³ tʂʰʅ³³ tsʅ²⁴ mai⁵⁵ ta⁰·²⁴ pən⁵⁵ ʂu⁴⁵，tɕi⁴⁵ ɯ⁰ iau³³ tuo⁴⁵ mai⁵⁵ tɕi⁵⁵ pən⁵⁵。
钟祥	上回只买哒一本书，今儿要多买几本。 ʂaŋ²¹ xuəi²⁴ tsʅ³¹ mai⁵³ ta⁰·³¹ pən⁵³ ʂu²⁴，tɕiər²⁴ iau²¹ tuo²¹ mai⁵³ tɕi⁵³ pən⁵³。
宜昌	上回儿只买啊一本书，今儿要多买几本书。 saŋ³⁵ xuər¹³ tsʅ³³ mai³³ a⁰·¹³ pən³³ su⁵⁵，tsər⁵⁵ iau³⁵ tuo⁵⁵ mai³³ tɕi³³ pən³³ su⁵⁵。
兴山	上次只买啊一本书，今儿天要多买几本。 ʂaŋ³² tsʰʅ⁰ tsʅ⁵⁵ mai⁵⁵ a⁰·³¹ pən⁵⁵ ʂu⁴⁵，tɕər⁴⁵ tʰiɛn⁴⁵ iau²⁴ tuo⁴⁵ mai⁵⁵ tɕi⁵⁵ pən⁵⁵。

续表

	0050 上次只买了一本书，今天要多买几本。
长阳	上回儿只买啊一本书，今儿要多买几本。 saŋ²⁴ xuər²² tsʅ²² mai³¹ a⁰ i²² pən³¹ su⁴⁵，tsər⁴⁵ iau²⁴ to⁴⁵ mai³¹ tɕi³¹ pən³¹。
五峰	上次只买啊一本书，今儿天要多买几本。 saŋ³⁵ tsʰʅ⁰ tsʅ²² mai³¹ a⁰ i²¹³ pən³³ su⁵⁵，tɕər⁵⁵ tʰiɛn⁵⁵ iau³⁵ tuo⁵⁵ mai³³ tɕi³³ pən³³。
宜都	上回儿只买啊一本书，今儿要多买几本。 saŋ³⁵ xuər¹³ tsʅ¹³ mai³³ a⁰ i¹³ pən³³ su⁵⁵，tɕər⁵⁵ iau³⁵ to⁵⁵ mai³⁵ tɕi³³ pən³³。
恩施	上回儿只买哒一本书，今天要多买几本。 ʂaŋ³⁵ xuə⁰ tsʅ³³ mai⁵¹ ta⁰ i³³ pən⁵¹ ʂu⁵⁵，tɕin⁵⁵ tʰiɛn⁵⁵ iau³⁵ tuo⁵⁵ mai⁵¹ tɕi⁵¹ pən⁵¹。
咸丰	头遍只买了一本儿书，今天要多买几本儿。 tʰəu²² piɛn²¹³ tsʅ⁴² mai³³ na⁰ i²² pə⁰ su⁵⁵，tɕin⁵⁵ tʰiɛn⁵⁵ iau²⁴ tuo⁵⁵ mai⁴² tɕi³³ pə⁰。
建始	上回儿只买啊一本书，今天要多买几本。 ʂan³⁵ xuə⁰ tsʅ²² mai⁵¹ a⁰ i²² pən⁵¹ ʂu⁴⁵，tɕin⁴⁵ tʰin⁴⁵ iau³⁵ to⁴⁵ mai⁵¹ tɕi⁵¹ pən⁵¹。
巴东	上回儿只买了一本书，这回儿要多买几本。 saŋ²⁴ xuə⁰ tsʅ²² mai⁵¹ niau⁰ i²² pən⁵¹ su⁴⁵，tse²⁴ xə⁰ iau²⁴ tuo⁴⁵ mai⁵¹ tɕi⁵¹ pən⁵¹。
宜城	上次只买了一本书，今儿的要多买几本。 saŋ⁴¹ tsʰʅ⁰ tsʅ⁵³ mɛ⁵⁵ nɔ⁰ i⁵³ pən⁵⁵ fu²⁴，tɕiər²² ni⁰ iɔ⁴¹ tuo²² mɛ⁵⁵ tɕi⁵⁵ pən⁵⁵。
保康	头次我只买了一本儿书，今儿我多买几本儿。 tʰəu⁵³ tsʰʅ⁰ uo⁵⁵ tsʅ⁵³ mai⁵⁵ nau⁰ i⁵³ pər⁵⁵ ʂu²⁴，tɕiər²⁴ uo⁵⁵ tuo²² mai⁵⁵ tɕi⁵⁵ pər⁵⁵。
神农架	上回才买了一本书，今儿要多买几本。 ʂaŋ³¹ xuei⁰ tʂʰai⁵³ mai³³ na⁰ i⁵³ pən³³ ʂu²⁴，tɕiər²⁴ iau³¹ tuo²² mai³³ tɕi³³ pən³³。
襄阳	上次只买了一本儿书，今儿的要多买几本儿。 saŋ³¹ tsʰʅ⁰ tsʅ⁵³ mai³⁵ nau⁰ i⁵³ pər³⁵ su²⁴，tɕiər²⁴ ni⁰ iau³¹ tuo²⁴ mai³⁵ tɕi³⁵ pər³⁵。
随州	上回儿只买了一本书，今昼要多买几本儿。 ʂaŋ²⁴ xuər⁴² tʂʅ⁴² mai³⁵³ niau⁰ i⁴² pən³⁵³ ʂʅ⁴⁴，tɕin⁴⁴ tʂəu⁰ iau²¹³ to⁴⁴ mai³⁵³ tɕi³⁵ pər³⁵³。

续表

	0050 上次只买了一本书，今天要多买几本。
郧阳	上回才买了一本儿书，今儿要多买几本儿。 saŋ³¹ xuei⁵¹ tsʰɛi⁴⁵ mɛi⁴³ lau⁰ i⁴⁵ pər⁴³ su⁴⁵， tɕiər⁴⁵ iau³¹ tuo⁴⁵ mɛi⁴³ tɕi⁴³ pər⁴³。
丹江口	上回才买了一本儿书，今儿的要多买几本。 saŋ³¹ xuei⁵¹ tsʰɛ⁵¹ mɛ³³ la⁰ i⁵¹ pər³³ su³⁵， tɕiər³⁵ ti⁰ iɔ³¹ tuo³⁵ mɛ³³ tɕi³³ pən³³。
房县	上回就买了一本儿书，今儿要多买几本儿。 ʂaŋ³¹ xuei⁵³ təu³¹ mai³³ nou⁰ i⁵³ pər³³ ʂu²⁴， tɕiər²⁴ iɔu³¹ tuo²⁴ mai³³ tɕi³³ pər³³。
竹溪	上回只买了一本书，今儿要多买几本书。 ʂaŋ³¹ xuei⁵³ tʂʅ⁵³ mai³⁵ lia⁰ i⁵³ pən³⁵ ʂu²²， tɕiər²² iau³¹ to²² mai³⁵ tɕi³⁵ pən³⁵ ʂu²²。
公安	上次只买哒一本书，今儿要多买几本。 saŋ³³ tsʰʅ³³ tsʅ³⁵ mai²¹ ta²¹ i³⁵ pən²¹ su⁵⁵， tɕi⁵⁵ ɯ²⁴ iau³³ tuo⁵⁵ mai²¹ tɕi²¹ pən²¹。
鹤峰	上次只买了一本书，今天要多买几本。 ʂaŋ³⁵ tsʰʅ⁰ tʂʅ¹² mai⁵³ niau⁰ i¹² pən⁵³ ʂu⁵⁵， tɕin⁵⁵ tʰian⁵⁵ iau³⁵ to⁵⁵ mai⁵³ tɕi⁵³ pən⁵³。
黄冈	上回只买到一本书，今昼要多买几本。 saŋ⁴⁴ xuei³¹ tsʅ³⁵ mai⁵⁵ tau³⁵ i²¹³ pən⁵⁵ ʂʅ²²， tsən²² tsau²² iau³⁵ to²² mai⁵⁵ tɕi⁵⁵ pən⁵⁵。
红安	头回我只买了一本书，今昼儿我多买几本。 tʰəu³¹ fei³¹ ŋo⁵⁵ tʂʅ²² mai⁵⁵ liau⁰ i²² pən⁵⁵ ʂʅ¹¹， tsən¹¹ tʂər³³ ŋo⁵⁵ to¹¹ mai⁵⁵ tɕi³⁴ pən⁵⁵。
英山	上回只买了一本书，今昼要多买几本儿。 ʂaŋ³³ xuei⁵⁵ tʂʅ²¹³ mai²⁴ liau⁰ i²² pən²⁴ ʂʅ³¹， tɕin³¹ təu⁰ iau³⁵ to³¹ mai²⁴ tɕi²⁴ pər²⁴。
蕲春	上次只买倒一本书，今昼儿要多买几本。 ʂaŋ²² tsʰʅ²⁵ tʂʅ²¹ mai³⁴ tɑu⁰ i²¹ pən³⁴ ʂʅ⁴²， tʂən⁴² tər²⁵ iɑu²⁵ to⁴² mai³⁴ tɕi³⁴ pən³⁴。
武穴	头回只买了一本书，今昼要多买几本。 tʰeu³² xui³¹ tsʅ²² mai³³ liau⁰ i²² pən³³ fʅ⁵⁵， tɕin⁵⁵ te⁰ iau³⁵ to⁵⁵ mai³³ tɕi³³ pən³³。

续表

	0050 上次只买了一本书，今天要多买几本。
黄梅	头回只买一本书，今昼要多买几本。 tʰeu⁵⁵ xuei⁵⁵ tsʅ⁴² mai¹³ i⁴² pən¹³ ɕʯ²¹，tsən²¹ tseu³⁵ iau³⁵ to²¹ mai¹³ tɕi¹¹ pən¹³。
黄陂	上回只买了一本书，今朝要多买几本。 saŋ⁴⁵⁵ xuei²¹² tsʅ²¹⁴ mai⁴¹ a⁰ i²¹⁴ pen⁴¹ ʂʯ³³⁴，tsen⁴⁵⁵ tsao⁰ iao³⁵ to³³⁴ mai⁴¹ tɕi⁴¹ pen⁴¹。
新洲	上回只买了一本书，今个儿要多买几本。 saŋ³³ xuei²²⁴ tsʅ⁵⁵ mai⁵⁵ ȵiao⁰ i²¹³ pen⁵⁵ ʂʯ³¹，tɕin³¹ koʳ⁰ iao³²⁴ to³¹ mai⁵⁵ tɕi⁵⁵ pen⁵⁵。
孝感	上次只买了一本书，今朝儿要多买几本书。 ʂaŋ⁵⁵ tsʰʅ⁰ tsʅ²¹³ mai⁵² iau⁰ i²¹³ pən⁵² ʂʯ³³，tɕin³³ noʳ⁰ iau³⁵ to³³ mai⁵² tɕi⁵² pən⁵² ʂʯ³³。
安陆	上次只买了一本书，今朝要多买几本。 ʂaŋ⁵⁵ tsʰʅ⁴⁴ tsʅ²⁴ mai⁵¹ iau⁰ i²⁴ pən⁵¹ ʂʯ⁴⁴，tɕin⁴⁴ tʂo³¹ iau³⁵ to⁴⁴ mai⁵¹ tɕi⁵¹ pən⁵¹。
广水	那会儿买了一本书，今朝多买几本书。 la¹³ xuəʳ¹³ mai³⁴ iau⁰ i⁵³ pən³⁴ ʂʯ³¹，tɕin³¹ tʂo⁵³ to³¹ mai³⁴ tɕi³⁴ pən³⁴ ʂʯ³¹。
黄石	上回只买了一本书，今儿要多买几本。 saŋ³²⁴ xuei³¹ tsʅ²¹³ mæ⁵⁵ liau⁰ i²¹³ pen⁵⁵ ɕʯ³³，tɕin³³ əʳ³³ iau²⁵ to³³ mæ⁵⁵ tɕi⁵⁵ pen⁵⁵。
大冶	上回只买了一本书，今日要多买几本。 sɔŋ²² xuɐi³¹ tsʅ²¹³ mæ⁴⁴ le⁰ i²¹³ pen⁴⁴ ɕy²²，tɕiɐn²² zʅ²¹³ ie²⁵ to²² mæ⁴⁴ tɕi⁴⁴ pen⁴⁴。
阳新	上回只买了一本书，今日要多买几本。 sõ⁴⁴ xuai²¹³ tsʅ²⁵ ma³¹ lɛ⁰ i²⁵ pan³¹ ɕy⁴⁴，tɕian⁴⁴ zʅ²⁵ iɛ⁴⁴ to⁴⁴ ma³¹ tɕi³¹ pan³¹。
咸宁	上回只买了一本书，今日要多买几本。 sõ³³ fæ³¹ tsʅ⁵⁵ ma⁴² nɒ⁴² i⁵⁵ pən⁴² ɕy⁴⁴，tɕiən⁴⁴ zʅ⁵⁵ ie²¹³ tə⁴⁴ ma⁴² tɕi⁴² pən⁴²。
通山	上回只买了一本书，今日要多买几本。 sɔŋ³³ xuæ²¹ tsʅ⁵⁵ ma⁴² liɛu⁰ i⁵⁵ pən⁴² ɕy²¹³，tɕien²³ zʅ³³ iɛu⁴⁵ tou²³ ma⁴² tɕi⁴² pən⁴²。

续表

	0050 上次只买了一本书，今天要多买几本。
通城	上次只买仂一本书，今日要多买几本。／上次只买得一本书，今日要多买几本。 soŋ³⁵ dzɿ³⁵ tsʅʔ⁵⁵ mai⁴² de⁰ i⁵⁵ pən⁴² fʅ²¹，tɕin²¹ ȵinʔ⁵⁵ iau²¹⁴ to²¹ mai⁴² tɕi⁴² pən⁴²。／ soŋ³⁵ dzɿ³⁵ tsʅʔ⁵⁵ mai⁴² te³⁵ i⁵⁵ pən⁴² sʅ²¹，tɕin²¹ ȵin⁵⁵ iau²¹⁴ to²¹ mai⁴² tɕi⁴² pən⁴²。
崇阳	上回只买了一本书，今哒要多买几本。 saŋ⁴⁴ fi²¹ tə⁵⁵ mæ⁵³ næ⁰ i⁵⁵ pən⁵³ səu²²，tɕin²² dæ⁰ io²⁴ to²² mæ⁵³ tɕi⁵³ pən⁵³。
嘉鱼	上次只买了一本书，今日要多买几本。 ʂoŋ²² tsʰɿ²¹³ tsʅ⁵⁵ mai³¹ nie³¹ i⁵⁵ pən³¹ ɕy⁴⁴，tɕie⁴⁴ zʅ⁵⁵ ie²¹³ to⁴⁴ mai³¹ tɕi³¹ pən³¹。
赤壁	上次只买了一本儿书，今儿再多买几本。 ʂou²² dzɿ²¹³ tsʅ⁴⁵ mai³¹ diɑu⁰ i⁴⁵ pən³¹ ŋɑr²² sʅ⁴⁴，tɕin⁴⁴ ŋɑr²² tsai²¹³ to⁴⁴ mai³¹ tɕi³¹ pən³¹。
监利	上次只买了一本书，今儿要多买几本。 saŋ³³ tsʰɿ³³ tsʅ⁵⁵ mai²¹ na⁰ i⁵⁵ pən²¹ sʅ⁴⁴，tɕi⁴⁴ ɯ⁰ iau³³ to⁴⁴ mai²¹ tɕi²¹ pən²¹。

参考文献

毕　晟　2000　《武汉方言中的"VV 神"》，《高等函授学报（哲学社会科学版）》第 5 期。

毕　晟　2005　《武汉方言中的差比句》，《华中师范大学研究生学报》第 2 期。

蔡　庆　2007　《随州方言双宾结构的研究》，中南大学硕士学位论文。

曹文安　2003　《宜昌方言字考古》，《三峡大学学报（人文社会科学版）》第 1 期。

曹文安　2003　《宜昌话"ABB"式论析》，《三峡大学学报（人文社会科学版）》第 5 期。

曹文安　2004　《宜昌话"AA 神"式论析》，《三峡大学学报（人文社会科学版）》第 6 期。

陈　洁　2020　《基于有声数据库调查的房县方言老青对比》，《汉江师范学院学报》第 5 期。

陈淑梅　1989　《湖北英山方言志》，武汉：华中师范大学出版社。

陈淑梅　1994　《湖北英山方言形容词的重叠式》，《方言》第 1 期。

陈淑梅　1996　《湖北英山方言"式"字的用法》，《方言》第 1 期。

陈淑梅　1997　《湖北英山方言的"X 儿的"》，《方言》第 3 期。

陈淑梅　2000　《鄂东方言中表状态的结构助词"得"》，《黄冈师范学院学报》第 4 期。

陈淑梅　2000　《谈鄂东方言的"V 得得"》，《方言》第 3 期。

陈淑梅　2001　《鄂东方言语法研究》，南京：江苏教育出版社。

陈淑梅　2003　《鄂东方言的"数+量+O"的结构》，《方言》第 2 期。

陈淑梅　2006　《鄂东方言俗语中的量范畴》，《语言研究》第 1 期。

陈淑梅　2007　《鄂东方言量词重叠与主观量》，《语言研究》第 4 期。

陈　秀　2015　《湖北仙桃方言研究》，华中师范大学博士学位论文。

陈有恒，刘兴策　1986　《鄂东南方言的内部分歧与外部联系》，《咸宁师专学报》第 2 期。

陈有恒　1979　《鄂东南方言的特征》，《教学参考》第 2 期。

陈有恒　1982　《鄂南方言里的"AA 甚"》，《武汉师院咸宁分院学报》第 1 期。

陈有恒　1982　《鄂南方言里的"把""到""在"》，《武汉师院咸宁分院学报》第 2 期。

陈有恒　1986　《鄂东南的活古话》，《咸宁师专学报》第 1 期。

陈有恒　1989　《蒲圻方言》，武汉：华中师范大学出版社。

陈有恒　1990　《鄂南方言的几个语法现象》，《咸宁师专学报》第 1 期。

陈有恒　1990　《湖北蒲圻话的人称代词》，《方言》第 3 期。

陈有恒　1991　《鄂南方言志略》，鄂咸地图内字第 29 号。

陈俞蓉　2014　《湖北咸丰方言中的"得"》，《语文学刊》第 10 期。

程从荣　1997　《浠水方言的人称代词》，《语言研究》第 2 期。

程从荣　1998　《浠水话双宾语句的特点》，《中南民族学院学报（哲学社会科学版）》第 1 期。

储泽祥，刘琪　2012　《湖北仙桃话中强调高程度性状的"X 哒"结构式》，《学术探索》第 5 期。

戴军平　2011　《湖北京山方言中的"AA 声"》，《语文知识》第 4 期。

杜忠道　2015　《保康方言集成》，北京：中国文史出版社。

杜佐祥　1992　《仙桃话中的助词"到"和"哒"》，《荆楚方言研究》，武汉：华中师范大学出版社。

范新干　2007　《湖北通山方言的动词"把得"句》，《汉语方言语法研究》，武汉：华中师范大学出版社。

付丽萍　2007　《随州方言介词研究》，武汉大学硕士学位论文。

郭攀，夏凤梅　2016　《浠水方言研究》，武汉：华中师范大学出版社。

郭攀　2002　《丹江口方言"狠的"的复叠形式》，《方言》第 3 期。

郭攀　2003　《湖北浠水方言中的叠合式正反问》，《中国语文》第 3 期。

郭攀　2003　《浠水方言中的"够冒"》，《语文研究》第 1 期。

郭友鹏　1990　《湖北十堰市普通话与方言的使用情况》，《中国语文》第 6 期。

郝文华，谭文勇　2004　《十堰方言中"谓词+得+看"式结构》，《理论月刊》第 10 期。

何洪峰，程明安　1996　《黄冈方言的"把"字句》，《语言研究》第 2 期。

何洪峰，程明安　1996　《内容充实丰富 纵横今古普方——评刘兴策先生的〈宜昌方言研究〉》，《武当学刊》第 2 期。

何洪峰，黎立夏　2017　《通城方言名词性标记"者"》，《语言研究》第 3 期。

何洪峰　1998　《丹江方言的三个程度副词》，《武当学刊》第 1 期。

何洪峰　2001　《黄冈方言的比较句》，《语言研究》第 4 期。

何洪峰　2018　《上巴河方言的反复体》，《长江学术》第 3 期。

何洪峰　2022　《湖北黄冈团风方言体貌略说》，《区域文化与文学研究集刊》第 12 辑，北京：中国社会科学出版社。

何洪峰，陈　凌　2023　《团风方言研究》，武汉：华中师范大学出版社。

何天贞　1982　《阳新三溪话的小称形式》，《语言研究》第 2 期。

鸿　鸣　1986　《五峰话的"您"和"您们"》，《中国语文天地》第 6 期。

胡　海　1994　《宜昌方言儿化现象初探》，《华中师范大学学报（哲学社会科学版）》第 4 期。

胡　海　2002　《宜昌方言"X 人"结构的分析》，《三峡大学学报（人文社会科学版）》第 2 期。

胡炎炎　2021　《湖北随州方言小称词缀"娃儿""娃子"》，《湖北文理学院学报》第 1 期。

湖北省随州市地方志编纂委员会　1988　《随州志》，北京：中国城市经济社会出版社。

湖北省天门市地方志编纂委员会　1989　《天门县志》，武汉：湖北人民出版社。

湖北省仙桃市地方志编纂委员会　1989　《沔阳县志》，武汉：华中师范大学出版社。

湖北省钟祥县县志编纂委员会　1990　《钟祥县志》，武汉：湖北人民出版社。

湖北省崇阳县志编纂委员会　1991　《崇阳县志》，武汉：武汉大学出版社。

湖北省武穴市地方志编纂委员会　1994　《广济县志》，上海：汉语大词典出版社。

湖北省地方志编纂委员会　1996　《湖北省志·方言》，武汉：湖北人民出版社。

湖北省神农架林区地方志编纂委员会　1996　《神农架志》，武汉：湖北科学技术出版社。

湖北省蕲春县地方志编纂委员会　1997　《蕲春县志》，武汉：湖北科学技术出版社。

湖北省英山县志编纂委员会　1998　《英山县志》，北京：中华书局。

湖北省公安县地方志编纂委员会　2010　《公安县志》，北京：中国环境科学出版社。

湖北省宜城市地方志编纂委员会　2011　《宜城市志》，武汉：湖北人民出版社。

湖北省咸丰县县志编纂委员会　2011　《咸丰县志》，北京：方志出版社。

湖北省建始县地方志编纂委员会　2012　《建始县志》，北京：方志出版社。

湖北省孝感市地方志编纂委员会　2013　《孝感市志》，武汉：湖北人民出版社。

湖北省黄冈市地方志编纂委员会　2015　《黄冈市志》，武汉：崇文书局。

湖北省黄冈市黄州区地方志编纂委员会　2015　《黄州区志》，武汉：武汉大学出版社。

湖北省通城县地方志编纂委员会　2015　《通城县志》，武汉：湖北科学技术出版社。

湖北省保康县地方志编纂委员会　2015　《保康县志》，北京：方志出版社。

黄群建　1989　《阳新方言说略》，《湖北师范学院学报（哲学社会科学版）》第 2 期。

黄群建　1993　《大冶方言考》，《湖北师范学院学报（哲学社会科学版）》第 1 期。

黄群建　1994　《通山方言志》，武汉：武汉大学出版社。

黄群建　1994　《阳新方言志》，北京：中国三峡出版社。

黄群建　2002　《湖北阳新方言的代词》，《湖北师范学院学报（哲学社会科学版）》第 2 期。

黄群建　2016　《阳新方言研究》，武汉：华中师范大学出版社。

黄赛勤　1992　《襄阳方言记略》，《荆楚方言研究》，武汉：华中师范大学出版社。

黄树先　2021　《黄陂方言研究》，武汉：华中师范大学出版社。

黄雪贞　1986　《西南官话的分区（稿）》，《方言》第 4 期。

黄志明　2002　《湖北汉川话的虚词"倒"》，《语言研究》第 s1 期。

季红霞　2008　《红安方言语法研究》，云南师范大学硕士学位论文。

贾红霞　2009　《湖北丹江口方言的情态标记"得[te]"》,《广播电视大学学报（哲学社会科学版）》第1期。

贾君芳　2007　《湖北襄樊方言"V＋起个＋N"格式》,《现代语文（语言研究版）》第1期。

蒋　静　2007　《湖北建始方言中名词的叠音现象》,《现代语文（语言研究版）》第7期。

匡鹏飞　2005　《武汉方言中的长音式状态形容词语及其与ABB式状态形容词的关系》,《双语双方言（八）》,香港：汉学出版社。

匡鹏飞　2006　《武汉方言中的用事成分标记词"过"和"架"》,《双语双方言（九）》,香港：汉学出版社。

冷遇春　1990　《郧县方言》,《郧阳师专学报（社会科学版）》第2期。

黎立夏,何洪峰　2016　《通城方言研究综观与展望》,《湖北科技学院学报》第7期。

黎立夏　2017　《通城方言语法研究》,华中科技大学博士学位论文。

黎立夏　2019　《通城方言名词性标记"仂"》,《华中学术》第4期。

李爱国　2006　《湖北嘉鱼方言形容词本字考》,《咸宁学院学报》第1期。

李崇兴,刘晓玲　2004　《安陆方言中的"X得X"》,《南阳师范学院学报（社会科学版）》第4期。

李崇兴　1986　《宜都话的两种状态形容词》,《方言》第3期。

李崇兴　1989　《宜都话的疑问代词》,《语言研究》第1期。

李崇兴　1996　《湖北宜都方言助词"在"的用法和来源》,《方言》第1期。

李崇兴　2014　《宜都方言研究》,武汉：华中师范大学出版社。

李康澄　2005　《湘方言特征词研究》,南京师范大学硕士学位论文。

李　蓝　2008　《汉语的人称代词复数表示法》,《方言》第3期。

李　蓝　2009　《西南官话的分区（稿）》,《方言》第1期。

李　荣　1997　《汉语方言里当"你"讲的"尔"（上）》,《方言》第2期。

李　荣　1997　《汉语方言里当"你"讲的"尔"（中）》,《方言》第3期。

李小凡　1992　《鄂东南方言研究的第一部专著——读〈蒲圻方言〉》,《咸宁师专学报》第4期。

李　汛,肖国政　1984　《钟祥方言本字考》,《华中师院学报（哲学社会科学版）》第5期。

李宇明,邢福义,刘兴策　1983　《钟祥方言中的亲属称谓》,《华中师范学院研究生学报》第 2 期。

  李祖林　1993　《宜昌方言"AA 神"的语法特点》,《宜昌师专学报（社会科学版）》第 4 期。

  刘宝俊　1993　《崇阳方言本字考》,《语言研究》第 1 期。

  刘村汉　1992　《随州方言语法条例》,《荆楚方言研究》,武汉：华中师范大学出版社。

  刘村汉　1995　《随州方言代词四指》,《中国语言学报》第 7 期。

  刘国斌　1991　《通城方言》,北京：中国文史出版社。

  刘海章　1989　《湖北荆门话中的"V 人子"》,《语言研究》第 1 期。

  刘海章　1992　《荆门话中的状态助词"哒"》,《荆楚方言研究》,武汉：华中师范大学出版社。

  刘海章　2017　《荆门方言研究》,武汉：华中师范大学出版社。

  刘海章等　1992　《荆楚方言研究》,武汉：华中师范大学出版社。

  刘金勤,周先龙　2003　《枣阳方言后缀"娃儿""儿"的语言学特征考察》,《江汉石油学院学报（社会科学版）》第 1 期。

  刘　俊　2017　《湖北竹溪方言单音节动词的重叠形式及语法意义研究》,《青年文学家》第 6 期。

  刘　丽　2006　《大冶方言的亲属称谓》,华中师范大学硕士学位论文。

  刘　群　2006　《襄樊方言"VV 看"格式的特点》,《襄樊职业技术学院学报》第 1 期。

  刘　群　2010　《襄樊方言的特殊量词研究》,《襄樊学院学报》第 12 期。

  刘祥柏　2007　《江淮官话的分区（稿）》,《方言》第 4 期。

  刘晓然　2002　《黄冈方言的疑问代词》,《湖北师范学院学报（哲学社会科学版）》第 4 期。

  刘晓然　2002　《黄冈方言的中指代词》,《海南师范学院学报（人文社会科学版）》第 5 期。

  刘晓然　2003　《黄冈方言人称代词的形态变化》,《湖北师范学院学报（哲学社会科学版）》第 4 期。

  刘兴策　1988　《试论"楚语"的归属》,《华中师范大学学报（哲学社会科学版）》第 4 期。

  刘兴策　1988　《宜昌方言记略》,《咸宁师专学报》第 1 期。

  刘兴策　1994　《宜昌方言研究》,武汉：华中师范大学出版社。

  刘兴策　1998　《近百年来湖北省汉语方言研究综述》,《方言》第 3 期。

刘兴策　2001　《再论近 20 年的湖北方言研究》,《沙洋师范高等专科学校学报》第 1 期。

刘兴策　2005　《对湖北省境内汉语方言分区的几点意见》,《方言》第 3 期。

刘兴策　2010　《刘兴策文集》,武汉:武汉大学出版社。

刘　赜　1963　《广济方言》,《武汉大学学报(人文科学)》第 1 期。

刘志成　1991　《楚方言考略》,《语言研究》第 s1 期。

卢烈红　2001　《湖北黄梅话的人称代词》,《湖北大学学报(哲学社会科学版)》第 3 期。

卢烈红　2002　《湖北黄梅话的指示代词》,《方言》第 4 期。

卢烈红　2009　《近代汉语书面文献与现代方言词语的考释——以黄梅方言为例》,《湖北大学学报(哲学社会科学版)》第 5 期。

鲁　杰　2014　《湖北房县方言中的"子"尾词》,《焦作师范高等专科学校学报》第 2 期。

鲁允中　2001　《轻声和儿化》,北京:商务印书馆。

罗姝芳　2007　《恩施方言中特殊的形容词重叠式》,《湖北师范学院学报(哲学社会科学版)》第 6 期。

罗自群　1995　《襄樊方言"AA 神"式特点和性质探微》,《语言研究》第 2 期。

罗自群　1999　《襄樊方言"AA 神"式及其变体比较》,《语言研究》第 s1 期。

罗自群　2002　《从〈湖北方言调查报告〉看湖北方言的声调特点》,《语言研究》特刊。

罗自群　2002　《襄樊方言的重叠式》,《方言》第 1 期。

罗自群　2004　《襄樊话"倒"和北京话"着"之比较》,《语言科学》第 6 期。

罗自群　2005　《襄樊方言的"在"字句》,《汉语学报》第 1 期。

罗自群　2006　《现代汉语方言持续标记的比较研究》,北京:中央民族大学出版社。

马芝兰,黄群建　2001　《黄石方言语法札记》,《湖北师范学院学报(哲学社会科学版)》第 4 期。

潘　攀,熊一民　1998　《普通话口语与武汉方言》,武汉:武汉出版社。

潘　攀　1990　《汉口方言"倒"及其相关的句子格式》,《江汉大学学报》

第 2 期。

  钱曾怡 1995 《论儿化》,《中国语言学报》第 5 期。

  秦炯灵 1986 《广济方言词本字考零拾》,《中国语文》第 2 期。

  覃金玉 2008 《长阳方言中的虚词"哒"初探》,《湖北三峡职业技术学院学报》第 1 期。

  屈哨兵 1992 《湖北宣恩话中一种特殊的语词重叠格式》,《湖北大学学报(哲学社会科学版)》第 2 期。

  屈哨兵 1993 《湖北宣恩话语法札记》,《中国语文》第 6 期。

  屈哨兵 2001 《湖北宣恩话"V下V下的"动词重叠及相关问题》,《方言》第 2 期。

  阮桂君 2014 《五峰方言研究》,武汉:华中师范大学出版社。

  邵则遂 1991 《天门方言研究》,武汉:华中师范大学出版社。

  盛银花 1994 《安陆方言的助词"了"》,《孝感师专学报(哲学社会科学版)》第 1 期。

  盛银花 2005 《安陆方言物量词比较研究》,《中南民族大学学报(人文社会科学版)》第 1 期。

  盛银花 2006 《安陆方言的程度补语考察》,《语言研究》第 3 期。

  盛银花 2006 《安陆方言的句末助词"得"和"着"》,《语文教学和研究》第 26 期。

  盛银花 2007 《安陆方言的特殊正反问格式"有不有"》,《孝感学院学报》第 1 期。

  盛银花 2007 《安陆方言的指示代词》,《汉语学报》第 4 期。

  盛银花 2007 《安陆方言的状态形容词》,《咸宁学院学报》第 2 期。

  盛银花 2007 《安陆方言研究》,武汉:湖北人民出版社。

  盛银花 2007 《湖北安陆方言的否定词和否定式》,《方言》第 2 期。

  盛银花 2007 《语气词"吵"及其类型学意义》,《湖北教育学院学报》第 5 期。

  盛银花 2010 《安陆方言语法研究》,武汉:华中师范大学出版社。

  盛银花 2010 《湖北安陆方言的比较句》,《湖北第二师范学院学报》第 12 期。

  盛银花 2011 《湖北安陆方言的两种正反问句》,《方言》第 2 期。

  盛银花 2011 《湖北安陆方言的祈使句》,《湖北第二师范学院学报》第 11 期。

盛银花　2012　《湖北安陆方言的双宾句》，《湖北第二师范学院学报》第 9 期。

盛银花　2014　《湖北安陆方言的感叹句》，《汉语学报》第 3 期。

盛银花　2015　《安陆方言研究》，武汉：华中师范大学出版社。

盛银花　2016　《湖北安陆方言的"随"字及其相关句式》，《方言语法论丛》，北京：商务印书馆。

石桂芳　2008　《通山方言的人称代词》，《语文教学与研究》第 19 期。

史　琪　2017　《竹山方言时间副词考察》，华中师范大学硕士学位论文。

苏俊波　2005　《丹江话中的"X 得 Y 得 Y"重叠式》，《华中科技大学学报（社会科学版）》第 6 期。

苏俊波　2008　《丹江方言的多重重叠》，《三峡大学学报（人文社会科学版）》第 6 期。

苏俊波　2009　《丹江方言的小称》，《汉语学报》第 4 期。

苏俊波　2010　《丹江方言的持续体标记"的"》，《汉语学报》第 4 期。

苏俊波　2010　《丹江方言体标记"在"及其来源》，《江汉大学学报》第 5 期。

苏俊波　2011　《丹江方言的性质和归属》，《长江学术》第 1 期。

苏俊波　2011　《十堰方言"看叫 NPV/A 得看"句式》，《华中师范大学学报（人文社会科学版）》第 5 期。

苏俊波　2012　《丹江方言的"圪"》，《汉语学报》第 3 期。

苏俊波　2012　《丹江方言语法研究》，武汉：华中师范大学出版社。

苏俊波　2014　《丹江方言的语气副词"白"》，《语言研究》第 2 期。

苏俊波　2016　《郧县方言研究》，武汉：华中师范大学出版社。

谭　雄　2007　《湖北宜都土语"得"字结构探究》，《现代语文（语言研究版）》第 6 期。

陶立军，邬美芳　2016　《十堰方言亲属称谓词考察》，《郧阳师范高等专科学校学报》第 1 期。

田祚申　1989　《巴东方言中的儿化》，《湖北大学学报（哲学社会科学版）》第 5 期。

童　健　2006　《黄冈方言特殊代词"莫"研究》，《江汉大学学报（人文科学版）》第 4 期。

童　琴　2007　《〈说文解字〉和鄂州方言本字考》，《现代语文（语言研究版）》第 2 期。

童琴 2018 《鄂州方言研究综述》,《湖北第二师范学院学报》第 5 期。

万献初 1994 《鄂南地名志中的地名俗字评议》,《咸宁师专学报》第 2 期。

万献初 2003 《湖北通城方言的量词"隻"》,《方言》第 2 期。

万幼斌 1987 《鄂州方言词语举例》,《方言》第 3 期。

万幼斌 1990 《鄂州方言的儿化》,《方言》第 2 期。

汪国胜 1990 《当阳方言的语法特点》,《华中师范大学学报（哲社版）》第 5 期。

汪国胜 1991 《大冶金湖话的"的"和"的个"》,《中国语文》第 3 期。

汪国胜 1992 《大冶方言的程度副词"闷"》,《方言》第 2 期。

汪国胜 1992 《大冶话的"倒"字及其相关句式》,《华中师范大学学报（人文社会科学版）》第 5 期。

汪国胜 1993 《大冶方言的物量词》,《语言研究》第 2 期。

汪国胜 1993 《湖北大冶方言的语缀》,《方言》第 3 期。

汪国胜 1994 《大冶方言语法研究》,武汉：湖北教育出版社。

汪国胜 1994 《大冶方言语法札记》,《华中师范大学学报（人文社会科学版）》第 2 期。

汪国胜 1994 《大冶话里的状态形容词》,《湖北师范学院学报（哲学社会科学版）》第 2 期。

汪国胜 1995 《湖北大冶话的语气词》,《方言》第 2 期。

汪国胜 1996 《大冶话做补语的"倒"和后附成分"倒"》,《汉语方言体貌论文集》,南京：江苏教育出版社。

汪国胜 1996 《湖北大冶话的情意变调》,《中国语文》第 5 期。

汪国胜 1999 《湖北方言的"在"和"在里"》,《方言》第 2 期。

汪国胜 2000 《大冶方言的双宾句》,《语言研究》第 3 期。

汪国胜 2000 《湖北大冶方言的比较句》,《方言》第 3 期。

汪国胜 2003 《湖北大冶方言人称代词的变调》,《中国语文》第 6 期。

汪化云 1987 《黄冈话的几种形态变化》,《黄冈师专学报》第 2 期。

汪化云 1988 《鄂东方言的把字句》,《黄冈师专学报》第 1 期。

汪化云 1994 《黄州话的"得"》,《黄冈师专学报》第 2 期。

汪化云 1996 《鄂东北方言中的父母称谓词考辨》,《黄冈师专学报》第 1 期。

汪化云 1996 《黄冈方言量词的单用》,《语言研究》第 2 期。

汪化云　1999　《黄州话形容词的生动形式》,《黄冈师专学报》第 1 期。

汪化云　1999　《团风方言的儿尾》,《方言》第 4 期。

汪化云　1999　《团风方言三身代词的入声形式》,《黄冈师范学院学报》第 5 期。

汪化云　2000　《黄冈方言的指示代词》,《语言研究》第 4 期。

汪化云　2001　《团风方言变调构词现象初探》,《中南民族学院学报（人文社科版）》第 4 期。

汪化云　2003　《黄冈方言中的类双宾句》,《黄冈师范学院学报》第 1 期。

汪化云　2004　《鄂东方言研究》, 成都：四川出版集团巴蜀书社。

汪化云　2008　《汉语方言代词论略》, 成都：四川出版集团巴蜀书社。

汪化云　2008　《武汉新洲方言的归属》,《方言》第 4 期。

汪化云　2016　《黄孝方言语法研究》, 北京：语文出版社。

汪　平　1987　《湖北省西南官话的重叠式》,《方言》第 1 期。

王楚恩　2016　《黄陂方言》, 武汉：长江出版社。

王丹荣　2005　《襄樊方言名词、动词、形容词重叠初探》,《襄樊学院学报》第 3 期。

王丹荣　2006　《襄樊方言被动句和处置句探析》,《孝感学院学报》第 5 期。

王丹荣　2007　《论被动句在襄樊方言中的用法及其发展探源》,《襄樊学院学报》第 9 期。

王定国　2016　《黄梅方言志》, 武汉：华中师范大学出版社。

王功平　2007　《湖北阳新三溪赣语人称代词的变音》,《方言》第 4 期。

王宏佳　2006　《湖北咸宁方言的语缀》,《咸宁学院学报》第 2 期。

王宏佳　2015　《咸宁方言研究》, 武汉：华中师范大学出版社。

王宏佳　2019　《鄂东南方言研究综述》,《华中学术》第 1 期。

王平夷　2020　《论湖北竹溪方言的归属》,《方言》第 3 期。

王求是　1999　《孝南话的人称代词和指示代词》,《孝感学院学报》第 2 期。

王求是　2003　《孝感（孝南）话语气词"了"和"的"的连用》,《孝感学院学报》第 5 期。

王求是　2007　《孝感方言的语气助词"在"》,《孝感学院学报》第 5 期。

王求是　2014　《孝感方言研究》, 武汉：华中师范大学出版社。

王群生, 王彩豫　2018　《荆州方言研究》, 武汉：华中师范大学出版社。

王群生　1985　《谈荆州话里的"AA声"》,《荆州师专学报》第3期。

王群生　1988　《湖北中部地区方言分区的商榷——兼谈方言分区的语感问题》,《荆州师专学报》第1期。

王群生　1989　《潜江方言述略》,《荆州师专学报》第4期。

王群生　1992　《荆沙方言的语法特点》,《荆州师专学报》第1期。

王群生　1993　《荆沙方言中的"不过"补语句》,《中国语文》第2期。

王群生　1994　《湖北荆沙方言》,武汉：武汉大学出版社。

王群生　1994　《荆沙方言中的两种特殊语言现象》,《荆州师专学报》第1期。

王树瑛　2017　《恩施方言的被动标记"着"》,《汉语学报》第2期。

王树瑛　2017　《恩施方言研究》,武汉：华中师范大学出版社。

王树瑛　2017　《恩施方言中的"倒"和"起"》,《华中学术》第1期。

王　玉　2007　《咸宁方言差比句式特点及语用价值》,《武汉科技大学学报（社会科学版）》第2期。

王志方　1984　《湖北方言中的几种语法形式》,《孝感师专学报（哲学社会科学版）》第2期。

王志方　1987　《湖北境内西南官话语法拾零》,《孝感师专学报（哲学社会科学版）》第1期。

王作新　2003　《宜昌方言语词的结构组合与语法特征谭要》,《三峡大学学报（人文社会科学版）》第3期。

尉迟治平　1989　《英山方言的儿尾》,《语言研究》第2期。

魏兆惠　2004　《襄樊方言特殊的处置式——"给"字句和"叫"字句》,《培训与研究（湖北教育学院学报）》第4期。

芜　崧　2014　《荆楚方言语法研究》,武汉：武汉大学出版社。

吴风华　1995　《武汉话的程度副词"几"》,《华中师范大学学报（哲学社会科学版）》第5期。

吴福祥　2002　《南方方言里虚词"到（倒）"的用法及其来源》,《中国语文研究》（香港）第2期。

吴　伶　1998　《武汉方言的助词"在"》,《华中师范大学学报（人文社会科学版）》第s2期。

吴崎等　2002　《武汉郊区方言研究》,武汉：武汉出版社。

项　菊　2000　《湖北英山方言的体成分"倒"》,《黄冈师范学院学报》第1期。

项　菊　2004　《湖北黄冈方言的差比句》,《黄冈师范学院学报》第 5 期。

项　菊　2005　《湖北英山方言的儿化》,《双语双方言（八）》,香港：汉学出版社。

项　菊　2005　《黄冈方言的"VP－neg?"及其相关句式》,《黄冈师范学院学报》第 2 期。

项　菊　2006　《湖北红安方言的反复问句》,《黄冈师范学院学报》第 5 期。

项　菊　2006　《英山方言的"VP－neg"及其相关句式》,《双语双方言（九）》,香港：汉学出版社。

项　菊　2012　《湖北英山方言"在"的用法及相关问题》,《方言》第 3 期。

项　菊　2012　《湖北英山方言的重叠形式"X 得儿 X"》,《语文研究》第 1 期。

项　菊　2016　《湖北英山方言的"VP 冇"和"VP 不"》,《中国方言学报》第 1 期。

萧国政　2000　《武汉方言"着"字与"着"字句》,《方言》第 1 期。

谢留文　2006　《赣语的分区（稿）》,《方言》第 3 期。

谢文芳　2007　《嘉鱼方言中的程度语义范畴》,《咸宁学院学报》第 1 期。

熊一民　2001　《武汉方言的重叠式"VV 神"》,《武汉教育学院学报》第 4 期。

徐　华，毛祖贵　2013　《公安说鼓子》,武汉：湖北人民出版社。

徐　英　2021　《湖北罗田方言的无宾"把"字句》,《方言》第 2 期。

徐　英　2022　《罗田方言语法研究》,北京：中国社会科学出版社。

鄢柏龄　2019　《郧阳方言的时间词》,《汉江师范学院学报》第 5 期。

严　斌　2009　《湖北红安方言中的否定差比句》,《现代语文（语言研究版）》第 12 期。

杨发兴　1987　《湖北长阳方言名词和动词的重叠式》,《方言》第 3 期。

杨佳璐　2017　《咸丰方言"VV 的"》,《现代语文（学术综合版）》第 11 期。

杨佳璐　2018　《咸丰方言体貌研究》,华中师范大学硕士学位论文。

杨　洁　2005　《恩施方言否定式差比句考察》,《语言研究》第 4 期。

杨　凯　2008　《湖北蕲春方言的进行体》,《方言》第 4 期。

杨　岚　1992　《公安方言研究》,上海：汉语大辞典出版社。

杨　琳　2011　《谈襄阳方言中的"搞"》,《语文学刊》第 7 期。

杨　琳　2017　《浅析襄阳方言的名词性小称》,《现代语文（学术综合版）》第 31 期。

袁海霞　2010　《"A 不比 BW"的语义及其方言分化形式》,《长江学术》第 2 期。

袁海霞　2017　《公安方言研究》,武汉：华中师范大学出版社。

袁　媛　2012　《神农架锣鼓词中的方言语法现象》,《长江师范学院学报》第 3 期。

詹伯慧,李元授　1987　《鄂南蒲圻话的词汇语法特点》,《武汉大学学报（社会科学版）》第 5 期。

詹伯慧　1981　《浠水方言纪要》,（日本）龙溪书舍。

张鹏飞　2020　《竹山方言的被动表达》,《汉语学报》第 2 期。

张亚明　2014　《湖北郧西话的体》,《郧阳师范高等专科学校学报》第 2 期。

张　义　2005　《武汉方言的否定句》,华中师范大学硕士学位论文。

张　义　2005　《武汉话的"V 得 X"》,《华中师范大学研究生学报》第 1 期。

张　义　2016　《钟祥方言研究》,武汉：华中师范大学出版社。

张玉苹　2008　《宜昌方言中的"哒"》,《三峡大学学报（人文社会科学版）》第 s1 期。

张振兴　2017　《关于"渠"和"個"》,《中国方言学报》第 7 期。

张正耀　2018　《麻城方言》,武汉：武汉出版社。

张志华　2005　《湖北罗田方言中"差"的重叠形式》,《汉语学报》第 3 期。

赵爱武　2022　《湖北罗田方言的形容词附加式》,《中国方言学报》第 9 期。

赵葵欣　1993　《武汉方言中的两种问句》,《汉语学习》第 6 期。

赵葵欣　2012　《武汉方言语法研究》,武汉：武汉大学出版社。

赵和平　1999　《荆门方言的"没得"》,《沙洋师范专科学报》第 1 期。

赵晓丽　2012　《湖北竹溪方言与普通话的差异分析》,《现代语文（语言研究版）》第 2 期。

赵晓丽　2015　《竹溪方言"儿/子"缀名词重叠式探究》,《华中师范大学研究生学报》第 3 期。

赵元任，丁声树，杨时逢等　1948　《湖北方言调查报告》，上海：商务印书馆。

赵元任　1956　《钟祥方言记》，北京：科学出版社。

赵元任　1992　《钟祥方言的助词》，《方言》第2期。

周大璞　1959　《天门话的疑问代词》，《武汉大学人文科学学报（语文专号）》第10期。

周　娟　2007　《论襄樊方言中的词缀》，《武汉工程职业技术学院学报》第3期。

朱冠明　2005　《湖北公安方言的几个语法现象》，《方言》第3期。

朱　怀　2011　《湖北仙桃方言的"A都A（B）"句》，《方言》第3期。

朱建颂　1986　《武汉的指示代词也是三分的》，《中国语文》第6期。

朱建颂　1987　《武汉方言的重叠式》，《方言》第1期。

朱建颂　1988　《武汉方言的演变》，《方言》第2期。

朱建颂　1992　《武汉方言研究》，武汉：武汉出版社。

朱建颂　2017　《武汉方言词典》（修订版），武汉：崇文书局。

朱庆仪　1988　《武汉的指示代词不是三分的》，《中国语文》第5期。

朱　毅　1992　《襄阳方言语法特点试探》，《荆楚方言研究》，武汉：华中师范大学出版社。

祝　敏　2018　《崇阳方言的"把得"被动句》，《华中学术》第1期。

祝　敏　2020　《崇阳方言研究》，武汉：华中师范大学出版社。

邹德雄　2000　《湖北天门方言的助词"起"和"哈"》，《荆州师范学院学报（社会科学版）》第6期。

邹正利　1980　《新洲方言里的形容词词尾》，《中国语文》第4期。

宗　丽　2023　《长阳方言研究》，武汉：华中师范大学出版社。

左林霞　2001　《孝感话的"把"字句》，《孝感学院学报》第5期。

左林霞　2004　《孝感方言的标记被动句》，《语言研究》第2期。

后　　记

　　2015年5月，教育部和国家语委启动了"中国语言资源保护工程"（以下简称"语保工程"）。作为语保工程的标志性成果之一，国家语委要求分省编写《中国语言资源集》。

　　早在2014年9月24—25日，湖北省语委办在十堰市举行了"中国语言资源有声数据库"湖北库建设启动暨培训会议，随后开展了对房县、蕲春两县方言的试点调查。2015年，省语委办正式启动语保工程湖北方言调查项目，聘请华中师范大学汪国胜教授为湖北方言调查项目的首席专家，并于当年开展了对蔡甸、武穴、郧阳、丹江口4区县方言的试点调查。接着全面展开，于2016年调查了7个点，2017年调查了21个点，2018年调查了16个点，前后历时5年，完成了国家语委立项的50个市（区）县方言的调查任务，其中西南官话29个点、江淮官话11个点、赣语10个点。为了确保调查任务的圆满完成，项目依托华中师范大学、江汉大学、三峡大学、长江大学、湖北师范大学、黄冈师范学院、湖北科技学院、湖北工程学院、湖北文理学院、汉江师范学院，共组建了10支调查团队，每支团队3—5人，朱芸、熊一民、周卫华、陈秀、赵爱武、项菊、王宏佳、王求是、刘群、王进分别为各团队的负责人。团队内部既有分工，又有合作。项目实施以来，每年召开一次语保工程工作研讨会，总结本年度的工作，部署下年度的任务。由于各团队同心协力，扎实工作，50个方言点的调查都顺利通过了国家语委的验收。

　　2019年是语保工程一期的收官之年，也是《中国语言资源集（分省）》编写工作在全国范围内展开的一年。湖北根据国家语委的要求，即年启动了《中国语言资源集·湖北》（以下简称"资源集"）的编写工作。编写工作先分头进行，由各课题负责人根据《中国语言资源集（分省）编写出版规范》整理各自调查点的语料，按照"三性"（准确性、规范性、一致性）的要求，对语料进行仔细的核对和校正。在此基础上，由王宏佳根据主编的要求，汇总各点语料，进行体例的统一和文字的润饰。编写期间，除了年度工作研讨会，我记得的至少还专门召开了 4 次编写工作会议。第一次是 2021 年 5 月 22 — 24 日，连续开了 3 个晚上的会议，每晚 3 个多小时。因为新冠疫情，会议采取视频会议的方式进行，50 个点的课题负责人全部到会。第一个晚上首先明确工作要求，强调确保编写质量，符合"三性"要求，强调这是国家工程，要替国家负责，这是学术工程，要替学术负责，这是文化工程，要替历史负责。接着重点讨论了语音卷的问题。第二个晚上重点讨论词汇卷和用字的问题，第三个晚上重点讨论语法卷的问题。第二次会议是 2021 年 7 月 15 日，也是采取视频会议的方式，专题讨论口头文化卷，就语料转写中的各种问题一一提出处理意见。第三次会议是 2022 年 8 月 26 日，专题讨论《资源集》的整改问题，要求各课题负责人根据预验收专家提出的意见和建议，对所负责的调查点的材料进行全面细致的修改。第四次会议是 2023 年 4 月 15 日，集中各课题负责人，对《资源集》进行最后的修改定稿。

严把校对关是确保《资源集》编写质量的重要环节。除了各课题负责人多次的分头校对，2023 年我们还进行了 3 次集中校对。第一次是 7 月 23 — 25 日，第二次是 10 月 4 — 6 日，第三次是 12 月 16 — 18 日。大家吃住在华中师范大学的宾馆，集中时间和精力开展校对。另外，还由华中师范大学语言研究所的博士生校对了一遍。一个音标、一个词条、一个用字、一条注释，甚至一个标点以及排版的格式，大家都是认真对待，反复斟酌，遇到共性问题，大家讨论解决。顺便说明，口头文化有几个不同的发音人，他们的年龄层次不一定相同，发音可能跟方言音系中老男的发音不一定一致，这主要表现在极少数的常用词上。为了如实反映方言的面貌，我们保留了这种差异。

应该说，《资源集》从编出初稿到修改定稿，再到反复校对，编委们都是很尽心的，虽然受到新冠疫情的影响，但编写工作始终没有停顿。大家积极配合，倾心投入，任劳任怨，辛勤付出，目的是希望《资源集》尽可能完善一点。但即便如此，还是难免会有这样那样的纰漏和错误。我们期待读者的批评指正。

《资源集》能够如期编成并顺利出版，首先要感谢教育部语言文字信息管理司、湖北省教育厅、中国语言资源保护研究中心的得力指导；还要感谢各调查团队及团队所在学校、各市（区）县语委办的支持，感谢各方言调查点发音人的积极配合，感谢华中师范大学语言与语言教育研究中心的支持和资助，感谢中国社会科学出版社张林主任的大力帮助！

汪国胜

2023 年 12 月 20 日